《列国志》编辑委员会

主　任　陈佳贵
副主任　黄浩涛　武　寅
委　员　（以姓氏笔画为序）
　　　　于　沛　王立强　王延中　王缉思
　　　　邢广程　江时学　孙士海　李正乐
　　　　李向阳　李静杰　杨　光　张　森
　　　　张蕴岭　周　弘　赵国忠　蒋立峰
　　　　温伯友　谢寿光
秘书长　王延中（兼）　谢寿光（兼）

中国社会科学院重大课题
国家"十五"重点出版项目

列国志

GUIDE TO THE WORLD STATES

中国社会科学院《列国志》编辑委员会

黎巴嫩

徐心辉 编著

社会科学文献出版社
SOCIAL SCIENCES ACADEMIC PRESS (CHINA)

黎巴嫩行政区划图

黎巴嫩国旗

黎巴嫩国徽

贝鲁特大学的女学士们

基督教马龙派哈里萨大教堂院内的圣母玛丽娅塑像

历史悠久的中东名校——贝鲁特美国大学

黎巴嫩总理府内的总理办公室

（上层）杰塔溶洞内巧夺天工的石笋犹如一幅令人遐想的山水画

雪松——黎巴嫩的象征

（下层）畅游杰塔溶洞洞内湖面

扎赫勒市的标志
——闻名遐迩的葡萄酒和历史悠久的文化底蕴

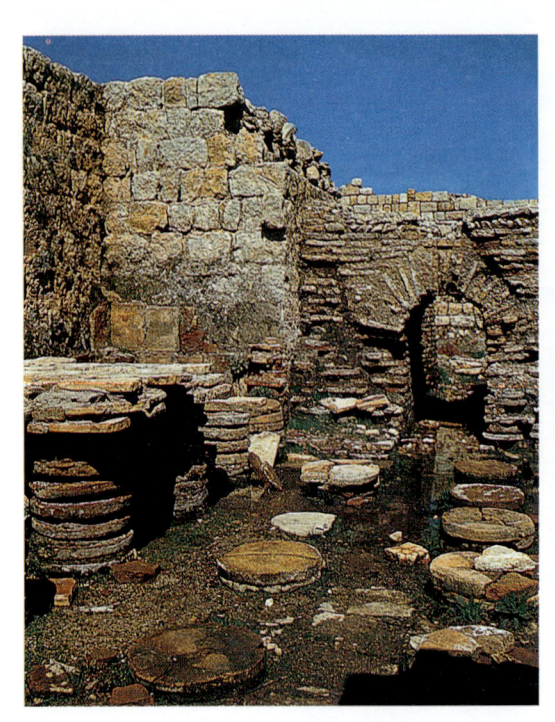

安杰尔的伍麦叶王朝遗迹

苏尔的罗马竞技场遗迹

巴勒贝克罗马古迹鸟瞰图

黎巴嫩著名作家纪伯伦博物馆及故居

比布鲁斯祭祀品神殿发掘出来的镀金铜人（现收藏在国家博物馆内）

埃什蒙的腓尼基遗迹中用马赛克镶拼的"四季图"

舒夫山区的民居

妇女用传统方法烤制大饼

国家博物馆

前　言

自1840年前后中国被迫开关、步入世界以来，对外国舆地政情的了解即应时而起。还在第一次鸦片战争期间，受林则徐之托，1842年魏源编辑刊刻了近代中国首部介绍当时世界主要国家舆地政情的大型志书《海国图志》。林、魏之目的是为长期生活在闭关锁国之中、对外部世界知之甚少的国人"睁眼看世界"，提供一部基本的参考资料，尤其是让当时中国的各级统治者知道"天朝上国"之外的天地，学习西方的科学技术，"师夷之长技以制夷"。这部著作，在当时乃至其后相当长一段时间内，产生过巨大影响，对国人了解外部世界起到了积极的作用。

自那时起中国认识世界、融入世界的步伐就再也没有停止过。中华人民共和国成立以后，尤其是1978年改革开放以来，中国更以主动的自信自强的积极姿态，加速融入世界的步伐。与之相适应，不同时期先后出版过相当数量的不同层次的有关国际问题、列国政情、异域风俗等方面的著作，数量之多，可谓汗牛充栋。它们

对时人了解外部世界起到了积极的作用。

当今世界,资本与现代科技正以前所未有的速度与广度在国际间流动和传播,"全球化"浪潮席卷世界各地,极大地影响着世界历史进程,对中国的发展也产生极其深刻的影响。面临不同以往的"大变局",中国已经并将继续以更开放的姿态、更快的步伐全面步入世界,迎接时代的挑战。不同的是,我们所面临的已不是林则徐、魏源时代要不要"睁眼看世界"、要不要"开放"问题,而是在新的历史条件下,在新的世界发展大势下,如何更好地步入世界,如何在融入世界的进程中更好地维护民族国家的主权与独立,积极参与国际事务,为维护世界和平,促进世界与人类共同发展做出贡献。这就要求我们对外部世界有比以往更深切、全面的了解,我们只有更全面、更深入地了解世界,才能在更高的层次上融入世界,也才能在融入世界的进程中不迷失方向,保持自我。

与此时代要求相比,已有的种种有关介绍、论述各国史地政情的著述,无论就规模还是内容来看,已远远不能适应我们了解外部世界的要求。人们期盼有更新、更系统、更权威的著作问世。

中国社会科学院作为国家哲学社会科学的最高研究机构和国际问题综合研究中心,有11个专门研究国际问题和外国问题的研究所,学科门类齐全,研究力量雄

前言 **Lebanon**

厚,有能力也有责任担当这一重任。早在20世纪90年代初,中国社会科学院的领导和中国社会科学出版社就提出编撰"简明国际百科全书"的设想。1993年3月11日,时任中国社会科学院院长的胡绳先生在科研局的一份报告上批示:"我想,国际片各所可考虑出一套列国志,体例类似几年前出的《简明中国百科全书》,以一国(美、日、英、法等)或几个国家(北欧各国、印支各国)为一册,请考虑可行否。"

中国社会科学院科研局根据胡绳院长的批示,在调查研究的基础上,于1994年2月28日发出《关于编纂〈简明国际百科全书〉和〈列国志〉立项的通报》。《列国志》和《简明国际百科全书》一起被列为中国社会科学院重点项目。按照当时的计划,首先编写《简明国际百科全书》,待这一项目完成后,再着手编写《列国志》。

1998年,率先完成《简明国际百科全书》有关卷编写任务的研究所开始了《列国志》的编写工作。随后,其他研究所也陆续启动这一项目。为了保证《列国志》这套大型丛书的高质量,科研局和社会科学文献出版社于1999年1月27日召开国际学科片各研究所及世界历史研究所负责人会议,讨论了这套大型丛书的编写大纲及基本要求。根据会议精神,科研局随后印发了《关于〈列国志〉编写工作有关事项的通知》,陆续为启动项目

黎巴嫩

拨付研究经费。

为了加强对《列国志》项目编撰出版工作的组织协调，根据时任中国社会科学院院长的李铁映同志的提议，2002年8月，成立了由分管国际学科片的陈佳贵副院长为主任的《列国志》编辑委员会。编委会成员包括国际片各研究所、科研局、研究生院及社会科学文献出版社等部门的主要领导及有关同志。科研局和社会科学文献出版社组成《列国志》项目工作组，社会科学文献出版社成立了《列国志》工作室。同年，《列国志》项目被批准为中国社会科学院重大课题，国家新闻出版总署将《列国志》项目列入国家重点图书出版计划。

在《列国志》编辑委员会的领导下，《列国志》各承担单位尤其是各位学者加快了编撰进度。作为一项大型研究项目和大型丛书，编委会对《列国志》提出的基本要求是：资料详实、准确、最新，文笔流畅，学术性和可读性兼备。《列国志》之所以强调学术性，是因为这套丛书不是一般的"手册"、"概览"，而是在尽可能吸收前人成果的基础上，体现专家学者们的研究所得和个人见解。正因为如此，《列国志》在强调基本要求的同时，本着文责自负的原则，没有对各卷的具体内容及学术观点强行统一。应当指出，参加这一浩繁工程的，除了中国社会科学院的专业科研人员以外，还有院外的一些在该领域颇有研究的专家学者。

前言

　　现在凝聚着数百位专家学者心血、约计200卷的《列国志》丛书，将陆续出版与广大读者见面。我们希望这样一套大型丛书，能为各级干部了解、认识当代世界各国及主要国际组织的情况，了解世界发展趋势，把握时代发展脉络，提供有益的帮助；希望它能成为我国外交外事工作者、国际经贸企业及日渐增多的广大出国公民和旅游者走向世界的忠实"向导"，引领其步入更广阔的世界；希望它在帮助中国人民认识世界的同时，也能够架起世界各国人民认识中国的一座"桥梁"，一座中国走向世界、世界走向中国的"桥梁"。

《列国志》编辑委员会
2003年6月

CONTENTS
目 录

第一章　国土与人民 / 1

第一节　自然地理 / 1
 一　地理位置 / 1
 二　行政区划 / 1
 三　地形特点 / 3
 四　地质构造 / 4
 五　河流与湖泊 / 5
 六　气候 / 6

第二节　自然资源 / 8
 一　水力资源 / 8
 二　矿产 / 10
 三　植物与动物 / 10

第三节　居民与宗教 / 13
 一　人口 / 13
 二　民族 / 15
 三　语言 / 16
 四　宗教 / 16

第四节　民俗与节日 / 23
 一　民俗 / 23
 二　节日 / 27

CONTENTS

目 录

第二章　历　史 / 29

第一节　上古简史 / 29
　　一　古代的腓尼基人 / 29
　　二　亚述帝国、巴比伦王国和波斯帝国统治时期 / 31
　　三　希腊罗马和拜占廷统治时期 / 33
　　四　希腊罗马统治时期的腓尼基 / 35

第二节　中古简史：阿拉伯帝国时期 / 37
　　一　伊斯兰教的创立和阿拉伯帝国的兴起 / 37
　　二　伍麦叶王朝时期 / 38
　　三　阿拔斯王朝时期 / 40

第三节　近代简史：奥斯曼帝国统治时期 / 43
　　一　奥斯曼帝国的兴起和对黎巴嫩统治的开始 / 43
　　二　马安家族执政时期 / 45
　　三　谢哈布家族执政时期 / 48
　　四　马龙派和德鲁兹派的长期流血冲突 / 50

第四节　现代简史：法国委任统治时期 / 55
　　一　第一次世界大战和奥斯曼帝国的崩溃 / 55
　　二　法国委任统治时期和走向独立 / 56
　　三　民族宪章和政治教派体制的确立 / 58

第五节　当代简史：独立后的黎巴嫩 / 59

CONTENTS

目　录

　　一　扈里执政时期／59

　　二　夏蒙执政时期／60

　　三　谢哈布执政时期／62

　　四　赫卢执政时期／63

　　五　弗朗吉亚执政时期／65

　　六　黎巴嫩内战／66

　　七　赫拉维执政时期和黎巴嫩重建／81

第六节　著名历史人物／82

　　一　法赫尔丁二世／82

　　二　巴希尔二世／83

　　三　比沙拉·扈里／84

　　四　里亚德·索勒赫／85

　　五　福阿德·谢哈布／86

　　六　拉希德·卡拉米／87

　　七　卡迈勒·琼布拉特／88

　　八　拉菲克·哈里里／89

　　九　米歇尔·奥恩／92

第三章　政　治／94

第一节　内战停止以来的政治情况／94

　　一　叙利亚对黎巴嫩的控制情况／94

CONTENTS

目 录

　　二　真主党和以色列军队之间持续不断的冲突 / 97
　　三　总统和总理之间以及各派政治力量之间的
　　　　权力之争 / 100
第二节　国体、政体、宪法 / 102
　　一　国体 / 102
　　二　政体 / 103
　　三　宪法 / 103
　　四　国家元首 / 106
第三节　立法机构 / 107
　　一　议会的产生和沿革 / 107
　　二　议会的职能和组织机构 / 110
第四节　政府机构 / 113
　　一　内阁 / 113
　　二　行政区划和地方政府 / 116
第五节　司法机构 / 116
　　一　司法部的组织机构 / 116
　　二　审判制度 / 121
第六节　党派 / 122

第四章　经　济 / 134

第一节　概述 / 134

CONTENTS

目　录

　　一　长期战乱给经济带来的严重破坏 / 134
　　二　政见分歧对经济改革的影响 / 135
　　三　基础设施的恢复和扩建工程的进展 / 137
　　四　国家经济状况的改善 / 137
第二节　农业 / 139
　　一　农业发展概况 / 140
　　二　国家的农业政策 / 149
　　三　国家对农业的扶持 / 151
第三节　工业 / 158
　　一　概况 / 158
　　二　制造业 / 159
　　三　电力和供水工业 / 160
　　四　政府对工业的扶持 / 165
第四节　商业和服务业 / 166
第五节　交通和通信 / 166
　　一　陆路运输 / 166
　　二　空运 / 167
　　三　海运 / 171
　　四　通信 / 172
第六节　财政与金融 / 175
　　一　财政 / 175

CONTENTS
目 录

　　二　金融 / 183
第七节　对外经济关系 / 190
　　一　对外贸易 / 190
　　二　外国援助 / 195
第八节　旅游业 / 198
　　一　自然条件 / 199
　　二　服务设施 / 199
　　三　城市和旅游景点 / 200
第九节　国民生活 / 214
　　一　劳动就业 / 214
　　二　工资水平 / 217
　　三　物价水平 / 218
　　四　居住条件 / 219

第五章　军　事 / 222

第一节　概述 / 222
　　一　建军简史 / 222
　　二　国防体制 / 225
　　三　国防预算 / 227
　　四　军衔 / 227

CONTENTS
目　录

　　　五　勋章和奖章 / 228
第二节　军种与兵种 / 229
　　　一　陆军 / 229
　　　二　空军 / 232
　　　三　海军 / 233
第三节　军事训练与兵役制度 / 234
　　　一　军事训练 / 234
　　　二　兵役制度 / 238
第四节　准军事部队 / 241
　　　一　内部治安军总局 / 241
　　　二　国家安全总局 / 244
　　　三　公安总局 / 245
　　　四　真主党民兵 / 248
第五节　外国在黎驻军 / 248
　　　一　叙利亚驻黎部队 / 248
　　　二　联合国驻黎临时部队 / 249
第六节　对外军事关系 / 251
　　　一　同叙利亚的军事关系 / 251
　　　二　同美国的军事关系 / 253
　　　三　同法国的军事关系 / 254
　　　四　同以色列的军事关系 / 254

CONTENTS

目 录

第六章　教育、科学、文化、卫生 / 256

第一节　教育 / 256

　　一　组织机构与职能 / 257

　　二　教育体制 / 259

　　三　战后恢复工作 / 275

第二节　科学与技术 / 275

　　一　组织机构与职能 / 275

　　二　科研机构的任务和成就 / 276

　　三　国际合作与交流 / 279

　　四　文献中心 / 280

第三节　文化 / 281

　　一　组织机构与职能 / 281

　　二　文学艺术 / 282

　　三　戏剧电影 / 283

　　四　音乐舞蹈 / 284

　　五　美术 / 288

　　六　博物馆 / 293

　　七　文化设施 / 296

　　八　黎巴嫩专业艺术家协会 / 300

第四节　医药卫生 / 301

CONTENTS

目 录

　　一　组织机构与职能 / 301
　　二　卫生部完成的主要项目 / 303
　　三　医疗保健方针和计划 / 303
　　四　医疗设施和能力 / 304
　　五　传染病及其防治等工作 / 306
第五节　体育 / 308
　　一　组织机构与职能 / 309
　　二　主要运动项目 / 311
第六节　新闻出版 / 315
　　一　通讯社 / 316
　　二　报纸 / 316
　　三　出版与书刊 / 319
　　四　广播与电视 / 325

第七章　外　　交 / 331

第一节　外交政策 / 331
　　一　外交政策 / 331
　　二　对当前重大国际问题的立场 / 332
第二节　同美国的关系 / 333
　　一　双边关系沿革 / 333

CONTENTS

目 录

　　二　双边经贸关系 / 336

第三节　同法国的关系 / 338

　　一　双边关系沿革 / 338

　　二　双边经贸关系 / 339

第四节　同俄罗斯的关系 / 340

第五节　同中国的关系 / 342

　　一　双边关系沿革 / 342

　　二　双边互访和重大事件 / 342

　　三　双边经贸关系 / 345

第六节　同叙利亚的关系 / 347

　　一　双边关系沿革 / 347

　　二　双边经贸关系 / 349

第七节　同其他邻近国家的关系 / 354

　　一　同沙特阿拉伯的关系 / 354

　　二　同埃及的关系 / 355

　　三　同科威特的关系 / 356

　　四　同伊拉克的关系 / 357

　　五　同巴勒斯坦解放组织的关系 / 358

　　六　同伊朗的关系 / 360

　　七　同以色列的关系 / 360

CONTENTS

目 录

附录一 民族和解文件("塔伊夫协议")/ 363

第一节 总则和改革 / 363
　　一 总则 / 363
　　二 政治改革 / 364
　　三 其他改革 / 368
第二节 在黎巴嫩国土全境行使黎巴嫩国家主权 / 370
第三节 从以色列占领下解放黎巴嫩 / 372
第四节 黎巴嫩和叙利亚的关系 / 372

附录二 历任国家领导人名单 / 374

　　一 历任总统 / 374
　　二 历任国民议会议长 / 374
　　三 历任总理 / 376

主要参考文献 / 379
　　一 阿拉伯文图书、论文、网站 / 379
　　二 英文图书、论文、网站 / 380
　　三 中文图书、论文、网站 / 383

后 记 / 384

第一章

国土与人民

黎巴嫩共和国（The Republic of Lebanon），简称黎巴嫩，位于亚洲西南部，国土面积10452平方公里，人口375.38万人，首都贝鲁特（Beirut），现任总统埃米勒·拉胡德（Emile Lahoud）。

第一节 自然地理

一 地理位置

黎巴嫩位于亚洲西南部，地处东经35°50′，北纬33°50′，西濒地中海，北部和东部毗邻叙利亚，南部与以色列接壤。国土面积10452平方公里，其中陆地占10282平方公里，水域面积占170平方公里。陆地边界长454公里，其中同叙利亚边界长375公里，同以色列边界长79公里。海岸线长225公里。

二 行政区划

首都贝鲁特。2003年之前，全国共分为贝鲁特、北方、南方、黎巴嫩山、贝卡和纳巴提耶等6个省份。

黎巴嫩

贝鲁特省（Province of Beirut） 面积 19.8 平方公里。行政区划与其他各省不同，省下未设县制。

黎巴嫩山省（Province of Mount Lebanon） 面积 1950 平方公里，省会为巴卜达市（Baabda）。下辖巴卜达县，首府巴卜达市；阿莱县（Aley），首府阿莱市；麦腾县（Matn），首府朱代达市（Jdeideh）；凯斯莱旺县（Kesrouan），首府朱尼耶市（Jounieh）；舒夫县（Chouf），首府贝特丁市（Beited-Din）；朱拜勒县（Jbail），首府比布鲁斯市（Biblos）。

北方省（Province of North Lebanon） 面积 1981 平方公里，省会的黎波里市（又译特里波利，Tripoli）。下辖的黎波里县，首府的黎波里市；阿卡尔县（Akkar），首府哈勒巴市（Halba）；兹加尔塔县（Zgharta），首府兹加尔塔市；卜舍里县（Bcharre），首府卜舍里市；拜特龙县（Batroun），首府拜特龙市；库拉县（Koura），首府艾姆云市（Amioun）；敏耶－丹尼耶县（Minie-Danniyeh），首府敏耶市。

南方省（Province of South Lebanon） 面积 943 平方公里，省会赛达市（Saida）。下辖赛达县，首府赛达市；杰津县（Jezzine），首府杰津市；苏尔县（Sour），首府苏尔市。

贝卡省（Province of Beqaa） 面积 4280 平方公里，省会扎赫勒市（Zahle）。下辖扎赫勒县，首府扎赫勒市；巴勒贝克县（Baalbek），首府巴勒贝克市；希尔米勒县（Hermel），首府希尔米勒市；拉谢亚县（Rachaya），首府拉谢亚市；西贝卡县（Beqaa-West），首府朱卜坚宁市（Joub Jannin）。

纳巴提耶省（Province of An-Nabatiyeh） 又译奈拜提耶省，面积 1058 平方公里，省会纳巴提耶市。下辖纳巴提耶县，首府纳巴提耶市；迈尔季欧云县（Marjayoun），首府迈尔季欧云市；哈斯巴亚县（Hasbaya），首府哈斯巴亚市；宾特朱拜勒县（Bint Jbail），首府宾特朱拜勒市。

第一章 国土与人民

据《白天报》电子版 2003 年 7 月 3 日报道，黎巴嫩议会已通过法案，新增 2 个省份。将占国土面积 42% 的贝卡省一分为二，新设巴勒贝克和希尔米勒省。将占北方省面积 20% 的阿卡尔县及其郊区划出，新设阿卡尔省。但尚未见到两省的面积和行政区划的资料。直至 2006 年，官方统计资料仍按 6 省统计。

三　地形特点

黎巴嫩全境南北硕长而东西狭窄，其中北部又较南部为宽，北部最宽处达 88 公里，而南部最窄处仅 32 公里。黎巴嫩山脉纵贯全境，构成黎巴嫩独具特色的地貌，将全国地形由西向东分隔为四个地带。

沿海平原　濒临地中海，面积极为狭窄。最宽处在北部城市的黎波里一带，约 6.5 公里；最窄处在首都贝鲁特以北的朱尼耶附近，仅约 1.5 公里。沿海多为陡峭的岩岸，但缺乏良好的河口、港湾。黎巴嫩的主要城市大多分布在沿海地区。

黎巴嫩山脉　由东北向西南纵贯全境，全长 169 公里，北端隔着界河凯比尔河（Nahr El-Kebir）同叙利亚境内的努塞里亚山脉为邻，南端则止于向西入海的利塔尼河（Nahr El-Litani）。山势北高南低，北宽南窄。主峰黑角峰（Qurnet El-Saouda，有的音译为库尔内特·萨乌达峰或索达峰）位于的黎波里东南，海拔 3083 米；其次为首都贝鲁特以东的萨宁峰（Sannine），海拔 2695 米。山脉由主峰向两翼延伸，最宽处达 56.5 公里，南端最窄处仅 9.5 公里。

东部山脉　又称东黎巴嫩山脉或安提黎巴嫩山脉（Anti Lebanon Mount），位于同叙利亚交界的边境地区。东部山脉的长度和高程同黎巴嫩山脉大体相当，但较为贫瘠。巴拉达（Barada）山峡将山脉分成南北两部，北部西坡仅有为数不多的村庄，南部的谢赫山（Jabal Cheikh），又称赫尔蒙山（Hermon

Mount），海拔2814米，地处同叙利亚、以色列交界的边境地区，又是以色列和约旦两国主要水源约旦河的源头，战略地位十分重要。南部西坡的村庄较多，仍在以色列占领下的黎巴嫩领土谢巴农场（Chabaa Farms）即在谢赫山南端的三国交界处。

贝卡谷地　位于黎巴嫩山脉和东部山脉之间的高地，平均海拔762米（一说850米）。谷地长约177公里，宽约9.6公里至16公里不等，中部较南北两端为宽。贝卡谷地是黎巴嫩的主要农业区，早在罗马帝国统治时期就有"大叙利亚粮仓"的美誉。

四　地质构造

黎巴嫩的地貌基本上是由黎巴嫩山脉、东部山脉和其间的贝卡谷地三大部分构成。而黎巴嫩的大陆架非常狭窄，最宽处也仅10公里。越过大陆架的尽头立即进入水深1500米的深海。大陆架的终端被一些很深的海沟所割断，这是古代海底地壳运动的结果。

距今2.5亿~2亿年前，即二叠纪后期至三叠纪，冈瓦纳超级大陆开始分裂，到2亿~1.5亿年前，即侏罗纪时期，黎巴嫩开始出现山体构造运动，即凯斯莱旺造山运动，主要在3个地区，即贝鲁特—大马士革公路以北的黎巴嫩山脉（麦腾和凯斯莱旺）、舒夫和巴鲁克山（Barouk Mount）以及东部山脉中段和南段。

从侏罗纪末期到白垩纪中期，地质构造活动又开始活跃，冈瓦纳超级大陆再度分裂，大裂谷已越过非洲向阿拉伯半岛南部延伸。黎巴嫩地区再遭海水淹没，大量石灰石泥浆在黎巴嫩沉积。在侏罗纪和白垩纪交替的1000万年左右的期间内，本地区又出现断层活动，导致在舒夫山区的构造中，白垩纪初期的砂岩很不协调地掺杂在侏罗纪的石灰岩中。

上述亿万年地壳板块运动造就了黎巴嫩当前的地质构造，从总体上说主要有如下两种结构。

（一）褶皱

黎巴嫩的地质构造上，褶皱是有层级的。主要的地质结构基本上是两个很大的由北东北向南西南倾斜的背斜层组成，即黎巴嫩山脉和东部山脉；其间被一个大的向斜层－贝卡谷地所分隔，此后又被一系列大大小小的断层分裂和割断。这种结构亦即所谓的第一指令结构或巨型结构。

地中海东岸的岩石主要是脆弱的石灰岩，导致本地区的岩层运动中断层作用多于褶皱作用，故本地区常见的多是小型褶皱。最为壮观的褶皱莫过于沿着巴鲁克—尼哈山西南部的纳比·阿尤布的倾覆层。紧靠雅木乃断层以东有一些由东北向西南倾斜的小背斜层。其他美观的褶皱现象则多在的黎波里地区。

主褶皱则从舒夫向北延伸至的黎波里。这种单斜层的地貌特征在一些地方构成了悬崖峭壁，甚至是高耸直立的岩石。

（二）断层

黎巴嫩被大小不等的断层所分割，最长的断层是沿着贝卡谷地西部边缘的雅木乃断层。这一断层南连约旦河谷，东接叙利亚北部加布河谷断层，是死海转换断层的黎巴嫩段。在1200万～1000万年前，这一断层是阿拉伯板块和非洲板块的东地中海部分的分界。此后，两个板块相对移动，致使贝卡谷地向北移动了约50公里，靠近了黎巴嫩山脉。有证据显示，雅木乃断层已有数千年未再移动，但尚不清楚这一断层是已停止移动，抑或是处于休眠状态。有的学者认为，从迈尔季欧云附近向贝鲁特方向延伸的鲁姆断层，就地质学范畴而言，有可能是当前时期阿拉伯板块和非洲板块的接合部，因为距今最近的黎巴嫩多次地震就在这一断层一带。

五　河流与湖泊

黎巴嫩是中东地区水资源较为丰富的国家。黎巴嫩山脉的地质构造在海拔915～1524米的高度多为结构疏松、具有浸透性的石灰岩，因雨水和融雪的渗入形成许多泉眼。丰富的泉水由于陡峭的山势而汇集成湍急的溪流和小河。东部山脉的泉眼相对较少，叙利亚境内流经大马士革附近的巴拉达河的源头就是东部山脉的泉水。

由于地形的原因，黎巴嫩山脉西麓向西的河流一般来说河床短而窄，水流较小，流经沿海平原约十数公里到数十公里即汇入地中海。此类河流自北向南有艾布穆萨河（Nahr Abou Mousa）、艾布阿里河（Nahr Abou Ali）、贾乌兹河（Nahr Jaouz）、易卜拉欣河（Nahr Ibrahim）、凯勒卜河（Nahr Kelb，意为狗河）、贝鲁特河（Nahr Beirut）、达穆尔河（Nahr Damour）、比斯里河（Nahr Bisri）、赛塔尼格河（Nahr Saitanig）和扎赫拉尼河（Nahr Zehrhni）等。

在贝卡谷地，黎巴嫩山脉东麓下泻的溪流在巴勒贝克以东汇成两条河流，一条是阿西河（Nahr el-Assi，阿拉伯文原意为"叛逆者"），以不同于其他河流的流向向北流往叙利亚，注入霍姆斯湖。另一条是利塔尼河（Nahr el-Litani），是黎巴嫩境内最长的一条河流，自源头较为平缓地向南流经迈尔季欧云西南突然顺着地形西折，在崎岖的山谷中盘旋西行，在苏尔以北入海。利塔尼河在流经贝卡谷地中南部的萨格宾（Saghbin）时随地势形成一个长7公里、最宽处约1.5公里的湖泊，名为基朗湖（Buhairat al-Qirawn）。此外，在贝卡谷地北部亚穆纳（Yammoune）附近，还有一个由附近山泉供水的季节性湖泊亚穆纳湖。

六　气候

黎巴嫩濒临地中海，总体上说，全国的气候属地中海型气候。夏季较长，气温较为炎热，也较干燥。冬季微冷而多雨。全年日照时间约为300天。

第一章 国土与人民

黎巴嫩面积虽小，气候也因地形的变化而不同。沿海地带，夏季较热，以贝鲁特为例，昼间最高气温可达 30℃ ~ 32℃，但较干燥，一般无雨或少雨。昼夜温差不大，但偶尔也会出现昼间温度高达 38℃ 以上，而夜间温度低于 16℃ 以下的情况。下午和晚间，海上吹来的徐徐海风，吹散了暑气，令人颇感惬意。夜间，风向逆转，由陆地吹向海上。春季往往会从埃及沙漠刮来热风，当地称之为"哈姆辛"（阿拉伯语之意为五十，即此风一刮就是 50 天），但有时也会在秋天刮来。

冬季是黎巴嫩的雨季，降雨多集中在 12 月份以后，雨量充沛，但不同年份的雨量往往相差悬殊。降雨特点是多为滂沱大雨，甚少毛毛细雨，一年的雨量往往集中倾注于数日之内。沿海地区很少下雪，以贝鲁特地区为例，一般每 15 年左右才能见到一次小雪。冬季时有来自欧洲的寒风，但海洋往往使内地的温差小于沿海地区，沿海地区北部冬季的气温更低，雨量更大。

在黎巴嫩山区，随着海拔升高，昼夜温差增大，降水量更为充沛。冬季，气候较沿海地区寒冷，霜冻现象屡见不鲜，降雪量也大。黎巴嫩山脉的众多山峰一年中大部时间均被积雪覆盖。夏季，与沿海地区相比，气候凉爽宜人，是中东地区颇负盛名的避暑胜地。"哈姆辛"和北风的影响在山区均能感到，但地中海气候的影响却随着海拔的增高而减弱。

高耸的黎巴嫩山脉形成一道天然屏障，阻断了地中海气候对贝卡谷地的影响。贝卡谷地的降雨量和湿度均明显小于沿海地区，也不受沙漠热风"哈姆辛"的影响。季节性温差和昼夜温差均较沿海地区为大。冬季，北风劲吹，气候比沿海地区寒冷，降雪量也较黎巴嫩山脉西坡同一海拔高度的地区为多。

东部山脉海拔较贝卡谷地高，降水量相对较多，且以降雪为主。同黎巴嫩山脉一样，山峰上一年中的多半时间覆盖着皑皑白雪。由于海拔较高，气温较贝卡谷地为低。

第二节 自然资源

一 水力资源

黎巴嫩地理位置相对优越，拥有多山的地貌和众多的河流，每年有4~5个月的丰雨期，是中东地区水资源比较充足的国家。但是，由于缺少水利设施，以及多孔的喀斯特地质条件，丰雨期降水形成的地表径流几乎悉数流入地中海，另一些雨水渗入地下形成地下水和地下河，水资源流失的比例相当高。

地表水 黎巴嫩的地表水资源丰富，75%的水量来自雨季的5个月（1~5月份），而其余来自7个月的旱季。崎岖的地貌导致降水量分布极不均匀，如北部地区和贝卡谷地年均降雨量仅200毫米，而黎巴嫩山区的年均降雨量却高达2000毫米。黎巴嫩平均年降水量估计可达86亿立方米，其中约36亿立方米自然蒸发而损失，余下的50亿立方米注入河流形成地表径流或补充地下水源。黎巴嫩全境已发现地表泉眼约1200口，拥有17条常年河和23条季节性河流，总长约730公里。这些河流的年平均径流量约38.9亿立方米，约有7.9亿立方米经3条跨境河流流向邻国，凯比尔河是同叙利亚的界河，阿西河由南向北流往叙利亚，哈斯巴尼河则流向以色列，其余31亿立方米流经境内河流入海。大多数河流属季节性河流，夏季缺水。这些河流多源自黎巴嫩山区，自东向西注入地中海，河道短。海拔800米高度是黎巴嫩山区的雪线，黎巴嫩河流一年有两次汛期，1~4月为雨水汛期，5月间降水骤减，但由于积雪消融而形成融雪汛期。

由于河流多处于断层以及渗透性较强的石灰石岩层，黎巴嫩河流原本很少筑坝，因此水力资源流失严重。卡龙水坝是黎巴嫩最大的水坝，位于利塔尼河上游，库容为 2.20 亿立方米，有效蓄水量为 1.60 亿立方米，它截留的河水被用于发电和灌溉，在黎巴嫩国民经济中扮演着极为重要的角色，其他水坝均不成规模。

但是，据估计黎巴嫩目前每年缺水 8 亿立方米。自 20 世纪 70 年代以来，一直靠地下水来弥补短缺，特别是内战摧毁了市政供水管网，居民使用井水更是司空见惯。过量的开采导致地下水位下降，沿海地区已呈现井水盐份上升的趋势，所以政府把筑坝蓄水视为唯一可行的有效解决办法。2003 年 9 月，内阁最终批准了一个由能源水利部起草的国家十年水利规划。根据该规划，黎巴嫩拟兴建一批水库，包括大小水坝 63 座，其中有库容各为 1.28 亿立方米的利塔尼河中游的卡尔达勒水坝和阿瓦利河上的比斯里水坝。

地下水 石灰石地貌占黎巴嫩全部国土面积的 65% 以上，多孔和多断层的地质特性有利于雨水和融雪的渗透，从而形成丰富的地下水层。联合国开发署 1979 年的一项研究表明，黎巴嫩地下水存量可达 30 亿立方米，每年可供开采的地下水约为 10 亿立方米，相当一部分地下水渗透或通过地下河流流失至地中海。

黎巴嫩水资源分布情况见表 1-1。

表 1-1 黎巴嫩水资源分布情况表

单位：亿立方米

地　区	降雨量	蒸发量	溪流和泉眼	地下水
大贝鲁特行政区	20.58	8.64	11.70	0.24
贝卡省	23.47	9.86	6.80	6.81
北方省	20.96	8.81	9.34	2.82
南方省	20.99	8.82	11.06	1.12
总　计	86.00	36.13	38.90	10.99

资料来源：驻黎巴嫩大使馆经商处《黎巴嫩的水务》，2004。

二 矿产

黎巴嫩矿产极少,仅有铁、铅、铜、褐煤和沥青,储量很少,开采也不多。制造业的原料主要依赖进口。

三 植物与动物

(一) 植物

由于黎巴嫩优越的自然环境和地貌,在历史上黎巴嫩山脉密实地覆盖着黎巴嫩雪松。黎巴嫩雪松是一种木质坚硬的优质建筑材料,曾是黎巴嫩的骄傲。至今,黎巴嫩雪松仍是黎巴嫩国旗和国徽的标志。数千年来,历代黎巴嫩统治者和异族入侵者不计后果地大肆砍伐和掠夺雪松资源,用于建筑船舶和宫殿、豪宅,使黎巴嫩这一宝贵资源几乎丧失殆尽。

长期的乱砍滥伐已使黎巴嫩的植被遭到极大破坏。全国1万多平方公里的国土,到1975年,森林覆盖面积仅占8万公顷,其中国有林和公有林约占6.2万公顷,私有林占1.8万公顷。主要树种中橡树占4.5万公顷,松树占1.72万公顷,刺柏占1.4万公顷,黎巴嫩雪松仅占2000公顷。此外,尚有少量山毛榉和柏树。经过15年内战后,据1991年统计,黎巴嫩现有的森林面积估计仅剩6万公顷,约占全国土地面积的5.8%。其中,黎巴嫩雪松的面积仅剩1700公顷,约占全部森林面积的2.83%。冷杉、土耳其橡树和希腊刺柏等树种已濒临灭绝的危险。

黎巴嫩雪松,学名 Cedrus libani,英文称为 Lebanese Cedar,是世界上包括喜马拉雅雪松和北非雪松在内的三种雪松之一,源于小亚细亚,盛产于黎巴嫩、叙利亚和土耳其。这一树种已有4700年历史,一般生长在海拔1300~2100米的山区,需要充足的阳光和年均1000毫米的水分。雪松生长缓慢,在合适的条件下,成年的雪松可高达20米,翼展可达9~15米,寿命可长达 1000 年以上。雪松的松针呈深蓝绿色，保持常青，成簇生长，每簇 30~40 根，可存活 2 年，松针落地后常会多年不腐。雪松林地面的松针往往厚达 30 厘米以上。雪松一般要到树龄 25~30 年时才会开花，花色微红，雌雄异体，但长在同一棵树上。

在黎巴嫩，仅存的黎巴嫩雪松目前分散在全国的 12 片林地中，北部阿卡尔地区的盖穆哈山林区（Jabal Qammouha forest）和杰汉纳姆山谷（Wadi Jahannam），中部朱拜尔山区的艾赫丁（Ehden，140 公顷）、卜舍里（Bcharre，7 公顷）、坦努琳—哈迪斯（Tannourine-Hadeth，200 公顷）和杰吉（Jeij，2 公顷），以及舒夫山区内巴鲁克山林区（Jabal Barouk forests）的艾恩扎哈尔塔/布姆赫兰（Ain Zhalta/Bmohrain）、巴鲁克和马西尔·舒夫（Maasser el-Chouf）（三地共 216 公顷）。卜舍里的雪松林虽仅存 7 公顷，但因拥有黎巴嫩现存最大和树龄最长达 2000 年以上的雪松，因而成为黎巴嫩最著名的雪松保护区，已于 1998 年被联合国批准为世界文化遗产。

此外，黎巴嫩由于具备多种气候条件，境内栽种了品种多样的果树，如沿海平原的香蕉树、柑橘树和油橄榄树，山区的樱桃树和苹果树等。

（二）动物

黎巴嫩地处欧、亚、非三大洲交汇处，既有山地，又有平原，还有湿地，气候条件较好，历史上就发现过狮、豹、象等野生动物的化石。近代，由于森林的砍伐，城市和道路的发展，湿地干涸，工农业发展、化肥、农药等化学制剂的使用，以及人类的狩猎活动，黎巴嫩的动物日渐稀少，有的物种已经灭绝或濒临灭绝。

1. 鸟类

作为食物链之首的捕食类飞禽——鹰类，在黎巴嫩发现的共

有15种,其中6种习惯于在本地区栖息,本应在黎巴嫩筑巢生活,但如今已成候鸟,每年仅在黎巴嫩经停两次。另外6种20世纪初曾在黎巴嫩巢居,如今也仅是每年稍作停留。而在黎巴嫩筑巢定居的鹰类目前只有3种。

根据现有记载,黎巴嫩的鸟类共有337种,其中65种系离群迷途而流落在黎巴嫩的,100种系在黎筑巢定居的,170种系冬季来黎的候鸟,2种是新近发现的。在337种鸟类中,珍稀和非常珍稀的品种有近90种,约占26.5%,主要珍稀品种有37种。

从生态学的分布状况来看,在337种鸟类中,喜好阿密克沼泽地(Ammiq Swamp)、亚穆纳盆地、基朗湖等内陆湿地环境的鸟类有154种,喜好沿海地区的鸟类有135种,喜好黎巴嫩山区森林的鸟类约有87种,贝卡平原的农业区有72种;高山区森林中栖息的鸟类有71种;贝卡平原北部半沙漠区生存的鸟类仅11种。有些鸟类分布的地区较广,因而分地区统计的数字大于在黎鸟类总数。

2. 爬行动物

由于自然环境的日趋恶劣,黎巴嫩爬行动物的物种不断减少。早在19世纪,波斯猞猁在黎巴嫩已不见踪影,到19世纪末,鹿也失去踪影。到20世纪初,叙利亚棕熊、阿拉伯小羚羊和非洲豹也都完全绝迹。目前,狼、松鼠等也几乎灭绝。

在现有的哺乳类爬行动物中,食肉目动物有犬科的豺、狐狸、貂鼠、獾、水獭、鬣狗,蹄兔科的蹄兔,偶蹄科的野猪,兔科的野兔,啮齿科的箭猪、田鼠、大颊鼠等。食虫目动物有刺猬、尖鼠,翼手目有5类共16种蝙蝠。两栖类动物有青蛙、4种蟾蜍和火蜥蜴,陆龟和海龟,蜥蜴,毒蛇和无毒蛇。由于居民的捕猎活动,许多动物已濒临灭绝的遭遇。

第三节 居民与宗教

一 人口

黎巴嫩的人口问题是一个比较复杂的问题。在法国委任统治时期,法国委任统治当局于1932年做过一次人口普查,当时全国人口,包括旅居海外的侨民,共计86.14万人。当局根据当时基督教徒和穆斯林的人口比例确定两派在议会中的议席比例为6∶5。独立后,在黎巴嫩政府中占主导地位的基督教派,为了维护本派的既得利益,再也没有进行过全国人口普查,只是在需要时作过几次人口估算。1954年,政府估算的全国人口为141.14万人,其中基督教徒占54%,穆斯林占44%。1983年估算,黎巴嫩人口已增长到260万人,据黎巴嫩中央统计局2005年7月公布的《2004年全国家庭生活情况研究报告》统计,黎巴嫩人口已达到375.38万人,另有巴勒斯坦难民约40万人。两大教派的人口比例也已发生很大变化,据美国中央情报局2006年的资料,基督教派人口仅占全国人口的39%,而穆斯林人口占全国人口的59.7%,其他占1.3%。

15年内战对黎巴嫩人口的性别比例产生较大影响。在全国人口中,男性186.82万人,占总人口的49.8%,女性188.56万人,占50.2%。青、壮年性别比例的失调较为严重,20~59岁年龄段人口共计195.07万人,男性为93.70万人,仅占48.04%,而女性为101.36万人,占51.96%。尤以35~49岁年龄段为最,男性仅占45.9%,其中,40~44岁年龄段,男性仅占44.5%,女性占55.5%,男性、女性人数差别达到10%之巨。从全国人口的年龄段比例看,0~19岁占37.16%,20~64岁占55.32%,65岁以上占7.52%。从各年龄段的男女性别比例看,

60 岁以上为 0.83∶1，20~59 岁为 0.92∶1，而 14 岁以下（1990 年停战后出生）则为 1.10∶1，男性比例已有较快增长。

据美国中央情报局 2005 年估算，黎巴嫩人口出生率为 19.96‰，死亡率为 6.24‰，人口增长率为 1.26%。人均寿命为 72.63 岁，其中女性为 75.21 岁，男性为 70.17 岁。初生婴儿死亡率为 24.52‰。

黎巴嫩人口问题中的一大特点是移民。黎巴嫩人的祖先腓尼基人在历史上就以航海和经商闻名于世。继承了这一特点，移民对于黎巴嫩人来说似乎已习以为常。从 19 世纪中叶至第一次世界大战前，移民海外的黎巴嫩人多达 33 万人。其中，1900~1914 年，年移民数几乎达到 1.5 万人。据 1932 年统计，移民海外的基督教徒（包括马龙派、希腊东正教派和东正教派）约 20.7 万人，而穆斯林（含德鲁兹派）仅约 3.7 万人。"一战"期间由于国际形势影响，移民人数骤减。战后又逐渐恢复，1921~1939 年的年移民人数约为 3000 人。二次世界大战期间，国际形势动荡，移民数量再度减少。直至 1975 年内战爆发，再度掀起移民潮的高峰。总的来说，基督教徒多移民欧美，而穆斯林则以移民海湾阿拉伯国家居多。据黎巴嫩全球信息中心的《黎巴嫩概况》记载，世界各地的黎侨和黎裔人数已远远超过黎巴嫩国内居民，达 1500 万人左右，其中以巴西为最，达 700 万人，美国次之，约 300 万人。

移民的另一现象是从农村向大城市，特别是向首都贝鲁特移居。1959 年，贝鲁特的居民总数为 45 万人，约占全国人口的 27.7%；1975 年内战爆发前，已经膨胀到 125 万人。目前，贝鲁特居民总数已接近全国人口的一半，甚至一半以上。

自 1975 年内战开始后，不论是出于生活条件巨大差异的诱惑或是为了逃避战乱，首都各个地区的居民构成发生了较大变化。一方面是随着海湾国家的发展和国内战乱，贝鲁特的大批劳动力流向海湾国家，还有一部分青、壮年男子死于内战冲突之中。仅以1983~1984年为例，男女性别比例为95.5∶100，居民中20岁以下的未成年人占了41.5%。另一方面是不同派别的居民大迁徙。大批贝鲁特东区的什叶派居民和巴勒斯坦难民于内战初期被基督教派从贝鲁特东区赶往西区，而原先居住在舒夫山区的基督教派居民则于1983年在同德鲁兹派发生冲突后被迫迁往贝鲁特东区。贝鲁特西区的新居民多数是什叶派穆斯林，他们大多定居于南郊什叶派聚居区。如今，贝鲁特南郊已成为首都的贫民区。

人口问题中值得一提的是为数40万的巴勒斯坦难民，他们在历次阿以战争中逃到了黎巴嫩，但中东问题久拖不决，这些难民就回不了故土，长期滞留黎巴嫩，也是引发黎巴嫩内战的主要缘由之一。

二　民族

黎巴嫩的主要民族是阿拉伯族，约占全国总人口的95%；其次是亚美尼亚族，约占总人口的4%。此外，还有土库曼族、切尔克斯族和库尔德族等，人数不多，仅占全国人口的1%。

当我们追根寻源，从历史的源头来探究黎巴嫩的祖先时，可以看到，黎巴嫩沿海地区的居民是腓尼基人。公元7世纪，穆罕默德在阿拉伯半岛创建伊斯兰教。之后，阿拉伯帝国向西拓展，将约旦、叙利亚、黎巴嫩和巴勒斯坦等均纳入其版图。在历史长河的长期交汇和融合中，逐步形成了现在的黎巴嫩阿拉伯人。

亚美尼亚人历史上居住在土耳其东北部、亚美尼亚和外高加索地区。19世纪90年代，在俄国鼓动下，亚美尼亚人发起争取民族地方自治运动，遭到奥斯曼帝国政府的残酷镇压。第一次世界大战期间，奥斯曼帝国青年土耳其党政府，为阻止境内的亚美尼亚人参加高加索亚美尼亚人志愿军协助俄国军队对土耳其人作战，强迫境内亚美尼亚人从土耳其东北部向内地及叙利亚、黎巴嫩迁徙。其间，100多万亚美尼亚人惨遭杀害或被迫逃亡。黎巴嫩亚美尼亚族居民的先辈多数是那一时期到黎巴嫩定居的。还有一部分则是在1917年前后到黎巴嫩定居的。

三　语言

阿拉伯语是黎巴嫩居民的母语，也是黎巴嫩的官方语言。在部分居民中通用亚美尼亚语。通用外语为法语和英语。

阿拉伯语在阿拉伯各国均有标准语和方言之分。各国的官方文件和出版物均使用统一的标准语，尽管各国均有一些不同于别国的常用词汇，但均能为各国人民认同。各国的方言则有极大差异。由于历史渊源的关系，黎巴嫩方言同叙利亚、约旦的方言比较接近。

一次世界大战后，国际联盟交由法国对黎巴嫩进行委任统治。因此，法语成为黎巴嫩人的第一外语，黎巴嫩老一代知识分子几乎都能熟练使用法语。而作为擅长转口贸易的国家，英语也是黎巴嫩的通用外语。黎巴嫩老一代居民中擅长法、英两门外语者甚为常见。甚至商业、服务行业的从业人员在其工作范围内均能用两种外语提供服务。自内战以来，基督教控制区的学校仍执行双外语教学，而穆斯林控制区的学校，除少数贵族化学校尚重视法语教学外，一般学校仅重视英语教学，目前穆斯林居住区内年轻一代能熟练使用法语者已很少见。

四　宗教

黎巴嫩是中东地区唯一以基督教占主导地位的阿拉伯国家。1932年法国委任统治期间进行人口普查时基督教人口占多数，经过70余年的变迁，更由于穆斯林家庭的生育率大大超过基督教徒家庭，目前穆斯林的实际人口已达221万人，约占全国人口的60%，基督教徒人口为145万人，接近全国现有人口的40%。

黎巴嫩共有基督教、伊斯兰教两大宗教的17个教派。基督教的主要教派有：天主教马龙派，希腊天主教派，亚美尼亚东正教派，叙利亚天主教派、亚美尼亚天主教派，罗马天主教派，迦勒底天主教派（Chaldean Catholic）、叙利亚东正教派和希腊东正教派。伊斯兰教的主要教派有：逊尼派，什叶派，德鲁兹派和阿拉维派。两大宗教的各主要教派情况大致如下。

（一）基督教派

黎巴嫩目前共有基督教徒145万人，其中东仪天主教徒128万，占总数的90%，

天主教马龙派教会（Maronite Church） 由圣马龙于5世纪初在叙利亚东北部创立并发展。随着伊斯兰教在叙利亚拓展，马龙派在安提阿教会大主教约翰·马龙率领下转移到黎巴嫩山区。马龙派教会系东仪天主教的一个分支，属梵蒂冈教廷领导，但有较大的自治权，宗教仪式使用阿拉伯语。1584年7月，教皇在罗马建立了马龙神学院，成为马龙派神职人员重要的训练中心。1648年，法国宣布法国是奥斯曼帝国内天主教徒的保护者，马龙派随后即同法国建立了密切的关系。目前，中东地区共有马龙派天主教徒90万人，黎巴嫩占了绝大部分，共有85万人，占全国人口的23%，是黎巴嫩基督教的第一大派。该教派的精神领袖称为安提阿和全东方牧首（the Patriarch of Antioch and all the east），现任牧首为纳斯拉拉·索菲尔（Nasrallah Boutros Cardinal Sfeir），驻在贝鲁特附近的贝开尔基（Bkerke）。

希腊天主教会（Melkite Greek Catholic Church） 公元451年，天主教卡尔西顿会议通过基督具备神、人二性于一体的文件

后，中东地区支持这一论点的信众就形成了希腊天主教会。1054年，罗马教廷分裂后，希腊天主教会即追随君士坦丁堡，成为希腊东正教的一部分。直至18世纪上半叶，该教会脱离东正教，重新归属梵蒂冈教廷。1845年，奥斯曼帝国当局才正式承认希腊天主教脱离希腊东正教而独立。

希腊天主教派属东仪天主教，拥有较大的自治权，使用拜占廷式的礼拜仪式，布道仪式均使用本地的阿拉伯语，牧师可以结婚。

希腊天主教派系在希腊移民和阿拉伯居民中逐步发展、形成的，在中东地区共有教徒82万人，牧首驻大马士革。下设7个大主教管区，叙利亚的阿勒颇、霍姆斯和拉塔基亚、伊拉克的巴士拉和约旦的安曼各有1个大主教管区。该教派在黎巴嫩共有教徒40万人，约占全国人口的11%。在贝鲁特和苏尔各有1个大主教管区。在两个大主教管区下又在的黎波里（特里波利）、巴尼亚斯、巴勒贝克、扎赫勒和赛达等五地设有5个主教管区。

亚美尼亚东正教会（Armenian Orthodox Church） 公元3世纪创建于亚美尼亚，同叙利亚教会关系密切，初创时宗教仪式使用古叙利亚语，直到5世纪亚美尼亚语创建后，才将经文逐步译成亚美尼亚文，宗教仪式也开始使用亚美尼亚语。一次世界大战期间，亚美尼亚人遭到奥斯曼帝国当权者的残酷迫害。为防止再遭穆斯林当权者的迫害，亚美尼亚东正教会将原设在土耳其希思的大主教教区迁到黎巴嫩首都贝鲁特附近的安特利亚斯（Antelias）。当前，该教会共有两个大主教教区，一个是该教会的总部所在地，在亚美尼亚共和国的埃奇米阿津，一个在黎巴嫩的安特利亚斯。该教会在中东地区的信徒共有51万人，其中在黎巴嫩有12万，占全国人口的3.3%，是黎巴嫩基督教的第三大派。

叙利亚天主教会（Syrian Catholic Church） 是梵蒂冈教廷

领导下具有半自主办教权的东仪天主教教会。宗教仪式从创始至今一直使用古叙利亚语。自1888年以来,该教会神父按教法规定必须独身,但如今许多神父均已结婚。起初,叙利亚天主教会的总部名义上设在土耳其的安塔基亚,但几个世纪中,牧首从未去过,而是常驻在叙利亚和黎巴嫩的几个城市中。19世纪20年代,牧首将其总部迁移至贝鲁特。该教会的信徒共有14万人,其中中东地区占11万人,主要集中在伊拉克和黎巴嫩,黎巴嫩有信徒2.5万人。该教派在黎巴嫩基督教中信徒人数可排第4位。

亚美尼亚天主教会（Armenian Catholic Church） 亚美尼亚天主教会系由部分亚美尼亚东正教徒于1742年在亚伯拉罕·阿尔奇维扬领导下脱离亚美尼亚东正教而建立的。该教派也是在梵蒂冈教廷领导下,具有半自主办教权的东仪天主教教会,保持了和罗马天主教会有显著不同的特点,宗教仪式使用亚美尼亚语。亚美尼亚天主教会的牧首驻地于1932年迁到贝鲁特,黎巴嫩的信徒有2万人。该教会在黎巴嫩的活动中心在贝鲁特,不少教堂分布在中部地区。在叙利亚的阿勒颇、伊拉克的巴格达和土耳其的伊斯坦布尔设有3个大主教管区,在埃及的亚历山大、伊朗的伊斯法罕和叙利亚的卡米什利（Qamishli）设有3个主教管区。

罗马天主教会（Roman Catholic Church） 在中东地区,天主教分为罗马天主教和半独立的东仪天主教。罗马天主教在中东地区的教会由驻在耶路撒冷的牧首领导,在巴格达、贝鲁特和开罗等3座城市派驻教皇使节。黎巴嫩共有罗马天主教徒2万人。

（二）伊斯兰教派

逊尼派 逊尼派是伊斯兰教的主要教派,目前,全世界穆斯林中85%～90%属于逊尼派。先知穆罕默德去世后,该教派只

服从按传统习惯继位的哈里发，只承认古兰经和先知穆罕默德遗留的圣训。尚在法国委任统治时期，黎巴嫩逊尼派就在全国范围内建立了伊斯兰最高委员会，由大穆夫提和宗教基金局领导。在各地还设立了下属宗教基金机构，负责管理所属医院、学校、墓地和清真寺。

目前，黎巴嫩共有逊尼派穆斯林75万人，约占全国人口的20.4%，集中居住在贝鲁特、的黎波里、赛达和巴勒贝克等城市，主要从事商业、工业和房地产业。部分逊尼派的农民则居住在贝卡谷地西部、巴勒贝克周围、舒夫山区和阿卡尔地区。逊尼派的名门望族在贝鲁特有索勒赫、贝尤姆、道格、萨拉姆和甘杜尔等家族，北部的黎波里有卡拉米、穆加达姆和吉斯尔等家族。

什叶派 什叶派是伊斯兰教派中除逊尼派以外的另一主要教派，约占全世界穆斯林人口的10%～15%。什叶派认为，先知穆罕默德去世前已示意由其堂弟兼女婿阿里继任哈里发，前三任哈里发均为非法篡权，故只承认阿里是合法的继任哈里发。阿里就任哈里发数年后遇刺身亡，其子哈桑即位不久，为避免穆斯林之间的夺权纷争而让位于刚刚崛起的伍麦叶王朝的穆阿维叶。哈桑死后，其弟侯赛因应广大穆斯林的要求，在去库法继任哈里发的途中被穆阿维叶之子叶齐德设伏杀害。侯赛因之死在什叶派穆斯林内心深处造成了巨大创伤，从而加速了伊斯兰教的严重分裂，促使什叶派发展成为伊斯兰教的另一重要教派。阿里和侯赛因墓地所在地伊拉克的纳杰夫和卡尔巴拉成为什叶派的宗教圣地，侯赛因的忌日（伊斯兰历1月10日）被定为"阿舒拉节"——什叶派最大的宗教节日之一，也是什叶派穆斯林沉痛悼念伊玛目侯赛因殉教的纪念日。在每年"阿舒拉"节日里，许多虔诚的穆斯林身着白袍，跟在伊玛目侯赛因遗像之后，用铁链或匕首自残身体至血迹斑斑，以表哀伤和悼念之意。

什叶派认为阿里是先知穆罕默德的唯一合法继承人，尊崇阿里为"伊玛目"。什叶派用"伊玛目"取代"哈里发",作为该派的宗教领袖,并认定,此后继位的伊玛目只能从阿里的后裔中遴选。对什叶派穆斯林来说,伊玛目理解伊斯兰教的真谛,对《古兰经》和圣训的解释具有绝对权威,伊玛目的决定就是法律。不过,在伊玛目的数量、笃信哪任伊玛目和最后一任伊玛目的去向等问题上存在分歧,这又构成了什叶派内的不同派别。多数什叶派穆斯林承认该派前后十二任伊玛目,认定第十二任伊玛目穆罕默德·马赫迪尚未死亡,只是暂时隐遁,被称为十二伊玛目派。

目前,黎巴嫩共有什叶派穆斯林120万人,占全国人口的32.6%,绝大多数为十二伊玛目派。什叶派穆斯林多数为工人、农民等社会底层的穷苦大众,多数居住在南部和贝卡的贫穷地区。内战以来,已有为数不少的什叶派居民移居到贝鲁特西区的南郊一带。

德鲁兹派 德鲁兹派是什叶派第六任伊玛目贾法尔·萨迪克属下伊斯马仪派的一个分支,由埃及法蒂玛王朝第六任哈里发哈基姆(公元996~1021年在位)的追随者德拉齐和哈姆扎于1017年在开罗创建。教派亦因其名而得名。1921年哈基姆失踪后,德鲁兹派被逐出埃及,哈姆扎逃往叙利亚、黎巴嫩传教。德鲁兹派不仅是伊斯兰教的一个教派,同时也是阿拉伯民族的一个分支。德鲁兹人总共约有100万人,主要分布在中东地区的黎巴嫩、叙利亚、以色列和约旦等国。黎巴嫩的德鲁兹派约有21万人,占全国人口的6%左右,主要居住在贝鲁特东南的阿莱、舒夫山区和南方省、贝卡省的许多村镇。出于求职、求学等原因,居住在首都贝鲁特和贝鲁特省城镇中的德鲁兹人也为数不少。

德鲁兹派虽属伊斯兰教的分支,但在教义解释和宗教仪式上与伊斯兰教其他各派均有所不同。该派只要求精神上笃信真主,不强求礼拜的形式;不设清真寺,即使礼拜,仅要求在室外空地上即可；不强求信众封斋和到麦加朝觐。在饮食习惯上，德鲁兹派不禁食猪肉。德鲁兹派在精神寄托方面的七条原则是：热爱真理，关心他人、不同其他任何宗教发生关系，避免同魔鬼和坏人接触，接受一神教理论，接受哈基姆的一切行为，按哈基姆的意志行动。德鲁兹派将信徒分为两类，一类是教派的精英，深谙该派教义的奥秘，称为"乌高勒"（uqqal，阿拉伯语意为"知秘者"），而无缘知晓教义奥秘的信徒则称为"朱哈勒"（juhhal，意为"无知者"）。德鲁兹派相信，人死后灵魂会转世，黎巴嫩德鲁兹人更相传，德鲁兹人死后灵魂将在中国转世，因此对中国人有一种自然的亲切感。

阿拉维派 （又称努赛里耶派）阿拉维派是什叶派第十任伊玛目阿里·哈迪属下的一个分支，总人数150万~180万人，以从事农业为主。因该派崇拜和神化阿里，故称阿拉维派。公元857年，穆罕默德·本·努赛里·纳米里·阿布德自称是什叶派第十任伊玛目阿里·哈迪的继承人，开创了阿拉维派，故亦被称作努赛里耶派或纳米里派。10世纪，什叶派哈姆达尼王朝在阿勒颇掌权时期，侯赛因·本·哈姆丹·哈西比稳固地确立了该派的地位。阿拉维派穆斯林多数居住在叙利亚，起初主要居住在滨海城市拉塔基亚附近的山区，也有一部分居住在中部城市哈马和霍姆斯，所以，该派也曾因所居住的叙利亚山区而被称作为安萨里亚派。最近几个世纪以来，也有不少人迁往首都大马士革。20世纪60年代哈菲兹·阿萨德就任叙利亚总统，这是历史上阿拉维派首次在一个阿拉伯国家执掌政权。奥斯曼帝国统治时期，叙利亚和黎巴嫩曾是一个国家，有一部分阿拉维派穆斯林在此时移居到了黎巴嫩。

阿拉维派相信7项天课，其中信条、礼拜、施舍、去麦加朝觐和斋戒等5项与其他穆斯林相同，但不同的是，他们仅将其作为象征，而不是将其作为功课而去身体力行。其他两项天课是圣战和为哈里发阿里献身。他们也和其他什叶派穆斯林一样，庆贺开斋节、宰牲节和阿舒拉节。

历史上，因当权者及其他派别的穆斯林不承认阿拉维派为穆斯林而与之经常发生矛盾，该派则自认为是温和的什叶派穆斯林。黎巴嫩的阿拉维派穆斯林人数不多。1974年，黎巴嫩什叶派的十二伊玛目派的领导人穆萨·萨德尔正式作出教法决定，承认阿拉维派是什叶派穆斯林。

第四节 民俗与节日

一 民俗

黎巴嫩社会的整体文化素质较高，又长期受宗教教育的熏陶，人际关系中崇尚宽容、仁慈、平等、博爱，比较注重礼仪和文明。

（一）称呼

交往中，人们往往根据对方的年龄和关系的亲疏决定称呼。一般情况下，人们初次见面时，对男士均郑重其事地以姓名加先生或以姓氏加先生来称呼对方。对未婚或未知婚否的女士以姓名加小姐称呼，对已婚妇女则以其丈夫的姓氏加夫人称之。对已有一些交往的朋友往往以兄弟相称，在称呼其姓名时则只呼其名而略其姓氏。在比较熟悉的朋友之间则以艾布（阿拉伯语原意为"爹"、"爸"）加长子之名称呼对方，如某人的长子名拉提夫，则称其为艾布·拉提夫，对其夫人则称乌姆·拉提夫（阿拉伯语中，"乌姆"意为"娘"、"妈"）。这同我国一些地区的民俗相同，如长子名拴柱，则称其父母为拴柱他爹、拴柱他娘。夫妻之间则往往直呼其名或以艾布·XX或乌姆·XX相称。对于长者的称呼同我国习惯相似，视其同本人的年龄差异，尊称爷爷、

奶奶或叔叔、阿姨等。

(二) 礼节

见面时的礼节 如是初次相识或不太熟悉的朋友相遇，一般均握手问候。如比较熟悉的亲朋好友相遇，则不分性别，均热情地行贴脸礼。贴脸一般为3次，先贴右脸，后贴左脸，再贴右脸，贴脸的同时，嘴巴还要发出"吧"的声响，好像真的亲了对方一样。贴脸的程度又同双方关系的亲疏有关。如关系并不亲密，为了表示尊敬，则贴脸仅是形式，也就是"装装样子"而已。

接待时的礼节 黎巴嫩人比较好客，朋友造访均予盛情款待。一般情况下，如去办公室拜访，主人一般以茶或咖啡招待，偶尔也会配以小点心之类的小食品。如去家里拜访，特别是夫妇同往时，主人接待比较隆重。客人落座后，女主人一般先以果汁、冷饮料和干果招待。宾主进行一段时间交谈后，女主人会端上西点或阿拉伯点心，同时根据客人喜好送上茶或咖啡等热饮料，此时预示接待已近尾声。当然，有的好客的主人还会再上一道水果。待用完热饮或水果后，客人再稍坐片刻即应主动起身告辞。

交往时的礼节 黎巴嫩人社交活动中，人际关系比较和谐、宽容，朋友之间、家庭成员之间都能和睦相处，平等相待，民主气氛较浓。讨论问题时，如出现意见分歧，一般不正面反驳对方的观点，而是婉转地陈述自己的看法。黎巴嫩人非常重视对子女进行言传身教，有意识地营造良好的家庭环境，除关心他们的学习外，很注意创造条件让孩子们参与适当的社交活动，在实践中学习社交礼节。因此，孩子们无论随父母外出作客，或家中来客时出席作陪，既彬彬有礼，又落落大方。成年的孩子无论男女，往往要代母亲端茶送水，即便家中有佣人，一般是佣人把待客的饮料、点心等送到客厅门口，由女主人或家里成年的孩子接过来

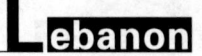

送到客人的面前,以示友好和尊敬。

(三)服饰

城市居民的服装已完全西化,男子在正式场合一般都穿着西服,较隆重的场合,黎巴嫩男子喜欢穿一身白色西服,女子则穿着连衣裙或西式套裙。年轻人在非正式场合均喜欢穿着牛仔裤、夹克等。不少成年男女,家居时为了宽松、舒适和凉爽,仍习惯于穿着宽大的阿拉伯袍。

农村居民和城市中一些严守传统的家庭仍保持阿拉伯游牧部落的习俗,男女均戴头巾,穿长袍。随着伊斯兰思潮的扩大,什叶派女青年包头巾、穿长袍的趋势有所发展。

在农村或小城镇,德鲁兹男子仍喜好穿着他们特有的民族服装,一种裤裆肥大到长及小腿的扎脚裤,头戴圆弧形小白帽。

(四)饮食

黎巴嫩的饮食习惯,不论地区或教派,基本雷同。

主食面饼 既是主食,形状与食用方法也就各有千秋,大众化的一种是直径约30厘米的圆形薄饼,另一种是70、80厘米方形或长方形的薄饼。前一种烤熟后切成长约10厘米左右的扇形片,放置于小盘中,食用时用手撕成小块。后一种薄饼烤熟后像折纸、叠床单似的折叠成25~35厘米大小,可放置在食品袋中保存,食用时则切或撕成小块,有时也油炸后食用之。在黎巴嫩的中国人的新发明则是购买后一种新鲜薄饼,用来制作春卷,既解了思乡之苦,又饱了口福,可谓一举两得。另有一种薄脆饼,面饼擀得很薄,烤熟切成扇形片后入油锅煎成焦黄后上桌,食用时香脆可口。过去面饼均为居民在家中烤制,随着现代生活节奏的加快,现在已多由面包房工业化生产,用食品袋封装出售。

菜肴 黎巴嫩人开放、豪爽,在菜肴方面大有世界各国菜肴兼收并蓄的雅兴。居民喜食的传统凉菜中,有一道称为"塔布莱"的菜则是他们的最爱。这道菜是将香菜叶、芹菜叶、西红

黎巴嫩

柿和洋葱切成很细的碎末，用橄榄油、调料凉拌而成。还有一道是用来招待贵宾的凉菜，叫做"基比"，是用上好的鲜嫩羊羔肉做成生肉酱，和上适当的盐和调料后整形装盘上桌。食用时先在"基比"上浇上一些橄榄油，然后取少量"基比"夹入一小块饼后入口。

另一种菜肴是将大米浸透水后，和入适量肉末、调料和盐，然后用洗净的葡萄叶用包春卷的方法包成圆条状，蒸熟后上桌。食用时连同葡萄叶一起吃，可略加些柠檬汁，味微酸。

烤肉是黎巴嫩人餐桌上的主菜。一种是烤羊肉串，极似我国维吾尔族的烤羊肉串。一种叫"凯巴布"，是将羊肉末用调料调好后做成扁条状，穿在烤肉钎上用炭火烤熟。第三种叫"舍瓦尔麦"，亦即近些年来我国街头快餐店有卖的"土耳其烤肉"，即将切得很薄的大片羊肉串于直立并可旋转的烤肉钎上，用电炉烤制。食用时由师傅将外围烤熟的肉垂直片下成肉丝状，加些调料夹在小饼中食用。由于需要较大的烤炉，家中烤制比较困难，多在餐馆中出售。

黎巴嫩人多喜生食蔬菜。平时餐桌上食用最多的是生菜、黄瓜、西红柿、胡萝卜、青椒乃至嫩豌豆、嫩蚕豆等。只有菠菜、扁豆等，则煮得烂烂的，作为热菜尤其是荤菜的配菜。

黎巴嫩人餐桌上还有几种不可或缺的调味品。用鹰嘴豆碾碎后制成的美味的"霍姆斯"酱，用茄子煮烂后加入调料制成的茄子酱，都是黎巴嫩人喜爱的食品。就餐时，在食用面饼时喜欢撕一小块面饼蘸些"霍姆斯"酱或茄子酱入口。另一种调味品是橄榄油。在食用热菜中的蔬菜时往往喜欢浇上一些橄榄油。

黎巴嫩人在餐桌上喜饮本国生产的"阿拉克"酒。"阿拉克"酒在土耳其和阿拉伯国家均为人们所喜爱，但酿酒的原料则因地而异。伊拉克人用椰枣酿造，黎巴嫩人则用酿酒专用的良种葡萄酿造。在有些国家，该酒是在作坊或家中土法制作，而在黎巴嫩则是在酒厂工业化生产。黎巴嫩产的"阿拉克"酒质量较好，价格与一瓶苏格兰红方威士忌酒相当。纯"阿拉克"酒无色透明，与我国白酒颇为相似，但有浓郁的茴香味。饮用时一般兑水加冰，兑水后酒液即呈乳白色。

（五）家居

黎巴嫩国土面积较小，全国几乎有一半居民居住在首都贝鲁特，其中为数众多的人都是为了就业而从全国各地迁移到贝鲁特的。因此，很多贝鲁特人，特别是中产阶级，大多拥有两处住宅。其他城市的居民也有类似情况。一处在城市，另一处则是父母在山区原籍的住宅，或是父母遗留的宅子。当然，有钱人家也有在山区置地修建豪华别墅的。由于山区环境幽静、凉爽，一到周末人们都愿回到山区住宅度假，每年暑假时期，全家都会回到山区住上 1~2 个月。因此，每逢夏季，贝鲁特通往山区的公路在上下班时段也会出现高峰期，堵车现象屡见不鲜。

二 节日

历史上，除了国家官方的节假日外，由于国内教派甚多，各个教派均有各自的宗教节日，黎巴嫩政府规定的正式节假日较多。1970~1975 年期间，法律规定的正式节假日共 27 天。1977 年，黎政府制定了 1977 年第 35 号政令，将正式节假日减少到 15 天。这一规定执行到 1984 年，延续了 7 年。

1985 年 6 月 15 日，新一届政府通过了第 2512 号政令，对正式节假日作出了新规定。1994 年 4 月 27 日，黎政府又通过了第 5112 号政令，对 2512 号政令作了一些修订，并沿用至今。

按照第 5112 号政令，黎巴嫩的全国性法定节假日为 22 天。伊斯兰教的宗教节日系根据伊斯兰历法确定，因此对于当前国际通行的公历而言，节日日期并不固定，每年都有变化。这同我国农历和公历的关系相似，但伊斯兰历没有闰年，因此同公历的差

别更为显著。2005年的具体节假日如下。

1月1日	元旦
1月6日	亚美尼亚东正教圣诞节
1月21日	宰牲节（伊斯兰教）
2月9日	圣马龙节（天主教马龙派）
2月10日	伊斯兰历新年
2月19日	阿舒拉节（伊斯兰教什叶派）
3月25日	神圣星期五（天主教）
3月27日	复活节（天主教）
4月21日	先知穆罕默德诞辰日（伊斯兰教）
4月29日	神圣星期五（东正教）
5月1日	复活节（东正教）
5月1日	国际劳动节
5月6日	烈士纪念日
5月25日	抵抗与解放节
8月15日	圣母升天节
9月1日	先知穆罕默德登宵节（伊斯兰教）
11月1日	诸圣瞻礼节（天主教）
11月3日	开斋节（伊斯兰教）
11月22日	独立节
12月25日	圣诞节（基督教）

第二章
历　史

第一节　上古简史
（远古至公元 7 世纪初）

一　古代的腓尼基人（公元前 3000～前 800 年）

约在公元前 3000 年左右，在当今黎巴嫩的一些沿海城市及内地的稠密林区内，居住着闪族人的祖先——迦南人。他们以擅长用近海的一种软体动物制造为当时的欧亚许多国家皇室和达官贵人所推崇的紫色染料而闻名于世，也因这种染料的希腊名称而被世人称为"腓尼基人"。后来，基督教的高级神职人员也以穿着紫袍来显示其身份的威严。在荷马和希腊时代，紫色服装是和王权相连的。罗马皇帝都穿紫袍，传说拜占廷王朝的历代皇后们都在用紫色修饰的居室内分娩，因此王室子弟才有"生于紫屋"之说。直至公元 8 世纪，威尼斯商人还要特别标明"提尔紫"（提尔为今黎巴嫩南部城市苏尔的英语别名）来证明其进口的奢侈品是绝对正宗产品。

腓尼基人当时均居住在沿海城市，每个城市构成一个独立的城邦国家，以航海和经商著称。南部的提尔（Tyre，今苏尔）、西顿（Sidon，今赛达）是著名的海运和商业中心，而北部和中部的古卜拉（Gubla，后称比布鲁斯，今朱贝勒）和贝鲁图斯（Berytus，今贝鲁特）则是商业和宗教中心。黎巴嫩山脉在当时的历史条件下成为腓尼基人向东发展难以逾越的天然障碍，而山上盛产的名贵杉木——黎巴嫩雪松，木质坚硬，不易腐烂，是建造船舶的首选材料。正是这种自然条件的有利和不利因素，造就了腓尼基人从事航海和国际贸易的经久不衰的民族传统。

早在公元前27世纪埃及古王国时期，腓尼基人就同埃及开展了贸易往来，古卜拉是同埃及开展贸易的第一个腓尼基城邦国家。腓尼基向埃及主要出口雪松、橄榄油和葡萄酒，而从尼罗河流域主要进口黄金及其他产品。到公元前18世纪末，由于另一闪族游牧部落征服埃及，建立希克索斯王朝，腓尼基人同埃及的贸易关系中断。直到公元前1570年，底比斯王阿赫摩斯一世发动一场解放战争，推翻了希克索斯王朝，并使埃及走上了对外侵略扩张的道路。公元前1490年，他的继承人图特摩斯三世挥师北上，将当今的叙利亚和黎巴嫩领土全部并入埃及。

公元前14世纪末，埃及帝国逐步衰落。公元前12世纪初，黎巴嫩再次获得独立。在此后的三个世纪里，腓尼基人摆脱了外族的统治，获得了自由，开创了一个经济繁荣时期。其间，腓尼基人不但发明了作为文字交流工具的拼音字母，而且掌握了纺织、象牙雕刻、金属工具和玻璃的制造工艺。腓尼基人作为航海家，不仅建立了通往欧洲和西亚的航道，还将势力范围扩大到几乎整个地中海海域，公元前9世纪，在今突尼斯的北端建立了迦太基（Carthage）殖民地。"迦太基"一词是腓尼基语，意为"新城"。迦太基在此后的数个世纪成了地中海海域的著名城市。此外，腓尼基人还在地中海海域通往欧洲的航道上建立了塞浦路斯、罗得岛、克里特岛等殖民地。更有甚者，早在葡萄牙人之前约1000年，腓尼基人的船队就已完成环绕非洲的航行。直到亚述人入侵之前，这些航道和殖民地均呈现一片繁荣兴旺景象。

二 亚述帝国、巴比伦王国和波斯帝国统治时期（公元前8～前4世纪）

（一）亚述帝国的入侵

美索不达米亚北部的亚述人于公元前14世纪成为独立国家，并一度成为地区强国。在公元前约1208年后力量衰落。公元前11世纪一度中兴。公元前9世纪，亚述诸王开始了新的扩张时期，公元前729年，亚述人吞并了美索不达米亚平原上的另一古国——巴比伦帝国。公元前8世纪中叶至公元前7世纪后期的所谓新亚述帝国时期，亚述军队占领了腓尼基人的诸城邦王国。其后，不断遭到腓尼基人的反抗。公元前8世纪中叶，提尔和古卜拉的人民起来反抗，遭到亚述国王提格拉-皮拉泽的镇压，并被其课以重税。公元前7世纪中叶，西顿人民揭竿而起，反抗艾萨尔哈东国王的暴政，结果是城池被夷为平地，居民遭受奴役。后来，艾萨尔哈东在旧城废墟上又建了一座西顿新城。公元前721年，提尔城邦的人民再度叛乱，反对亚述国王萨尔贡二世的压迫，但也遭到镇压的厄运。

（二）巴比伦帝国的统治

公元前7世纪末，在属地此伏彼起的反抗和叛乱中，亚述帝国逐渐衰败。公元前605年，重新崛起的新巴比伦王国的军队在尼布甲尼撒王子的指挥下，在决战中战胜了强大的埃及、亚述联军，从而最终宣告亚述帝国的灭亡。

随着两河流域统治者的更迭，腓尼基各城邦反对巴比伦统治者的斗争更趋激烈。公元前587～前574年，提尔人为反抗尼布甲尼撒的军队对提尔城的围困，坚持了13年的长期英勇斗争，终因寡不敌众而告失败。城邦宣告投降，国王被废黜，居民沦为奴隶。

(三) 波斯帝国取巴比伦帝国而代之

公元前539~前538年，居鲁士创建的波斯帝国攻陷巴比伦，腓尼基及其邻国又成为波斯的属地。其子冈比西斯于公元前529年继位后，继续执行居鲁士的对外征战、扩张政策。他看到波斯帝国的出海口距欧洲路途遥远，而腓尼基人既拥有地中海东岸的良港，又拥有一支强大的船队，就将黎巴嫩选为向西扩张的基地。为了便于管理，他将黎巴嫩、叙利亚、巴勒斯坦和塞浦路斯合为一个行省，将西顿选为首府，并给予西顿、提尔等城市一定程度的自治权，提供一些新的交通设施。波斯的和平统治使腓尼基诸城邦得到了许多物质利益。基于这些原因，冈比西斯才有可能于公元前525年利用这支东地中海最强大的腓尼基船队征服埃及。公元前490~前449年的希腊－波斯战争中，腓尼基人看到这是削弱海上贸易对手潜力的大好机会，积极支持波斯进攻希腊的战争，曾有200余艘腓尼基船只参与运送波斯部队，并曾参加了当时一些著名的战役。

到公元前360年，腓尼基人同希腊的关系打开了新的局面，雅典人对居住在阿提卡的西顿人豁免了例行的侨居税，移居比雷埃夫斯等雅典周围城市的腓尼基人数量大大增加。当时的西顿王斯特拉顿同希腊的关系也比较密切。而腓尼基诸城邦同波斯一向还算比较融洽的关系也开始发生变化，腓尼基人似已感到波斯帝国日薄西山，对波斯皇帝所派总督的专横态度和课征的沉重赋税已忍无可忍，起义的火花由北部城市的黎波里点燃，迅速席卷整个海岸，尤以西顿城为最。结果，九个主要城邦赶走了波斯总督。但在西顿，波斯皇帝派出的军队对起义者进行了残酷和疯狂的镇压，除国王丧胆投降被处死外，大多数居民决心为自由而献身，他们在焚毁港内船只后，在家中引火自焚，并烧毁了所有的房屋和财产，致使这座一度成为地中海霸主的城市再次化为灰烬。

三 希腊罗马和拜占廷统治时期（公元前4~公元7世纪）

（一）希腊向地中海东岸扩张

当盛极一时的波斯帝国在大流士三世统治下已逐步走向衰败时，地中海上与之交恶达两个多世纪之久的希腊已重新振作起来，年仅20岁，出生于马其顿的亚历山大大帝于公元前333年率领一支3.5万人的大军，挥师东进，穿越波斯人控制的小亚细亚，再南下叙利亚，在叙利亚粉碎波斯军队的抵抗后继续南下。腓尼基诸城邦，除提尔外，均未试图反抗，承认了希腊的宗国地位。提尔人则不甘于接受外族统治，奋起反抗。亚历山大为有效围攻提尔，动工修筑一条约800米长、70米宽的堤坝，将提尔这个小岛与大陆相连；还从西顿、比布鲁斯等地调用了80艘三层桨战船围攻。提尔人则调集弓箭手、投石手和潜水手不断袭击攻城的敌军，阻挠堤坝的修筑，但终因势单力薄而告失败。公元前332年，经过长达7个月的英勇抵抗后，在外援无望的情况下，提尔人最终只能屈服。在这场艰苦的战斗中，约有8000市民被杀，2000人在战后被处死，3万人沦为奴隶。

亚历山大在南下征服埃及后回师东进，在两河流域北部的亚卑拉（今埃尔比勒）大胜了大流士三世的主力军，彻底摧垮了波斯帝国。然后继续深入亚洲腹地，直达阿富汗和印度。公元前323年，亚历山大在率部班师途中病故。

亚历山大大帝去世后，他所拓展的庞大帝国分崩离析，在马其顿将军们的激烈争夺下被一分为四。腓尼基东部、叙利亚和美索不达米亚被塞琉古王朝的创始人塞琉古一世所囊括，而叙利亚南部和埃及则落入托勒密王朝（公元前305~前30年）手中。此后，塞琉古王朝和托勒密王朝为争夺繁荣的腓尼基而不断发生争斗。公元前286年前后，腓尼基诸城邦在塞琉古一世时曾被转让给托勒密一世，臣属埃及的托勒密王朝达 88 年之久。公元前 198 年，塞琉古王朝才再度夺回腓尼基诸城邦，并持续统治了一个世纪。但是，塞琉古王朝已逐步走向衰败。随着塞琉古王朝的苟延残喘，腓尼基各城邦在力主自决的呼声中获得了一些特权和权力。阿拉杜斯和提尔发行了自己的货币，苏尔的钱币上不仅有希腊文，还有自己的腓尼基文。的黎波里、比布鲁斯和西顿等城邦也都获得了自决权。

（二）罗马帝国和拜占廷帝国对腓尼基的占领

在塞琉古王朝执政的最后一个世纪，由于国力衰弱，内政松弛，外族入侵，王国始终处于动乱之中。公元前 82 年，东北方亚美尼亚人入侵。到公元前 64 年，罗马将军庞培率军攻占小亚细亚、叙利亚和黎巴嫩，塞琉古王朝最终覆灭。从塞琉古王朝覆灭直到公元 4 世纪末，腓尼基诸城邦贝鲁图斯、比布鲁斯、西顿和提尔等被合并到叙利亚省，转入罗马帝国的统治之下，成为罗马帝国的臣民。公元 395 年，罗马皇帝提奥多西去世后，其两个儿子分管的帝国东、西两部分最终分裂成两个国家，以罗马为首都的罗马帝国和以君士坦丁堡（今伊斯坦布尔）为首都的拜占廷帝国。从此，腓尼基诸城邦又归属拜占廷帝国管辖。罗马帝国虽于公元 476 年衰亡，而拜占廷帝国却生存了近 11 个世纪，直到公元 1453 年才亡于奥斯曼帝国。黎巴嫩则于 7 世纪中叶随叙利亚归属新兴的阿拉伯帝国。

（三）罗马帝国统治时期黎巴嫩的基督教化

正当罗马帝国如日中天之际，一个新的宗教——基督教在帝国的边远地区巴勒斯坦诞生了。基督教诞生后很快就传到了黎巴嫩的提尔和西顿，公元 56 年，在提尔已经有了基督教教会，随后又传到西顿。到公元 2 世纪末，提尔已成为基督教主教的驻地。公元 325 年，提尔的一个传教士弗鲁孟提奥出席了著名的基督教教会第一次普世会议——尼西亚会议。公元 335 年，在提尔也举行过一次基督教宗教会议。

根据历史记载，贝鲁图斯著名的罗马法律学校早在 2 世纪就是一座极富创造力的学术机构，得到许多基督教徒的赞助。这所学校的两位著名教授帕品尼安和乌尔庇安后来成为最著名的罗马法律学家，他们的著作成为不朽的法学遗产，分别有约 600 条和 2500 条被收入《法理汇要》。《法理汇要》作为查士丁尼法典的摘要，为欧洲的法律奠定了基础。这所法律学校不仅培养了许多政府官员，也培育了不少著名的神职人员。遗憾的是公元 551 年的大地震和海啸将这座城市和学校彻底摧毁。

在罗马时代，腓尼基只有一座内地城市占有重要地位，即希里奥波利斯（Heliopolis，今巴勒贝克），希腊文意为"太阳之城"。罗马人将一座原来的异教神庙扩建为基督教的教堂，并将这座城市宣布为罗马的殖民地和罗马帝国守备部队的驻防城市。

四　希腊罗马统治时期的腓尼基

希腊、罗马等外族入侵给腓尼基诸城邦造成了巨大创伤，有的城池数度被毁，无辜百姓涂炭，成千上万战败的腓尼基人沦为奴隶。但是，从客观上讲，在当时比较封闭的奴隶社会条件下，希腊、罗马的对外扩张在一定意义上促进了东西方之间的商品贸易和科学技术的交流。特别是在希腊和罗马统治的稳定时期，即所谓"希腊化"和"罗马帝国的和平"时期，腓尼基诸城邦在对外贸易、科学技术和工艺制造方面都取得了长足进步，对推动西方文明起到积极的促进作用。

（一）促进工农业的发展和东西方物资交流

腓尼基诸城邦依托其重要的战略地位和先进的航海技术，自古就有开展转口贸易的传统，将来自阿拉伯半岛的香料、珍珠、药材、香水，来自印度的大米、食糖、宝石和来自中国的丝绸销往西方。他们将进口的中国丝绸用"提尔紫"染料加工后作为高

档奢侈品外销。西方市场旺盛的需求促进了本国工农业的发展，贝鲁图斯和提尔的葡萄酒、西顿的玻璃器皿、陶器在附近地区和地中海一带都颇负盛名。黎巴嫩雪松的需求量也很大，以致当局不得不采取限量开采的保护措施。

（二）人员和商品交流促进了东西方的文化交流

人员和商品的交流首先需要语言和文字的沟通，腓尼基人的一大历史功绩就是在世界上首先创造了拼音字母和文字。早在公元前13世纪，腓尼基人22个字母的表音文字就已在比布鲁斯通用。随后通过腓尼基人的航海和通商而流传到希腊，逐步演变成希腊文和拉丁文，是当今西方文字字母的祖先。到希腊统治期间，由于亚历山大大帝的倡导，希腊历任统治者提倡通婚，使用同一语言、同一法典和统一的货币。在他们所开拓和新建的城市广为传播希腊的科学、哲学和宗教。直到罗马时代早期仍旧延续了这一传统。经过希腊、罗马统治者几个世纪的努力，希腊文化在腓尼基及其周围地区，确实留下了极为深刻的影响。

腓尼基人在希腊、罗马时代的文学和科学领域也作出过重要贡献。希腊地理学家斯特拉波于公元20年就推崇西顿是"天文学和数学领域哲学家"的故乡，他本人曾师从西顿的亚里士多德派哲学家波伊修斯，波伊修斯之弟也是一位著名的哲学家，还是历史学家和语法学家。提尔的波尔菲里是新柏拉图派哲学的第二创始人，他编辑整理了柏拉图的大量著作，是具有深远影响的新柏拉图派哲学家。贝鲁特出生的普罗布斯为罗马帝国后期的古典文学奠定基础，是罗马帝国时代不可多得的拉丁语语言文字学家。提尔的马里纳斯是第一位用经纬度标注地名具体方位的地理学家，被认为是数学地理的创始者。此外，罗马帝国的建筑艺术独具一格，在世界建筑艺术史上颇负盛名。黎巴嫩的巴勒贝克的罗马建筑遗址同叙利亚的帕尔米拉、约旦的杰拉什、贝特拉的罗马建筑遗址均已成为中东地区仅存的罗马建筑艺术瑰宝。

第二节　中古简史：阿拉伯帝国时期
（公元 7~13 世纪）

一　伊斯兰教的创立和阿拉伯帝国的兴起

公元 7 世纪初，阿拉伯半岛上发生了一件对世界历史影响极大的重大事件。阿拉伯半岛麦加城古莱什部落的先知穆罕默德创立了伊斯兰教。伊斯兰教的出现在世界历史的各个时期，乃至对当今世界的政治、经济和文化都具有至关重要的作用和影响。

初期，穆罕默德的传教活动在麦加贵族中遭到难以克服的阻力。在无奈之中，穆罕默德带领部分信徒于公元 622 年迁往麦地那。是年即被定为伊斯兰纪元（希吉拉历，在我国俗称回历，现称伊斯兰教历）。迁到麦地那后，穆罕默德看到了掌握政权对传教的重大意义，便组建了一个政教合一的穆斯林公社，一支听命于宗教的军队。穆罕默德不仅是宗教领袖，还拥有国家元首的一切世俗权力。他带领广大穆斯林以圣战的名义，传播伊斯兰教教义，不断扩大其传教领域和控制区域。公元 632 年，穆罕默德去世。次年，在第一任哈里发阿布·伯克尔领导下，阿拉伯军越过阿拉伯半岛边界，在死海南面的阿拉伯谷地同拜占廷军队一战，初奏凯歌。第二任哈里发欧麦尔继位后，同属古莱什部落的哈立德·伊本·瓦利德将军于公元 636 年率领阿拉伯部队在叙利亚西南边境的雅尔穆克战役中击溃了数倍于己的 5 万拜占廷守军，将叙利亚、黎巴嫩和巴勒斯坦相继占领。此役最终结束了拜占廷帝国对地中海东岸诸国的占领，开创了叙利亚、黎巴嫩等国阿拉伯属性的新纪元，因此具有重大的历史意义。

公元 640 年，哈里发欧麦尔任命驻叙利亚部队一名指挥官、同属古莱什部落富有的伍麦叶家族的穆阿维叶为叙利亚总督。欧麦尔死后,第三任哈里发奥斯曼虽在对外扩张上同其前任一样,业绩颇丰,但因追求享乐,重用伍麦叶家族成员,引起反对派不满。穆罕默德的堂弟兼女婿阿里及其追随者原本就认为应由阿里及其后裔作为哈里发的继承人,便组成反对奥斯曼的什叶派。公元655年6月,什叶派在库法发难。次年6月,奥斯曼被暴动者杀害,阿里继任哈里发,并迁都库法。在稳定局势后,阿里开始整顿内部,建立新的制度,撤换包括叙利亚总督穆阿维叶在内的前任哈里发任命的部分总督。穆阿维叶拒不承认阿里的哈里发地位,最终导致双方兵戎相见。公元657年7月,绥芬平原一战后双方握手言和。阿里阵营中主战派另组哈瓦利吉派(意为"出走者"),并于公元661年1月将阿里刺杀。阿里的长子哈桑为避免穆斯林之间的流血冲突,拱手将哈里发之位让与穆阿维叶。穆阿维叶遂继任哈里发。

二 伍麦叶王朝时期(公元661~750年)

穆阿维叶继任哈里发后,创建了阿拉伯帝国的首个王朝——伍麦叶王朝。他在位19年,功绩卓著。他继承前任哈里发的传统,继续对外扩张,拓展疆土,并仿效拜占廷帝国,组建了一个比较稳定又卓有成效的政府。他将阿拉伯帝国的军队由原来分散的部落武装改编为一支组织系统健全、便于灵活指挥的统一的正规军。穆阿维叶还指定其子叶齐德为继任人,从而将哈里发继任人的确定方式由举贤制改为世袭制。

穆阿维叶继位后,即在黎巴嫩沿岸派驻部队,并接收和发展拜占廷王国在提尔和阿克所建的设备完善的造船厂,利用黎巴嫩的雪松建造海军舰队,一方面抵抗拜占廷可能来自海上的进攻,一方面又在海上扩张,占领了距海岸较近的塞浦路斯岛,对较远的克里特岛、罗得岛则搞了一些打了就跑的劫掠活动。

第二章 历史

在黎巴嫩历史上，伍麦叶王朝时期的一个重要事件是基督教马龙派教会扎根黎巴嫩。早在罗马帝国时期，基督教就已传入黎巴嫩的沿海城邦。基督教马龙派源于叙利亚，卡尔西顿会议后，因同坚持一性论的雅各教派发生尖锐矛盾，部分马龙派教徒于5世纪中叶迁到黎巴嫩山北部。阿拉伯帝国占领黎巴嫩后，拜占廷帝国为防止阿拉伯人的入侵行动威胁拜占廷帝国的安全，便利用定居在黎巴嫩山区的信奉基督教的马拉达人来牵制阿拉伯人。为巩固在阿拉伯半岛和伊拉克的统治，拓展新的疆土，穆阿维叶在阻止了马拉达人的多次进攻后，于公元667年通过谈判同拜占廷皇帝君士坦丁四世达成协议，同意每年向君士坦丁缴纳贡品，换取马拉达人停止对阿拉伯军队的攻击。而在叙利亚，穆阿维叶却不断排挤和打击基督教派，大批马龙派教徒遂纷纷迁徙到黎巴嫩山北部马龙派教徒聚居地，其他教派的一些基督教徒也都前往黎巴嫩避难。大批基督教徒的迁入和各教派积极的传教活动，黎巴嫩逐步发展为阿拉伯世界中唯一的由基督教占主导地位的国家。马龙派教会成为基督教在黎巴嫩的主要教派。

鉴于阿拉伯帝国对本地区的控制已日趋稳固，同君士坦丁堡的联系已无可能，马龙派教会遂于公元687年自行任命圣约翰·马龙为牧首。拜占廷当局一向习惯于干预教会事务，对马龙派教会此举不予认可，并出兵入侵黎巴嫩，攻击马龙派教会。马龙派教会在阿米翁一役中获胜，并将牧首驻地设在凯法尔海伊。

伍麦叶王朝共执政89年，经历了14任哈里发。继伊斯兰教创始人穆罕默德之后，伍麦叶王朝东征西伐，打败了拜占廷帝国和波斯帝国，开拓了新的疆土，创建了一个西起大西洋东岸，东到中国边境，地跨欧、亚、非三大洲的庞大阿拉伯帝国。但是，出于历史的局限性，伍麦叶王朝当权者在疆土迅速扩张后，极不明智地将百姓分为四个等级，对非阿拉伯人和非穆斯林采取歧视政策，导致各地民众纷纷聚众反抗或起义。而统治集团内部生活

上骄奢淫逸,朝纲不振,各个宗派争夺领导权的斗争亦十分激烈。后期,错综复杂的矛盾使统治集团内外交困,最终导致了王朝的覆灭。

三 阿拔斯王朝时期(公元 750~1258 年)

伍麦叶王朝末期,力图推翻哈里发麦尔旺二世的反对派主要有阿拔斯派、什叶派和呼罗珊人,阿拔斯派和什叶派皆因伍麦叶王朝统治者同先知穆罕默德的血缘关系不如两派更近,故对伍麦叶王朝统治者继承哈里发职位的合法性不予承认;呼罗珊人属波斯的什叶派穆斯林,以其古老文明不甘屈居顺民地位,渴望摆脱伍麦叶王朝的统治。三派在反对伍麦叶王朝的斗争中逐渐结成联盟。

公元 747 年 6 月,阿拔斯派的代理人、波斯释奴艾布·穆斯林以减轻赋税为号召,在呼罗珊举旗起义,伊拉克和中亚人民群起响应。起义军在攻克呼罗珊首府木鹿后,挥师挺进伊拉克,于公元 749 年攻克库法。同年 10 月 30 日,阿拔斯派首领艾布·阿拔斯在库法被拥戴为哈里发。公元 750 年 1 月,艾布·阿拔斯的军队在伊拉克东北大扎卜河一役击溃伍麦叶军队。此后,入叙利亚境内后长驱直入,于同年 4 月 26 日攻占伍麦叶王朝首都大马士革。8 月 5 日,伍麦叶王朝最后一位哈里发麦尔旺二世被追杀,伍麦叶王朝覆灭。

阿拔斯王朝时期,阿拉伯帝国定都巴格达,进入了一个阿拉伯贵族和非阿拉伯贵族联合统治的新时代。在这一时期,帝国内各个民族和种族的人民互相融合,取长补短,共同发展。其中,古老的波斯文化和传统在巩固政权、发展阿拉伯—伊斯兰文化和促进学术繁荣方面具有深远的影响。这一时期,在阿拉伯帝国广大地区实现了伊斯兰化和阿拉伯语化,对此后的世界历史和许多民族语言文字的创建和发展具有不可磨灭的影响。

第二章 历　史

阿拔斯王朝是阿拉伯帝国统治时间最长的朝代，前后历时500余年。从公元8世纪中叶到9世纪中叶的头一百年左右是阿拔斯王朝的鼎盛时期，农业、工业和交通运输都很发达。依托丰富的物资和便利的交通，商业呈现兴旺景象，对外贸易空前活跃，为东西方物资、文化和科技的交流起到积极的促进作用。黎巴嫩经济也同样得到发展，提尔和的黎波里的港口忙于出口纺织品、陶器和玻璃制品。黎巴嫩产品不仅销往阿拉伯国家，还深受地中海沿岸国家的青睐。在哈里法哈伦·拉希德及其子麦蒙执政期间，黎巴嫩在学术创新方面也作出了显著贡献。医学家拉希德丁、法理学家阿瓦齐和哲学家古斯塔·伊本·卢伽均是各自领域的杰出代表。

但是，阿拔斯王朝统治者由于其历史局限性而难以适应管理庞大帝国的重任。统治阶级内部争权夺利，大封建主割据称雄，统治集团和其他阶层之间的矛盾，各个民族之间的矛盾，穆斯林和非穆斯林之间的矛盾等，逐步导致帝国分崩离析。由于王朝的严酷统治，黎巴嫩山区人民就曾于公元759年爆发过起义，遭到当局的镇压。公元10世纪末，提尔的埃米尔宣布独立，脱离阿拔斯王朝，并以他自己的名字铸造硬币，直到法蒂玛王朝时才告终止。从公元8世纪中叶开始，在帝国境内共建立包括同黎巴嫩有关的法蒂玛王朝（909~1171年）、艾尤卜王朝（1171~1250年）和马木鲁克王朝（1250~1517年）等15个地方王朝，最终于13世纪中叶，因外族的入侵而导致了帝国的覆灭。

阿拔斯王朝时期曾发生了一件在黎巴嫩历史上影响深远的事件，即伊斯兰教德鲁兹派在黎巴嫩山区扎根。德鲁兹派于11世纪初由埃及地方王朝法蒂玛王朝第六代哈里发哈基姆的裁缝德拉齐所创建，"德鲁兹"一词即由其名演绎而来。德拉齐出生于中亚的布哈拉，在埃及狂热地神化哈基姆，受到哈基姆的宠爱。他公然宣称哈基姆具有超凡的神性，是最高宇宙灵魂的化身，是安拉在尘世的代理人。由于这些宣传受到伊斯马仪派宗教领袖的谴责，德拉齐被迫转移到叙利亚、黎巴嫩传教，最后选择在黎巴嫩定居。目前，黎巴嫩德鲁兹人主要居住在舒夫山区、麦腾、哈斯拜亚和拉谢亚等地区。

公元11世纪末，阿拔斯王朝时期还发生了一件对中东地区历史具有深远意义的重大事件，那就是十字军东侵。公元11世纪上半叶，阿拔斯王朝已近乎奄奄一息，东方塞尔柱人不断向外扩张。公元1055年12月，酋长突格里勒率军攻陷巴格达，哈里发赐其"苏丹"称号。此后，塞尔柱人更将叙利亚、黎巴嫩和巴勒斯坦等地中海东岸地区纳入其版图，苏丹事实上已"挟天子以令诸侯"，剥夺了哈里发的统治权，成为阿拉伯帝国真正的统治者。而11世纪下半叶，欧洲战乱频仍，加之灾荒、瘟疫连年不断，社会动荡不安。为转移农民斗争方向，趁塞尔柱帝国分裂之机，教皇乌尔班二世于1095年11月在法国的克勒芒召开宗教会议，在教俗两界统治者的拥护下，以夺回耶稣圣墓、拯救耶路撒冷为幌子，纠集了法、英、德、意等国的封建主和骑士为主的十字军，在1096~1291年的近两个世纪中，先后组织了8次东侵，给小亚细亚、地中海东岸地区和埃及人民带来了深重灾难。但从客观上说，十字军东侵的影响是进一步促进了东西方贸易和文化的交流，对西欧社会发展起到了一定的推动作用。

在第一次东侵中，十字军攻占耶路撒冷后就把进攻矛头直指黎巴嫩海岸。公元1109年占领的黎波里，1110年攻克贝鲁特和赛达，苏尔人民进行了顽强抵抗，在长期围困后直到1124年才不得不屈服。至今，十字军占领的烙印尚存，黎巴嫩海岸和山坡上尚可看到十字军时代不少尖塔、城堡和教堂的遗迹。在十字军占领期间，基督教马龙派教会建立了同罗马教廷之间的关系。此外，作为十字军的主要参与国，法国至今仍保持着在黎巴嫩的利益，同黎巴嫩基督教会、信众之间也仍保持着良好关系。

正值十字军东侵已成强弩之末时，黎巴嫩又遭埃及新兴的马木鲁克王朝的蹂躏。公元1291年，正当马木鲁克军队忙于同十字军、蒙古军队作战时，居住在贝卡谷地和凯斯莱旺的什叶派穆斯林群起反抗。在战胜外族军队后，马木鲁克军队于公元1308年镇压了什叶派的反叛。为逃避马木鲁克军队的进一步镇压和屠杀，什叶派穆斯林纷纷逃离凯斯莱旺，前往黎巴嫩南部。马木鲁克王朝的统治延续了近3个世纪，直到公元1516年，奥斯曼帝国成为黎巴嫩及其周围广大地区的统治者。

第三节　近代简史：奥斯曼帝国统治时期（1516~1916年）

一　奥斯曼帝国的兴起和对黎巴嫩统治的开始

奥斯曼帝国建国之初原是小亚细亚西部一个突厥民族的小国。在公元7世纪到9世纪阿拉伯帝国兴起并向东向北扩张时，突厥民族逐步接受和皈依伊斯兰教。突厥人英勇善战，初期曾在阿拉伯帝国充当奴隶、士兵，不久就因战功而升任一省的总督或地区的统治者。到公元11世纪，阿拉伯帝国开始衰败，突厥的塞尔柱人乘势入侵，攻陷首都巴格达，成了阿拉伯帝国的实际统治者。公元12世纪80年代，塞尔柱人在迈里奥发克垅一战大胜拜占廷帝国军队，确立了突厥人在小亚细亚的统治地位。

公元13世纪中叶，蒙古铁骑大军入侵小亚细亚，毁灭了在本地区曾盛极一时的突厥塞尔柱人的罗姆苏丹国。公元14世纪初，气数已尽的罗姆苏丹国分裂成10个突厥小公国。当奥斯曼继任其中一个小小的奥斯曼突厥公国首领后，以其超常的组织才能带出了一支训练有素、勇敢善战的军队。奥斯曼随即开始向外扩张，

先是吞并了其他突厥小公国，然后开始染指毗邻的拜占廷帝国。此后的近两个世纪中，奥斯曼人在西征中几乎是所向披靡。到公元14世纪末，奥斯曼人几乎已经控制了整个巴尔干地区。虽然随后在同东面来犯的帖木儿王朝的较量中，1402年安卡拉一役中一败涂地，沦为藩属国，但为时甚短。三年后帖木儿病故，奥斯曼人宣布断绝同帖木儿的一切依附关系，重振旗鼓。整个公元15世纪，奥斯曼人的主要精力几乎集中在进一步扩大和巩固在欧洲开拓的疆土和巩固在地中海的海上霸权上。

公元1512年，奥斯曼帝国苏丹巴耶济德二世病逝，其幼子塞利姆一世继位。巴耶济德在世期间，波斯沙法维王朝崛起，构成对奥斯曼帝国霸权的极大威胁。塞利姆一世在巩固其统治地位后，为消除身边的威胁，将出征的首要目标转向毗邻的波斯沙法维王朝。奥斯曼帝国在波斯一仗大获全胜，吞并了沙法维王朝属下的美索不达米亚平原，从而改变了同其两大伊斯兰邻国波斯、埃及之间的力量对比，已处于战略上的绝对优势地位。

1516年，塞利姆一世为征服埃及马木鲁克王朝，亲自率军南下，在叙利亚阿勒颇以北的麦尔杰·达巴格一举击溃了马木鲁克军队的抵抗。大马士革省长加扎利因在此役中曾协助奥斯曼军队而深得奥斯曼人的信任。当塞利姆一世进入大马士革时，加扎利将颇受其喜爱的到访的黎巴嫩酋长们介绍给塞利姆一世。塞利姆对为首的德鲁兹酋长法赫尔丁（Fakhr ed-Din）的口才甚为欣赏，决定给予黎巴嫩酋长们以半自治地位。从那时起直到19世纪中叶，奥斯曼帝国先后通过德鲁兹派的两大家族马安（Maan）家族和的谢哈布（Chehab）家族（后来皈依基督教马龙教派）实施对黎巴嫩的统治。在奥斯曼帝国时代，从行政管理角度的习惯上，将当今黎巴嫩、叙利亚、约旦、巴勒斯坦和以色列五国划为一个行政区域，统称"大叙利亚"。

二 马安家族执政时期（1516～1697年）

马安家族迄未查到其确实的阿拉伯家谱。1120年，按照突厥塞尔柱王朝驻大马士革总督的指示，为躲避困扰沿海地区的十字军部队，马安家族迁到黎巴嫩山脉中部舒夫山区的西南山坡定居。这个家族很快就皈依了伊斯兰教的德鲁兹教派。到1516年法赫尔丁一世掌权任埃米尔时权力逐步上升，成为黎巴嫩最大的封建地主。奥斯曼当局还批准法赫尔丁建立黎巴嫩自己的军队。

在马安家族迁到黎巴嫩半个世纪后，来自阿拉伯半岛著名的古莱什部落的谢哈布家族从叙利亚南部迁来，定居在赫尔蒙山脚下的塔伊姆谷地，并逐渐皈依了基督教马龙教派。这两个家族在很长一段历史时期内一直通过联姻和谐约结成同盟，分享黎巴嫩中部地区和南部地区的统治权。马安家族的聚居地和权力中心在舒夫山区的代尔·盖迈尔（Deir el-Qamar）及其以南的巴格林（Baaqlin）。

法赫尔丁一世于1544年去世。在其子古尔古玛兹掌权期间，在的黎波里地区依靠蚕食而逐步扩大领地的尤素夫·赛法（Yousef Sayfa）肆无忌惮地于1584年在阿卡尔拦截护送埃及、巴勒斯坦上缴国库的贡税的近卫军护送队。这一事件深深激怒了当时的奥斯曼苏丹穆拉德三世，他派了一支讨伐队，先对阿卡尔地区，继而南下对德鲁兹山区进行讨伐，解除了当地人的武装，杀戮了6万人左右。当时黎巴嫩埃米尔、马安家族酋长古尔古玛兹极为恐惧，逃到杰津附近一个荒僻的山洞中避难，1585年死于山洞。

古尔古玛兹死后，其子法赫尔丁二世继位。其时正值执政的奥斯曼苏丹是软弱无能的艾哈迈德一世，法赫尔丁二世年轻气盛，踌躇满志，力图在任内把不同的宗教派别融合在共同的黎巴嫩社会中，建立一个"大黎巴嫩"，脱离同奥斯曼帝国的藩属关系，使

黎巴嫩

国家走上进步和"近代化"的道路。

奥斯曼帝国统治期间，苏丹把主要精力用于对付拜占廷、波斯等主要对手，对黎巴嫩等小国的统治相对较松。只要能每年按时上交租税，当局并不禁止封建主把奥斯曼当局册封的封地分封给家族其他成员或下属。从公元17世纪开始的不同时期中，德鲁兹教派的阿里斯兰家族获得了盖尔卜地区的封地，琼布拉特家族获得舒夫山区的封地；而基督教马龙派的阿布·拉姆家族和哈津家族则分别获得了麦腾地区和凯斯莱旺地区的封地。

对内，法赫尔丁二世纵横捭阖，巧妙运用通婚、权术、结盟和武力打压等手段，首先处理和协调同国内各教派、各地区、各家族之间的关系。同塔伊姆谷地马龙教派的谢哈布家族恢复了传统的家族联盟，同巴勒贝克和贝卡谷地的什叶派哈菲兹家族结成了新联盟，通过联姻同盖尔卜的德鲁兹派阿里斯兰家族建立了新的结盟关系，而同凯斯莱旺地区马龙教派的哈津家族原本就保持着很好的友谊。对于让他甚感棘手的北部的黎波里、阿卡尔和凯斯莱旺地区的霸主尤素夫·赛法，法赫尔丁二世颇有心计地通过同其女儿共结连理而予以约束。通过这些办法，法赫尔丁二世几乎已把全国各个地区有效地掌控在手。同时，埃米尔组建了一支拥有4万之众、训练有素、纪律严明的军队，从欧洲购进枪支和新式火炮。将以夏基夫堡为主的十字军遗弃在各战略要点和通道的城堡加以修复，派兵驻守，并在交通要道的交叉路口派兵巡逻。通过这些办法加强了对其所辖区域的控制。法赫尔丁二世还同意大利托斯坎尼大公斐迪南签订一项秘密协定，双方保证为反对奥斯曼统治者而相互支援。

在此基础上，法赫尔丁积极促进国内的经济繁荣，从欧洲引进新式农具和经过改良的耕作方法，鼓励种植橄榄树、桑树和亚麻。生产的发展促进了国内经济，对外贸易也随之蓬勃发展。贝鲁特、赛达等港口船舶来往频繁，运往欧洲的商品主要是丝绸、橄榄油、葡萄酒和小麦、豆类等粮食作物；从欧洲进口的商品主要是布匹和火炮。

对于法赫尔丁二世发展军队，繁荣经济，谋求独立的努力，奥斯曼当局极为不满，于1613年派驻大马士革总督率领从各地调集的兵力和160艘舰船从陆路和海路夹击黎巴嫩。法赫尔丁二世自知无力反抗，不想同奥斯曼苏丹公开翻脸，仅留下长子阿里代理主持政务，悄悄乘上外轮，逃往托斯坎尼大公国避难。直到其挚友穆罕默德出任驻大马士革总督，他才于1618年返回。回国后，法赫尔丁二世进一步认识到强军的重要，遂集中财源建军。1623年这支军队经受住了考验。是年，新任大马士革总督穆斯塔法低估了黎巴嫩军队的作战能力，在贝卡谷地的安杰尔（Aanjar）与之一仗，拥有1.2万人的奥斯曼军队被仅有4000人的黎军打得惨败，穆斯塔法本人被俘。此役给奥斯曼苏丹留下深刻印象，于1624年授予法赫尔丁二世以"阿拉伯斯坦君主"的头衔。为了实现脱离奥斯曼帝国和获得完全独立的梦想，法赫尔丁二世致力于扩大疆土，逐步控制了北方邻国叙利亚的巴尔米拉和南部邻国巴勒斯坦，从而加强了黎巴嫩的战略地位。

从意大利回国后，法赫尔丁二世由于逐步认识了意大利文化，不仅加强军队建设，也在开始策划黎巴嫩的现代化问题。为了促进国家繁荣，在同托斯坎尼、佛罗伦萨两个大公国建立密切联系乃至建立外交关系后，他从意大利引进建筑师、灌溉工程师和农业专家，还鼓励天主教众多教会在黎巴嫩开展传教活动。

法赫尔丁二世的独立倾向和向基督教、欧洲国家开放的做法再次激起了奥斯曼帝国当局的愤怒。穆拉德四世苏丹于1633年命令叙利亚和埃及军队从北、南两个方向夹击黎巴嫩。法赫尔丁二世终因寡不敌众而败北。1635年2月被俘，4月与三个儿子同时被奥斯曼当局处决。幼子侯赛因受到赦免，归顺奥斯曼帝国。马安家族的统治虽仍延续了一段时间，法赫尔丁二世的侄子穆勒西

姆继任埃米尔,穆勒西姆 1657 年去世后,由其子阿马德接任。但终因元气大伤,内部纷争重现,两位继任埃米尔未能成就任何骄人业绩。

三 谢哈布家族执政时期（1697～1842 年）

1697 年阿马德去世,没有子嗣接任,马安家族的统治也随之宣告结束。黎巴嫩的部族元老和社会名流在舒夫山区贝特丁附近的萨姆甘尼耶开会,选出拉谢亚的谢哈布家族的酋长、前任埃米尔阿马德的外甥巴希尔为黎巴嫩新任埃米尔。但奥斯曼帝国政府却接受了法赫尔丁二世的幼子侯赛因的建议,任命阿马德的外孙、哈斯拜亚年仅 12 岁的海达尔为埃米尔,而将巴希尔推为摄政王。

巴希尔辅佐执政时期,正值奥斯曼帝国处境衰弱,他利用奥斯曼地方官之间的矛盾,同时又以不偏不倚的态度协调德鲁兹派和基督徒之间的关系,保证了两派在其统治区内能够和平共处。谢哈布家族在其执政期间,除山区外,还收复了对沿海平原的管辖权,恢复和保证了黎巴嫩的统一、稳定和安全。1707 年巴希尔去世后,海达尔执政时有效地平定了也门人进行的宗派活动,促成了国家的巩固。与此同时,安抚和团结了几个名门望族,阿布·拉姆家族被提到酋长之位,成为麦腾地区的封臣,可与谢哈布家族通婚；琼布拉特家族被立为谢赫（阿拉伯语中对长者和达官贵人的尊称,此处为对名门望族的封号）,安置在舒夫山区的穆赫塔莱地区；哈津家族则被立为凯斯莱旺地区的谢赫。海达尔扶植起一个由酋长、谢赫组成的新兴的封建贵族阶层,并通过他们把人民团结和统一在谢哈布家族周围。这些名门望族在当今黎巴嫩社会的政治生活中仍是一支颇为活跃的力量。

1732 年海达尔去世,其子穆勒西姆继位后重新收复了贝卡谷地,1749 年又收复贝鲁特。至此,马安家族执政后期分崩离析的大黎巴嫩除的黎波里地区外，又被谢哈布家族一块一块地重新收复并组合起来。穆勒西姆在取得这些重大成就后，无心眷恋政务，只想在贝鲁特潜心研究伊斯兰教，遂于1754年退位。长子尤素夫尚未成年，故到1770年才继任埃米尔之位。穆勒西姆的几个儿子均皈依基督教，故尤素夫是黎巴嫩有史以来第一位信奉基督教的执政者。

1788年，巴希尔二世接替尤素夫出任黎巴嫩的埃米尔。犹如马安家族的法赫尔丁二世一样，在其执政的半个世纪中，巴希尔二世以其卓越的领导才能，为黎巴嫩历史书写了辉煌的一页。1799年巴勒斯坦北部沿海城市阿卡被拿破仑围困时，拿破仑和阿卡总督贾扎尔均要求巴希尔支援，巴希尔权衡利弊，保持中立，对双方均未伸出援手。而当奥斯曼帝国大臣率军赶往阿卡制止法国的入侵时，巴希尔迅即提供小麦和马匹等物资援助。为此，巴希尔很快得到回报，奥斯曼皇帝册封巴希尔为"德鲁兹山国"即巴勒贝克、朱拜勒和阿米勒山的总执政官，授予遇事可向帝国政府直接报告的权限。

巴希尔二世执政期间，对政敌和罪犯采取了严酷的惩罚措施，因此统治地位比较稳固，社会治安也比较安定。在巩固统治的基础上，巴希尔二世积极发展和改造公用事业，新建和改建了不少道路、桥梁，铺设引水管把山上的泉水穿过山谷经代尔·盖迈尔引到埃米尔的新都贝特丁，动用了黎巴嫩和叙利亚的能工巧匠在贝特丁修建豪华的宫殿。这座宫殿花了整整40年时间才告完成，至今仍是舒夫山区著名的名胜古迹。巴希尔二世也注重发展本国的科教事业，当他感到本国尚需发展医药事业时，就派出留学生到中东地区历史最久的开罗的医学院留学。对于宗教，巴希尔二世采取了一种宽松和宽容的政策，在接受西方文化影响方面也比较宽容。从19世纪30年代起，美国和西方传教士就开始在黎巴嫩开办学校，甚至在贝鲁特开办了奥斯曼帝国疆域内的第

一所女子学校。美国教会的印刷厂也从国外迁入。许多在叙利亚受到挤压和迫害的希腊天主教徒和德鲁兹人也纷纷迁入黎巴嫩山区。

为了扩张势力范围和摆脱土耳其人的统治,巴希尔二世一再以武力同奥斯曼当局抗争。1821年,他支持赛达总督出兵进攻叙利亚,获得重大胜利。为此,巴希尔二世遭到奥斯曼帝国苏丹严厉打击,而不得不逃往埃及,寻求埃及总督穆罕默德·阿里的保护。在阿里的调解下,巴希尔二世才重新得到苏丹的信任。而埃及之行又促进了双方共同致力于摆脱奥斯曼统治的努力。1831年,当阿里决定向奥斯曼帝国开战时,巴希尔二世决定同埃及联合行动,并同阿里之子易卜拉欣协同作战,在持续围困7个月后于次年5月攻克巴勒斯坦城市阿卡,6月又攻克叙利亚首都大马士革。

出于作战需要,巴希尔二世加重了平民的税赋和劳役负担,将国家的兵役制度由募兵制改为征兵制。这些措施引发了广大百姓的不满情绪,数度发生反对政府的骚乱。1840年5月,马龙派基督教徒和德鲁兹人不顾巴希尔二世的制止,动用各自的武装,联合起来反对埃及人。国际上,英国、奥地利、普鲁士和俄国等欧洲主要势力反对法国偏袒埃及的政策,于1840年7月同奥斯曼苏丹签订了伦敦条约,并据此要求穆罕默德·阿里撤离叙利亚。遭拒绝后,奥斯曼和英国军队于9月登陆黎巴嫩海岸。巴希尔二世于10月向英国投降,被流放到马耳他岛,1850年死于君士坦丁堡。

四　马龙派和德鲁兹派的长期流血冲突

(一) 1840年的流血冲突

随着叙利亚基督教徒不断迁入黎巴嫩北部山区,原来居住在北部山区的部分黎巴嫩基督教徒陆续南迁,本被德鲁兹人视为故乡的舒夫山区逐渐成为基督教徒和德鲁兹人混居的地区，但双方仍相对集中地聚居在各自的城镇内。基督教徒对西方较为先进的文化教育适应能力较强，吸收较快，他们的城镇在经济和文化教育方面的发展均较德鲁兹城镇为快。基督教派在国家财政和国家事务方面的影响也越来越大。对此，德鲁兹派不无忧虑和担心。1840年，埃米尔巴希尔二世派基督教派武装去镇压德鲁兹派易卜拉欣帕夏的起义，则更引发了德鲁兹派对基督教派的愤怒和仇恨。

奥斯曼帝国政府对黎巴嫩埃米尔长期以来企图摆脱其统治深为不满，遂于1840年利用整治巴希尔二世之机，取消原先授予黎巴嫩的自治权，改由帝国政府直接管辖。奥斯曼政府一方面直接任命巴希尔三世为"黎巴嫩山埃米尔"，将其管辖区域限制于黎巴嫩山区，而不是整个黎巴嫩；另一方面则采取"分而治之"的策略，挑起基督教马龙派和伊斯兰教德鲁兹派之间的矛盾和冲突。

巴希尔三世上任不久，奥斯曼当局就挑起了基督教徒和德鲁兹人的第一次冲突。基督教徒聚居的城镇代尔·盖迈尔被焚毁，盖尔卜堡（Souk el-Gharb）地区的其他基督教城镇、乡村也遭到同样厄运。马龙派教徒在逃往贝鲁特途中，又遭到表面上是前来恢复秩序的奥斯曼骑兵的袭击。扎赫勒的基督教派武装也是被豪兰地方的德鲁兹封建首领率非正规军前去解除的。驻黎巴嫩的法、英、俄三国领事曾就此联合照会奥斯曼当局提出抗议，并指出，据普遍传闻，德鲁兹派是遵照政府密令拿起武器的。但奥斯曼当局对此置若罔闻。这次冲突使双方居民，特别是基督教派居民的生命财产遭受惨重损失，但更为严重的是在两派居民间埋下了猜疑和仇恨的祸根。

1842年初，奥斯曼当局借口基督教马龙派和伊斯兰教德鲁兹派的合作已告破裂，黎巴嫩的自治无法继续，废黜了埃米尔巴希尔三世，任命欧麦尔·纳姆萨维帕夏为黎巴嫩山总督，对黎巴嫩实行直接统治。根据一些欧洲大国的建议，奥斯曼苏丹（即国王）于是年12月决定以贝鲁特—大马士革公路为界，将黎巴嫩山分为南北两部，北区为基督徒区，南区为德鲁兹区。同时，从各该区人士中任命一名副总督，协助总督管理该区事务。实际上，建议和决定均体现了有关各方的切身利益。法国支持基督教派，英国支持德鲁兹派，而奥斯曼人则暗中煽风点火，引发双方冲突以加强其对黎巴嫩的控制。正是由于外国势力的怂恿和调唆，基督教派和德鲁兹派于1845年再度发生武装冲突。

（二）1860年大屠杀惨案

1845年冲突后，一些欧洲大国要求奥斯曼苏丹恢复黎巴嫩的社会秩序，苏丹虽在南、北两区各建立了一个委员会，由代表不同教派的委员组成，协助副总督处理区内事务。但是，当封建主过重的税收压得农民不堪重负时，任何制度在造反的农民面前都显得苍白无力。

1858年，当凯斯莱旺的马龙派农民领袖坦尤斯·沙欣要求封建主哈津家族废除他们的封建特权遭到拒绝后，当地的贫苦农民群起反抗黎巴嫩山北区的谢赫们，夺走他们的土地，焚烧他们的房舍。北区马龙派农民的行动鼓舞了南区马龙派农民起来反抗德鲁兹派的封建主。

1860年4月，麦腾、舒夫等两派杂居地区几起暴力事件发生后，事态迅速蔓延和扩大。德鲁兹派封建主们在奥斯曼当局的策划和配合下，显得甚有准备，计划周密，又得到其他伊斯兰教派的支持；而马龙派农民却显得既无组织，又无准备。武力冲突逐步从农村蔓延到城镇。在一地发生武力冲突后，奥斯曼驻军当局都会以提供庇护所为诱饵，要求基督教派居民交出武器。然后，手无寸铁的马龙派居民只能听任摆布，任人宰割。黎巴嫩山南区和贝卡谷地南部的代尔·盖迈尔、杰津、扎赫勒、哈斯拜亚和拉谢亚等基督教派城镇大批居民惨遭屠杀，大部分房屋被劫掠一空后又遭焚毁。而向大马士革、贝鲁特和赛达逃亡的基督教派居民，在途中又遭奥斯曼非正规军的袭击。这次大屠杀中被杀害的基督教派居民近万名，其中大部分是马龙派居民，还有部分扎赫勒逃出的希腊天主教派教徒和哈斯拜亚逃出的希腊东正教派教徒。

（三）西方势力借机渗入

黎巴嫩和地中海东岸地区地处欧洲侧翼，一向为西方大国所觊觎，只因在奥斯曼帝国势力范围内，无缘染指。1860年暴力冲突事件正是西方国家关注黎巴嫩的契机，法国首先做出反应，于同年8月派出7000人的部队在贝鲁特登陆，向奥斯曼帝国施加压力。奥斯曼政府对此早有准备，外交大臣已先期抵达，一方面作出严惩肇事凶手的姿态，一方面成立国际委员会来确定对受害者的赔偿方案和制定组织黎巴嫩新政府的方案。在严惩凶手和赔偿问题上，奥斯曼政府虎头蛇尾地做了一点表面文章，遗留的难民问题并未作出妥善处理。所幸的是，黎巴嫩在奥斯曼统治时期所经历的最黑暗的长达20年的教派流血冲突总算告一段落。

为了吸取教训，防止重蹈覆辙，国际委员会就黎巴嫩山地区的行政管理问题进行了长时间的辩论。直到1861年6月，奥斯曼帝国政府才在欧洲各国的压力下同法、英、俄、普鲁士等国签署一项有关黎巴嫩的组织法令，1864年9月再度修订，1867年又得到意大利的赞同。这项法令承认并保证黎巴嫩在"省"的建制下实行自治，由奥斯曼苏丹任命一名经有关欧洲国家同意的非黎巴嫩籍基督教徒任省长，并由黎巴嫩各教派产生的12名成员组成"行政委员会"协助省长工作。这一体制一直延续到第一次世界大战结束。时至今日，以教派归属为基础的原则仍是黎巴嫩政治体制和政治生活不可或缺的重要因素。

教派冲突虽已平息，但大屠杀的阴影仍笼罩着人们的思绪。随着人口的迅速增长，山区人多地少，生活困难。另一方面，大概是秉承了古代腓尼基人因航海、经商而形成的四海为家的习

性，黎巴嫩人对为谋生而移民国外似已习以为常。因此，19世纪后半叶黎巴嫩居民中又出现了一股移民风。经济状况较差者就近前往埃及或非洲其他地区，经济实力稍强者则移民北美、南美或大洋洲。侨汇一向是黎巴嫩人重要经济收入之一，也是国家外汇收入的重要来源。

法国和其他国家的基督教会也借奥斯曼当局自知理亏而不便阻拦之机，积极进入黎巴嫩开展传教活动，同时在城镇、乡村开办男、女学校和孤儿院。英国的叙利亚教会也从1860年10月在黎巴嫩开始活动，在贝鲁特、扎赫勒、巴勒贝克、哈斯拜亚和一些乡镇开办了男、女学校。叙利亚教会所办的贝鲁特女子师范学院为黎巴嫩培养了许多颇有名望的教师。美国教会于1866年在贝鲁特创办了贝鲁特美国大学，后来成为中东地区著名学府和最有影响的美国海外学术研究中心，吸引了中东、东非国家许多学生来校就读。1875年，法国以已有49年历史的加济尔神学院为核心，在贝鲁特创办了圣约瑟大学，成为黎巴嫩历史最为悠久的大学。圣约瑟大学以其神学院和东方问题研究院闻名于世。这一期间，知识分子的学术团体也告成立，奥斯曼统治时期长期沉寂的阿拉伯文艺创作也趋活跃，数量颇丰的出版物呈现在读者眼前，预示着一个新的文艺创作时代的到来。西方国家基督教会的上述活动客观上为传播阿拉伯历史、文学和科学文化知识发挥了积极作用。

（四）19世纪下半叶的政治动向

19世纪下半叶，黎巴嫩的政治活动亦呈上升趋势。奥斯曼苏丹阿卜杜勒·哈米德二世的残暴统治迫使黎巴嫩的阿拉伯民族主义者，不论是基督教徒还是穆斯林，为反对奥斯曼统治而筹组秘密政党和政治团体。但黎巴嫩民族主义者面临的困难是寻找一条合适的政治路线。许多基督教徒深谙奥斯曼人的泛伊斯兰政策，担心1860年大屠杀重现。有些基督教徒，特别是马龙派教徒开始考虑，与其在奥斯曼帝国范畴内实施改革，不如彻底脱离奥斯曼帝国。而希腊东正教派则主张叙利亚独立，黎巴嫩成为叙利亚的一个行省，从而避免马龙派在黎巴嫩掌权。逊尼派希望保持哈里发后裔的身份，不愿摆脱奥斯曼帝国，而是予以改革。什叶派和德鲁兹派则担心在奥斯曼帝国内所处的少数派地位，倾向于黎巴嫩独立，否则就维持原状。

主张改革的各派原本指望其民族主义目标能够得到青年土耳其党的支持。青年土耳其党人于1908~1909年领导资产阶级革命成功并上台执政后，在意识形态、制度和社会发展等方面的构想和实践作出了巨大贡献，从而为现代土耳其民族和土耳其共和国的诞生奠定了坚实的基础。但让人痛心的是，出于国内封建统治阶级的反对，该党执政后取消了许多他们原先主张的比较宽容的政策，在国内及属地的治理上，过多地使用暴力、镇压和恐怖手段，使黎巴嫩各派实施改革的希望落空。

第四节 现代简史：法国委任统治时期
（1920~1943年）

一　第一次世界大战和奥斯曼帝国的崩溃

1915年8月，奥斯曼帝国政府取消了黎巴嫩已恢复半个世纪的半自治地位，重新对黎巴嫩实行直接统治。特别是当青年土耳其党领导人之一的贾马勒帕夏出任驻叙利亚土军总司令后，对黎巴嫩实行军事占领，撤换了亚美尼亚籍省长，任命土耳其人穆尼夫帕夏为新任省长。奥斯曼政府下令，凡同情法国人或什叶派先辈的黎巴嫩人都要被处以绞刑。翌年5月6日，14名基督教和伊斯兰教人士以从事反土耳其活动的罪名在贝鲁特被处以绞刑。独立后，黎巴嫩政府为纪念这些人士，将5

月6日定为烈士日,并在贝鲁特市中心修建了烈士广场,广场中央矗立着一座雄伟的烈士纪念碑。

二 法国委任统治时期和走向独立

1920年4月,国际联盟在意大利召开圣雷莫会议,讨论如何处置战败国奥斯曼帝国前领地的前途,换句话说,就是英、法等战胜国如何瓜分土耳其前领地的问题。会议决定,在旧奥斯曼帝国的"叙利亚省"设立两个A级托管地:北面的叙利亚、黎巴嫩归法国托管,南面的巴勒斯坦归英国托管。美索布达米亚省(伊拉克)也归英国托管。托管条款规定,被置于托管的国家应被视为独立国,但在政治上成熟之前归托管国管辖。英法在圣雷莫会议期间达成石油协议,规定伊拉克石油的25%归法国所有,法国在石油运输方面享有便利条件。作为交换,还规定摩苏尔并入英国的伊拉克托管地。

根据圣雷莫会议决议,法国于1920年9月1日正式宣布黎巴嫩的诞生,贝鲁特为首都,边界即为现有边界。1926年5月23日,按照法兰西第三共和国宪法模式制定的第一部黎巴嫩宪法颁布。宪法规定,黎巴嫩国家设立总统、一院制议会和内阁。总统由议会选举产生,任期6年,不得连任。宪法颁布三天后,希腊东正教徒查尔斯·达巴斯(Charles Dabbas)当选为第一任总统。法国不顾黎巴嫩民族主义者的反对,将法国高级专员置于黎巴嫩总统之上,行使最高权力。

当达巴斯总统的任期于1932年到期时,下一任总统候选人比沙拉·扈里(Bichara el-Khoury)和埃米勒·艾德(Emil Edde)在议会表决时得票不相上下。为打破僵局,部分议员提议由总理、的黎波里穆斯林领袖穆罕默德·吉斯尔充任总统候选人,遭法国高级专员亨利·庞索特的反对。庞索特为避免穆斯林当选总统,于1932年5月9日将宪法搁置,将达巴斯任期延长

第二章 历史

一年。法国政府怕庞索特此举引起矛盾,任命达缅·德马泰勒取代庞索特。1934 年 1 月 30 日,德马泰勒任命哈比卜·萨阿德为总统(Habib Saad),任期 1 年,后又延长 1 年。

1936 年 1 月 30 日,埃米勒·伊迪(Emil Iddi)当选为总统。翌年,伊迪总统部分恢复宪法权力,主持了议会选举。同年 9 月,法国高级专员因第二次世界大战爆发而再度将宪法搁置。1940 年维奇傀儡政权上台执政后,任命亨利-费尔南德·登兹将军为驻黎巴嫩高级专员,招致伊迪总统于 1941 年 4 月 4 日辞职,以示抗议。登兹 5 天后任命阿尔弗雷德·纳卡什为国家元首。随着英、法联军在黎、叙登陆,短命的维奇傀儡政权于同年 7 月 14 日在阿卡停战协议上签字。随后,戴高乐将军出访黎巴嫩,结束了维奇政权的统治。黎巴嫩民族领袖们乘机要求戴高乐结束法国委任统治,无条件承认黎巴嫩独立。在法国国内和国际压力下,戴高乐的代表乔治·卡特鲁,于 1941 年 11 月 26 日以法国政府的名义正式宣布黎巴嫩独立。美、英、苏、阿拉伯国家和一些亚洲国家宣布承认黎巴嫩独立。

既已获得独立,黎巴嫩便于 1943 通过普选选出新一届议会。议会于同年 9 月 21 日选举比沙拉·扈里(Bichara Khouri)为新任总统,扈里总统任命里亚德·索勒赫(Riyadh Solh)为总理,委托他组建独立后的黎巴嫩第一届政府。11 月 8 日,议会修订宪法,删除了有关委任统治的条款,取消了宪法中所有阐述有关高级专员特权的内容,从而单方面结束了法国在黎巴嫩的委任统治。

法国虽然宣布承认黎巴嫩独立,但实际上并不愿意放弃对黎巴嫩行使的委任统治权。针对黎巴嫩的举措,法国当局迅速做出反应,逮捕了包括总统、总理和内阁成员在内的许多黎巴嫩著名政治家,并将他们流放到靠近东南边境的拉谢亚城堡内。这一行动激起了黎巴嫩基督教和伊斯兰教各派领导人的普遍反对,决心彻底摆脱法国。最终,在国内不断高涨的压力和英、美及阿拉伯

国家的影响下,法国当局不得不于 1943 年 11 月 22 日释放被捕的黎巴嫩政治家。黎巴嫩政府随后即将 11 月 22 日定为独立日。1945 年 3 月 22 日,黎巴嫩作为创始国之一,成为阿拉伯国家联盟(简称"阿盟")的成员国。1945 年 4 月 25 日,黎巴嫩出席了"旧金山会议",随后正式成为联合国成员国。1946 年 12 月 31 日,根据法国—黎巴嫩条约,法国军队完全撤离黎巴嫩。

法国在委任统治期间,为黎巴嫩的发展做出了较大的努力,也取得了不少业绩。委任统治开始时,黎巴嫩尚未从奥斯曼统治时期 1860 年教派冲突和一次世界大战的阴影中摆脱出来。法国当局开始发展黎巴嫩原有的政府架构,建立新的行政和司法制度,制定新的民法;改进教育制度,改善农业、公共卫生,提高人民的生活水平;致力于维修和扩大贝鲁特港,发展连接主要城市间的公路网。法国当局还把黎巴嫩货币——黎镑,同法国法郎联系在一起,从而也就将黎巴嫩经济同法国经济捆绑在一起。由于法郎贬值,这一举措也给黎巴嫩经济带来负面影响。委任统治的另一负面影响是,将法语作为教育使用的语文。这一做法实际上是以损害穆斯林利益来取悦基督教徒。

三 民族宪章和政治教派体制的确立

当第一任总统达巴斯任期于 1932 年结束时,黎巴嫩举行了一次全国人口普查。根据人口普查所获各教派人口在全国人口总数中所占比例的多寡,确定总统应是基督教马龙派教徒,总理应是伊斯兰教逊尼派穆斯林,议长应是伊斯兰教什叶派穆斯林。

1943 年黎巴嫩独立时,侯里总统和索勒赫总理作为基督教和伊斯兰教的杰出领袖,就新国家今后的根本施政方针达成一项不成文的协议,后来被称作"民族宪章"(也有译作"国民公约")。民族宪章规定了四项原则。

(1) 黎巴嫩是一个完全独立的国家。基督教团体停止将自

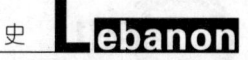

已认同于西方；同样，穆斯林团体应保护黎巴嫩的独立，防止同任何阿拉伯国家合并。

（2）虽然黎巴嫩是一个阿拉伯国家，其官方语言是阿拉伯语，但西方帮助黎巴嫩获得如此显著的进步，黎巴嫩不得切断同西方在精神上、智力上的联系。

（3）作为阿拉伯国家大家庭的一员，黎巴嫩应同其他阿拉伯国家合作，在阿拉伯国家之间发生冲突时，黎巴嫩不得支持一方反对另一方。

（4）三个最高政府职位应作如下分配：共和国总统必须是马龙派信徒；总理必须是逊尼派穆斯林；议会议长必须是什叶派穆斯林。此外，议会议席的比例按六名基督教徒比五名穆斯林的比例分配。公共职位亦应在公认的教派间按相应的比例分配，而技术职位则应不考虑教派因素，根据能力择优录用。

后来，人们就把执行"民族宪章"形成的政治体制称为"政治教派体制"。鉴于制定民族宪章的根本依据是各教派人口在全国总人口中所占的比例，而人口比例是一个变数，并不是一成不变的常数。因而，以民族宪章为基础的政治教派体制在实践中从一开始就是很脆弱的。国内外任何较大的政治事件、矛盾或压力都会成为国内政治制度的不稳定因素。后来，1975 年爆发并延续了 15 年的内战就是明证。

第五节 当代简史：独立后的黎巴嫩（1943～1998 年）

一 扈里执政时期（1943～1952 年）

19 43 年，比沙拉·扈里当选为黎巴嫩独立后第一任总统，任期 6 年。1949 年任满后，通过选举又连选连

任第二任总统。扈里总统在任期间把主要精力贯注于维护教派利益，而较少关注国家经济的发展。扈里执政时期的特色是政治架构比较狭窄，主要依靠少数教派的支持。而他的执政风格是独断专行愈演愈烈。

扈里总统执政后期，以社会进步党主席卡迈勒·琼布拉特（Kamal Junblat）、前驻英国大使卡米勒·夏蒙（Camille Chamoun）和拥有百万家产的巨贾埃米勒·布斯塔尼（Emil Bustani）等9名著名议员为首，组建了"民族社会阵线"，致力于政治改革，要求政府结束政治教派体制，根除政府中的各种弊端和陋习。"民族社会阵线"的创建者在民众鼓舞下提出，不满扈里政权拉一派压一派，不满贪污腐败之风盛行。

1952年5月17日，"民族社会阵线"在夏蒙的家乡代尔·盖迈尔开会，结果有5万民众出席，会议变成了群众集会。发言者纷纷将批评的矛头指向政府，扬言总统如不辞职，就将发动叛乱。7月23日，由皮埃尔·杰马耶勒（Pierre Jemayel）领导的长枪党也表示了对政府的不满。9月11日，民族社会阵线号召发动总罢工，强迫总统辞职。这一号召一呼百应，全国主要城市几乎全部陷于瘫痪。扈里总统下令黎巴嫩军队司令福阿德·谢哈布将军（Gen. Fuad Chehab）动用军队进行干预，谢哈布以军队不干预国内政治事务为由予以拒绝。9月18日，扈里总统不得不宣布辞职。

二 夏蒙执政时期（1952~1958年）

1952年9月23日，议会选举卡米勒·夏蒙接替扈里任第三任总统。上任仅约半年，夏蒙总统同社会进步党主席卡迈勒·琼布拉特之间的关系开始恶化。琼布拉特批评夏蒙将1952年引发政府更迭的激进思想抛到一边，才执政半年就又回到政治教派体制的老路上去了。伊斯兰教派还批评政府称，基

第二章 历 史

督教派自称他们人口占多数，占据了国家的最高职务，还不成比例地占据了相当数量的国家公务员职位。但他们确信穆斯林人口在全国人口总数中已占多数，据此要求进行人口普查。而基督教派则坚持，如要进行人口普查，必须包括黎巴嫩海外移民。基督教派坚持这一意见是因为大多数移民都是基督教徒。况且，国家税收收入的 80% 来自基督教徒。

夏蒙执政的后期，1956~1958 年，中东地区发生的一些重大政治事件，如 1956 年埃及宣布苏伊士运河国有化，英国、法国和以色列三国联合入侵埃及的第二次阿以战争，1958 年埃及和叙利亚合并为阿拉伯联合共和国，对黎巴嫩的政局都产生了巨大影响。从政治斗争的角度来说，这些事件加剧了以教派为后盾的黎巴嫩政治领导人及其支持者之间的敌对情绪；从意识形态斗争的角度来说，在黎巴嫩社会形成国家主义和泛阿拉伯主义两种思潮。

1957 年 5、6 月间，正是在上述这种严峻形势下，新的一届总统选举业已临近。夏蒙有意连选连任，但却不合宪法规定。修改宪法必须在议会获得 2/3 议员投票通过。夏蒙及其支持者在随后的大选中宣布，已在议会获得绝对多数议席，而伊斯兰教派则指责夏蒙在大选中舞弊，因为一些支持泛阿拉伯主义的著名穆斯林领导人在议会选举中统统落选。特别是当埃、叙合并时，双方矛盾更趋激烈，亲纳赛尔示威游行的规模和激烈程度都在与日俱增，几乎发展成全国性反政府行动。随着以支持泛阿拉伯主义闻名的《电讯报》编辑、反对夏蒙的马龙派信徒纳西卜·麦腾尼遭人暗杀，动荡的政治局面更趋恶化。随着 1958 年 7 月 14 日伊拉克革命推翻了王室统治，黎巴嫩更是群情激昂，广播电台甚至宣称下一个倒台的该是夏蒙政权了。

1956 年苏伊士运河事件和 1958 年埃、叙合并后，纳赛尔总统已成为泛阿拉伯主义的象征，在黎巴嫩穆斯林中产生巨大影响。而基督教派则仍然坚持维护国家独立自主和同西方合作，认为唯有同西方保持友好关系才能保障黎巴嫩的独立地位。因此，夏蒙拒绝支持泛阿拉伯主义，同一些著名逊尼派领导人的立场完全对立。

在这种情况下，夏蒙意识到他所面临形势的严重程度。遂于7月14日晨召见美国、英国和法国驻黎大使，强调黎巴嫩的独立已面临危险，要求美、英、法给予直接援助。夏蒙甚至引用了刚在一年前签订的"艾森豪威尔计划"关于美国"为反对任何国际共产主义控制的国家的入侵，将以武装力量援助中东任何要求援助的国家"的条款，声称黎巴嫩穆斯林得到接受苏联军援的叙利亚的援助，要求美国进行军事干涉。美国为稳住其盟国的阵脚，避免伊拉克革命引起伊朗、土耳其国内局势动荡，更不想放过插足战略地位重要的黎巴嫩的千载难逢的良机，迫不及待地于7月15日下午就匆忙将其先遣部队运到黎巴嫩。但是，事态发展迅速，在贝鲁特和的黎波里的穆斯林地区内仍然发生了教派间的流血冲突，造成2000~4000人伤亡。冲突结束后，在新一届总统选举中，议会选举了在这次事件中严守中立的黎军司令福阿德·谢哈布将军为新任总统。

三　谢哈布执政时期（1958~1964年）

谢哈布总统由于对1958年冲突坚持不介入立场而赢得了各个不同政治派别的广泛支持，为他上台执政创造了良好条件。谢哈布执政后，在政治上，任命了一届拥有的黎波里逊尼派穆斯林领导人拉希德·卡拉米（Rashid Karami）等众多穆斯林领导人的内阁。卡拉米要求组建一届民族和解政府，引起长枪党的强烈反应。谢哈布不得不在"既无胜者，也无败者"的基础上注意保持内阁中的教派平衡。他极力遵照民族宪章的条款，使政府平等地为基督教和伊斯兰教的各教派民众服务。为了让冲突中各派领导人均能成为立法机构的成员，谢哈布进行了选举制度的改革，将议会的议席由66席增加到99席。此外，谢哈布总统注意加强政府和各职能部门的权力，逐步削弱部族领袖的权力。谢哈布总统上述种种施政方针后来被人们誉为"谢哈布主义"。

谢哈布非常关心国家基础设施的建设，在任期间积极发展国内的公路网，将自来水和电力引向偏远农村。为了解决农村地区缺医少药问题，政府在很多农村修建了医院、诊所。

在外交上，谢哈布上任后的第一件事就是要求美国自9月27日开始从黎巴嫩撤军，到10月底必须撤完。他继续执行中立外交政策，同阿拉伯国家和西方国家同样保持友好关系。

谢哈布总统在其任期内比较公正合理地执行了民族宪章条款，在政治教派体制下较好地维护了各个教派的利益，因而社会比较稳定，经济也得到较快发展。

四 赫卢执政时期（1964～1970年）

谢哈布总统于1964年任期届满，议会于同年8月18日选举夏尔·赫卢（Charles Helou）继任。赫卢文化水平较高，是位法学家，曾任记者、外交官。尽管他精力充沛，力图为发展自己的祖国作些贡献，无奈生不逢时。

1964年6月，巴勒斯坦解放组织诞生，1965年1月1日开始领导巴勒斯坦人民为争取民族独立和解放在以色列境内开展武装斗争。巴解在以色列境内无处立足，除了在以境内开展一些打了就跑的游击活动外，只能将总部、基地和进攻出发地设在同以色列毗邻的约旦、黎巴嫩。巴解在以色列境内每搞一次袭击，以军必定对其进攻出发地进行一次或多次更加猛烈的报复。1967年"六·五战争"后，巴、以间的袭击和报复更显频繁、激烈。黎巴嫩虽未参与"六·五"战争，但在巴、以斗争中却深受其害。

巴、以斗争的逐步升级，再一次引发了黎巴嫩国内的教派矛盾。穆斯林各派认为，巴解组织领导的反以武装斗争是正义事业，理当全力支持。而基督教各派更看重黎巴嫩独立，更加关切巴解不加控制的游击活动对黎巴嫩安全和发展带来的影响，担心以色列报复给黎巴嫩带来的破坏和灾难。

1968年议会大选和组阁的分歧以及同年12月28日以色列空军袭击贝鲁特国际机场造成的内阁危机，使黎政府意识到，为了黎巴嫩自身的安全和发展，对巴解武装在黎境内的活动不能不闻不问。黎军为了遏制巴解在黎境内的军事行动，从1969年春季开始同巴解武装不断发生摩擦。同年夏末，巴解武装的一些部队转移到对以色列攻击更有利的基地，这些地区随即遭到以色列军队的报复性袭击。黎军为了有效遏制巴解的活动，又于10月攻击了巴解一些营地。黎军的军事行动再次导致支持巴解群众的游行示威。

为了缓和黎、巴双方的紧张关系，黎军司令埃米勒·布斯塔尼将军和法塔赫领导人亚西尔·阿拉法特在埃及参与下在开罗进行谈判，达成一项停火协议——"开罗协议"。"开罗协议"规定了巴解武装在黎巴嫩的活动范围，协助恢复黎巴嫩的正常生活秩序。随后，黎巴嫩政府在1969年年底和1970年一直致力于限制巴解的军事行动。

黎巴嫩南部居民，特别是什叶派居民在巴、以双方不断的军事较量中，安全得不到保障，经济发展没有条件，生活没有着落，纷纷举家北迁。仅贝鲁特一地，难民人数就超过3万人。但是，难民们在贝鲁特或其他城镇也寻觅不到住所，基督教派的负责军官对他们漠不关心。因此，难民和政府军之间不时发生摩擦。政府为了解决这些问题，成立了特别委员会，向南方省筹集了专款。

1970年1月7日，简·努杰姆将军（Gen. Jean Nujeim）接

替布斯塔尼将军任黎军司令后,建议政府对巴解采取强硬路线,以更积极的姿态保卫南方。1月12日,赫卢政府宣布了一项武装、训练南方农村村民反击以色列袭击的计划。政府制订这项以民代军抗击以色列袭击的计划看来也是出于无奈,有其难以启齿的苦衷。黎军官兵也都分属各教派,由于文化水平的原因,军官以基督教徒居多,而士兵则多为穆斯林或德鲁兹人。政府担心如让黎军置身其间,两大教派在支巴反以斗争问题上的不同立场可能导致黎军的分裂。但是,旧题未解,新题又起。黎军同巴解的冲突再度爆发,但南方农民仍然指责政府没有作为。随着黎军和巴解多起流血冲突再起,5月在全国范围内发生了总罢工。政府进退维谷,除为保卫南方增加拨款外,只能对巴解施压,要求巴解遵守"开罗协议",在反以军事活动方面有所克制。

总的看来,赫卢政府作为一个小国政府,面临巴、以和其他外国势力的压力和国内教派南辕北辙的严重分歧,在调和巴解、以色列、阿拉伯各国政府和国内各个政治、宗教派别之间的矛盾方面可算已经竭尽全力。

五 弗朗吉亚执政时期(1970~1976年)

19 70年8月17日新一届总统选举中,出身北方地区扎加尔塔望族的议员苏莱曼·弗朗吉亚(Suleiman Franjieh)继赫卢总统之后当选为黎巴嫩独立后的第五届总统。弗朗吉亚是国家集团党主席,属议会中间派党团。弗朗吉亚家族在北方地区颇具实力,并拥有私人的民兵。在竞选中弗朗吉亚仅以1票的优势险胜另一位颇得谢哈比主义支持者青睐的候选人、中央银行行长伊利亚斯·萨尔基斯当选。弗朗吉亚缺乏治国和国际方面的经验,但却得到卡迈勒·琼布拉特等政治家的支持。

弗朗吉亚执政时期,正是黎巴嫩国内政治形势非常动荡的几

年。弗朗吉亚于1970年9月23日上台执政,正值约旦国王侯赛因通过武力强行将巴解总部连同其武装赶出约旦,即所谓的"黑九月事件"。"黑九月事件"后,大批巴解武装分子在失去约旦的基地后,纷纷涌向黎巴嫩,成为黎巴嫩社会动荡不安的新因素。巴解武装大量涌入引起基督教社会的不满。1971年下半年,巴解和基督教派集团之间不时发生摩擦和冲突。而穆斯林方面支持巴解的示威游行也时有发生。黎政府在部分地区实行了戒严法,试图以合法手段解决社会动乱问题,但收效甚微。由于巴解活动日趋频繁,黎军不得不再次出面干预。1973年5月,黎军同巴解的冲突已从南方发展到首都贝鲁特。由于巴解从叙利亚调来增援部队,冲突逐渐从贝鲁特蔓延到全国各地。

在弗朗吉亚执政的整个时期,巴、以之间的袭击和报复愈演愈烈,黎、巴双方领导人就巴方根据"开罗协议"将对以色列袭击控制在一定范围的谈判未获成果。为报复1972年9月以色列体育代表团在慕尼黑遇袭,以军部队已开始突破国界而深入到黎巴嫩南部打击巴解武装。1973年4月10日,以军突击队为暗杀3名巴抵抗运动领导人竟潜入到首都贝鲁特。当时的总理萨伊布·萨拉姆(Saeb Salam)因黎军对这一事件无所作为而立即愤然辞职。1973年"十月战争"后,巴解在黎南部的军事存在日益增长,巴、以冲突愈演愈烈,黎南部的什叶派居民生活环境和生活条件更趋恶化。弗朗吉亚政府面对动荡不定的政治、军事形势,几乎陷入束手无策的境地。各个教派之间的分歧和矛盾日趋明显,对立情绪亦趋激烈。黎巴嫩社会已处于一场暴风骤雨的前夜。

六　黎巴嫩内战(1975~1990年)

巴嫩是阿拉伯国家中唯一的基督教徒占统治地位的国家,历史上,各教派间就存在矛盾,也发生过冲突。

黎巴嫩国小力弱，但紧邻以色列，在阿以冲突中所处战略地位极为重要。超级大国、地区大国和其他军事力量纷纷插手黎巴嫩事务。错综复杂的矛盾导致这样一个小国于 1975~1990 年爆发了一场持续长达 15 年之久的内战，在"二战"后各国内战史上实属罕见。

这场内战前后经历了六位总统的任期，从弗朗吉亚总统执政末期开始，经历了伊里亚斯·萨尔基斯总统（Elias Sarkis）（1976~1982 年）、当选后尚未就任就被暗杀的贝希尔·杰马耶勒总统（Beshir Gemayel）（1982 年）、阿明·杰马耶勒总统（Amin Gemayel）（1982~1988 年）、勒内·穆阿瓦德总统（Rene Mouawad）（1989.10.5~1989.11.22）等四任总统，直到伊里亚斯·赫拉维总统任内才告结束。其间，两位总统惨遭暗杀。

（一）内战的原因

1. 长期教派矛盾是内战的根本原因

首先是权力分配的矛盾。黎巴嫩自独立后仍一直沿用法国委任统治时期确立的"政治教派体制"，但穆斯林的实际人口经 30 余年后已大大超出基督教徒的总人口。伊斯兰教派，特别是什叶派极力要求取消现行的"政治教派体制"，实行政治改革。基督教派则以需要全面考虑为由，竭力拖延。其次，远在奥斯曼帝国统治时期，为争夺黎巴嫩山区的地盘，马龙派和德鲁兹派曾多次发生过武装冲突，在两派关系中留下的重重阴影仍未消散。再次，各教派的内部各派为争夺领导权或地盘也经常发生火并。

2. 巴解引发的矛盾是导致内战的直接原因

历次阿以战争中涌入近 40 万巴勒斯坦难民，给黎巴嫩社会带来沉重的经济负担。巴解总部于 1970 年约旦"黑九月"事件后进驻黎巴嫩，更给黎政府行使主权和维护社会治安带来不少困难。伊斯兰教各派出于对巴勒斯坦人民的同情，积极支持巴解留驻和在黎开展武装斗争；而基督教各派则不满甚至痛恨巴解的留驻给国家和人民直接、间接带来的巨大灾难。两大教派对巴解截然相反的立场，构成了黎巴嫩内战的导火索。

3. 两超争霸和地区大国插手是内战长期持续的重要因素

冷战时期，中东地区是美、苏争霸的热点地区。美、苏出于其在中东争霸的需要，根据战场态势的利弊、得失，在黎内战中对两大教派的争斗时而暗中支持，时而出面调停，致使内战停停打打，打打停停，久拖不决。地区大国的插手是另一重要因素。叙利亚因黎巴嫩在奥斯曼帝国统治时期曾划归叙管辖而坚持要同黎巴嫩建立"特殊关系"，经常起着左右黎巴嫩内战局势的作用。伊朗在黎巴嫩支持什叶派创建"真主党"，并派出大批革命卫队为其训练民兵。伊拉克因同叙利亚、伊朗交恶，以色列则在反对巴解方面同黎基督教派有共同利益，因而两国均在财力、物力上支持受长枪党控制的基督教马龙派民兵"黎巴嫩力量"。

（二）内战爆发、发展和以色列两次入侵时期（1975～1982年）

1975年4月13日，数名枪手据信拟暗杀长枪党主席皮埃尔·杰马耶勒而误杀了4名长枪党人。长枪党可能认为系巴勒斯坦人所为，长枪党民兵当天在贝鲁特东区的艾恩·鲁马奈（Ain Romaneh）地区伏击了一辆满载巴勒斯坦妇女、儿童的大轿车，酿成46人死伤的惨案。随后，巴解武装向长枪党民兵发起反击。这起冲突很快就席卷全国，酿成一场以基督教马龙派民兵、穆斯林民兵和巴解武装三者之间为主的全面内战。各教派内部各派也不时为争夺地盘而爆发激烈的武装冲突。叙利亚驻黎部队、黎军部队也卷入了这场内战。

初期，穆斯林各派民兵和巴解武装很快掌握了主动权，几乎控制了全国2/3地区。1976年3月，基督教马龙派中以皮埃

第二章 历史 Lebanon

尔·杰马耶勒为首的长枪党、以卡米勒·夏蒙为首的自由国民党和苏莱曼·弗朗吉亚家族及其所属民兵,为了维护基督教马龙派的统治地位,协调一致地同穆斯林民兵、巴解武装作战,组成了"黎巴嫩阵线"及其统一的民兵武装"黎巴嫩力量"。黎巴嫩阵线主张维护原有政体,反对政治改革。此后,长枪党通过对另外两派搞突然袭击,实际上控制了黎巴嫩阵线和黎巴嫩力量。穆斯林各派早在1973年就在德鲁兹派领导人、社会进步党主席卡迈勒·琼布拉特的倡议下创建了"全国运动",1976年7月又建立了中央政治委员会作为其领导机构。瓦立德·琼布拉特在其父1977年3月遭暗杀后即任政委会执行主席。全国运动主张取消"政治教派体制",实行政治改革,主张基督教和伊斯兰教在国家政权机构中权力均等。但是,穆斯林各派之间、穆斯林各派和巴解武装之间乃至各派内部,为了争权或争夺地盘,也不时发生分歧乃至激烈的武装冲突。

1. 基督教派民兵铲除基督教区内巴勒斯坦难民营

1976年6月中旬,黎巴嫩力量民兵为了在基督教控制区内彻底消灭巴解武装,铲除巴难民营,向贝鲁特东南郊的吉斯尔·巴夏难民营(Jisr Pasha Camp)和塔勒·扎阿塔尔难民营(Tell Zaatar Camp)发起猛烈攻击。经过激烈战斗,先后于6月30日和8月12日攻占了该两难民营。其间,阿拉伯联盟特使和利比亚总理贾卢德曾先后进行调解,终因黎巴嫩力量灭巴解之心已决而未能奏效。至此,贝鲁特东区的巴难民营荡然无存。据外刊报道,仅在最后几天的炮击中,被炸死的难民约1600人,伤4000人,约有9000名难民被赶出难民营。

2. 叙利亚军队进入黎巴嫩

1976年6月,应萨尔基斯总统的要求,叙利亚部队3万人进驻黎巴嫩,协助黎政府调解黎各派民兵之间以及同巴解之间的武装冲突。随后,又改换名义同其他5国象征性部队作为阿拉伯联盟调解黎巴嫩内战的"阿拉伯威慑部队"进驻黎巴嫩。在其他国家部队很快撤出后,叙利亚部队却借故长期留驻。

3. 以色列两次入侵黎巴嫩

(1) 1978年第一次入侵(以色列称为"利塔尼行动")。1970年约旦"黑九月事件"后,巴解总部迁往黎巴嫩,黎巴嫩成为巴解开展反以武装斗争的主要基地,对以色列构成严重威胁。1978年3月,以色列竟然肆无忌惮地派其地面部队公然越过国界,侵入黎巴嫩南部打击巴解武装。以色列的入侵造成黎巴嫩南部居民生命、财产的严重损失。成千上万的无辜百姓沦为无家可归的难民。以色列的这种侵略行径遭到联合国和国际社会的愤怒谴责。联合国安理会于1978年3月19日通过安理会第425号决议,谴责以色列的侵略行为,并决定组成联合国驻黎巴嫩临时部队(UNIFIL,简称联黎部队),监督以色列撤军,保障黎巴嫩维护国家独立和主权完整。联黎部队由安理会视需要和驻在国的要求,每6个月延长一次。该部队至今仍驻扎在黎以边界黎方一侧。

(2) 1982年再次入侵(以色列称为"加利利行动")。巴解在黎巴嫩南部驻有重兵,对以色列北部加利利地区始终构成严重威胁。1978年,以色列第一次入侵时虽对黎南部的巴解武装给予了重创,但几年来巴解武装又有新的发展。黎内战爆发后,叙利亚借机插手,向黎派驻大量部队,并在黎部署了数量不菲的防空导弹。叙利亚在黎的存在,不仅对以构成直接威胁,也妨碍以方同黎基督教马龙派头面人物的接触和协调。以色列看准当时正值同埃及签署和约不久,埃及无意再陷入一场新的中东战争,因而毫无顾忌地发动了这场侵黎战争。

1982年6月6日11时,以军以2个师的兵力在空、海军火力支援下,分三路越过联合国临时部队驻防的隔离区,向黎巴嫩南部巴解武装力量发起突然袭击。西路沿滨海公路北上,迅速占领苏尔、赛达和达穆尔,直抵贝鲁特城下。中路则快速占领了巴解南部战区指挥部所在地纳巴提耶和巴解武装的重要据点波弗特堡,并直插贝鲁特近郊,然后兵分两路,一路夺取贝鲁特以东阵地,一路突袭并控制了贝鲁特—大马士革公路,旨在切断集结在贝鲁特的巴解武装的退路。东路则从戈兰高地沿谢赫山(又称赫尔蒙山)西侧向北,直取贝卡谷地重镇哈斯拜亚和有"法塔赫之地"之称的法塔赫主要基地阿尔库卜地区,分割包围了贝卡谷地南部的巴解武装,摧毁了巴解的一系列军事基地。6月10日,以军又以6个旅3.5万人和300余辆坦克的兵力,在黎基督教派民兵黎巴嫩力量的配合下,由北向南对贝鲁特实施大包围。东路军进抵贝鲁特—大马士革公路东段后,即沿黎巴嫩山东麓部署,并占领阿因达拉,牵制驻贝卡谷地的叙军。

以军在完成对巴解武装战略包围的第一阶段作战任务后,即把矛头转向驻在贝卡谷地的叙利亚部队。以军首先在贝卡谷地南端同叙军第85装甲旅遭遇,双方投入大量坦克,在激烈战斗中各有数十辆坦克被击毁。为了保障以军在黎作战的制空权,以色列政府批准国防部长沙龙提出的彻底摧毁驻贝卡谷地叙军防空导弹群的计划。6月9日和10日,以色列空军投入 F–15、F–16 型战斗机300余架次,摧毁叙军17个"萨姆"防空导弹连,重创另2个防空导弹连。其间,以空军还同叙空军展开中东战争史上最大规模的空战,迎战叙空军米格–21、米格–23型歼击机200余架次,结果击落叙机80余架,以军损失战斗机、直升机共10架。6月11日,叙、以分别宣布停火。

以军占领黎南部后,巴解武装大部分战士撤到贝卡谷地和贝鲁特西区。巴解总部的指挥机构仍完整无损,并拥有一支1.2~1.4万人的作战部队和大部分重型武器装备。在确保制空权后,以军于6月14日调集3.5万人、300多辆坦克和100多门大炮,准备对贝鲁特西区的巴解总部发起总攻。以军一部首先开进黎巴

黎巴嫩

嫩力量民兵控制的贝鲁特东区；6月24日又从叙军手中夺取了控制贝鲁特—大马士革公路的重镇布哈姆敦；与此同时，以色列海军舰只封锁了贝鲁特北面和西面的海域。到6月底，以军已完成对贝鲁特西区的合围。整个7月份，以军不仅进入西区市内，还连续不断对西区进行狂轰滥炸，多次对西区实施断水、断电，企图以此迫使巴解投降。巴解武装多次从以军防线外围向以军发起反击。7月22日，以色列空军开始对贝鲁特和贝卡的叙军阵地进行大规模空袭，亦未见成效，反而促使叙利亚从本土向黎增调近3万人的部队。8月1日，以军完全控制了贝鲁特国际机场。8月4日，以军分3路包围了西区的3个巴勒斯坦难民营。

1982年8月6日，美国总统特使哈比卜出面斡旋，同巴解就巴解武装撤出贝鲁特达成协议。9日，哈比卜将巴解撤军协议的最后实施方案正式提交以色列政府。12日晚，以军停止作战，实现停火。13日，双方地面部队开始脱离接触。

8月18日，黎巴嫩内阁通过了哈比卜提交的和解方案，并正式要求美国、法国和意大利三国组成多国部队，监督撤军。19日，以色列也最终同意了哈比卜方案。该方案规定，从8月21日起，巴勒斯坦武装力量和叙利亚军队于两周内全部撤出贝鲁特西区。美国部队800人、法国部队800人和意大利部队400人组成多国部队，在黎巴嫩政府军4000人的协同下，负责监护巴勒斯坦武装力量和叙利亚军队的安全撤出。多国部队驻扎时间不超过30天。至此，以军对贝鲁特的围攻战宣告结束。

8月21～26日，美、法、意三国部队先后到达贝鲁特。在多国部队和黎巴嫩政府军的监督下，巴解武装力量1.25万人从8月21日至9月1日分15批撤往8个阿拉伯国家。巴解主席阿拉法特和巴解总部撤到了突尼斯。8月30～31日，驻贝鲁特西区的叙军第85旅撤往贝卡谷地。多国部队在完成监督任务后，相继于9月10～12日撤离贝鲁特。

4. 贝鲁特巴勒斯坦难民营大屠杀事件

多国部队刚刚撤离,皮埃尔·杰马耶勒的次子、黎当选总统贝希尔·杰马耶勒就于 1982 年 9 月 14 日在炸弹爆炸事件中丧生。9 月 15 日凌晨,以色列军队以此为借口再度开进贝鲁特西区,包围了萨卜拉(Sabra)、夏蒂拉(Chatila)两个巴勒斯坦难民营。9 月 16 日,黎巴嫩力量民兵经以色列国防部长沙龙批准,开进萨卜拉、夏蒂拉两难民营进行清剿行动。他们在行动中不仅大肆追杀巴解战士,还残酷迫害和枪杀无辜难民及其他平民,酿成举世震惊的贝鲁特难民营大屠杀事件。据黎巴嫩红十字会统计,仅两天时间,就有 460 余人惨遭杀害(还有报道说约 1000 人被杀)。这一事件遭到国际社会的普遍谴责,联合国安理会通过决议,谴责对巴勒斯坦人的屠杀事件,决定向贝鲁特西区增派联合国观察员。美国要求以色列对屠杀事件负责,并要以军立即撤出贝鲁特西区。以色列国内群情激愤,举行了历史上罕见的 30 万人抗议示威游行,愤怒谴责沙龙一手策划了难民营大屠杀事件。以色列内阁于 9 月 19 日深夜开会,决定同意从贝鲁特西区撤军;并决定组成调查委员会对事件的始末和责任进行调查。翌年 2 月,贝京总理根据调查结果决定免去沙龙国防部长的职务。

鉴于难民营屠杀事件的出现,黎巴嫩总理瓦赞于 9 月 19 日要求多国部队返回黎巴嫩。至 10 月 2 日,多国部队在贝鲁特及其郊区部署完毕,总兵力约 5800 人。其中,意大利 2100 人,法国 2000 人,美国 1600 人,英国 100 人。与此同时,在贝鲁特沿海,美国部署了一支航母编队,共 14 艘舰只,法国一支航母编队共 4 艘舰只,意大利也部署了 2 艘驱逐舰和 2 艘支援舰。但多国部队返回贝鲁特不久,就成为攻击目标。10 月 23 日清晨,一辆装满炸药的卡车和一辆装满炸药的小汽车,分别冲进美国海军陆战队宿舍楼和法国驻军宿舍楼,一举炸死美军官兵 241 人、法军官兵58人。这一事件在美、法两国领导人和有关部门中引起极大震撼，迫使他们认真考虑缩短多国部队的驻扎期限。1984年2月7日，美国总统里根下令将多国部队中的美国海军陆战队分批撤往黎巴嫩沿海的军舰上。英、法、意三国也先后效仿。到3月底，多国部队全部撤离贝鲁特市。

以色列军队1982年入侵黎巴嫩纵深达90公里，一度占领黎巴嫩南部领土达3000平方公里。在此次入侵行动中摧毁了巴解在黎南部的全部基地，俘获了6000多名巴解战士。以军的入侵行动导致近万人死亡，1.5万人伤残，50万居民失去家园，沦为难民。首都贝鲁特和许多其他城市遭到严重破坏，巴解武装驻扎过的村镇几乎都化为焦土。

（三）内战更趋激烈时期（1983年至1988年9月）

1983年5月17日，黎巴嫩在美国斡旋下同以色列签署停火协议。"5·17协议"规定，在叙利亚部队同意撤离黎巴嫩的条件下，以色列部队将撤离黎巴嫩。但叙利亚反对"5·17协议"，拒绝讨论叙军撤离的问题，从而使协议搁浅。为停止内战，实现全国和解，黎巴嫩各派先后于1983年11月和1984年3月，在瑞士日内瓦和洛桑召开了两次全国对话会议。在沙特阿拉伯国王和叙利亚总统的代表参与下，阿明·杰马耶勒总统和基督教、伊斯兰教各派领导人一致决定，实现停火，制订脱离接触的安全计划。据此，黎巴嫩政府还组建了两大教派平等参与的6人军事委员会，制定了"大贝鲁特安全计划"。各教派在执行决定方面虽不得不做些表面文章，但为了维护自身利益，在关键问题上仍是阳奉阴违。因此，在以色列侵黎战争后，各教派的内战反而更趋激烈。

1. 德鲁兹民兵和黎巴嫩力量的布哈姆敦和盖尔卜堡争夺战

1983年，以色列通过侵黎战争重创巴解武装的主要目的已达，为了缓和国际压力，决定单方面分阶段地逐步撤军。为报复黎方在"5·17协议"问题上出尔反尔，迟迟未予批准，以方遂不顾黎方提出的待其完成军事部署后再行撤军的要求，于9月初将其部队从中部阿莱、舒夫山区南撤至边界以北以色列所谓的"安全区"内。以军刚刚撤出，德鲁兹民兵就同黎巴嫩力量展开了布哈姆敦和盖尔卜堡的争夺战。布哈姆敦位于阿莱山区北部贝鲁特—大马士革公路上，扼贝鲁特的咽喉，战略地位十分重要。盖尔卜堡是阿莱山区的一处战略制高点，高程800米，俯视总统府、美国大使官邸和贝鲁特国际机场。9月6日，德鲁兹民兵在巴解武装和其他穆斯林民兵支援下，经过几天激战占领了布哈姆敦。随后又以1万余人的兵力向黎巴嫩力量据守的盖尔卜堡发起进攻，久攻不克，战局呈僵持状态。在沙特阿拉伯等国的调停下，双方于9月25日达成停火协议。

2. 长枪党内部的争斗

杰马耶勒总统于1984年7月试图在叙利亚支持下推行大贝鲁特安全计划，在基督教派内部遭到黎巴嫩力量北部地区司令萨米尔·贾加（Samir Jiajia，有译盖亚盖亚）的坚决抵制。长枪党内围绕同叙利亚关系引发了一场争斗和分裂。1985年3月20日，强硬派成立了以贾加为首的黎巴嫩力量执行委员会。黎巴嫩力量南部地区司令纳贾里安当时正在赛达地区同穆斯林民兵、巴解武装陷于武装冲突，闻讯后立即宣布支持执委会。后纳贾里安因寡不敌众而撤出赛达。由于这次失败，导致黎巴嫩力量领导层于5月9日改组。伊利·胡贝卡（Illy Hubeika）取代贾加继任执委会主席。胡贝卡在叙方推动下，未经长枪党批准，于1985年12月28日擅自代表黎巴嫩力量在大马士革同什叶派"阿迈勒运动"主席纳比·贝里（Nabih Berri）、社会进步党主席瓦立德·琼布拉特（Walid Jumblat）签署了"三方和平协议"。"协议"既损害了基督教派的根本利益，也侵犯了黎巴嫩主权，遭到基督教派的普遍反对。1986年1月15日，杰马耶勒总统宣布拒绝接受"三方和平协议"。当日，胡贝卡被迫流亡巴黎。是年9月27

日,已返回贝鲁特西区的胡贝卡在叙方支持下企图反扑未果。

3. "阿迈勒运动"围剿巴解武装的"难民营之战"

1985年1月,巴解主力乘以色列军队南撤之机重返贝鲁特西区。此举为已在贝鲁特西区站稳脚跟的叙利亚和"阿迈勒运动"所不容。5月19日,"阿迈勒运动"民兵向贝鲁特西区三个巴勒斯坦难民营内的巴解武装发起猛烈进攻,经过一个月激烈战斗,攻入萨卜拉、夏蒂拉两难民营,但始终未能攻克巴拉杰奈堡难民营。是年9月,"阿迈勒运动"再次向难民营发动攻击,巴解武装被迫转入难民营的地道内进行抵抗。直到1987年4月6日,在"阿迈勒运动"民兵实现打击和削弱巴解武装的目的后,叙利亚才出面干预,令其主力部队开进难民营,解除了对难民营的粮食封锁。10~12月间,"阿迈勒运动"又发动攻势,逼迫巴解放弃了在赛达等地的一些地盘。1988年1月24日,在伊朗调解下,"阿迈勒运动"民兵才全部从难民营周围撤走。至此,历时长达两年零八个月的"难民营之战"方告结束。据报道,此战造成近3000人死亡,伤残人数还要高出一倍多。

4. 的黎波里之战

的黎波里市曾是巴解在黎北方的重要基地。随着1985年初巴解逐步返黎,逊尼派原教旨主义组织伊斯兰统一运动企图借助巴解实现对该市的控制,遭到亲叙各派力量的强烈反对。是年9月15日,阿拉伯民主党等派民兵以进驻市郊的叙军4000人部队为后盾,联合向逊尼派原教旨主义组织伊斯兰统一运动发起猛烈攻击,借以将亲巴解势力全部赶出该市。经过20余天战斗,双方才达成停火协议。叙利亚通过调停达到了叙军部队进驻该市从而控制这一北方重镇的战略目的。这次战斗是该市自内战以来最激烈的战斗,双方共死500余人,伤1000余人。

5. 德鲁兹民兵和"阿迈勒运动"争夺贝鲁特西区之战

贝鲁特西区一向是穆斯林各派民兵必争之地。"阿迈勒运动"和以德鲁兹派为主体的社会进步党为了扩大各自地盘,曾于1985年11月下旬发生过一次冲突。1987年2月16日,两派在贝鲁特西区再次爆发大规模武装冲突。德鲁兹民兵在强大炮火支援下向"阿迈勒运动"总部发起猛烈攻击。经过4天激战,双方死150余人,伤500余人。德鲁兹民兵处于明显优势,控制了大部分地区。面对这一严重事态,总理卡拉米(Rashid Karami)和议长侯赛尼(Hussein el-Husseini)等人未经请示出访的杰马耶勒总统,于2月20日亲往叙利亚求援。叙军自1982年9月1日被以色列军队逼离贝鲁特后正无理由重行进驻,既获黎方请求,叙方迅即于2月22日由贝卡谷地调遣一个约4000人的加强旅进驻贝鲁特西区。社会进步党在贝鲁特西区所占地盘被迫如数吐出,此后的行动也受制于叙军。

6. 什叶派两派争夺贝鲁特南郊之战

贝鲁特南郊面积约40平方公里,居民约60万人,是什叶派穆斯林聚居之地,也是"阿迈勒运动"和真主党的主要基地。1988年5月6日,两派在贝鲁特南郊为扩张地盘爆发了大规模激烈武装冲突。截至5月27日停火时止,双方死425人,伤1000余人。在这次战斗中,真主党以其优势兵力控制了南郊80%的地盘。贝鲁特南郊争夺战反映了叙利亚和伊朗在黎的利益冲突。正值"阿迈勒运动"民兵节节失利之际,叙利亚派部队进驻南郊周围的阵地,摆出瓮中捉鳖之势。然后以调解为名,同伊朗和冲突双方进行谈判,达成了双方停火和叙军进驻南郊的协议。5月27日,叙军一支2000人的部队进驻贝鲁特南郊。这样,叙利亚不仅使"阿迈勒运动"摆脱了困境,还实现了完全控制贝鲁特西区的目的。

(四)两个政府并存时期(1988年9月至1990年10月)

1988年杰马耶勒总统任期届满前,基督教派拒绝接受叙利亚提名的前总统苏莱曼·弗朗吉亚为新一届总统候选人,导致总统难产。杰马耶勒卸任前任命的以黎巴嫩军队司令米歇尔·奥恩将军（Gen. Michel Aoun）为总理的过渡政府又不为穆斯林各派所接受，穆斯林各派保留了原已提出辞呈的萨利姆·胡斯总理及其政府。因此，黎巴嫩在此后的两年内陷入了没有总统、但有两个政府和两个军队司令部各行其是的严重危机。

1. 港口之战

1989年3月上旬，奥恩政府为制止各派民兵各自为政和随意进口武器，以武力封锁各派民兵私设的7个港口。此举直接触犯了叙利亚和各派民兵的切身利益。3月14日，驻黎叙军部队和穆斯林各派民兵为一方，同基督教区黎军、黎巴嫩力量展开激烈炮战，断断续续历时三个多月，使贝鲁特东、西两区的公共设施和居民住宅遭到巨大破坏。阿拉伯联盟组成六方委员会出面调解，但终因双方各执己见而未能奏效。

2. 基督教区黎军惩戒黎巴嫩力量的战斗

自内战开始后，黎巴嫩力量不仅装备了轻武器，甚至还拥有火炮、装甲车和坦克，已发展成仅次于政府军的战斗力较强的民兵武装。特别是在其领导人贝希尔·杰马耶勒当选为总统后，黎巴嫩力量在基督教派控制区的地位也随之上升，在很多方面越俎代庖，取代了政府职能。尽管黎巴嫩力量在同穆斯林各派民兵的斗争中起过很大作用，奥恩政府在同叙利亚和穆斯林民兵的斗争中也尚需黎巴嫩力量的支持和协助，但奥恩总理对其桀骜不驯、无视政府的行径颇为不满。1990年1月底，奥恩下令基督教区黎军对其采取惩戒性行动，从而引发了内战开始以来基督教派内部最大的一次武装冲突。双方战斗相当激烈，持续了近4个月。直到5月26日，在罗马教廷和马龙派教会牧首索菲尔等多方调停和干预下，双方才最终停火。双方在冲突中死1035人，伤2770人。这次武装冲突给基督教派带来严重后果。基督教区腹地大批住房和公用设施遭到严重破坏。4个月的火并两败俱伤，使基督教派总体军事实力受到严重削弱。

（五）塔伊夫会议和塔伊夫协议

阿盟六方委员会调解未果后，1989年5月23~26日在摩洛哥的卡萨布兰卡举行的阿拉伯首脑会议，考虑到久拖不决的黎巴嫩内战使黎人民生灵涂炭，经济衰败，决定由摩洛哥国王、沙特阿拉伯国王和阿尔及利亚总统组成最高级别的三方委员会，接替六方委员会全权调解黎巴嫩危机。三方委员会根据内战以来黎巴嫩各派提出的各种方案和要求，草拟并向首脑会议提交了一份解决黎巴嫩问题的《民族和解文件》（草案）。叙利亚坚持要在《民族和解文件》中增加有关叙、黎特殊关系和叙利亚在黎驻军等方面内容。三国元首经同有关阿拉伯国家元首磋商，考虑到当务之急是停止内战，其他问题尚可从长计议，勉强接受了叙方的《民族和解文件》（修正稿）。在此基础上，三国元首于9月16日发表公报，提出停止内战、实现和平的倡议，呼吁黎巴嫩议员于9月30日到沙特阿拉伯西部靠近红海的城市塔伊夫开会，讨论《民族和解文件》（修正稿）。鉴于叙方的要求已完全得到满足，叙利亚和黎巴嫩穆斯林各派当即接受倡议。奥恩政府和基督教各派虽对《民族和解文件》（修正稿）甚为不满，但一时尚无力继续同叙抗衡，而人民厌战求和情绪日益增长，遂于9月22日表示原则接受倡议，但要求阿拉伯联盟对叙利亚从黎撤军作出"书面保证"。

9月30日，基督教和伊斯兰教各派的57名议员出席塔伊夫会议，经激烈争论和反复磋商后，于10月22日通过了"塔伊夫协议"（即《民族和解文件》）。塔伊夫协议的主要内容包括：民族和解政府在全国行使主权；解散各派民兵武装；承认叙、黎"特殊关系"；规定议会议席由99席增至108席（到1992年7月又将议席增至128席），基督教派和伊斯兰教派在议席和军政要职的比例改为各占50%；总统可主持内阁会议，但无表决权；

总统仍是武装力量最高统帅,但其一切决定必须经内阁批准。"塔伊夫协议"除在议会议席和军政要职上改为基督教派和伊斯兰教派平分秋色外,还极大地削弱了总统的职权,实际上是总体上削弱了基督教派权力。因此,"塔伊夫协议"遭到奥恩等基督教派领导人的指责,被认为是对黎巴嫩主权的侵害和对叙利亚吞并黎企图的屈从。

(六)内战结束

1989年11月5日,议会为了尽快结束国家长期没有国家元首的非正常局面,在的黎波里空军基地举行总统选举,选出勒内·穆阿瓦德(Rene Mouawad)为第九任总统。11月22日,穆阿瓦德总统在总理府主持独立节庆典后,返家途中在贝鲁特西区被炸身亡。当时社会上普遍认为,穆阿瓦德总统性格外柔内刚,颇有主见,系因不愿听任摆布而遭暗杀。11月24日,议会迅即在贝卡谷地的什图拉市再次举行总统选举,选出伊里亚斯·赫拉维(Elias Hrawi)为第十任总统。赫拉维总统于次日凌晨即宣布组成以萨利姆·胡斯(Salim el-Hoss)为总理的民族和解政府,并免除奥恩的过渡政府总理职务。随后,新政府任命埃米勒·拉胡德将军(Gen. Emil Lahoud)为黎军司令。赫拉维总统在不同场合多次表示,"决不允许在黎巴嫩领土上存在两个政府和两个军队司令部",在必要时将以武力把奥恩赶出总统府。

1990年10月,黎巴嫩新政府运转已逐渐步入正轨,叙利亚看准最终解决黎巴嫩问题的时机已趋成熟。10月13日凌晨,叙利亚驻黎部队在穆斯林区黎军、穆斯林各派民兵配合下,向奥恩所在的总统府巴布达宫和黎军司令部发起总攻。奥恩眼见大势已去,为避免造成更大的人员伤亡,下令基督教区黎军部队停止抵抗,服从拉胡德将军指挥。他本人则往法国驻黎大使馆避难,随后在法国斡旋下离境赴法。

至此,1988年9月形成的两个政府对峙局面宣告结束,历时15年有余的黎巴嫩内战也最终宣告结束。在这场内战中，据估计，死亡人数超过10万，另有10万人左右因伤致残；将近25万人永久移居国外，约40万人背井离乡，移居他乡；另有将近25万人成为无家可归的难民。内战虽然结束，但引发内战的根本原因——政治教派体制并未取消，教派矛盾虽有所缓解，但并未彻底解决。在新形势下，基督教派的不满情绪似有增长。因此，如不抓紧时机彻底解决，一旦时机成熟，教派矛盾乃至教派冲突仍有死灰复燃的可能。

七 赫拉维执政时期和黎巴嫩重建（1989～1998年）

赫拉维总统上台执政后，首先是在叙利亚驻军协助下解决了两个政府并存的局面，使黎巴嫩的政治架构恢复了正常。在此基础上，经征得各教派同意，取缔了各教派所属民兵组织，其间还成功地制服了一些仍图反抗的民兵组织，清缴了各派民兵组织所拥有的轻、重武器装备。黎巴嫩政府出于对以斗争的需要，唯独保留了叙利亚较为倚重的真主党民兵武装。其后，黎巴嫩政府军通过重新部署控制了除以色列在黎境内设立的"安全区"（边界线以北纵深约10公里，面积约1000平方公里）以外的南部所有地区。

1991年5月，黎巴嫩在叙利亚的建议下，同叙利亚签订了"黎巴嫩—叙利亚友好合作条约"，基本上保障了叙利亚对黎巴嫩对外关系的主导权。同年，黎巴嫩参与了始于马德里和会的"中东和平进程"。1992年5月，黎巴嫩有关教派在国际压力下释放了在黎内战时期绑架的美国和其他西方国家的所有人质。

但是，只要巴勒斯坦问题未能彻底解决，中东问题未能彻底解决，黎巴嫩就难以最终得到和平和安宁。内战结束以后，黎境内的巴解武装、真主党和以色列部队之间袭击和反袭击、报复和反报复的斗争仍会时起时伏，持续不断。

1995年，赫拉维总统的任期行将结束，由于未能物色到合适的新一届总统候选人，议会在地区大国的压力下，在经过宪法修订程序后，决定将赫拉维总统的任期延长3年。赫拉维在任期内也想为黎巴嫩战后重建做一些事，开始了贝鲁特市中心商业区重建的筹划工作，但直到1998年任期结束，似乎未能实现他的任何宏大抱负。

第六节 著名历史人物

一 法赫尔丁二世（1570～1635年）

法赫尔丁二世（Fakhr ed-Din II）1570年7月出生于黎巴嫩德鲁兹派马安家族，为法赫尔丁一世之孙，1585年继位。继位后，他致力协调同国内各教派、各地区、各家族之间的关系，把不同教派融合于共同的黎巴嫩社会，脱离奥斯曼帝国，建立一个独立的"大黎巴嫩"，走上进步和"近代化"的康庄大道。法赫尔丁二世的独立倾向和向基督教、欧洲国家开放，鼓励天主教众多教会在黎巴嫩开展传教活动的做法激怒了奥斯曼帝国当局。1633年，穆拉德四世苏丹命令叙利亚和埃及军队分别从北、南两个方向夹击黎巴嫩。法赫尔丁二世终因寡不敌众而败北。1635年2月被俘，4月与三个儿子同时被奥斯曼当局处决。

在位期间，法赫尔丁二世积极促进国内的经济繁荣，引进新式农具和经过改良的耕作方法，鼓励种植橄榄树、桑树和亚麻。为了促进国家繁荣，还从意大利引进建筑师、灌溉工程师和农业专家。发展生产促进了国内经济的繁荣，对外贸易也随之蓬勃发展。

为了实现脱离奥斯曼帝国和获得完全独立的梦想，他致力于扩展疆土,逐步控制了北方邻国叙利亚的巴尔米拉和南部邻国巴勒斯坦,从而加强了黎巴嫩的战略地位。

为了加强对其辖区的控制,法赫尔丁二世组建了一支拥有4万之众,且训练有素、纪律严明的军队。法赫尔丁二世还同意大利托斯坎尼大公斐迪南签订一项秘密协定,双方保证为反对奥斯曼统治者而相互支援。

法赫尔丁二世谋求独立的倾向一向为奥斯曼政府所不容。奥斯曼当局早在1613年就曾从陆路和海路夹击黎巴嫩,致使法赫尔丁二世被迫逃往意大利托斯坎尼大公国避难,直到1618年才返回黎巴嫩。回国后,法赫尔丁二世进一步认识到建设一支强大军队的重要性,遂集中财源建军。1623年在贝卡谷地的安杰尔一仗将奥斯曼军队打得惨败,给奥斯曼苏丹留下深刻印象,于1624年授予法赫尔丁二世以"阿拉伯斯坦君主"的头衔。

二 巴希尔二世(1767~1850年)

巴希尔二世(Bashir II al-shihabi)出生于埃齐尔的谢哈布家族,他于1789年接替尤素夫出任黎巴嫩的埃米尔。犹如马安家族的法赫尔丁二世一样,在其执政的半个世纪中,巴希尔二世以其卓越的领导才能为黎巴嫩历史书写了辉煌的一页。

执政期间,巴希尔二世的统治地位比较稳固,社会治安也比较安定。在巩固统治的基础上,巴希尔二世积极发展和改造公用事业,新建和改建了不少道路、桥梁。他动用黎巴嫩和叙利亚的能工巧匠,花了40年时间在贝特丁修建的豪华宫殿,至今仍是舒夫山区著名的名胜古迹。

巴希尔二世也注重发展本国的科教事业,当感到本国需要发展医药事业时,就派出留学生到中东地区历史悠久的开罗医学院留学。对于宗教,巴希尔二世采取了一种宽松和宽容的政策,在接受西方文化影响方面也比较宽容。

黎巴嫩

为了扩张势力范围和摆脱土耳其人的统治,巴希尔二世一再以武力同奥斯曼当局抗争。1821年,他支持赛达总督出兵进攻叙利亚,获得重大胜利。1831年,当埃及总督穆罕默德·阿里决定向奥斯曼帝国开战时,巴希尔二世决定同埃及联合行动,于次年5月攻克巴勒斯坦城市阿卡,6月攻克叙利亚首都大马士革。

1840年7月,英国、奥地利、普鲁士和俄国等欧洲主要势力同奥斯曼苏丹为了各国自身的利益签订了伦敦条约。奥斯曼帝国和英国军队于9月登陆黎巴嫩海岸。巴希尔二世于10月向英国投降,被流放到马耳他岛,1850年死于君士坦丁堡。1948年移葬于贝特丁。

三 比沙拉·胡里（1890~1964年）

比沙拉·胡里（Bichara el-Khoury）是黎巴嫩独立后的首任总统,1890年生于贝鲁特一个基督教马龙派家庭。中学毕业后去法国学习法律,1911年学成回国从事律师工作。1914~1919年旅居埃及。回国后继续从事律师工作。法国委任统治时期,1923年受命担任法官,1927年被任命为内务部长,1927年5月至1928年8月和1929年5月至1929年10月曾两度短期出任总理。1943年黎巴嫩独立,胡里作为唯一候选人当选为独立后的首任总统。

就任后,胡里与首任总理索勒赫,就独立后黎巴嫩主要教派之间的关系和对外关系达成了未见诸文字的四点口头协议,即著名的"民族宪章"。除两大教派在议席和公共职位的比例已由"塔伊夫协议"作了修改外,"民族宪章"和执行"民族宪章"而形成的"政治教派体制"一直沿用至今。

胡里执政的特色是仅依靠少数教派的支持,维护少数教派的利益,作风独断专行。在其第二任期内,以民族进步党主席卡迈勒·琼布拉特等为首的"民族社会阵线"致力于政治改革，要求根除政府中各种弊端和陋习，并于1952年9月11日号召发动总罢工，强迫总统辞职。扈里总统命令黎军司令谢哈布将军动用军队干预，遭谢哈布拒绝。9月18日，扈里总统不得不宣布辞职。扈里于1964年辞世。

四 里亚德·索勒赫（1898～1951年）

里亚德·索勒赫（Riad as-Solh）是黎巴嫩独立后的首任总理，1898年出生于的黎波里一个逊尼派穆斯林家庭。年轻时出于爱国心和对阿拉伯民族主义的热情而投身政治，加入了当时为争取"大叙利亚"（包括现在的叙利亚、巴勒斯坦、黎巴嫩、约旦、安提俄克和伊斯肯德伦）独立的青年知识分子的组织——"民族集团"（National Bloc）并逐步成长。1920年7月1日，当接受法国委任统治和成立"大黎巴嫩"时，穆斯林和少数基督教徒主张摆脱法国，同叙利亚联合；而多数的基督教徒则主张同法国结盟，反对与叙利亚联合。索勒赫注意寻找双方的共同点，宣传一种能为双方接受的政治主张：既放弃同叙利亚联合，也放弃依赖法国，目标瞄准"黎巴嫩独立"。通过20余年的斗争，这一主张终于得以实现。1943年11月22日，黎巴嫩宣布独立。

独立后，索勒赫即受命担任首届内阁总理。他接受了1926年宪法确定的教派权力分享的规则，与比沙拉·扈里总统就教派权力分享达成共识，出台了至今仍在沿用的"民族宪章"。

索勒赫处事能以国家利益为重，以其自身的宽容、风度、自信和感召力赢得了两大教派的一致认同。在他当政时期，教派之间从未发生过冲突。当年在与法国当局就黎巴嫩独立进行谈判时，索勒赫为了对外体现黎巴嫩的团结一致和避免出现教派之间的分歧，他选择马龙派的哈米德·弗朗吉亚为代表团团长，而他自己甘当团员。

独立后他曾多次受命担任内阁总理。1951年出访约旦时,遭叙利亚民族社会党人暗杀。时年53岁。至今,在贝鲁特市中心仍竖立着索勒赫的铜像,铜像所在的广场被命名为里亚德·索勒赫广场。

五　福阿德·谢哈布（1902～1973年）

福阿德·谢哈布将军（Gen. Fuad Chehab）1902年生于埃齐尔的基督教马龙派家庭。20世纪20年代在驻叙利亚的法国部队中服役。独立后于1945年被任命为黎巴嫩军队司令,任职13年。谢哈布将军在任黎军司令期间,由于在扈里总统和夏蒙总统任期内的两次政治冲突中均坚持不介入立场而赢得了各个政治派别的广泛支持,于1958年7月被选为总统。1960年,谢哈布总统见国内局势已恢复正常,意欲辞去总统职务,但不为社会各界所接受。1961年,谢哈布总统在其任内曾镇压过叙利亚民族社会党的一次政变企图。1964年9月,他的任期届满,一些主要政治派别力图通过修改宪法挽留他连任,但谢哈布总统执意卸任。1973年4月于贝鲁特逝世,时年71岁。

谢哈布执政后,在政治上,注意保持内阁中的教派平衡。他极力遵照民族宪章的条款,使政府平等地为基督教和伊斯兰教的各教派民众服务。为了让冲突中各派领导人均能成为立法机构的成员,谢哈布进行了选举制度的改革,将议会的议席由66席增加到99席。此外,谢哈布总统注意加强政府和各职能部门的权力,逐步削弱部族领袖的权力。在外交上,他继续执行中立外交政策,同阿拉伯国家和西方国家同样保持友好关系。谢哈布总统上述种种施政方针后来被人们誉为"谢哈布主义"。

谢哈布非常关心国家基础设施的建设,在任期间积极发展国内的公路网，将自来水和电力引向偏远农村。为了解决农村地区缺医少药问题，政府在很多农村修建了医院、诊所。

谢哈布总统在其任期内，比较公正合理地执行了民族宪章条款，在政治教派体制下较好地维护了各个教派的利益，因而社会比较稳定，经济也得到较快发展。

六 拉希德·卡拉米（1921～1987 年）

拉希德·卡拉米（Rashid Karami）是黎巴嫩前总理，1921 年出生于的黎波里一个逊尼派穆斯林家庭。20 世纪 40 年代初，中学毕业后赴开罗大学学习法律，获得学位后回到的黎波里从事律师工作。1950 年，他在父亲去世后成为当地穆斯林领袖，并递补其父的议席成为议会议员。1951 年被任命为司法部长，1953 年出任经济和社会事务部长。1955 年 9 月，在夏蒙总统任内任总理，1958 年 5 月群众运动中，他站在夏蒙的对立面。9 月，谢哈布总统就任后，他受命组织民族团结政府至 1960 年。此后，1961～1964 年、1965～1966 年、1966～1968 年、1969～1970 年、1975～1976 年、1984～1987 年多次担任总理，前后共在 8 届政府中担任总理职务。

卡拉米的政治立场与其他一些著名穆斯林政治家相比，相对比较激进，支持纳赛尔倡导的"泛阿拉伯主义"思潮，是叙利亚的盟友，他同多位总统尽管都存在实质性的政治分歧，关系比较紧张，只是由于其家族的政治地位和影响，才多次被任命为内阁总理。

在国内政策上，他强烈关注穆斯林的权利。由于穆斯林人口的增长，他曾于 1976 年促成一项穆斯林和基督教徒在议会中的议席相等的协议，但该协议在内战期间未付诸实施。基督教派政治家们做出的唯一让步是，1974 年后由总统签署的法案要由总理副署，从而赋予总理事实上的否决权。

继在瑞士洛桑召开的全国对话会议后,卡拉米于1984年4月再次出任总理。1986年,卡拉米抵制了杰马耶勒总统和部分基督教、伊斯兰教领导人草拟的解决黎巴嫩危机全国协议,顿时同杰马耶勒总统关系紧张。这些问题导致卡拉米于1987年5月提出辞职。杰马耶勒总统却因没有合适的替代人选,没有接受卡拉米的辞呈。同年6月1日,卡拉米在履行公务途中因所乘坐的直升机事先被"黎巴嫩力量"民兵安放了炸弹而遭暗杀。时年66岁。

七 卡迈勒·琼布拉特（1917～1977年）

卡迈勒·琼布拉特（Kamal Junblat）是黎巴嫩社会进步党创始人,著名政治活动家,1917年生于舒夫山区穆赫塔莱（Moukhtara）德鲁兹教派的名门望族。1937年中学毕业后,赴巴黎索邦大学（Sorbonne University）学习哲学和社会学。"二战"爆发后,于1939年返回黎巴嫩,在圣约瑟大学继续其学业。1943年,接替去世的堂兄参加议会选举并入选黎巴嫩山省议员而进入政界。1946年被任命为经济、农业和社会事务部长。1949年3月17日,琼布拉特创立了社会进步党。该党成为德鲁兹派的杰出政党,主张废除政治教派体制。此后他于1960年、1961年、1966年、1969年多次出任内阁部长。

琼布拉特是黎巴嫩著名政治家,德鲁兹教派强有力的领导人。他是社会主义者,支持阿拉伯事业和巴勒斯坦事业。他是反对叙利亚在黎巴嫩扩张势力的少数黎巴嫩政治家之一,并为此于1977年付出了他的生命。

琼布拉特本是首任总统夏里的支持者,在夏里执政后期,政府中出现腐败现象时,琼布拉特联合夏蒙等人反对夏里政权。夏里下台后,夏蒙继任总统。1953年,由于夏蒙上台后反对泛阿拉伯主义,琼布拉特又组成了反对其旧时盟友的人民社会阵线。1970年,他随卡拉米政府倒台而退出政府。1972年,他荣获苏联政府授予的"列宁和平勋章"。同年,他领导社会进步党和其他政党组建了"黎巴嫩全国运动",旨在团结社会力量,修正和改革黎巴嫩的政治、经济制度。1973年当选为阿拉伯阵线秘书长。1975年,黎巴嫩内战爆发,琼布拉特及以他为首的"黎巴嫩全国运动"成为反对马龙派的一支主力。到1976年,以琼布拉特为首的"全国运动"和巴解武装已控制了黎巴嫩国土的2/3。同年6月,叙利亚部队入境,向"全国运动"属下民兵和巴解武装发起攻击。1977年,琼布拉特反对叙利亚大量部队进驻黎巴嫩,并向叙军发起攻击。同年3月16日,卡迈勒·琼布拉特惨遭谋杀。

八 拉菲克·哈里里(1944～2005年)

拉菲克·哈里里(Rafik Hariri)是黎巴嫩的巨富,内战停止后多次出任总理。1944年出生于赛达一个逊尼派穆斯林家庭,父亲是个蔬菜商。哈里里1964年中学毕业后考入贝鲁特阿拉伯大学会计专业学习。在校期间,他是阿拉伯民族主义运动的积极分子,是解放巴勒斯坦人民阵线(人阵)的先驱。他还不时参加人阵的筹款活动。

1965年,哈里里据说是因无力支付学费而辍学,并移民沙特阿拉伯。最初在沙特西部城市吉达任数学教师,后来在一家工程公司任审计员。1969年,哈里里自己开创了一家分包建筑合同的希康奈斯特公司(CICONEST)。20世纪70年代初期,由于沙特阿拉伯石油业的繁荣、发展,哈里里的公司已发展成一家主要的建筑承包商,承接了政府和私人的许多合同,建造了写字楼、医院、饭店和寝宫。在70年代末承接了法国一项巨大项目后,哈里里已成为阿拉伯世界最大的建筑承包商。特别是为沙特阿拉伯准备接待伊斯兰国家首脑会议,哈里里仅用6个月时间在塔伊夫建成了马萨拉饭店,从而赢得了沙特王室的尊敬,于

黎巴嫩

1978年授予他沙特阿拉伯国籍。到20世纪80年代初,哈里里已不再仅仅是建筑承包商,而成为世界100名顶尖富豪之一,所经营的领域已遍及黎巴嫩和沙特阿拉伯的银行、保险、出版、轻工业及其他一些行业。

黎巴嫩内战期间,哈里里在调解各方矛盾方面做了不少工作。20世纪80年代,哈里里作为沙特国王法赫德的私人代表多次前往黎巴嫩,领导沙特出面的调解工作,特别是协助黎巴嫩冲突各方于1983年和1984年先后在日内瓦、洛桑举行了两次全国对话会议。哈里里深知黎巴嫩问题的症结所在,所以,在执行调解任务时经常奔波于大马士革和贝鲁特之间,但终因叙利亚的要求不为黎基督教派领导人所接受,致使调解多无果而终。1989年阿拉伯首脑会议决定由摩洛哥、沙特阿拉伯和阿尔及利亚三国元首组成三国委员会调停黎巴嫩争端后,哈里里在筹划、组织塔伊夫会议和解决各方分歧方面作了不少努力。

黎巴嫩内战结束后,哈里里于1992年出任黎巴嫩政府总理。哈里里是一个大实业家,而且同美国、欧洲,以及海湾国家关系密切。更重要的是,新总理上任时在治理国家经济方面从叙利亚得到相当大的自主权。这位巨富出任总理的消息曾使大多数黎巴嫩人欢欣鼓舞、热情洋溢,黎巴嫩镑的币值陡然攀升15%,全国呈现一片乐观气氛。

哈里里上任后即把主要精力用于贝鲁特中心商业区的恢复和重建,扬言要将贝鲁特建成中东的新加坡。他从国内外筹集到数十亿美元资金,成立了贝鲁特中心区发展和重建公司,安排了一些重大项目,对国内经济复苏起到了促进和推动作用。国内年经济增长率一度上升到8%,通货膨胀率由131%降至29%。但是,经济复苏的受益者多属上层社会,仅上述公司持股者的投资回报率就高达15%,哈里里还将他一些企业的高级职员任命为政府许多部门的高级官员,如财政部长、司法部长、中央银行行长和黎巴嫩山省省长，等等。而全国仍有1/4以上人口生活在贫困线以下。工会代表工人要求政府增加工资。1994年，哈里里政府为了禁止公众游行示威，甚至动用了军队。1992年、1994年和1996年的多次骚乱、罢工多为军队所镇压。

在随后的数年中，由于政府对资金使用不当，对内、对外行贿受贿和贪污腐化成风，导致政府资金严重流失。1998年，国家债务由1994年的25亿美元猛增至183亿美元，而年经济增长率则由1994年的8%下降至2%。黎巴嫩的经济状况已濒临崩溃边缘。

1998年正值总统换届选举，拉胡德总统上任后在叙利亚授意下，任命前总理萨利姆·胡斯取代哈里里为新一届内阁总理。胡斯上台后，立即领导了一场"反贪污运动"，矛头直指哈里里任命的高官和政治盟友。但反贪运动的深入牵扯到叙利亚驻黎的军政要员，叙利亚当局要求立即刹车。胡斯执政两年中未能扭转经济不景气局面，逐渐失去公众支持。

2000年议会选举中，哈里里及其政治盟友获胜，拉胡德总统再次任命哈里里为总理。哈里里第二次出任总理时黎巴嫩的经济难题已不容乐观，哈里里那种经济魔术师的形象已不复存在。国际货币基金组织和世界银行要求哈里里总理采取紧急经济改革措施，哈里里已保证削减政府机构和政府开支，将效率低下的国营工业私有化。尽管政府内部要求实施经济改革的呼声很高，但经济改革将威胁叙利亚安插在黎政府中的关系网。因此，叙利亚成了黎经济改革的主要障碍。

哈里里同叙当权派在是否同意奥恩回国、真主党向以色列出击、黎政府同美国直接联系等问题上的立场均相去甚远。哈里里对叙利亚领导人的桀骜不驯最终导致2005年2月14日惨遭暗杀的命运。据联合国调查报告显示，哈里里之死可能与叙利亚和黎巴嫩两国情报机构有关。

九 米歇尔·奥恩（1935~）

米歇尔·奥恩将军（Gen. Michel Aoun）曾任黎巴嫩临时军政府总理，1935年出生于贝鲁特郊区一户贫穷的基督教马龙派家庭。1955年中学毕业后考入军事学院，1958年毕业后被任命为炮兵军官，并被派往法国学习炮兵专业知识。1966年和1978年先后再度被派往美国和法国深造。1980年学成回国后被任命为防务旅旅长，1982年受命组建第8机械化步兵旅并任旅长，1984年晋升为准将。

1984年6月，第2次全国和解会议在瑞士洛桑结束后，新组建的民族团结政府以比较一致的意见任命奥恩接替教派偏见较深的易卜拉欣·坦努斯将军为黎军司令，并晋升其为中将。担任黎军司令后，奥恩一直保持低调，1984~1988年从未接受过任何地方媒体的采访。1988年9月，出任临时军政府总理。

奥恩在其军人生涯中一向以诚实、正直和主张教派平等而赢得较好的声誉。内战期间，奥恩排除教派观念，毫不动摇地听命于中央政府。为了国家利益，1980年他任防务旅旅长驻守"绿线"一线时，其部队曾不时与叙利亚驻黎部队有零星交火。1982年以色列入侵时，奥恩曾率部阻滞以色列军队向总统府开进，直到萨尔基斯总统亲自令其停止才作罢。担任军政府总理后，为了恢复国家主权，他于1989年2月下令黎军部队从马龙派民兵"黎巴嫩力量"手中夺回了贝鲁特港和其他一些经济设施。这是内战开始后政府第一次收复民兵控制的地盘，况且是他所从属的基督教马龙派的民兵控制的地盘，因而博得穆斯林群众的惊叹和信服。但他随后于3月下令对穆斯林民兵控制的沿海非法港口实行海上封锁的举动却招来了叙军和穆斯林民兵的极度不满，引发了"港口之战"。

1989年9月，在阿拉伯三方最高委员会斡旋下，黎巴嫩议员在沙特阿拉伯西部城市塔伊夫开会，讨论通过了《民族和解文件》（"塔伊夫协议"）后，奥恩对"协议"中包含了叙军继续留驻黎巴嫩和叙黎特殊关系等条款极为不满，因此对"协议"不予理睬，也未接受此后选出的新一届议会和总统，他本人也未从总统府迁出。1989年12月，赫拉维总统上任后，多次威胁奥恩，如不主动交权，将用武力进攻总统府。这些威胁反而起了反作用，基督教区群情鼎沸，大批群众纷纷涌向总统府，要用"人体盾牌"保障奥恩的人身安全。数千名什叶派和逊尼派穆斯林也参与了支持奥恩的示威游行，甚至逊尼派宗教领袖还派哈桑·纳贾尔率"穆斯林团结代表团"前往声援。可见奥恩的爱国主义立场深得民心。

1990年10月13日，叙利亚下令驻黎叙军在穆斯林区黎军和各派民兵的协同下，发起攻占总统府的战斗。奥恩眼见双方力量悬殊，下令停止抵抗，要求基督教区黎军部队服从新任黎巴嫩军队司令拉胡德将军的指挥。他本人则去法国驻黎使馆避难，后经法、黎双方协商，安排奥恩于1991年8月前往法国。

1999年1月，拉菲克·哈里里总理在国家电视台公开宣布，"奥恩可以返回黎巴嫩，保证不会受到逮捕"。但奥恩担心叙利亚不会放过他，未敢轻易采取行动。直到叙利亚在安理会1559号决议压力下于2005年4月从黎巴嫩全部撤军后，奥恩将军最终于同年5月7日返回祖国。5月底，以奥恩组建的"自由爱国运动"为首的"奥恩联盟"参与新一届议会选举，赢得21个议席，他本人也当选为议员。

第三章
政　治

第一节　内战停止以来的政治情况

一　叙利亚对黎巴嫩的控制情况

1990年停战后,叙利亚依据"塔伊夫协议"继续将大批部队留驻黎巴嫩,凭借"塔伊夫协定"规定的叙黎"特殊关系"、两国间签订的"兄弟关系合作与协调条约"和"安全与防务条约",依仗其在黎巴嫩的大量驻军和众多情报人员,规定两国将进行最高级和最全面的协调,干预黎巴嫩的议会和总统选举,操纵黎政府的外交和安全政策走向。1996年1月,叙、黎两国又签订经济一体化、取消双重税、推进和保证投资、建立联合边界哨所和社会领域合作等五项协定,更加剧了叙利亚廉价农产品毫无节制地进口,多达75万人的叙利亚工人涌到黎巴嫩就业。叙利亚在黎巴嫩的所作所为严重损害了黎巴嫩的独立主权,伤害了黎巴嫩人民的民族自尊心,早就引起各阶层人民的愤慨。

2000年9月,拉胡德总统上任后,马龙派牧首索菲尔发表声明,要求叙利亚从黎撤军。这一声明立即得到内战时期曾是叙利亚盟友的德鲁兹派领导人瓦立德·琼布拉特的支持,也呼吁叙军从黎撤回。尽管拉胡德总统称叙利亚部队在黎留驻"合法",

第三章 政　治

"服务于国家的战略利益"，但叙利亚不得不考虑教派领袖的意见，遂以逐步收缩的方针重新部署其驻黎部队，于 2001 年 6 月开始将叙军部队调离贝鲁特，将基督教地区和政府部门建筑物附近的布防阵地移交给黎巴嫩军队。2002 年 4 月，叙利亚再度重新部署其驻黎部队，将部队总人数减至约 2 万人。

叙利亚的控制和干预也引起黎巴嫩政府领导人的不满。拉菲克·哈里里自 1992 年第一次就任总理后，以及在之后的历次任期内，曾多次因不满叙利亚对黎内政的干预而提出辞职。如 1993 年 9 月，哈里里决定在南方部署黎军部队，但因此举不符合叙的战略意图而遭叙方公开指责；1994 年 12 月，哈里里力图挫败议会阻挠黎经济重建计划的努力，但遭到失败；1995 年 5 月，哈里里等反对叙授意延长赫拉维总统任期；1998 年 12 月，拉胡德在叙利亚支持下就任总统后，要求时任总理的哈里里再度组阁，遭哈里里拒绝；1999 年 1 月，哈里里总理未同叙利亚领导人通气就宣布允许奥恩回国，并担保不会对其起诉，引起叙方强烈不满；2004 年 10 月 20 日，哈里里总理因抗议拉胡德总统延长任期而辞职。哈里里的不断抗争最终导致可悲的结局，于 2005 年 2 月 14 日遭汽车炸弹暗害。联合国调查组的最终结论尚未发表，但初步认为，哈里里总理之死，叙利亚和黎巴嫩情报部门脱不了干系。

其实，反抗叙利亚控制的斗争已多次发生。1994 年，内战时期坚决反对叙利亚控制的前基督教民兵"黎巴嫩力量"领导人贾加，以"私藏武器罪"被捕，并被判终身监禁。但"黎巴嫩力量"在基督教民众中有较好群众基础，1998 年地方选举中反而赢得较大胜利。1995 年，为抗议议会屈从叙利亚意志而延长赫拉维总统任期，黎巴嫩群众曾多次举行示威游行。2005 年 2 月 21 日，哈里里总理遇害更引发数万民众集会，指责叙利亚是谋害的策划者，要求叙利亚撤军和结束占领。2 月 28 日，卡拉米总理表示"不想让政府成为为国家祈福的人们的障碍"，宣布

辞职。此后数周内,在市中心烈士广场频繁发生反叙示威游行。对应上述行动,真主党于3月8日组织了一次以什叶派群众为主的支持叙利亚,反对以色列、美国干预黎巴嫩内政和批评安理会第1559号决议的示威集会,外电估计有50万人参加,其中包括为数不少的叙利亚工人。3月14日,经哈里里家族及其他反对叙利亚控制派别发动,来自全国各地不同教派的上百万群众,高举着巨大的黎巴嫩国旗,高呼着"自由,主权,独立"的口号,汇聚到烈士广场。群情激奋的示威群众,脸上画着十字或是新月,妇女中则有穿着时尚裸脐装的,也有戴着传统面纱的,他们强烈要求就哈里里遇害事件进行国际调查,其矛头直指黎政府内受叙利亚支持的安全部门领导人,并要求叙利亚从黎巴嫩撤出全部驻军。黎巴嫩媒体将此次反叙示威集会称之为"独立起义",西方媒体则将其冠名为"雪松革命"。

美国对叙利亚的立场根据其在中东的利益有过很大的变化。2000年以前,由于叙利亚曾积极支持美国入侵伊拉克的海湾战争,作为回报,美国对叙利亚在黎巴嫩的所作所为基本上采取了熟视无睹的默认态度。2001年"9·11"事件后,美国出于反对恐怖主义的需要,对叙利亚的立场发生根本转变。由于叙利亚支持多个巴勒斯坦激进派别,美国将叙利亚归类为世界三个"流氓国家"之一。2004年5月,美总统布什签署《制裁叙利亚与恢复黎巴嫩主权法案》。同年9月2日,美、法等国推动安理会通过1559号决议,要求叙利亚驻黎部队全部撤离,要求保障黎巴嫩在不受外来干预的条件下公正自由地进行总统选举。2005年2月,黎前总理哈里里遇害,美国等西方国家指责叙利亚应对此负责,美国还加大对黎巴嫩问题的干预力度,迫使叙利亚从黎撤军,支持黎巴嫩国内反对叙利亚控制的各政治派别在议会选举中获胜,对黎影响力增强。同年4月、10月和12月,美国联合法、英等国推动安理会通过有关哈里里遇害国际独立调查的

1595、1636、1644号决议。10月以来，随着哈里里遇害国际独立调查的展开和国际独立调查委员会两个调查报告的出台，黎叙关系趋于紧张。2006年5月，西方国家还推动安理会通过1680号决议，敦促两国划定边界，建立正式外交关系。

在西方国家和黎巴嫩人民的强大压力下，叙利亚总统巴沙尔·阿萨德于2005年3月2日宣布叙军将在未来数月内全部撤离黎巴嫩，同年4月又宣布将撤回其驻黎全部军队、安全人员和军事装备。4月27日，叙利亚政府正式通报联合国，驻黎叙军及安全人员已全部撤离黎巴嫩。至此，叙利亚对黎巴嫩的长达29年的直接军事控制宣告结束。

2005年5月，黎巴嫩议会举行了1992年恢复选举以来第一次没有叙利亚干预的公开、民主的议会选举。以已故前总理哈里里之子萨阿德丁·哈里里的"未来趋势"为首的主张摆脱叙利亚控制的"哈里里烈士名单"（又称"3月14日集团"）赢得议会中的多数席位，随后组成了以西尼乌拉为总理的新政府。7月，黎新政府成立，叙黎关系进入调整期。黎巴嫩的多数政治派别均要求实现同叙利亚的关系正常化，建立正式的外交关系。10月后，随着哈里里遇害问题国际独立调查委员会调查报告的出台，黎叙关系趋于紧张。

叙利亚的军事控制虽告结束，但是"塔伊夫协议"规定的叙黎"特殊关系"依然存在，黎叙两国间签订的"兄弟关系合作与协调条约"和"安全与防务条约"仍牢牢制约着黎巴嫩，两国正常的外交关系并未建立。黎巴嫩国内还存在不少亲叙政治派别。因此，叙利亚对黎巴嫩的潜在压力及实际的控制和影响短期内很难彻底消除。

二　真主党和以色列军队之间持续不断的冲突

内战停止后，为了反抗以色列对黎巴嫩南方领土的占领，真主党民兵同黎巴嫩南方所谓"安全区"内的

黎巴嫩

以色列驻军和"南黎巴嫩军"（以色列于1978年入侵时在黎巴嫩南部占领区内扶植的雇佣军）仍不断发生冲突。南方的安全形势持续紧张。1993年7月25日，以色列对黎南方真主党和巴解一些目标进行了1982年侵黎战争以来最激烈的炮击和空袭。1996年4月11日，为反击真主党民兵对以色列北部定居点的火箭袭击，以军又一次发动了名为"愤怒的葡萄"的军事行动，对黎南方进行激烈的炮击和空袭，自1982年以来第一次将空袭延伸到贝鲁特南郊。袭击延续了16天，4月27日才在美国和法国的干预下达成停火协议。同年7月，由美国、法国、叙利亚、黎巴嫩和以色列等国代表组成"以色列—黎巴嫩停火监督组"。尽管如此，真主党和以军之间的冲突仍时断时续地发生。2000年1月，为报复"南黎巴嫩军"西部旅旅长阿格勒·哈希姆被真主党炸死，以色列空军于2月7日对包括巴勒贝克、岱尔·纳布赫和坚布尔等地发电厂在内的黎巴嫩基础设施实施空袭。

1999年，以色列在黎南方开始收缩。是年6月，"南黎巴嫩军"撤出以军1982年战争中所占领的以基督教居民为主的城镇——杰津。黎巴嫩内部治安军随即接管了该镇。鉴于以军对黎巴嫩南部的长期占领导致以军同真主党无休止的冲突，继而导致以军官兵的大量伤亡，以色列内阁于2000年3月通过一项决议，决定于是年7月从黎巴嫩南部撤出全部以色列驻军。事实上，以色列于5月22日就完成了撤军任务。包括南黎巴嫩军官兵、家属和曾为以色列占领当局服务的6500人前往以色列避难。其他2300人则向黎巴嫩政府自首。同年7～9月，黎巴嫩政府两次共向南部部署了黎军和黎治安军部队共约2000人，但仅部署在杰津一线。直至2001年7月，联合国秘书长安南向安理会报告称，自以色列从黎撤军后，黎巴嫩政府继续让真主党在边界沿线活动。因而要求黎巴嫩政府将黎军部队部署至黎以边界。由于黎政府军迟迟未能在边境地区部署，真主党持续在黎以边界一带活动，双方的武装冲突多年来仍持续不断。

以色列对重创甚至消灭真主党民兵蓄谋已久。2006年7月12日，以色列借真主党越过边界，在以色列境内抓捕了2名以色列士兵，动用以军3万人入侵黎南部，对真主党武装在利塔尼河以南的基地、坑道、武器库和人员集结地进行大规模摧毁和清剿，动用突击队奔袭巴勒贝克的真主党基地，利用战斗机对贝鲁特南郊的真主党总部进行了摧毁性打击。此外，以空军还对黎巴嫩的机场、港口、通往叙利亚的高速公路、电厂、通讯设施等进行了狂轰滥炸，致使黎巴嫩在战后重建的一批关系国计民生的基础设施再遭破坏。据联合国人道主义事务协调办公室（UNOCHA）估计，在以军攻击中，黎巴嫩人死亡1187人，伤残4092人，暂时背井离乡去安全地带或去国外避难的居民约有96.5万人，其中远去国外的居民约有23万人。约90%的外逃人员停战后已返回家园。物质损失约36亿美元，其中80座桥梁被毁，约600公里公路和约900座工厂、商场、商业建筑和农庄遭到破坏，31处机场、港口、自来水和污水处理厂、水坝、电厂和25座油库遭到毁坏，1.5万所住宅被毁。但是，真主党虽然遭到重大损失，领导骨干仍然健在，其民兵武装仍在积极活动。真主党由于英勇反击以军入侵，在国内的威望大大提高，甚至一些基督教区群众都对之交口称赞。当然，黎巴嫩的一些政治派别，对此也颇有微词，认为真主党的一些小动作给国家带来大灾难，主张今后抵抗行动应纳入国家指导之下。

在此次入侵中，以军低估了真主党的实际作战能力，又无法适应真主党的游击战术，在整整一个月的战斗中，不仅未能救出2名被俘士兵，也未能实现其战略目的，反而付出160人的生命，其中官兵死亡117名。以军参谋长哈卢茨也不得不承认，"没有给对手造成致命打击"。路透社引用以色列《新消息报》的民意调查显示，58%的以色列人认为，政府在这场战斗中一无所获，或仅仅实现了一小部分目标。总理奥尔默特为此在国内遭到民众和舆论的指责。以色列对真主党的过度报复行动也遭到国际社会的批评和谴责。而真主党领导人纳斯鲁拉则认为，在对以色列的战争中取得了"战略性和历史性的胜利"。纳斯鲁拉宣称，"只要以色列士兵还在黎巴嫩境内，我们就有权抗击他们，保卫我们的土地、家园和我们自己。"尽管以军和真主党都宣称自己赢得了这场战争，但战争的结局证明，战争只给该地区的人民，尤其是黎巴嫩人民带来了更大的痛苦和灾难，根本解决不了实际问题。

美国将真主党视为恐怖组织，也早有打击之心，故有意拖延调解工作，使以色列有充分时间实现其战略意图。以色列对黎巴嫩的攻击共持续了33天，联合国安理会8月11日才得以通过关于要求黎以停火的第1701号决议，黎以双方直到8月14日才正式实现停火。为了避免新的冲突，按照安理会决议，黎巴嫩政府同意在黎南部和边境地区部署1.5万人的黎军部队，联合国驻黎巴嫩临时部队的人数也由目前的2000人左右增加到1.5万人。8月18日，黎巴嫩政府军首次进入黎南部地区。至10月1日，以色列绝大部分军队已撤出黎巴嫩。

三 总统和总理之间以及各派政治力量之间的权力之争

（一）按照"塔伊夫协议"，黎巴嫩已由总统制转为总理制，实际执政权力由总统移交总理

由于1943年独立以来基督教派一向占主导地位，总统很难适应"塔伊夫协议"所要求的这种转变。停战后长期担任总理职务而颇有建树的哈里里惯于"擅自作主"而不听叙利亚的招呼，使叙方颇为恼火。而停战后的两任总统都是在叙利亚干预下选出和延长任期的。因此，在叙方干预和怂恿下，政府的执政权力实际上一分为二，总理只负责经济政策和经济建设的有关事务，而至关重要的外交和安全事务仍由总统管辖。此外，内阁制定的法律草案、法令等文件必须由总统签署后才能颁布实施，总统若不同意可提出意见后退回至议会或内阁重新审议。此类事件曾屡有发生。因此，总统和总理之间在外交和安全事务的处理上时有龃龉，哈里里总理曾因此多次辞职。

（二）黎巴嫩国家虽小，但教派、宗派、党派之多乃是中东地区任何国家无法与之比拟的

各派由于宗教信仰、政治倾向、权益分配和战时交火而形成错综复杂的矛盾和隔阂。1998年拉胡德总统上台后，在努力消弭各派隔阂方面，曾收到一定成效。但是，拉胡德总统本人就是在叙利亚支持下上台执政的，2004年在叙利亚支持下延长任期就成为反对叙利亚控制的各政治派别的攻击目标。

2005年5月，黎巴嫩在叙利亚撤军后举行了新一届议会选举。欧盟派观察团对此次选举进行了全程监督。在没有外来干预的情况下，黎巴嫩政坛各派力量重新洗牌，以哈里里之子萨阿德丁·哈里里领导的"未来趋势"为首的"3月14日集团"赢得56%议席，7月19日，前财长福阿德·西尼乌拉完成组阁，"未来趋势"、以瓦立德·琼布拉特为首的"民主会晤"组织、黎巴嫩力量、包括长枪党和自由民主党等在内的"谢赫旺角"集团、真主党、阿迈勒运动等主要政治力量均有成员入阁，唯独同"未来趋势"有严重政见分歧的"奥恩联盟"（又称"改革和改良"集团）拒绝入阁，成为议会中的反对派。

同年12月，黎巴嫩各政治派别在哈里里遇害案国际调查、修改选举法及解除真主党武装等一系列问题上出现严重分歧。为此，"未来趋势"和各个政党、政治派别领导人从2006年年初至7月以军再次入侵黎巴嫩之前联合举行全国对话会议，各派领导人的观点通过交流和讨论似有一定弥合和接近。

各方在要求拉胡德总统中止任期方面初步达成一致意见，但

在是否解散议会、重新进行议会选举和总统选举抑或在拉胡德的剩余任期改选总统问题上尚有不同意见。"未来趋势"和其他派别在修改选举法时如何按照各教派居民居住情况合理划分选区从而使选出的议员真正代表各教派、各选区选民的意愿方面也有分歧。

以色列入侵使对话中断。停战后,各方在某些问题的分歧更趋尖锐。在解除真主党武装问题上,主流派认同美、欧等国的观点,要求执行安理会1559号、1701号决议,解除真主党武装;而真主党、"奥恩联盟"等反对派则认为,在两国政府军强弱悬殊的情况下,民兵武装是抗击侵略的重要手段,须等沙巴农场等黎巴嫩领土全部收复和中东问题解决后才能解除。在对待当政的西尼乌拉政府的立场上,奥恩和前总理卡拉米认为,现政府谈论改革只是说了空话,未干实事,要求现政府下台,另组民族团结政府。真主党领导人纳斯鲁拉认为,战后出现尖锐的政治分裂,目前当政的一派在严重对抗的情况下已不能继续执政,只能另组民族团结政府。而"未来趋势"派则认为,现政府得到议会的信任,无需另组新政府。

目前,"未来趋势"、真主党和"奥恩联盟"等主要派别均表示愿意恢复各派领导人之间的"民族团结对话"。今后,黎巴嫩的政治形势能否平稳发展,经济重建工作能否顺利进行,将取决于各教派和政治派别领导人能否真正摆脱外国势力的干预,以国家长治久安的大局为重,在涉及各派政治、经济利益问题上本着互谅互让的精神达成妥协。

第二节 国体、政体、宪法

一 国体

根据黎巴嫩共和国宪法规定,黎巴嫩共和国是议会制的民主共和国。从独立时起,黎巴嫩就实行总统负责制，总统必须由基督教马龙派教徒担任。依据1989年10月22日通过的"塔伊夫协议"，国家的实际权力已移交总理。

二　政体

黎 巴嫩是一个行政、立法、司法三权分立的共和制国家。总统是国家元首，内阁行使行政权，议会行使立法权，最高法院为行使司法权的最高司法机关。

三　宪法

黎 巴嫩共和国宪法是在法国委任统治时期于1926年参照法国宪法制定的，随着时代的变迁和国情的变化，曾经于1927年、1929年、1943年7月、1943年11月、1947年、1948年、1976年和1990年做过8次修订。此外，在议会选举问题上，还根据不同时期所处的特殊情况，以政府决定或政令的方式作过7次特殊规定。

根据1990年9月21日修订的宪法，增加了"序言"一节，序言中规定，黎巴嫩是一个自由、独立的阿拉伯国家，是阿拉伯国家联盟和联合国的创始国、成员国，遵守其宪章和世界人权宣言。黎巴嫩将在一切领域毫无例外地实践上述原则。黎巴嫩尊重言论和信仰自由，主张社会正义，全体公民一视同仁地具有平等权利和义务。经济制度是自由经济，保障个人的独创精神和私有制。各个地区在文化、社会和经济上平衡发展是国家统一和制度稳定的基础。取消政治教派体制是国家的根本目标，应按阶段性计划努力实现。

1990年修订的宪法，按照"塔伊夫协议"的精神，在总统权力、议员比例等重大问题上作了重要修订。

关于行政权，修订后的宪法第17条规定，"行政权交予内阁，内阁按照宪法条款行使行政权"。而修订前的宪法第17条

黎巴嫩

规定,"行政权交予共和国总统,总统在部长协助下,按照宪法条款行使行政权"。

关于制定法律,修订后的宪法第 18 条规定,"议会和内阁有权提出制定法律的建议";而修订前的宪法第 18 条则规定,"总统和议会有权提出制定法律的建议"。

关于颁布修宪的法律,修订后的宪法第 80 条规定,"在规定的颁布期限内,总统在会商内阁后有权要求议会重审该法律草案"。而修订前的宪法第 80 条则规定,"在规定的颁布期限内,总统有权要求议会重审该法律草案"。

在各教派的议席比例上,"塔伊夫协议"已明确规定将原先基督教和伊斯兰教之间 6∶5 的比例改为各占一半,故修订后的宪法第 24 条规定,"在议会制定新的不受教派约束的选举法之前,议席按如下规则分配:1. 在基督教徒和穆斯林之间平分;2. 两大教派内的各个教派按比例分配;3. 各个地区之间按比例分配"。

黎巴嫩内战持续了 15 年有余,一方面议会在此期间从未进行过换届选举,许多议员已经过世。另一方面,"塔伊夫协议"签署后,已将议席由 99 席扩充为 108 席。为了使本届议会在换届选举前能正常开展工作,第 24 条于 1991 年 5 月前还做过一次临时性修订,规定"由民族和解政府以三分之二多数通过任命的方式,例外地一次性补足缺额的议席和选举法新增的议席"。1992 年 7 月,议会为了使各教派在议会中具有更广泛的代表性,通过了选举法修正案,将议会的议席进一步扩充至 128 席。

修订后的宪法第 19 条还规定,新设宪法法院(或称宪法委员会),"用以监督制定的法律是否符合宪法,裁决总统选举和议会选举产生的争端和资格审查事宜。在有关监督法律是否符合宪法问题上,宪法法院有权咨询总统、议长、总理或 10 名议员,在有关个人情况、信仰自由、履行宗教仪式和宗教教育自由等问题上，宪法法院有权咨询法律认可的教派首领"。

修订后的宪法还制定了一项前瞻性条款，第19条规定，"在进行基于全国性的而非教派性的第一届议会选举时，新设参议院。参议院由各教派大家庭组成，其权力仅限于有关国家命运的问题"。

修订后的宪法试图逐步实现教派间的公平、公正，直至取消政治教派体制。第95条规定，在穆斯林和基督教徒各半的基础上选出的议会，应按照一项阶段性计划采取适当措施取消政治教派体制。设立一个由总统领导的全国委员会，成员除议长、总理外，还包括政界、思想界和其他社会人士。委员会的任务是就取消教派制的有效途径进行研究，向议会和内阁提出建议，并执行阶段性计划。

该条款规定，在过渡阶段内：

（1）内阁组成上，体现各教派公平的代表性；

（2）出于民族和解的需要，在公共职务、司法、军事和安全机构、国营企业和合营企业的任职上，第一类和相当于第一类的职务，在基督教徒和穆斯林之间平分，但不规定某一职务分配给某一教派。除第一类职务外，取消教派代表制的规则，而遵循专长和能力的原则。

宪法在取消政治教派体制方面的表述说明，黎巴嫩人民，不论是那个教派，都从长期内战中深刻认识了教派矛盾和教派冲突给个人、家庭、社会和国家带来的深重灾难，都有取消政治教派体制的迫切愿望。但是，政治教派体制关系到各个教派，特别是主要教派的名门望族和头面人物的切身利益，也是外国势力用来干预甚至控制黎巴嫩政局的杀手锏。因此，取消政治教派体制在涉及具体问题时必然会出现严重分歧，估计在一段时期内尚难于彻底解决。

四 国家元首

黎巴嫩共和国的国家元首是总统，必须由马龙派基督教徒出任。总统经议会选举产生，任期6年，不得连任。自1943年独立后至1989年"塔伊夫协议"前，黎巴嫩传统上是实行总统制，即总统是国家的实际执政者，总理在总统领导下工作。自"塔伊夫协议"后，总统已将执政权移交总理，而仅成为象征性和礼仪性职务。根据"塔伊夫协议"，总统仍兼任武装力量最高统帅，但有关国防及武装力量的决策，必须交由内阁讨论通过。总统任命总理，但任命前必须就总理人选同议长、议会成员进行协商。总统可以主持内阁会议，但无表决权。议会通过的法律、政府法令皆由总统签署、颁布。尽管如此，但总统毕竟还是国家的象征，总统人选仍为某些外国势力所关注。1995年和2004年两次总统换届选举，皆因未能提出某些外国势力满意的总统候选人而通过了宪法修正案，将在任总统的任期延长了3年。

现任总统埃米勒·拉胡德，1936年1月12日生于贝鲁特，是已故社会事务部部长贾米勒·拉胡德之子。1956年进入黎巴嫩军事学院学习，毕业时获少尉军衔。1958～1960年在英国学习海军工程，回国后于1962年晋升中尉。1967～1968年赴美国化学细菌射线学院学习，1969年晋升上尉。1972～1973年赴美国海军指挥学院参谋训练班学习，回国后于1973～1979年任黎军司令办公室主任。其间，1974年晋升少校，1979年晋升中校。1979～1980年再度赴美国海军指挥学院学习，1980年晋升上校，回国后于1980～1983年出任黎军司令部人事局长。1983～1989年调任国防部军事办公室主任。其间，于1985年晋升准将。"塔伊夫协议"签署后，1989年11月28日被任命为黎巴嫩军队司令，同时越级晋升为中将。1998年10月15日当选为第11任黎巴嫩共和国总统。任期本应于2004年10月届满，但议会出于外部压力，不顾社会舆论的愤怒和谴责，通过宪法修正案，将拉胡德总统的任期延长3年。

拉胡德总统已婚，与妻子阿玛冬妮女士育有1女2子。长女卡琳，1969年生，已婚；次子小埃米勒，1975年生；幼子拉尔夫，1977年生。

第三节 立法机构

一 议会的产生和沿革

黎巴嫩的立法机构是议会，最早成立于法国委任统治时期的1920年9月22日，最初的名称是行政委员会，设有17个议席。任期于1922年3月8日结束。1925年5月24日更名为代表委员会，第1届代表委员会设30个议席，任期于同年年底结束。第2届代表委员会后又改为元老院，到1928年11月18日正式更名为议会。1928～1939年共经历4届议会，当时每届议会议席数都不相同，部分议席通过选举产生，另一部分则由任命产生。

1943年独立后至2006年，黎巴嫩共经历了13届议会。在空缺了4年之后，第5届议会于1943年9月21日重新建立，即为独立后的第一届议会，共有议员55人。从该届议会开始，按照民族宪章规定的基督教与伊斯兰教6∶5的原则，议席均为11的倍数，议员均通过选举产生，不再有任命的议员。第二届议会为1947年5月25日至1951年3月30日，议席55席。第三届议会为1951年6月5日至1953年5月30日，议席增至77席。第四届议会为1953年8月13日至1957年8月20日，议席减至44席。第五届议会为1957年8月20日至1960年7月18日，议席增至66席。第六届议会为1960年7月18日至1964年5月8日，议席增至99席。第七届议会为1964年5月8日至1968年5月9日,议席仍是99席。第八届议会为1968年5月9日至1972年5月3日,议席维持99席。第九届议会为1972年5月3日换届产生后,由于内战爆发未能按时换届,延续到1992年10月,历时20年有余,创造了一届议会任职时间的历史纪录。"塔伊夫协议"签署后,议会准备恢复工作,但20年来议员过世人数颇多,为此一次性任命了55名议员,将议席补足108席。1992年10月5日,内战后的第一届议会即第十届议会经选举产生,议席扩充至128席。第十一届议会为1996年10月15日至2000年10月15日,议席仍是128席。第十二届议会于2000年10月15日就职,按照宪法例外修正案,该届议会任期延长至2005年。2005年5、6月间,举行了新一届大选,并组成第十三届议会。

从1992年的第十届议会起,各教派议席分配情况如下:天主教马龙派34席,希腊东正教派14席,希腊天主教派8席,亚美尼亚东正教派5席,亚美尼亚天主教派1席,新教教派1席,天主教少数教派1席;伊斯兰教逊尼派27席,什叶派27席,德鲁兹派8席,阿拉维派2席。

黎巴嫩议会各教派议席分配情况见表3-1。

表3-1 黎巴嫩议会各教派议席分配情况表

基督教派		伊斯兰教派	
天主教马龙派	34	逊尼派	27
希腊东正教派	14	什叶派	27
希腊天主教派	8	德鲁兹派	8
亚美尼亚东正教派	5	阿拉维派	2
亚美尼亚天主教派	1		
新教教派	1		
天主教少数教派	1		
64		64	
128			

资料来源:黎巴嫩议会,2005。

从政治倾向来看，本届议会的构成中，主张摆脱叙利亚控制的以已故前总理哈里里次子萨阿德·哈里里的"未来趋势"为首的"拉菲克·哈里里烈士名单"获得72议席，"阿迈勒"运动和真主党为主的"抵抗和发展集团"获得35议席，以奥恩将军的"自由爱国运动"为首的"奥恩联盟"获得21议席。

各派所获议席情况见表3－2。

表3－2　2005年议会选举结果各派所获议席情况表

参加议会选举的派别		议席
拉菲克·哈里里烈士名单 (Rafik Hariri Martyr List) （又称:3月14日联盟）	未来趋势(Current for the Future)	36
	"民主会晤"组织(Democratic Gathering)	16
	黎巴嫩力量(Lebanese Forces)	6
	谢赫旺角集团(Qornet Shehwan Gathering) 　长枪党(Kataeb Party) 　自由国民党(National Liberal Party) 　独立人士	6
	的黎波里集团(Tripoli Bloc)	3
	民主复兴运动(Democratic Renewal)	1
	民主左派(Democratic Left)	1
	独立人士	3
	小　计	72
抵抗和发展集团 (Resistance and Development Bloc)	"阿迈勒"运动(Amal Movement)	15
	真主党(Hizbollah)	14
	叙利亚民族社会党(SSNP)	2
	其　他	4
	小　计	35
奥恩联盟 (Aoun Alliance)	自由爱国运动(Free Patriotic Movement)	14
	斯卡夫集团(Skaff Bloc)	5
	穆尔集团(Murr Bloc)	2
	小　计	21
共　　　计		128

资料来源：黎巴嫩议会，Answers.com 等，2005。

现任议长纳比·贝里（Nabih Berri），什叶派穆斯林。1938年1月28日生于塞拉利昂，小学、初中皆就读于黎巴嫩南方，高中就读于贝鲁特。1963年毕业于黎巴嫩大学法学院，后曾在巴黎的大学就读研究生课程。毕业后从事律师工作。在校期间积极参与学生运动，曾任黎巴嫩全国学联主席，并担任过世界爱国学生联合会执委。曾追随穆萨·萨德尔，在"被剥夺者运动"中担任宣传工作和同其他党派的协调工作，曾担任黎巴嫩伊斯兰教什叶派最高委员会委员。他一贯坚持反对以色列入侵和占领黎巴嫩南部的斗争。1980年当选"阿迈勒"运动主席至今。

纳比·贝里自1984年起，在内阁中曾历任司法部长、水力资源与电力部长、南方事务与重建事务国务部长、住房与合作部长，1990年12月至1992年5月任国务部长。1992年10月当选议会议长，1996年议会选举时再次当选议长，2000年议会选举时第三次连任议长，2005年议会选举时第四次连任。

二 议会的职能和组织机构

（一）职能

议会是由全民选举产生，因而是黎巴嫩民主生活的象征。议会行使宪法授予的立法、监督和选举国家领导人等方面的广泛权力。同时，议会是由各教派和党派的代表组成，因而又是各种政治思潮和宗教思想交流和对话的场所。

1. 立法权

议会拥有涉及公共生活一切方面的极为广泛的立法权，在指导国家经济、社会政策方面起着决定性作用。政府无权中止议会颁布的法律，总统有权要求议会复审上呈的法律，但若议会以绝对多数坚持该项法律，则该法律自重新通过之日起的一个月后自动生效。宪法法院有权全部或部分中止执行某一法律，但其任务仅为审查该项法律是否符合宪法。况且，不经总统、议长、总理或 10 名以上议员的要求，宪法法院不得自行行使此项权力。

议会和内阁均具有立法建议权，但只有议会才具有对所建议的法律文本进行调整和修改的权力。议长收到法律草案文本后即交由有关的职能委员会研究和修改，于 1 个月内提出修改后的法律草案文本，供议会全体大会讨论。

2. 监督权

议会对内阁在各个领域的政策实施监督，只有获得议会的信任，政府才得以存在和继续执政。议会对政府的监督体现在三个方面：

首先，提出不信任案。当议员由于任何原因认为政府逾越了施政纲领，延误了施政纲领内容的实施或内阁的立场不可接受，就可在议会的例行会议或特别会议上对内阁提出不信任案。

其次，提出质询。议员为了了解某一事件的详情或提请政府关注某一事件并采取一定措施，可以书面方式提出质询。

再次，提出质问。形同质询，议员可以书面方式提出。但若议员对政府的答复不满，有权对政府提出不信任案。

3. 组成调查委员会

议会有权就某一问题进行议会调查，议会调查委员会具有司法调查机构的权力。但议会只有在涉及国家安全和通讯自由等重大问题时才会组成此类调查委员会。

4. 指控国家领导人和内阁部长

唯有议会有权在为审讯国家领导人和部长而设立的最高委员会指控国家领导人和内阁部长。最高委员会由 15 人组成，其中 7 人为议员，由议会选出。

5. 选举国家领导人

这是议会在国家政治制度中最为突出的权力。总统由议会以 2/3 的多数票选举产生，如第 1 轮无人胜出，第 2 轮获简单多数票即可当选。总理人选，总统必须经同议会广泛协商后才能任命。每届政府未获议会信任不得执政。

6. 参与确定宪法委员会和国家新闻委员会成员

负责审查各项法律是否符合宪法和对总统选举、议员选举进行资格审查的宪法委员会，其10名成员中的5名由议会在议员中选举产生。国家新闻委员会由10名成员组成，其中5名由议会在议员中任命。

(二) 组织机构

1. 议会办公室

由主任、副主任、2名秘书和3名督察组成。主任由议长担任，副主任由副议长担任。

议会组织法规定，每届新议会诞生后的15日内，由年龄最长的议员召集并主持召开第一次会议，年龄最小的2名议员任秘书。第一次会议首先通过秘密投票选举议长、副议长，并选出议会办公室的其他3名成员。办公室成员不得兼任内阁职务。

议长主持议会会议，行使议会内部章程所赋予的权力，执行宪法、法律和内部章程的各项条款；对外代表议会。议长缺席时由副议长代司其职。秘书协助议长登记要求发言议员姓名、次序，分拣选票，整理议会会议记录及其摘要。议会办公室负责安排议会会议、投票、检票、宣布投票结果；安排和公布每次会议的议程；向议员分发议程中所需讨论议题的有关文件草案和建议；安排和执行议会的年度预算；安排和修订议会文职、军职职员的编制，议会职员的任免由内阁实施。

2. 职能委员会

议会为了便于立法工作和关注、监督政府有关部门的工作，设立了如下16个常设委员会。各委员会委员在议员中通过秘密投票选举产生，每名议员最多只能同时担任两个委员会的委员。

议会下的常设委员会见表3-3。

表 3-3 议会下设立常设委员会情况表

财政和预算委员会	由 17 名议员组成
行政和司法委员会	由 17 名议员组成
外交和侨民事务委员会	由 17 名议员组成
公共工程、运输、能源和水资源委员会	由 17 名议员组成
国防、内务和市政委员会	由 17 名议员组成
难民事务委员会	由 12 名议员组成
农业和旅游委员会	由 12 名议员组成
国民教育、高等教育和文化委员会	由 12 名议员组成
国民经济、商业、工业和计划委员会	由 12 名议员组成
新闻、邮政和有线无线通信委员会	由 12 名议员组成
青年和体育委员会	由 12 名议员组成
人权和内部制度委员会	由 12 名议员组成
公共卫生、劳动和社会事务委员会	由 12 名议员组成
环境委员会	由 12 名议员组成
妇女儿童委员会	由 12 名议员组成
信息技术委员会	由 9 名议员组成

此外，为了审议某一法律草案或研究某一问题，可以设立临时委员会。当议会多个常设委员会在其职能范围内审议同一法律草案产生意见分歧时，议长可以设立联合委员会。此类临时委员会在任务结束后即行中止。

第四节 政府机构

一 内阁

总理是政府首脑，必须由逊尼派穆斯林出任。总理由总统经与议会多数议员磋商后任命。自独立后，黎巴嫩传统上是实行总统负责制。1989 年签署"塔伊夫协议"后才改为总理负责制。总理就职时须向议会提出政府施政纲领，经议会

审核通过后方予认可。根据"塔伊夫协议"规定，政府部长和司局长以上职务必须按基督教和伊斯兰教各占50%的比例分配，两大宗教内各教派亦须按比例分配。但专业性职务则不论教派，根据职务的专业技术要求任用具备专业知识和能力的人员。

现任总理福阿德·西尼乌拉（Fuad Siniora），1943年生于赛达，毕业于贝鲁特美国大学商学院，1970年在贝鲁特美国大学获得商业管理硕士学位。70年代，曾在美国花旗银行任职，后又到母校贝鲁特美国大学任教。1982年，出任黎巴嫩中央银行审计委员会主席。同年，应哈里里的邀请，赴哈里里的企业集团任职，曾历任多种职务。1992~1998年，哈里里任总理期间，西尼乌拉出任财政部长。1998年，哈里里总理因同拉胡德总统产生意见分歧而被免职后，西尼乌拉被指控腐败和管理不善而遭解职。此案已于2003年由议会为其洗清了所有指控。2002~2004年哈里里第二次组阁期间，西尼乌拉再度出任财政部长，是巴黎第二次国际援黎会议的主要设计师，为黎巴嫩赢得了24亿美元的国际援助。在其建议下，黎巴嫩取消了大多数税种，而设立了增值税。

2005年2月，哈里里前总理惨遭暗杀。同年6月，其子萨阿德·哈里里为首的"未来运动"和马龙派的"谢赫旺角"、"黎巴嫩力量"和社会进步党等组成的联合竞选名单"哈里里烈士名单"，在新一届议会大选中以72席的多数获胜。西尼乌拉由"未来运动"提名出任新一届内阁总理。

西尼乌拉是自由经济的强烈支持者，同国际金融界保持着坚实的联系。他同前总理哈里里的友谊已达45年之久，是哈里里事业上的亲密顾问。他同萨阿德·哈里里也保持着密切关系。

西尼乌拉已婚，同妻子瑚妲育有3个孩子。他对阿拉伯诗歌和文学皆有兴趣。

本届内阁是黎巴嫩独立后的第50届内阁，于2005年议会选举后组成。本届内阁成员若按教派划分,基督教派 12 人,其中马龙派 5 人,希腊东正教 3 人,希腊天主教 2 人,亚美尼亚东正教 1 人,亚美尼亚天主教 1 人;伊斯兰教派 12 人,其中逊尼派 5 人,什叶派 5 人,德鲁兹派 2 人。内阁组成情况见表 3-4。

表 3-4 黎巴嫩内阁组成情况表

总理	福阿德·西尼乌拉(逊尼派)[a]
副总理兼国防部长	埃利亚斯·穆尔(希腊东正教派)[g]
外交与侨民事务部长	法齐·萨卢赫(什叶派)[h]
农业部长	塔拉勒·萨希利(什叶派)[f]
文化部长	塔里克·密特里(希腊东正教派)[a]
移民部长	尼阿迈·图阿迈(希腊天主教派)[d]
经济与商业部长	萨米·哈达德(亚美尼亚东正教派)[a]
教育与高教部长	哈立德·盖巴尼(逊尼派)[a]
能源部长	穆罕默德·法尼什(什叶派)[e]
环境部长	亚古布·萨拉夫(希腊东正教派)[g]
财政部长	杰哈德·艾兹欧尔(马龙派)[a]
卫生部长	穆罕默德·贾瓦德·哈利法(什叶派)[f]
工业部长	皮埃尔·杰马耶勒(马龙派)[b](2006 年 11 月 21 日遇刺身亡)
新闻部长	加齐·阿里迪(德鲁兹派)[d]
内政与城镇部长	哈桑·阿基夫·萨巴(逊尼派)[a]
司法部长	夏尔勒·里兹格(马龙派)[g]
劳工部长	塔拉德·坎杰·哈马岱(什叶派)[e]
公共工程与运输部长	穆罕默德·萨夫迪(逊尼派)[a]
社会事务部长	纳伊莱·穆阿瓦德(马龙派)[b]
通讯部长	马尔旺·哈马岱(德鲁兹派)[d]
旅游部长	约瑟夫·萨尔基斯(马龙派)[c]
青年与体育部长	艾哈迈德·菲特菲特(逊尼派)[a]
议会事务国务部长	米歇尔·法尔翁(希腊天主教派)[a]
行政发展事务国务部长	吉恩·乌加萨比扬(亚美尼亚东正教派)[a]

说明:在 2005 议会选举中所属的竞选集团:a 未来运动,b 谢赫旺角集团,c 黎巴嫩力量,d 社会进步党,e 真主党,f 阿迈勒运动,g 拉胡德总统提名入阁,h 独立人士。

内阁除了上述各部外，尚有国家安全总局、开发和建设委员会、中央统计局、国家科学研究委员会、黎巴嫩投资发展机构、最高救济机构和国家档案局等一些重要直属机构。

二　行政区划和地方政府

黎巴嫩全国划分为贝鲁特省、北方省、黎巴嫩山省、贝卡省、南方省和纳巴提耶省。各省设省政府，省下设县。详见第一章第一节中的行政区划。

第五节　司法机构

一　司法部的组织机构

司法部由总局、多个司法法庭和行政法庭组成。总局下辖部办公厅、立法与咨询委员会、案件委员会、法学研究学院、法官与职员事务局、监狱局、误入歧途青少年改造局、法医与罪证局。

此外，尚有最高司法委员会，由总统经与各教派领导人磋商后任命的11名法官组成。最高司法委员会任免和调动各级法院的法官。

（一）总局长

总局长是司法部及其所属单位内，部长以下的最高负责人，负责总局所属各单位业务工作的运行，并为此采取必要措施和决定；协助部长完成所交付的任务。总局长缺席时，由立法与咨询委员会主席、案件委员会主席和法学研究学院院长中级别最高者代理。

总局长一职应在七级以上法官、第一类行政官员或具有法学文凭的司法序列以外的人员中遴选，由内阁根据司法部长的建议任命。

(二) 最高咨询委员会

最高咨询委员会由总局长任主席，成员包括立法与咨询委员会主席、案件委员会主席和法学研究学院院长。最高咨询委员会的任务是，裁决总局长和立法与咨询委员会之间的意见分歧，以及司法部长交办的任何重大案件。

最高咨询委员会以一致通过或多数通过的方式提出结论性意见，若票数相同，则采用主席所在一方的意见。只向有关单位提供结论性意见，而不提分歧意见，但可记录在案。若最高咨询委员会讨论的案件涉及立法与咨询委员会主席或案件委员会主席提出的意见时，则当事人不参与会议。会议记录、结论性意见和有关凭证副本留交最高咨询委员会存档。

当内阁遇到特别重大案件时，可要求最高咨询委员会提出咨询意见。届时，国家协商会议主席和内阁任命的2名法律工作者将参与委员会工作，并由司法部长主持委员会工作。

委托单位并非必须按结论性意见执行，但若不予执行，应就此提出解释性报告，并将报告副本送交司法部备案。

(三) 立法与咨询委员会

立法与咨询委员会主席由七级以上法官和相似级别的行政官员担任，由内阁根据内政部长的建议任命。经司法部长提名，内阁可任命数名司法或行政法官为副主席。经部长同意，主席有权在一定期限内将其部分职权授予副主席。

委员会根据有关部门的要求，承担如下任务：

(1) 起草有关部门要求的法律、法令、组织机构方面的决定、通告和国际条约、国际协定草案；就法律、法令、命令、组织机构方面的决定、通告和国际条约、国际协定草案发表意见和提出必要的修改建议。

委员会的研究成果在交付委托单位前应交总局长审阅。必要时，总局长有权将此文本交由最高咨询委员会作最终审定。向委托单位只交付最终审定的文本。

(2) 就修订和新增法律文本向司法部长提出建议。

(3) 按照部长的要求，解释法律条文；就同国家有关的工作和合同提出意见；就国家机构之间或国家机构和其他方面之间的分歧提出意见；司法部长责成办理的其他法律事务；就司法部总局长提出的法律问题提出意见；就国家和国营机构之间案值超过1万黎镑的案件，在提起公诉前调解的可能性提出意见。

咨询意见在委员会主席拟就或责成一副主席拟就后须经主席签署。咨询意见在交付委托单位前须呈报总局长审核，总局长有权同意或提出理由后退回复议。如委员会坚持原有意见，总局长可交予最高咨询委员会最终裁决。

（四）案件委员会

案件委员会相当于我国的检察院，由七级以上法官和相当级别的行政官员担任，由内阁根据内政部长的建议任命。经司法部长提名，内阁可任命数名司法或行政法官为副主席，可任命数名海关署律师为副主席。主席有权将其部分职权授予副主席，有权委派行政官员或法律助理在初级法庭或其他司法性机构上作为该委员会代表。经案件委员会主席同意，有关单位可委派其官员在司法性机构上作为该单位代表。

案件委员会主席本人或该委员会副主席、法官或国家律师，在境内外一切种类、等级的司法法庭、行政法庭、仲裁法庭或任何司法性机构上代表国家。

案件委员会的任务是，在境内外代表国家提起公诉和对起诉国家的案件进行抗诉，并为之准备必要文件、材料；接受国家检察机关的文件、材料；在一切司法和行政法庭前代表国家；在法庭上，无论是原告或被告，从事维护国家利益所要求的一切工作。

未经案件委员会主席和总局长同意,在与国家利益有关的诉讼案件中相关的国家机关的各司、局在法庭上不得进行调解。违反这项规定的任何调解均属无效。如总局长不同意案件委员会主席关于调解的意见,有权要求复议。如后者坚持调解,总局长有权将此案移交最高咨询委员会裁决,后者的裁决是最终裁决。

(五) 法学研究学院

法学研究学院于 1961 年依据司法组织法建立,是一所培养高级司法人才的高等司法学府。该院在开办仅 10 年后于 1971 年停办了数年,后又恢复办学至今。其间,该院的教学、训练体制于 1994 年作了重大调整。该院学制 3 年,目前的教学、训练体制与过去已几乎完全不同,但教学、训练活动仍局限于法官的基本素质的培养,但对后续、深层的培养,尽管可见诸于建立该院的法律条文上,但在该院教学、训练实践上仍是缺项。

1. 组织机构

该院院长负责全面工作,教务长负责教学工作。目前分为 3 个系:司法法官系、财务法官系和行政法官系。每个系设系委员会,分别由最高司法委员会主席、国家审计长或国家协商委员会主席任主席;3 名常务成员为司法部总局长、院长和教务长;2 名非常务成员为现职法官,司法系、行政系主任由司法部长任命,财务系主任由总理任命,任期 3 年,仅可延长 1 次。

2. 学员的入学考试

入学考试视培训对象分别由最高司法委员会、国家审计署或协商委员会办公室组织。

该院在入学考试制度方面所作的根本改革是制定了一套既有广度又有深度的考试大纲。因此,凡能通过入学考试者不须再讲授基础理论课程,该院即可将主要精力集中到对学员进行实践方面的培训。

学员报名后,首先由院长、教务长和最高司法委员会一名委

员进行面试,合格后参加基本司法课程的笔试,笔试及格者再参加口试。科目皆由最高司法委员会规定。全部考试结束后,该院公布录取名单,并以政令形式任命为入册法官,为期3年。行政系和财务系的招生方式相同。

3. 教学计划

在学院3年中,理论学习仅占6个月。这一阶段讲授的课程均是在大学期间没有接受或没有充分接受的理论或实践方面的专业课程,包括案件卷宗的研究,有关租赁、房地产和个人情况方面的法律,执行的根本原则,有关破产的规定,商业审计,研究的提纲和计算机信息库理论、技术的各个层面。各期学员在院学习期间,学院还将以研讨会或大课形式向学员讲授如下课程:银行法和证券交易所法,劳动和社会保障法,保险法,国际法,金融法和海关法,海上贸易法,文学艺术的知识产权,有关青少年的特殊法律,法医,计算机信息库,侦查技术和破案手段,职员法,商业档案,审判的组织,审判的辅助设备,紧急案件的审理,在印刷品上的犯罪,司法上的对质,作案证据,犯罪学,犯罪心理学等。

理论课授课结束后,对各门课程均将进行考试。之后,入册法官们将按规定的时间表到各类法院进行实习。首先是到初审法院民事庭、刑事庭的各个部门和各庭实习,包括紧急案件审理、执行、侦查、检察,然后转到上诉法院各个部门和各庭实习。在每个部门实习的期限约为3~4个月。每一阶段结束时,由审判处处长对每位入册法官的活动和品行的各个方面提出报告;入册法官也要就其本人在审判处的工作写出报告。在每一审判处实习时,入册法官还要就该处工作的法律层面进行深入研究,研究成果要在审判处长和学院代表参与下进行答辩。上述研究成果和报告均要记分。

三年结束时,该院应列出入册法官的最终成绩和名次,并向最高司法委员会就每位入册法官提出详尽报告，就该生是否适合从事审判工作，他的倾向、能力，可以交付他何种审判工作。最高司法委员会在此基础上做出决定，宣布该入册法官是否适合从事审判工作。

（六）法医与罪证局

法医与罪证局主管法医和与法医、罪证有关的活动，关注法医学的发展与近况；组织学术研讨会，同与法医学有关的一切方面进行合作与协调；就配置解剖室问题同公立医院进行协调，目前先在贝鲁特和的黎波里的医院配置解剖室，然后再扩展到全国各省。

（七）误入歧途青少年改造局

该局任务是按青少年法处理有关青少年的一切事务，如通过计算机中央数据库跟踪青少年的犯罪档案，对青少年误入歧途的情况制定年度统计表，观察和处理触及青少年利益的一切事件；制定和实施预防青少年犯罪和对青少年犯进行适宜的教育计划；同与青少年教育有关的部、司法部信赖的私营部门等，就青少年教育问题进行协调。

二　审判制度

按照黎巴嫩的司法制度，法庭分为初审法院、上诉法院和终审法院（即最高法院）三级，每级法院又分刑事庭和民事庭。1999 年，总统根据宪法第 19 条颁布法令，成立宪法委员会，其任务是监督颁布的法律是否符合宪法，就总统选举和议会选举中的争执和申诉进行裁决。

（一）初审法院

初审法院开庭时，一般由 3 名法官组成，但若是金额较小的民事案件或较小的刑事案件，亦可由 1 名法官审理。当事人如对判决不服，可向上诉法院上诉。

黎巴嫩全国共有初审法院 56 所，其中仅贝鲁特就有 17 所。

（二）上诉法院

上诉法院负责审理初审法院转来的不服判决的上诉案件，也可直接审理较重的案件。上诉法院开庭时，皆由3名法官组成，由院长或审判长主持。公诉方则由检察长牵头。

内战前，全国共有上诉法院6所，每省1所。目前，全国实际上共有上诉法院11所。

（三）终审法院

终审法院即最高法院，负责审理上诉法院转来的不服判决的案件，该院的判决为终审判决，不得上诉。终审法院开庭时，由3名法官组成，由院长主审。公诉方由检察长牵头。为了听取下级法院的申诉，终审法院在听取特别庭和普通庭之间，或两种类型的特别庭之间的辩论后作出判决。

全国共有终审法院4所，均设于贝鲁特。其中3所负责审理民事案件，1所负责审理刑事案件。

国家尚有一些其他机构可以行使类似职权：国务委员会，由6人组成，在审理行政案件上的职权相当于上诉法院；司法委员会，由终审法院的多数高级法官和政府任命的其他4名法官组成，负责审理有关国家安全的案件。此外，尚有一些特别法庭，负责审理军事、新闻和商务方面的案件。

除了国家的上述法院外，公民的婚姻和遗产继承等个人事务方面的案件，通常是由各个教派审理。当事人如认为审理不公，天主教信徒可向梵蒂冈上诉，希腊东正教信徒可向大马士革牧首区法庭上诉。穆斯林一般均在当地，由本教派按教法审理。

第六节　党派

黎巴嫩是个多教派国家，因此许多党派也带有教派色彩，是单一教派的；也有一些党派是世俗的或是超教派的。

1. 长枪党（Kataeb Party, Phalange Party）

长枪党是基督教马龙派老一代政治家皮埃尔·杰马耶勒于 1936 年创立的，是马龙派政党。现任最高委员会主席是前总统阿明·杰马耶勒，主席是卡里姆·帕克拉杜尼（Karim Pakradouni）。该党是基督教各派中最大也最具实力的政党，其座右铭是"上帝，祖国和家庭"，坚持有别于其他阿拉伯国家的具有"腓尼基人"传统的黎巴嫩民族特性。在政治主张上倾向西方民主，主张自由经济和个人奋斗精神。鉴于黎巴嫩多教派的现实国情，反对泛阿拉伯主义，主张将黎巴嫩建成一个联邦制国家。该党一贯反对外国势力对黎巴嫩的控制和占领。同伊斯兰教各派支持巴勒斯坦人民反以斗争的立场相反，认为巴解在黎开展武装斗争破坏了黎巴嫩社会的安定和经济发展，因此对黎境内的巴解武装持否定和反对的立场。

该党在其实际活动中，一贯积极维护基督教派的既得利益。1958 年，当时执政的夏蒙总统，面对全国各地穆斯林群众高涨的阿拉伯民族主义情绪和反对其为争取连任采取的舞弊行动的示威游行束手无策，下令黎军司令谢哈布动用军队镇压又遭拒绝。长枪党遂动用其民兵支持夏蒙，引发了 1958 年内战，最终导致卡拉米政府于 1960 年下台，该党主席皮埃尔·杰马耶勒随即进入了以艾哈迈德·达乌德为总理的 4 人临时内阁。在那次内战中，该党获得极大发展，党员人数由初建时的 300 人增加到近 4 万人，该党在议会中的议席和在政府中的职位也获得较大增长。

1975～1990 年内战中，由贝希尔·杰马耶勒领导的长枪党民兵组织"黎巴嫩力量"得到很大发展，而长枪党的势力却相形见绌。特别是 1982 年以色列入侵黎巴嫩后，皮埃尔·杰马耶勒的两个儿子贝希尔·杰马耶勒和阿明·杰马耶勒，在以色列支持下先后当选总统，长枪党的政治信誉下降。1984 年，皮埃

尔·杰马耶勒去世,希腊天主教派的伊利·凯拉迈继任主席后,许多马龙派党员因不满而离去。

20世纪90年代期间,长枪党内部出现分歧,最后分裂成两派。新分裂出来的一派仍维持长枪党原名,由卡里姆·帕克拉杜尼任主席。该派同现政府关系较好,帕克拉杜尼主席本人2004年在政府中任行政改革部部长。原来的一派改名为长枪党改革运动,仍由阿明·杰马耶勒任主席,坚持要求叙利亚从黎巴嫩撤军,反对叙利亚干预黎巴嫩内政。在内政问题上同现政府也有不少分歧,例如在总统选举问题上,现任总统拉胡德的任期本应于2004年届满,现政府在外部压力下力图通过修宪让拉胡德总统连任,改革运动则认为,在历史上从无总统连任的先例,政界和民意中的绝大多数反对修宪,要求按期进行总统换届选举。

2005年叙利亚撤军后,阿明·杰马耶勒回国。两派从该党和基督教派的政治利益考虑,决定抛弃前嫌,求同存异,对该党进行了重组。

2. 黎巴嫩力量(Lebanese Forces)

黎巴嫩力量于黎巴嫩内战爆发的第二年即1976年由皮埃尔·杰马耶勒的次子贝希尔·杰马耶勒所组建,是长枪党的民兵组织。组建后不久,黎巴嫩力量即联合马龙派其他民兵,武装围剿并清除了位于基督教区的塔勒·扎阿塔尔巴勒斯坦难民营。此后,贝·杰马耶勒相继于1978年、1980年吞并了前总统弗朗吉亚之子托尼·弗朗吉亚领导的民兵组织"巨人旅"和前总统夏蒙的民兵组织"老虎团",组成一支相当强大的马龙派民兵武装,鼎盛时期民兵多达2万余人。1982年以色列侵黎期间,黎巴嫩力量的部分武装在伊利·胡贝卡率领下,参与了贝鲁特西区萨卜拉、夏蒂拉两难民营大屠杀惨案。在内战中,在坚决反对受控于叙利亚的领导人萨米尔·贾加,黎巴嫩力量曾多次同穆斯林民兵武装乃至穆斯林区黎政府军、叙利亚驻军发生过激烈的武装冲突。

在内战的中后期，黎巴嫩力量名义上虽仍从属于长枪党，但实际上已成为一支具有相当独立性的政治、军事组织。除了同穆斯林区的军事斗争外，黎巴嫩力量在基督教区还涉足教育、新闻、卫生和福利事业，还向居民征税。许多活动干预和取代了政府的职能，引起奥恩政府的极大不满，从而导致1990年初基督教区黎政府军同黎巴嫩力量的激烈武装冲突。冲突的结局是两败俱伤。

"塔伊夫协议"签署后，黎巴嫩力量已向黎政府上缴了全部武器装备，并于1990年9月10日，宣布将自身从军事抵抗组织改造成为政治反对派组织，更名为"黎巴嫩力量党"。该党确定其建党的3项原则是：保卫黎巴嫩的独立、主权、独特的特点和国际承认的边界，在人权原则基础上组建黎巴嫩政府，建立每个公民的自由、人权受到保护和保障的民主制度。该党还抱怨，由于叙利亚一手控制了黎巴嫩问题，导致在"塔伊夫协议"的执行上出现了危险倾向。

黎巴嫩政府出于政治上的考虑，于1994年3月宣布解散该党，并于同年4月指控和拘捕了其领导人萨米尔·贾加。此后，黎政府又拘捕了很多黎巴嫩力量各级负责人和数百名成员，并没收了该党全部社会、教育和新闻设施。黎政府的这些举措导致大批该党成员移民欧美和澳大利亚，在国外成立了该党的代表机构。据该党称，尽管遭到巨大压力，该党仍是黎巴嫩政治领域组织上最完善的政党，在大中学校学生组织和医师、律师和工程师等许多工会组织中，均具有广泛影响。官方宣布的1998年市政选举结果，该党有300名干部当选。

2005年议会大选中，黎巴嫩力量也参加了大选，贾加的夫人伊丝塔丽达·贾加当选为本届议会议员。支持前总理哈里里的政治势力在议会选举中获得胜利后，新政府发布大赦令，将贾加释放出狱。

3. 自由国民党（National Liberal Party）

自由国民党系前总统卡米勒·夏蒙卸任后于 1958 年 9 月创建。现任主席为夏蒙的长子杜里·夏蒙（Dory Chamoun），杜里是在前任主席、其弟达尼·夏蒙于 1990 年 10 月遭人暗杀后接任该党主席的。

该党称其建党宗旨是，维护黎巴嫩的完全主权和黎巴嫩在阿拉伯国家联盟和联合国的成员国地位。该党自称在 1967 年曾遭到政府的挤压，党务也受到干扰。1968～1975 年，为面对以色列的威胁、巴解组织的不服管束、黎军情局的霸道行径和所谓的"国际共产主义的扩张"，该党与长枪党等结成联盟。1975 年，全面内战爆发，该党民兵老虎团在夏蒙次子达尼·夏蒙领导下参与了清除贝鲁特东区巴勒斯坦难民营的战斗。1980 年，该党民兵被黎巴嫩力量吞并。1985 年，叙利亚企图通过伊利·胡贝卡分裂黎巴嫩力量，该党仍然支持贾加，最终黎巴嫩力量粉碎了胡贝卡的分裂活动。1988 年，杰马耶勒总统卸任前任命米歇尔·奥恩为临时军政府总理。该党认为军政府是杰马耶勒总统依据宪法规定行事，委任是合法的，因而采取了支持军政府的立场，也支持奥恩政府反抗叙利亚控制的斗争。

自由国民党的政治主张可概括为如下几点。

（1）对"塔伊夫协议"持保留态度。该党认为，不仅"协议"规定的收复黎巴嫩主权和撤出一切非黎巴嫩军队特别是叙利亚军队的机制是不充分的，而更令人担心的是"协议"将叙军"重新部署"和经叙、黎"两国政府协议"相连似乎是个陷阱。"叙利亚任命的和要求叙利亚支持的黎巴嫩政府怎么会要求叙利亚从黎巴嫩撤军呢？"

（2）抵制 1992 年议会选举。该党认为，"塔伊夫协议"签署后，通过任命进行议员补缺有违民主原则，而新修订的选举法按既得利益集团的利益划分选区，是一种既不尊重法律条文，也不尊重惯例和原则的行为。叙利亚控制国家政治生活的这种氛围导致该党和其他几个政党、政治组织协调一致，抵制了1992年的议会选举。

（3）明确黎巴嫩农场的主权。以色列按安理会425号决议从黎巴嫩领土撤军后，借口谢巴农场属叙利亚领土而尚控制在手。该党认为，黎巴嫩对谢巴农场地区的主权不能仅凭叙利亚的口头承认，要求黎、叙两国进行谢巴农场地段的划界工作，依据国际法的要求确认黎巴嫩对谢巴地区的主权，并将确认文件送交安理会备案。

4. "阿迈勒"运动（Amal Movement）

"阿迈勒"运动（又译"希望运动"）系于1975年由伊朗出生的什叶派领导人穆萨·萨德尔（Mousa Sadr）所创建，前身为"被剥夺者运动"。"阿迈勒"（意为"希望"）三字系阿拉伯文"黎巴嫩抵抗组织"三词词首字母的缩写。1978年萨德尔出访利比亚时神秘失踪，即由侯赛因·侯赛尼（Hussein el-Husseini）继任主席，1980年4月，纳比·贝里（Nabih Berri）继任"阿迈勒"运动主席至今。

"阿迈勒"运动曾是什叶派最大的政治组织。"阿迈勒"反对基督教马龙派趋同西方和在黎巴嫩建立联邦制的观点；坚持黎巴嫩的阿拉伯属性，支持巴勒斯坦人民的正义斗争，积极争取教派之间的平等权利，受到广大什叶派群众的支持。黎巴嫩内战期间，"阿迈勒"运动拥有一支民兵武装，曾拥有民兵约6000人。初期曾联合其他派别的穆斯林民兵武装和巴解武装，同黎巴嫩力量等马龙派民兵武装抗争。但到20世纪80年代中后期，为了扩大势力，争夺地盘，"阿迈勒"运动先后同巴解武装、德鲁兹派的社会进步党民兵以及什叶派的真主党民兵发生过激烈的武装冲突。

"塔伊夫协议"签署后,"阿迈勒"运动已解散了民兵武装,上交了武器装备,作为一个政治派别融入了国家政治生活。其主席纳比·贝里自1992年起至今已连任4届议会议长。据非官方资料统计,在2000年议会选举中,"阿迈勒"共获得9个议席。2005年大选后,已增至15议席,并在西尼乌拉内阁获得2名部长职位。

"阿迈勒"运动拥有自己的广播电台、电视台和一份周刊。

5. 真主党(Hizbullah)

真主党是在伊朗1979年伊斯兰革命的影响下由穆罕默德·侯赛因·法德拉拉(Mohammed Hussein Fadlallah)于1982年创建的,是什叶派政党。现任总书记是哈桑·纳斯鲁拉(Hassan Nasrallah),于前任总书记谢赫·阿巴斯·穆萨维1992年2月18日被炸身亡后继任。他被尊崇为伊朗领袖哈梅内伊在黎巴嫩的合法代理人。

真主党严格遵循霍梅尼的伊斯兰革命理论,早期号召在黎巴嫩建立伊朗式的伊斯兰政权,现在认为黎巴嫩国情不同,建立伊斯兰政权的条件尚不成熟,不能草率从事。政治上,真主党反对同黎巴嫩基督教派的任何妥协,执行反对以色列和美国的强硬路线。真主党的这些主张颇受部分贫穷、激进的什叶派青年的拥护,导致他们脱离"阿迈勒"运动而投入真主党门下。

由12人组成的协商委员会是真主党的最高领导机构。领导层还设有政治委员会、计划委员会、议会党团和执行机构(由多个行动组组成)等,分工负责党内的财务、军事、法律、社会和政治等方面事务,在各地区设有分支机构。

内战期间,伊朗曾派出数百名革命卫队官兵,在贝卡谷地为真主党培训民兵,还向真主党提供经费和武器装备。真主党民兵武装拥有民兵5000人,既参加了各派穆斯林民兵同基督教马龙派"黎巴嫩力量"民兵的战斗,也为争夺地盘同"阿迈勒"运动等穆斯林民兵发生过多次激烈武装冲突。真主党民兵在南部黎、以边境地区还一直坚持反对以色列占领的武装斗争。

"塔伊夫协议"签署后,真主党已改变了不参政的政治立场,积极融入国家的政治生活。自1992年起,已参加议会选举并投入议会活动。据非官方资料统计,在2000年议会选举中,真主党共获得11个议席。2005年议会大选中,真主党赢得14个议席,并在西尼乌拉内阁中获得2个部长职位。

内战停止后,黎巴嫩政府出于对以色列斗争的需要,在解散各派民兵组织和清缴各派民兵武器装备时,唯独保留了真主党的民兵武装,作为日后一揽子解决叙、黎和以色列之间全面和平问题的一张牌。2000年以色列单方面从黎南部撤军以前,真主党仍在黎南部地区坚持反抗以色列入侵的斗争,对以色列驻军不断袭扰,以军官兵伤亡日增,最终导致以方决定单方面从黎巴嫩撤军。真主党民兵的顽强抵抗和英勇反击不仅赢得黎巴嫩穆斯林的赞赏,而且使真主党在基督教派民众中的威望得到较大提升。

在同叙利亚关系上,真主党认为,叙利亚在黎的存在无论对两国面临的威胁或是保持黎各教派的政治平衡都是必要的。由于叙利亚将真主党作为同以色列谈判中施加压力的一张牌,真主党同叙利亚保持着特殊关系,从叙利亚获得各种援助。在同伊朗关系上,真主党认为,伊朗是其宗教思想的源泉,哈梅内伊是最高宗教领袖,而真主党总书记纳斯鲁拉只是哈梅内伊在黎巴嫩的合法代理人。真主党从伊朗不断得到政治和资金等各方面的支持。

真主党拥有自己的广播电台和电视台。

6. 社会进步党(The Progressive Socialist Party)

社会进步党由德鲁兹派著名政治家卡迈勒·琼布拉特(Kamal Junblat)等6名政治活动家于1949年5月1日创建。1950年4月1日在贝鲁特设立了党的总部,并在全国各主要地区设立了分支机构。该党虽是超教派的政党,但实际上主要还是代表了德鲁兹派的政治主张和利益,有党员约 6000 人。1980年,该党加入社会党国际。

社会进步党主张实现正确的民主,即建立与人民广泛联系的强大政权,在国内实现基于博爱、合作和团结的社会公正,根本实现权利和义务的平等。社会进步党在实践上致力于建设体现在社会安宁、公正、繁荣、和平、自由和保障人权的真正民主社会。在对外政策上,追求世界和平,参与真诚的国际合作,支持实现关税联盟、共同市场等地区性或洲际性组织。支持巴勒斯坦人民反抗以色列的正义事业,支持同阿拉伯国家间的密切合作。

自成立后,社会进步党就积极参与国内的政治斗争。1952年,该党不满比沙拉·扈里总统依靠少数教派,独断专行,遂联合前驻英国大使卡米勒·夏蒙等倡导成立民族社会阵线,致力于政治改革,并发动总罢工,迫使扈里总统辞职。1958 年,埃、叙统一促进了黎巴嫩国内阿拉伯民族主义情绪的高涨,穆斯林群众反对统治当局坚持教派政治的运动此伏彼起。该党又开展积极的政治斗争,反对夏蒙总统为遏制群众运动而要求美国海军陆战队登陆黎巴嫩,并打掉了夏蒙连任总统的企图。

从 1960 年起,该党正式参政。为避免内战态势的扩大,该党曾于 1975 年 8 月向政府提交过一份全面的政治改革纲领,但未被当局接受。此后,该党也卷入了内战,其民兵曾同马龙派的黎巴嫩力量民兵,为争夺对舒夫山区的控制权进行过激烈战斗,也同"阿迈勒"运动民兵,为争夺对贝鲁特西区的控制权发生过激烈武装冲突。"塔伊夫协议"签署后,该党已向黎政府上交了武器装备,解散了民兵武装。

1977 年 3 月,卡迈勒·琼布拉特遭人暗杀,其子瓦立德·琼布拉特(Walid Junblatt)继任该党主席,自 1992 年恢复大选后,已连续 4 届当选为议会议员。

7. 叙利亚民族社会党（The Syrian Social Nationalist Party）

叙利亚民族社会党于 1932 年由安东·萨阿代（Antoine Saadeh）创建，是一个超教派政党。其宗旨是重建历史上的"大叙利亚"。该党在其"基本原则"中认为"大叙利亚"的范围是：北起西北方的托罗斯山脉和东北方的巴赫提亚里山脉，南至苏伊士运河和红海，包含西奈半岛和亚喀巴湾；西起叙利亚海岸和塞浦路斯岛，东至阿拉伯湾。概括地说，就是叙利亚肥沃新月及其卫星塞浦路斯岛。该党认为，为了维护国家、民族的统一和团结，必须实现政治改革。改革的原则，首先是政教分离，禁止宗教人士干预政治和司法事务；其次是消除各教派之间传统的社会、权利方面的分歧和障碍，再次是取消封建主义，按照国家和民族的利益安排国民经济；最后是为了民族自决建设一支强大的军队。

初建时，叙利亚民族社会党为秘密组织，热衷于通过暴力手段达到目的。独立后得到较大发展。1948 年，黎政府鉴于该党实力过强，曾予以打击，宣布其为非法组织，并将其领导人萨阿代处死。为了报复，该党军事官员曾试图于 1949 年发动政变，还于 1951 年暗杀了当时的总理里亚德·索勒赫。20 世纪 50 年代，该党虽仍处于非法状态，但还在公开活动。1958 年内战期间，该党由于利用其民兵支持了夏蒙总统而重新获得合法地位。1961 年谢哈布总统执政期间，该党再次因图谋政变未遂而被取缔，约有 3000 名党员被捕入狱。在狱中，该党领导人开始接触到一些泛阿拉伯主义学说，指导思想出现明显改变。

20 世纪 60 年代后，该党在坚持重建"大叙利亚"宗旨的同时，逐步接受了阿拉伯民族主义思想。1975 年内战开始后，该党加入了各穆斯林派别组成的黎巴嫩爱国运动，并参加了支持巴解武装和反对基督教派民兵的战斗。

20 世纪 80 年代，该党发生分裂。主要分为两派，主流派的

党主席为基督教派的朱卜朗·奥莱吉（Jubran Ouraiji），该派拥有自己的网站；另一派则由逊尼派穆斯林伊萨姆·马海里领导。该党虽分为两派，但仍为一个党，2005年7月，其最高委员会接受朱卜朗辞职，党内推选阿里·甘苏（Ali Qansu）为新任主席。

8. 黎巴嫩共产党（Lebanese Communist Party）

黎巴嫩共产党于1924年10月24日由一批知识分子创建，是一个超教派的政党，初建时定名为"人民党"，直到1927年加入共产国际时才改名为黎巴嫩共产党。黎共建党宗旨是，推翻资本主义—殖民主义制度，建立社会主义制度，当时的直接任务是推翻法国殖民统治。

建党后的20年间，该党同时兼管黎巴嫩和叙利亚两国的党务和党的活动。直到1944年初，黎巴嫩共产党第三次全国代表大会才决定在两国分别建党，因此黎共将此次大会作为该党第一次全国代表大会。法国委任统治期间，黎共曾于1939年被法国统治当局宣布为非法组织。独立后，黎共恢复公开活动，1943年和1947年两次参加了议会议席的竞选，但其候选人均未入选。1948年又被当局宣布为非法组织。20世纪50年代，该党由于没有积极支持在阿拉伯世界高涨的泛阿拉伯主义和纳赛尔主义运动使自己失去群众的支持而陷入孤立。

1965年，仍处于地下状态的黎共为了改善在国内的处境，适度调整了其对内政策，参加了由社会进步党主席卡迈勒·琼布拉特领导的"进步党派和爱国力量阵线"（内战开始后改名为"黎巴嫩全国运动"）。1970年，时任内政部长的琼布拉特批准黎共为合法政党，包括总书记尼古拉·沙维在内的黎共一些领导人得以参加1972年大选，但仍未赢得议席。

1975年内战爆发后，黎共组建了一支训练有素的民兵，积极参与了初期的作战。但据报道，黎共的实力在20世纪80年代遭到削弱，1983年，约有50名共产党人在的黎波里被逊尼派原教旨主义组织"伊斯兰统一运动"杀害。1984~1987年期间，黎共不少领导人和党员又遭到伊斯兰原教旨主义者暗杀。1987年，黎共与社会进步党联手，在贝鲁特西区为争夺地盘同"阿迈勒"运动民兵进行了为期1周的战斗，后在叙利亚部队干预下才行停止。

1987年，黎巴嫩共产党召开第五次全国代表大会，总书记乔治·哈维（George Hawi）连选连任。而另一位在党内颇受欢迎的竞争者卡里姆·穆拉瓦（Karim Murawa）虽未当上总书记，仍不失为党内颇具实力的领导人，因其出身什叶派，故同贝鲁特西区什叶派的关系甚好。2004年，在黎共第九次全国代表大会上，哈立德·哈达德（Khalid Haddade）当选为黎共总书记。2005年6月21日，哈维在贝鲁特被汽车炸弹暗杀身亡。

1991年内战停止后，黎共一直在呼吁和争取在黎巴嫩实现政教分离，建设一个世俗的民主国家。2004年，黎共在其第九次全国代表大会上宣布其近期目标是：建设一个现代化的民主国家。根据黎巴嫩的情况，政治教派体制是产生争端和内战的肥沃土壤，不可能在以宗教教派为基础的政治制度上建立现代化的民主国家。

早在"九大"之前，黎共党内在国家政治改革、同某些政治派别的关系等问题上就存在严重分歧。"九大"未能解决这些分歧，会后反而出现了小集团的分裂活动，直接影响黎共在国内政治领域发挥其应有作用。黎共领导机构看到了问题的严重性，认为尽管解决这些问题的难度很大，但黎共有能力解决党内存在的这些分歧，并正在着手解决。

9. 黎巴嫩共产主义行动组织（Organization of Communist Action of Lebanon）

1970年由黎巴嫩社会主义者运动和社会主义黎巴嫩合并而成。主要领导人是穆赫辛·易卜拉欣（Mohsen Ibrahim）。

第四章

经　济

第一节　概述

一　长期战乱给经济带来的严重破坏

20世纪70～90年代期间，历时15年的长期战乱和以色列两次入侵，使黎巴嫩经济濒临崩溃的边缘。据估计，其直接和间接损失约1650亿美元。私营经济本是黎巴嫩的特色，战乱导致大量私人资本外流，经济逐渐萧条，失业率增高。国库收入也相应减少。但是，为了保障社会的相对稳定和人民的正常生活，政府不得不增大对国营经济的投入，填补私营经济留下的真空。为了弥补日益加重的国家预算赤字，政府惟有高筑债台，大量发行长、中、短期各种国债。这些措施又导致高通胀率和货币贬值，随之而来的是利率居高不下。到1992年，通胀率已高达120%，黎镑币值已由战前1975年6月LL（黎镑的缩写符号）2.23 = $1贬低到LL2800 = $1，平均利率已突破37%。内战期间不断积累的国债债务已达30亿美元。为筹款归还到期债务的本息，政府不断发行高息短期债券。到2004年，为支付这笔国债的本息，国家已背负了140亿美元的新债，相当于国库2004年6月底为止全部债务的40%。到2004年底，黎巴嫩国债总额已达358.5亿美元，约占当年GDP的180%。

停战后，面临萧条的经济，损毁严重、残缺不全的基础设施，武器装备遭到严重损坏的军队，百废待举。为了使社会重新恢复活力，大量迫不及待的工作需要黎巴嫩政府来完成。首先是统一、扩建黎军和治安部队，更新其装备。安排战乱时为躲避战火而背井离乡的居民返回家园。为了保持社会稳定，必须尽快恢复和发展教育和职业技术培训、医疗保健等社会设施。为了保障和提高公私领域职工的实际收入和生活水平，必须调整工资和提高黎镑的购买力和稳定性。恢复私人资本在黎巴嫩经济中的重要作用，恢复私人资本吸引投资实现持续发展和提供就业机会的能力。为了构筑搞活经济和推动经济持续发展的平台，计划利用高新技术重建、改造和发展基础设施。黎巴嫩政府总的设想是通过持续不断的具体建设项目，争取世界各国的支持和援助，使黎巴嫩经济逐步融入阿拉伯和世界经济活动。但是，政府面临的最大困难是缺乏资金。为振兴国家，唯有继续依靠外援和友好国家、国际组织提供的低息贷款和赠款。

二 政见分歧对经济改革的影响

停战后，为了振兴经济，国家不得不继续通过发行国库券和贷款从国内外融资。为了减少赤字，减轻债务负担，财政部曾建议采取多项措施，如通过增加税收和减少政府开支达到财政上的开源节流；要求国营企业增产节约，增加效益；鼓励国营企业私有化，努力发挥私人资本在黎经济中的积极作用；为了提高人民生活水平，应当增加工资，但政府部门和国营机构必须是在紧缩编制、增强工作效率和压缩开支的前提下才能实施。财政部认为，议会应和政府协调一致，采取改革措施，增收节支，并制定一项财政纪律性措施，即在未获得新的或额外的财政收入前，不得有新的和额外的支出。

但是，议会在多数情况下均未能与政府协调一致。议会内各

黎巴嫩

教派和党派之间的政见分歧导致纷争不断。1995 年，赫拉维总统任期届满，面临新一届总统选举引发的政治危机导致人民对经济前途失去信心，使当年 9 月的一年期国债利率一度突破 38%。此外，由于政府部门执政水平低，安全性差，透明度低，也使人们和许多媒体、专业人士无心解决实际经济问题。议会内各派出于各自的需要，并不理会财政部的合理建议，只在增加开支和工资上不断提出要求，却不同意增税，导致国库的债务负担日益加剧。到 2000 年和 2001 年，国家财政收入仅占 GDP 的 19.2% 和 18.5%，而财政开支所占 GDP 的比例竟高达 43% 和 35.4%。

为了控制国家的财政赤字，财政部一再呼吁必须坚决出台原已提出的改革措施，实现增收节支。正是在这一背景下，堪称停战后 10 年来最重大财政改革的增值税于 2001 年获准实施。由于实施了这一税则，2002 年国家财政收支状况得到明显好转，政府预算收入增长了约 31%，除国债外的年度收支状况由 2000 年的 -2.3% 转为 2002 年的 +3%，提高了 5 个百分点。在此基础上，财政部在制定 2003 年财政预算时，为实现经济持续发展提出进一步的改革措施，要求国营企业认真实行瘦身计划，一切政治派别严格自律，协调一致地保证支持改革计划的成功。2003 年财政预算及其改革计划在内阁获得通过，为友好国家和国际组织召开讨论向黎巴嫩提供经济援助的第 2 次巴黎会议创造了有利条件。

巴黎会议后，国内政治形势又出现问题，政治派别之间的争斗重现。议会在审查 2003 年预算法案时，又从巴黎会议时协调一致的立场倒退，抛弃了内阁已经通过的 2003 年预算法案所包含的大部分改革条款。在编制 2004 年预算法案时，国内不协调的政治形势已导致经济改革步伐停滞不前。为易于在议会获得通过，财政部只能编制一部"最有可能实现但却低于必需要求"的预算法案，但仍重新提出 2003 年法案所附的改革方案，坚持要求在条件成熟时予以实施。

三　基础设施的恢复和扩建工程的进展

经过15年长期内战后，呈现在世人面前的黎巴嫩已是残垣断壁，满目疮痍。黎巴嫩政府为了重新振兴经济，在国债负担沉重，预算赤字甚高的情况下，坚决依靠国际援助和贷款，恢复和发展基础设施，为今后的经济发展打好基础。

自1992年开始，黎巴嫩政府在电力、邮政电信、公路等基础设施，教育、卫生、社会经济发展、土壤环境等社会和经济领域，饮用水、污水和垃圾处理等社会基本服务，以及农田、灌溉、机场、港口等生产领域进行了大规模的恢复、改造和扩建工程。

1992年起至2004年底，黎政府从国际机构和友好国家获得优惠贷款、商业贷款和赠款共计58.45亿美元，已获原则同意或许诺的贷款6.52亿美元，总共64.97亿美元。此外，黎巴嫩政府自筹资金9亿余美元。总投资额达近74.00亿美元。在上述领域共选定了3150个项目，其中，基础设施占46.3%，约合34.31亿美元；社会和经济领域占13.1%，约合9.70亿美元；社会基本服务占25.1%，约合18.56亿美元；生产领域等占15.5%，约合11.45亿美元。至2004年底，已竣工2544个项目，使用资金52.52亿美元，占总投资的71%。其中，基础设施424项，社会和经济领域1021项，社会基本服务347项，生产领域等752项。尚未竣工的项目为606个，占用资金21.49亿美元，大多已接近收尾阶段。

这些项目全部竣工后，黎巴嫩的基础设施和经济、社会各种服务设施不仅得到全面恢复，还将利用当前世界高新技术实现技术改造、更新和扩建。这对以商业、旅游业和服务业为主要经济命脉的黎巴嫩来说，无疑是提供了一个经济腾飞的平台。

四　国家经济状况的改善

在长期战乱导致国民经济遭到巨大破坏和国内教派政治造成的统治集团内部矛盾错综复杂的形势下，黎巴嫩政府通过自身的努力和国际社会的援助,依靠长期积累的调控市场经济的经验和能力,克服重重困难,在十多年的恢复和重建工作中取得了不错的成绩,使国家经济状况总体上得到改善。国民生产总值取得稳步而明显的增长;通胀率已由战时的两位数降到目前的较低水平;作为支柱产业的旅游业已有明显恢复,到黎巴嫩旅游人数逐年均有较大增长;外贸也有较快发展,出口贸易逐年增长幅度较大,出口与进口的比率逐年有明显提高;增值税的设立使税收收入有了较大提高,在国内生产总值中的比率不断攀升;如不计国家债务,国家预算已摆脱赤字,预算初步盈余也有明显提高。

黎巴嫩2001~2004年的宏观经济指标和1992~2004年宏观经济指标变化情况见表4-1和表4-2。

表4-1 黎巴嫩2001~2004年的宏观经济指标

单位:亿美元,%

经济指标	2001	2002	2003	2004
国内生产总值(亿)	166	172	180	195
国内生产总值增长率	1.6	3.8	4.3	8.2
国内生产总值实际增长率	2	2	3	5
中央银行同步指标	6.2	2.7	8.2	—
通货膨胀率	-0.4	1.8	1.3	3.0
旅游(入境旅游者)增长率	12.8	14	6.2	26
出口商品增长率	25.5	15.7	45.8	14.6
出、进口商品比率	12.3	16.2	21.3	18.6
增值税收入(亿)	—	6.59	9.07	11.70
增值税收入占国内生产总值比率	—	3.8	5.0	5.9
国家预算初步盈余(亿)	0.54	2.19	6.21	6.60
预算初步盈余占国内生产总值比率*	0.05	1.9	3.5	5.1
货币供应量增长率(M3)	7.4	7.6	13.0	6.4

资料来源:国际货币基金组织,黎巴嫩海关,黎巴嫩财政部,黎巴嫩中央银行,2005。

说明: *国家预算初步盈余系指在不将每年应归还的国家债务计入总支出情况下的收支盈余。

表 4-2　黎巴嫩 1992~2004 年宏观经济指标变化情况表

年份	GDP（亿美元）	GDP 增长率%	消除 GDP 通货膨胀因素指数	人均 GDP（美元）	通货膨胀率%	黎镑/美元比价
1992	55.46	4.5	99.8%	1500	131.1	1838
1993	75.35	7.0	24.7%	2001	8.9	1711
1994	91.10	8.0	8.2%	2377	12.1	1647
1995	111.19	6.5	10.3%	2850	9.9	1596
1996	129.97	4.0	8.9%	3272	5.2	1552
1997	148.62	4.0	7.7%	3676	3.5	1527
1998	162.51	3.0	4.5%	3948	1.6	1508
1999	165.44	1.0	0.2%	3948	1.4	1508
2000	163.99	-0.5	-0.4%	3845	-0.9	1508
2001	166.60	2.0	-0.4%	3837	2.9	1508
2002	172.92	2.0	1.8%	3912	4.2	1508
2003	180.42	3.0	1.3%	4009	2.0	1508
2004	195.13	5.0	3.0%	4260	2.4	1508

资料来源：国际货币基金组织，黎巴嫩财政部，黎巴嫩奥迪银行研究部，2005。

第二节　农业

黎巴嫩矿产资源贫乏，但却拥有比较丰富的水资源，给农业发展创造了较为有利的条件。同时，境内既有沿海平原，又有海拔颇高的两座山脉，还有两山之间的大片高原。多样性的地形和气候条件赐予黎巴嫩农业以多样化经营的潜力。

1975 年内战爆发前，农业曾是黎巴嫩经济光彩照人的领域。直到 1986 年，从水果、蔬菜到家禽、鸟类在黎巴嫩出口商品中，特别是对本地区国家的出口商品中，仍占有相当重要的地位。此

后，由于邻近国家农业的发展，黎巴嫩战后对农业政策的忽视，农产品的竞争力呈下降趋势。过去10年中，在出口商品的金额保持稳定的情况下，农产品和农产品加工产品的进口额增加了5亿美元以上。以2002年为例，农业生产总值为19360亿黎镑（约合12.84亿美元）。

为了进一步发展农业，农业部采取了一系列措施，制定了农业发展战略和2005~2009年农业发展规划，和联合国粮农组织合作推广发展温室农业的"绿色计划"，力图使黎巴嫩的农业重放光彩。

一 农业发展概况

（一）自然条件对发展农业生产有利

黎巴嫩尽管耕地面积较少，但具有许多中东地区国家所不具有的优越条件。从气候条件来说，地处地中海东岸，四季气候温和，雨量充沛，地下水资源丰富。从地形条件来说，不大的国土面积，既有沿海平原，又有贝卡谷地的大片高原，还有山区不同海拔高度的坡地。沿海平原为冲积平原，土壤肥沃。黎巴嫩山脉海拔800米以下地带气候温和，平均气温冬季10℃，夏季28℃，年平均降水量1100毫米。贝卡谷地是平均海拔约为800米的高原，由于黎巴嫩山脉阻隔了地中海的暖湿气流，因此具有大陆性气候特征，冬季平均气温为7℃，夏季则高达35℃，昼夜温差可达17℃，年降水量约为600毫米。贝卡谷地土地肥沃，含有丰富的有机物质，且有国内最大的两条河流——利塔尼河和阿西河，历史上就是黎巴嫩的粮仓。东部山脉干旱少雨，年平均降水量仅250~300毫米，冬季平均气温约10℃，夏季达35℃~37℃，昼夜温差颇大。黎巴嫩的农业注意充分利用其优越条件，扬长避短，以其农作物品种的多样性见长。种植业主要生产水果、蔬菜、油橄榄和烟叶等经济作物和小麦、大麦等粮食作物。

(二) 耕地面积和分布

根据黎巴嫩农业部2004年9月出版的《2005～2009年农业发展战略和五年工作规划》中引用1998年全国农业统计数据，已耕地面积为24.8万公顷，其中灌溉面积为10.4万公顷，占已耕地面积的42%。另有已弃耕5年以上的弃耕地10万公顷，其中约有53%的弃耕地仍属现有农户所有，不少耕地已弃耕20年以上。弃耕的原因则是生产资金有限，或是水源缺乏，或是抵达耕地的路途困难，或是劳动力缺乏。近些年来，已耕地面积稍有扩大。

全国耕地的分布，作为主要农业区的贝卡省占42%，北方省占26%。灌溉面积的分布，贝卡省占52%，北方省占24%，南方省和黎巴嫩山省分别占12%和10%。弃耕地的分布，贝卡省占36%，黎巴嫩山省占21%。在已耕地中，62%的耕地由土地所有者直接耕作，其他38%的耕地则是由农户从土地所有者手中长期或短期租用。

1998年全国农业统计显示，农业用地相对集中于少数大农户的现象比较严重。全国共有以农业为主业的农户19.5万户，其中53%的农户每户仅有不足5杜奈姆（1杜奈姆=1000平方米）的耕地，占已耕地面积的9%；20%农户每户占有5~10杜奈姆，占已耕地面积的11%；14%的农户每户占有10~20杜奈姆，占已耕地面积的15%；13%的农户每户占有20杜奈姆以上，占已耕地面积的65%。

据1998年上述统计，在19.5万户农户中，有2/3的农户除从事农业生产外，还从事其他经济活动。在农户中，饲养牲畜的农户占1%，平均每户养牛5头、绵羊72只、山羊61只；现代化养鸡户约有1500户，养蜂户约有7000户。农户中只有62%的农户只从事农业生产，基本上是为市场提供农产品，而38%的农户从事农业生产，主要是供自己消费，有剩余产品时才向市场出售。

(三) 农作物的分布情况

根据地形、气候和灌溉条件的差异，农作物品种在不同地区也不尽相同。

1. 种植业

(1) 经济作物。黎巴嫩的经济作物主要有水果、蔬菜、油橄榄、烟叶、栗子、松子、杏仁和花卉等。

水果品种有柑橘、香蕉、葡萄、苹果、梨、鳄梨、桃子、李子、杏子、樱桃、石榴、西瓜、甜瓜和无花果等。香蕉种植区主要在沿海平原的南部和北部，这些地区还在试验引种芒果等热带水果。杏子主要产于贝卡谷地北部，其他水果的果园则主要分布在山区的坡地上。

蔬菜品种有西红柿、黄瓜、茄子、扁豆、蚕豆、青椒、胡萝卜、西芹、秋葵和土豆等；冬季蔬菜还有菠菜、菜花、圆白菜、大葱、大蒜等。蔬菜种植遍及除高山区以外的全国所有农业区，一般一年可种植2~3季。除传统的大田种植外，各地都在推广温室种植。土豆主要产于沿海平原北部和贝卡谷地。

油橄榄的种植不需太多劳动力，主要分布在沿海平原北部、贝卡谷地北部、东部山区北部和南方省、纳巴提耶省的丘陵地带地广人稀的地区。但由于榨油技术不够先进，橄榄油的产量和质量均不很高。烟叶种植业主要分布在沿海平原北部、贝卡谷地北部和南部丘陵地带。巴旦杏产于黎巴嫩山脉的坡地和赫尔蒙山的坡地。松子主要出产在黎巴嫩山中、南部的坡地，该地带的国有土地和教会土地上种有大片松林。农户极少在其私有土地上种植松树。花卉、苗圃培植也分布于这一地带和沿海平原中段，虽收益很好，但资金、人力投入较大，尚未普及，花卉品种以市场需求较旺的玫瑰、百合为主，康乃馨和大丁草因滞销而减产。

（2）粮食作物。小麦、大麦等粮食作物的主要种植区在贝卡谷地、沿海平原北部和东部山脉北部。近年来，由于进口小麦物美价廉，面粉加工厂均不愿使用国产小麦。尽管政府给予农户种粮补贴，粮田面积仍在不断减少。

2. 畜牧业

在黎巴嫩山、贝卡谷地等较发达的农业区，畜牧业其实是饲养业，大多是中、小农户的专业奶牛场、养鸡场；还有少量大型现代化奶牛场、养鸡场，机械化程度较高。养羊在全国都很普遍，专业养羊户仍然采用放牧，由于城市化发展很快，牧场难找，往往要到偏远地区才能觅到草场，东部山区的牧民甚至越境到叙利亚境内放牧。一般农户也将养羊、养鸡作为副业，多为圈养；有的农户还养蜂。

3. 林业

历史上，黎巴嫩拥有丰富的森林资源，特别是作为名贵建筑材料的雪松，曾是黎巴嫩的骄傲。但长期无节制地乱砍滥伐，已使宝贵的森林资源遭到严重破坏。目前，黎巴嫩政府对山区所剩无几的雪松林地认真加以保护，并已建立了数个雪松林自然保护区。

4. 渔业

黎巴嫩的渔业不很发达，沿海地区仅有少数渔民利用小型渔船在近海进行捕鱼作业。资料显示，黎巴嫩沿海共有各类渔船约2600艘，其中小船约2500艘，占总数的96.9%，多数为装配20～30匹马力的柴油发动机的木船；而大船只有80艘左右，占总数的3.1%。渔民人数超过6000人，其中登记渔民约4500人，多数集中在北部地区，约2680人，中部只有820人，南部为1000人。渔民中约85%的人主要依靠捕鱼为生，其余的人则是把捕鱼作为兼职。由于手段落后，资源衰退，渔民收入普遍较低，据统计月均收入约在350~700美元之间。

捕获的鱼产品大多就地销售,产品主要分两类:一类是绯鲤、鲷鱼等高档产品,价格昂贵,最受当地消费者欢迎,产品供不应求;另一类为沙丁鱼之类的低档产品,每年5~10月间大量上市,往往供过于求,据估计,约半数产品因销售不出去而被毁弃。此外,由于沿海主要城市工业和生活污水造成的海水污染,一些过去产量较大的海产品已逐渐销声匿迹。

黎巴嫩的淡水鱼养殖业主要集中在贝卡地区,大多为家庭手工式经营。目前,黎巴嫩共有淡水鱼养殖经营者近150人,其中100人左右集中在贝卡北部的阿西河一带,其他散布在利塔尼河一带和贝卡地区,大多属于小规模经营,养殖水面面积约在150~1500平方米之间,其中最大的养殖场在安杰尔,面积为3900平方米。养殖的鱼种主要是鲑科的虹鳟鱼。由于鲑科鱼养殖具有良好的市场前景,黎巴嫩农业部早在1960年就在贝卡谷地的安杰尔成立了国家鱼类孵化中心。目前,该中心正在尝试引入新的淡水鱼种,并在丘陵地区的水池中放养。为了鼓励鲑科鱼类养殖,安杰尔国家鱼类孵化中心生产的鱼苗以优惠价格提供给养殖场,还有一部分投放到河流湖泊中,以增加自然种群的数量。国家鱼类孵化中心以每10万枚鱼卵平均1700美元的价格向养殖场或养殖户提供,而每10万尾孵化鱼苗的进口价为7000美元左右。该中心每年向养殖场提供鱼卵1000万枚左右,其中绝大多数系从丹麦、德国、瑞典、意大利等欧洲国家进口。

黎巴嫩是沿海国家,居民喜食鱼类和海鲜。目前黎巴嫩市场上各种鱼类销售价格昂贵,相对抑制了对鱼产品的需求和销售。据联合国粮农组织估计,目前黎巴嫩市场每年的鱼类产品,包括鲜鱼、冻鱼和鱼罐头的销售量约为2.5万吨,人均年消费量6.25公斤。据粮农组织2004年的资料,黎巴嫩2001年的鱼产量共计3970吨,其中海鱼为3545吨,淡水鱼仅425吨。国内的产量远远不能满足需要,每年要从国外大量进口。据专家预测,黎巴嫩如认真发展养殖业,虹鳟鱼产量应可达到每年3000~4000吨,即年人均消费1公斤的水平。而要达到这样的养殖水平,必须满足一系列生产条件,其中,仅进口鱼卵一项,每年就需要5000万枚,价值100万美元。为此,必须建立自己的虹鳟鱼繁殖基地。

(四) 各种农作物所占耕地面积

根据农业部《2002年农业生产研究》的数据可以看出,出于经济利益的考虑,农户在农作物品种的选择上,主要以收益较好的水果、蔬菜和经济作物为主,粮食作物耕种面积约5.4万公顷,仅占耕地总面积的1/5。2002年农作物占用耕地面积情况见表4-3。

表4-3 2002年农作物占用耕地面积情况表

单位:万公顷

水果	蔬菜	谷物		其他经济作物					合计
		小麦	大麦	橄榄	土豆	烟叶	杏仁	松子	
7.49	3.74	4.30	1.10	5.75	1.60	0.88	0.64	0.50	26.20

资料来源:黎巴嫩农业部《农业发展战略和2005~2009年五年工作规划》,2004年9月。

用于种植果树等多年生农作物的耕地占14万公顷,其中油橄榄5.75万公顷,柑橘1.5万公顷,葡萄1.4万公顷,苹果9000公顷,樱桃8000公顷,巴旦杏6400公顷,杏5800公顷,松仁5000公顷,梨3000公顷,桃3000公顷,香蕉2500公顷,李子2300公顷,无花果2200公顷,其他果树6300公顷。各种水果1999~2002年产量见表4-4。

其他经济作物1999~2003年产量见表4-7。

表4-4　1999~2003年水果产量表

单位：万吨

品　名	1999年	2000年	2001年	2002年	2003年
橙　子	19.52	15.24	15.58	15.54	22.20
橘　子	4.47	4.98	4.61	4.25	4.41
苹　果	13.88	12.67	11.20	15.03	15.20
食用葡萄	9.92	8.82	8.90	8.48	10.41
酿酒葡萄	2.68	2.44	2.72	1.72	1.71
柠　檬	8.14	10.37	10.31	8.12	8.32
香　蕉	6.53	6.56	6.67	6.77	7.18
西　瓜	11.55	5.70	6.10	6.77	8.67
杏　子	4.29	2.00	1.96	3.93	3.08
樱　桃	4.76	4.54	4.23	3.36	3.69
甜　瓜	4.31	2.16	1.49	3.22	0.83
梨	4.10	3.66	3.08	2.75	3.87
桃　子	5.39	2.97	2.76	2.43	2.67
李　子	3.93	2.57	3.42	2.49	2.01
柚　子	1.06	1.18	1.15	1.02	1.49
其　他	8.71	9.07	9.28	5.56	3.14
合　计	113.24	94.93	93.46	91.44	98.88

资料来源：黎巴嫩农业部1999~2003年《农产品产量分类统计》，2006。

用于种植蔬菜等季节性农作物的耕地占6.6万公顷，其中土豆1.6万公顷，烟草8800公顷，西红柿5200公顷，埃及豆3000公顷，西瓜2700公顷，黄瓜2500公顷，菜豆2500公顷，洋葱2300公顷，小扁豆1600公顷，香菜1600公顷，西葫芦1500公顷，卷心菜1400公顷，蚕豆1300公顷，菜花1200公顷，茄子1000公顷，甜瓜1100公顷，其他作物1.23万公顷。

各种蔬菜品种1999~2002年产量见表4-5。

用于种植粮食作物的耕地占5.4万公顷，其中小麦4.3万公顷，大麦1.1万公顷。

谷物1999~2002年产量见表4-6。

表4-5 1999~2003年主要蔬菜品种产量表

单位：万吨

品名	1999年	2000年	2001年	2002年	2003年
土豆	28.16	27.50	25.70	39.71	41.64
西红柿	33.73	23.50	24.70	27.05	21.71
黄瓜	11.93	14.94	16.10	13.21	15.60
洋葱	6.41	15.76	14.42	7.26	6.25
圆白菜	6.13	1.84	2.09	5.22	5.84
菜花	0.70	1.15	1.32	3.58	2.01
胡萝卜	1.63	0.82	1.08	3.46	3.01
西葫芦	4.16	2.42	1.66	2.35	2.12
茄子	4.49	2.79	2.16	1.83	1.90
莴苣	3.23	4.75	3.51	1.73	2.21
生菜	1.73	4.18	4.06	1.70	1.60
扁豆	2.66	4.59	4.16	2.90	2.07
其他	8.62	5.17	7.74	5.98	9.40
合计	113.58	109.41	108.64	115.98	115.36

资料来源：黎巴嫩农业部1999~2003年《农产品产量分类统计》，2006。

表4-6 1999~2003年谷物产量表

单位：万吨

品名	1999年	2000年	2001年	2002年	2003年
小麦	7.30	10.81	13.95	11.90	11.63
大麦	1.39	0.94	0.81	1.71	2.50
玉米	0.40	0.35	0.38	0.27	0.33
其他	0.29	2.91	2.06	12.61	18.22
合计	9.38	15.01	17.20	26.49	32.68

资料来源：黎巴嫩农业部1999~2003年《农产品产量分类统计》，2006。

表4-7 1999~2003年其他经济作物产量表

单位：万吨

品 名	1999年	2000年	2001年	2002年	2003年
油橄榄	6.64	18.95	8.58	18.44	8.32
甜 菜	36.95	34.17	1.52	—	—
烟 草	1.25	1.08	1.28	0.97	0.99
杏 仁	2.86	2.47	2.39	2.30	2.74
核 桃	0.29	0.24	0.32	0.22	0.17
松 子	1.65	0.10	0.19	0.08	0.12
其 他	0.07	0.35	0.38	1.14	4.30
合 计	49.71	57.36	14.66	23.15	16.64

资料来源：黎巴嫩农业部1999~2003年《农产品产量分类统计》，2006。

（五）主要农产品产量和自给情况

从近些年的主要农产品产量情况来看，蔬菜、水果、橄榄油和肉鸡不仅能满足国内市场的需要，还可向国外出口。而粮食、奶和奶制品以及鸡肉以外的其他肉类则有较大缺口，每年需从国外大量进口。根据《农业发展战略和2005~2009年五年工作规划》介绍，几种主要农产品的自给率仅为：小麦20%，牛肉9%，羊肉20%，奶63%，食用油52%。

（六）农业领域当前存在的主要问题

黎巴嫩具有优越的自然条件，农业发展还有很大潜力。但是，由于黎巴嫩农业从总体上来说仍处于小农经济状态，农业发展中的很多问题非农户个人所能解决。农业主管部门对此已有充分认识，正在着手研究解决办法，有的问题已在逐步落实。归纳起来，农业领域大致存在如下问题：①中、小农户资金不足。②缺乏必要组织，市场信息不灵。③技术指导不够有力，产品质量不够理想。④农产品加工工业不足，加工技术落后。⑤农产品的卫生、安全存在不少漏洞，需要得力的监督。

二　国家的农业政策

黎 巴嫩政府注意到，近 10 年来同第三世界国家农产品和农产品加工产品的进出口贸易出现严重逆差。以 2001 年为例，出口为 1.64 亿美元，进口却达到 12.68 亿美元。出口止步不前，而进口却比上年增长了 5 亿美元。随着经济全球化的推进，关税壁垒将逐步取消，2003～2004 年同叙利亚开始实行自由贸易，2008 年将同 14 个阿拉伯国家签订取消关税壁垒的协定，2014 年同欧洲联盟各国亦将签订类似协定。另一方面，黎巴嫩人口正以年增长率 1.26% 的速度不断增加，预计在未来 30 年将增加 50%，达到 550 万人以上。国家必须为之提供足够的食品。同时，世界银行、国际货币基金组织和欧洲联盟等国际组织也向黎施加压力，要求黎恢复贸易平衡，减少公共债务。

黎巴嫩政府有关部门也注意到，尽管农业领域从总体上说仍处于小农经济状态，因循守旧，但是有一些农户却认准了依靠先进农业科技，精耕细作，不仅追求高产量，而且追求生产健康、环保和让人放心的有地区特色的多品种、高质量的特色农产品。这些产品受到市场欢迎，提高了附加值，因而也为较高的生产成本找回了资金来源。这就说明，只要制定一项果敢的农业政策，振兴农业，使农业达到持续发展的目标必然能够实现。

为此，黎政府从恢复农产品贸易平衡，实现增加出口，提高向全国人民提供足够食品的能力，防止出现食品对外依赖的危险和在乡村农业地区保留直接、间接的就业机会，以及提供相关的新的就业机会等战略目标出发，制定了一系列具体的农业政策。

农业政策的宗旨是集中全民意志，加强国家和其他资金来源给予农户必要的支援，使农户较易得到所需资金，改变贫穷面貌，依靠先进技术，有效利用耕地，保护环境和改良土壤，增加农业就业机会，生产具有竞争力和高附加值的农产品。具体内容有以下七个方面。

1. 指导灌溉水源的使用

根据研究推断,黎巴嫩的水资源到 2015 年将出现明显短缺,但水利设施建设尚无甚建树。必须通过修建水坝、积蓄雨水和洪水、修建水塘和小型水利设施来保护和开发水源;加强对农田用水的指导,如修复灌溉区和依靠先进的灌溉技术;制止污染水源,搞好污水处理并制定相关法律。

2. 正确使用耕地

保障耕地现状和组织耕地的利用;活跃地产市场出售耕地的活动,制定农用土地租用长期化的机制;维护耕地的肥力,排除耕地裸露和水土流失的因素,防止耕地污染和沙化;限制建筑物向农用地延伸;对农用地加征地产税,用于普及地产注册,维护耕地,资助与农业有关的项目和耕地的分割、合并活动;为用好耕地提供必要的中、长期贷款。

3. 依靠有效的先进技术

改良农作物种群;改善畜群的营养、健康状况和改良种畜;确定技术流程,为同类农业地区准备必要的技术资料;扩大包括应用性科研、农业结构、指导等在内的农业服务规模;防止灌溉方法、农作物保护和各种杀虫除草剂使用方面的技术风险;为农业技术更新寻找适当的资金来源。

4. 活跃各个生产环节,刺激销售和出口

通过改善信息系统和加强竞争增强生产的有效性;鼓励农业从业人员专业化和扩大种植面积来降低成本;通过提供奖金和便利条件鼓励农户在各种层面上引进新技术;对重要产品制定规格,实施规范化生产;活跃农产品销售活动,组织批发、加工、进出口等农产品市场和农业物资市场,通过产销合同使农户按照要求的规格进行定向生产;防止经济风险和降低交易成本;力争对小麦、肉、奶、鱼和食油等部分大宗进口的农产品征税,旨在通过所获税款用经济手段促进、增加相关生产环节的生产能力。

5. 在农业发展规划中融入地区概念

制定地区性的农业发展技术标准,旨在增加生产和突出以企业名称冠名的品牌产品和名牌产品;扩大农业部下属地区局的权限,发挥其积极作用;增强各地市政当局在发展农业和乡村的作用;授予各地发挥主动性、独创性的权力,为其创造必要条件;做好各级地方机构之间的联合和协调工作。

6. 促进与农业相关的公、私机构的发展

革新农业部行政机构及其下属单位,制定与农业和乡村有关的政府各部之间的协调机制;创造各行业组织之间、行业组织和政府部门之间协调的空间;实行非中央集权制,增强各地区局及其下属机构的作用;减少不尊重合同和不遵守法律的风险。

7. 组织农村发展中各种积极因素的参与和联络

保障农村的各种基础设施;为贫困地区制定特殊计划;在与农业平行的各种经济活动中保障就业机会;发展诸如市政府、发展中心、民间组织和农业合作社等中间机构和中间组织。

三 国家对农业的扶持

(一) 农业主管部门在政策、技术和资金上对农业的大力支持

农业部是政府主管农业的职能部门,农业部下设农业总局、协调规划委员会、最高农业委员会、农业研究所和"绿色计划"等机构。

总局长负责领导部内直属的办公厅、研究协调局、农业资源局、动物资源局、丝绸局、农村发展和自然资源局,以及黎巴嫩山农业局、北方省农业局、南方省农业局、纳巴提耶省农业局、贝卡省农业局、林业和渔业局。

协调规划委员会负责研究和制定全国农业发展规划,对全国

农业进行政策性指导；同国际机构和其他国家的有关机构，就引资和技术合作等问题进行协调。

农业研究所是农业部管理的政府研究机构，主要就黎巴嫩农业的发展和提高进行基础性和应用性研究，并运用研究成果解决农民面临的技术问题。

"绿色计划"是农业部的直属机构，主要任务是帮助农民进行土地改造、改进灌溉设施和发展农村、农田间的道路网。

（二）政府大力恢复和发展农业基础设施

国家发展建设委员会依靠国际机构和友好国家的贷款和资助，自1992年至2003年底已为农业项目投资约1.14亿美元，其中590万美元修复内战中遭到破坏的农业技校、农业科研中心和农业指导中心等机构，210万美元用于改良土壤，8860万美元用于修复全国各地的灌溉设施，1436.6万美元用于研究和评估利塔尼河引水工程报告和工程的准备工作。2004年起还将投入2亿美元，其中1.85亿美元用于利塔尼河引水工程的一期工程，其余款项用于养鱼、苗圃和农产品加工等小型项目。

（三）农业"绿色计划"

农业部为了农村地区的发展和给予农民必要的帮助，于1963年成立了"绿色计划"，作为农业部研究和执行土地开垦和改良的专门机构，由部长直接领导。"绿色计划"享有特殊的行政权和财权。

"绿色计划"执行委员会由主席和两名成员组成。总部设在贝鲁特，下设办公室、技术处、财务处和行政处。技术处设有道路和水源科、土地开垦控制和巡视科、地区科以及研究和统计科。

"绿色计划"的目的是，帮助农民和农村地区改良、发展耕地和建设农村道路。1995年11月，政府通过第7426号政令，为恢复战争期间荒芜或被破坏的耕地，决定给予每个参与耕地改良的农民以不超过1000万黎镑（约合6633美元）的津贴。规定当农民完成工作量的10%时，支付第一笔津贴300万黎镑，完成15%时再支付300万黎镑，完成20%时支付其余的400万黎镑。

耕地改良工程根据坡地、硬地以及要求的工程类别分类。耕地改良工程的辅助性工程包括梯田围埝、现代化灌溉工程、地面灌溉水管或水渠、混凝土蓄水池、果树、藤蔓植物的支架、栅栏、丘陵地池塘的防渗膜等的修建、维护和使用。目前，耕地改良和丘陵地池塘挖掘工程均由具有资质的承包商承包，而辅助性工程则由领取津贴的农民承担。

1997~2002年，"绿色计划"在世界银行和国际农业发展基金资助下，执行了"农业基础设施发展项目"。这一项目的主要宗旨在于将5600公顷土地改造成梯田，保持水土，增加产量，从而增加农民收入和保护环境；设计和修筑田间道路网，增加村落通往农田的道路。为有效执行这一项目，为"绿色计划"配置了有效运作所需的必要技术，增强其作为公共机构的能力，如发展"绿色计划"的管理信息系统，成立环境信息和监控委员会，在规划和设计该项目的具体活动阶段时评估其负面影响，以便在实施阶段提出缓解负面影响的建议。在改造耕地和修筑丘陵池塘和田间道路时，必须附有环境保护的评估清单。为适应世界银行的指导方针，"绿色计划"标书包含了最新技术标准。

在修筑丘陵池塘和小型灌溉计划时，"绿色计划"还要融入农业部和发展建设委员会的"灌溉系统修复和现代化项目"。

（四）推广温室栽培技术

农业部和联合国粮农组织合作，在农村积极推广单拱、多拱联体等多种塑料大棚的温室栽培技术。运用文字和图片说明各种大棚的搭建方法、结构和材料的要求，温室内温度、湿度和空气的调节方法，滴灌施肥方法和各种农作物单位面积所需肥料的品种和数量，害虫的防治和防虫粘胶带的使用方法，以及温室农作物的日常综合管理等。

（五）建立农业指导机构

农业部在其农业总局下辖的研究协调局下，设有教育和指导处，在各省设有地区研究协调局，省局下辖农业指导中心。全国共设有20个固定的农业指导中心，此外还设有4个不固定的中心。

（六）黎巴嫩农业研究所

"二战"结束后，政府为研究改善农产品质量，在贝卡谷地的塔勒·阿马拉（Tal Amara）建立了一个农业训练中心。1957年，该中心改为农业部的农业科研局。1964年，农业科研局改制成为有自主权的研究机构——黎巴嫩农业研究所（Lebanese Agricultural Research Institute，简称LARI），所址仍在塔勒·阿马拉。

黎巴嫩农业研究所是农业部指导下的独立的政府机构。农研所负责为黎巴嫩农业的发展和进步进行实用性和基础性研究，同农民保持密切联系，通过实际的课题研究来解决农民在生产实践中遇到的问题。

农研所当前从事的研究课题包括，优质种子生产，牲畜疾病诊断，疫苗生产，食品质量控制，土壤分析和饲料作物的保护等。农研所在有关国际组织合作下，还在从事油橄榄的繁殖，谷物和谷物类豆科植物的发展，牧场和饲料的生产，大麦发展计划，雄性昆虫不育技术和生物学控制等研究项目。

农研所在全国范围内下辖8个实验站，担负着不同的任务和研究课题。

1. 塔勒·阿马拉总部（LARI HQ in Tel Amara）

作物育种和改良部　研究任务是通过杂交育种培育和向农民推广小麦、大麦、小扁豆和鹰嘴豆等各个系列新的改良品种。五年来，该部已向农民提供了6个系列高产新品种的种子。

灌溉和农业气象部　研究任务主要是改善田间用水的有效性。研究成果包括在土壤荒漠化问题上发展了基于植物生态生理学的土壤监控系统，在灌溉上研究了欧盟—地中海国家的"集体灌溉系统",研究了"气候和农艺技术对从地中海药用植物中提炼的香精油的影响"和"巴勒贝克—希尔米勒地区农村发展计划"。

植物生物学部 主要任务是,通过试管繁殖提取土豆和各种水果物种的合格母本材料;研究黎巴嫩水果物种的特征,用以稳定和保护民族物种的多样性。成就包括土豆的试管繁殖和块茎小型化,通过试管繁殖培养出草莓的母体植株。

果树和葡萄栽培部 主要任务是将最新农业发展理念和技术用于现代果园的管理。研究的课题包括引进新的和改良的各种核果、仁果和葡萄,评估其对黎巴嫩水土的适应性、抗病能力、质量和在黎巴嫩市场的前景;收藏和保存国内生长的所有品种食用葡萄的遗传物质,评估这些品种新鲜食用或在工业上使用的可能性;研发绿杏仁冷藏的经济实用技术。

家禽科学部 主要任务是,通过科研探讨如何在家禽饲养和饲料工业方面,能用最少的成本获取最大的产量。主要课题是,研究和评估用国产大麦取代进口玉米和用红花及其他国产油料作物籽实作为家禽饲料的实用价值和营养价值。

植物保护部 主要任务是通过田间巡查、实验室生化试验等,评估黎巴嫩主要农作物和果树的环境卫生状况。

作物生产部 主要任务是改良土豆主要品种的产量和质量,研究西红柿、甜玉米和洋葱的杂交品种,研究棉花、孜然芹和大豆等工业原料的种植,引进冬季饲料作物和加工农业副产品的技术、饲料玉米增产技术。

中心实验室 可提供对不同农作物和环境监测的分析和诊断,为农民、大学生和研究人员提供培训、改善农业实践和外延等多种服务。

2. 法纳尔实验站(Fanar Station)

农业室 主要任务是从事有机农业研究和农作物保护、驯化研究。该所还进行了社会经济学问题的研究,目的是研究在给予

补贴的农作物种植上，补贴数额的限制对农民的影响和温室作物的成本和利益分析。

法纳尔实验室 该实验室下辖食品科、动物保健科和药用植物组。

食品科的主要任务，一是提高食品质量。已获得的成果有：保证了1998~2000年黎巴嫩橄榄油的产品质量，优化了百里香的干燥条件。计划开展的项目有，对黎巴嫩山的橄榄油进行分级，研究气候和土壤因素对黎巴嫩橄榄油质量的影响和如何利用天然的抗氧化剂。二是从生产、加工、配送和销售的全过程对新鲜、冷冻和加工的所有畜产品、蔬菜进行监控，确保消费者的食用安全。已取得研究成果包括，已识别黎巴嫩境内全部类型的污染物，特别是如沙门氏菌、李斯特菌等通过食物传播疾病的病菌。

动物保健科的任务是，通过寄生物学、微生物学和血清学分析来鉴别家禽、反刍动物疾病的病源，减少家禽、家畜饲养中的经济损失。

药用植物组的任务是，研究源于黎巴嫩和叙利亚的多数药用植物的特性，及其对人类和动植物健康的复合效应和作用。

3. 克菲尔丹实验站（Kfardan Station）

该站主要任务是提高土豆的产量和质量，研究经济作物棉花、孜然芹和大豆的生产能力，介绍和推广新的冬季饲料作物，向农民提供土豆、甜菜、小麦、大麦、西红柿和豆科饲料等主要农作物品种的信息和技术支持。该站已取得的成就有，推介了新的土豆品种和生产技术，开发了大麦和豆类饲料的新品种，完成了有关小麦、甜菜、土豆、小反刍动物健康的改善和尿素处理等课题的研究，推介了饲料新品种和主要农副产品利用的新技术。

4. 阿卜德实验站（Abdeh Station）

昆虫学部 主要任务是研究将有害昆虫综合治理方法用于防治果树，特别是柑橘和油橄榄的害虫，同时也用于防治蔬菜的害虫。当前在利用诱饵、信息素和不育的雄蝇控制地中海果蝇，利用害虫的天敌控制蔬菜潜叶病和减少柑橘树传染病方面均已取得了一些成就。

植物病理学部 主要任务是研究植物的病虫害及其最佳控制方法，向农民提供解决问题的正确指导性建议。

5. 克菲尔沙赫纳实验站（Kferchakhna Station）

该实验站所在地区广泛种植油橄榄，承担的主要科研任务是油橄榄课题，目的是为扎加尔塔—库拉地区农民提供改良油橄榄种植的咨询服务。

6. 特尔伯勒实验站（Terbol Station）

该站主要任务是选种和饲养阿瓦希种绵羊和沙弥种山羊；评估反刍动物饲料的营养价值；在反刍动物饲料中掺入农产品加工后的副产品，用以减少污染和降低饲料成本。

7. 苏尔实验站（Tyre Station）

该站主要研究与油橄榄和柑橘有关的课题。研究在南方柑橘和香蕉种植园中有选择地栽培芒果、菠萝或鳄梨等热带、亚热带果树的可能性。在对南方柑橘园中果蝇的生物研究及其综合治理、对南方油橄榄树的两个主要害虫橄榄蛾和橄榄蝇的生物研究及其防治、对油橄榄树的黄萎病及其控制方法和在南方改良、发展油橄榄树的种植等问题均已取得进展。

8. 莱巴实验站（Lebaa Station）

主要任务是，在取得许多试验成果的基础上帮助农民提高农产品的产量和质量。当前课题有三：一是通过用测渗计研究不同的灌溉方法对橄榄树结果的影响；二是研究施加氮肥的数量和水应力对农作物的影响；三是研究减少肥料和杀虫剂的使用量，以减少对地下水污染的潜在危险。该站的上述研究已取得积极成果，用新的办法，低成本，无污染，杀虫剂用量减少了25%，灌溉用水减少了40%，却提高了农产品的产量和质量。

第三节 工业

一 概况

黎巴嫩的工业起源于19世纪末，在法国委任统治时期逐渐形成一定规模。独立后，在政府的支持下，工业得到较大发展，到20世纪60年代已保持较高的增长速度。20世纪70年代中期以后，长达15年的内战使黎巴嫩经济遭到严重破坏，工业也陷入长期停滞状态。1990年内战结束后，黎巴嫩政府利用国际组织和友好国家的贷款和投资，大力恢复和发展国家的基础设施，为经济腾飞创造条件。黎巴嫩工业也随之复苏，到20世纪90年代中期出现了快速增长的势头，企业数量由1985年的9400家猛增到1995年的23518家，工业总产值也猛增了3.5倍，由1985年的10.84亿美元增至1995年的37.2亿美元。

进入20世纪90年代后期，黎巴嫩各政治派别和教派以新一届总统候选人的人选为导火索，在议会内发生激烈争执，进而引发在财政金融和经济发展问题上的严重分歧。在这种形势影响下，黎巴嫩经济形势趋于恶化，工业也随之处于停滞状态。到20世纪90年代末，全国工业企业仅剩2.2万家。近两年来，工业似乎又有了重新振兴的新迹象。

据工业部1999年在德国技术合作公司（GTZ）机构帮助下所作的抽样调查，黎巴嫩工业企业规模很小，多为个人独资企业，家族式经营，大多数企业雇员人数不足5人。在2.2万家企业中，雇员人数超过5人的企业约5800家，约占企业总数的26.3%，其中仅144家企业规模稍大，雇员人数超过50人，而雇员人数超过100人的企业不足总数的1%。但这5800家企业的雇员总数占整个工业企业就业人数的73%，产值占当年工业总产值 39.52 亿美元的近 80%。

黎巴嫩工业企业数量、雇员人数和产值情况见表 4-8。

表 4-8 工业企业数量、雇员和产值表

单位：亿美元，%

雇员人数	数量	占企业总数百分比	雇员总数	工业产值	占工业产值百分比
100 人以上企业	67	0.30	34143	10.60	26.82
20~99 人企业	378	1.72	27586	10.01	25.33
10~19 人企业	619	2.81	14518	3.32	8.40
5~9 人企业	4738	21.51	51978	7.53	19.05
1~4 人企业	16223	73.66	64523	8.06	20.40
合　计	22025	100.00	192748	39.52	100.00

资料来源：黎巴嫩工业部，2005。

二　制造业

黎巴嫩的制造业主要是轻工业。其中，食品工业所占比重最大，占工业企业总数的 20.3%，拥有雇员 4.5 万人，约占工业部门雇员总数的 23%，其产值约占工业总产值的 25.6%；其次为金属制造业，雇员占总数的 16.1%，其产值占总产值的 11.5%；非金属制造业，雇员占总数的 11.5%，其产值占总产值的 14%；家具制造业，雇员占总数的 10.7%，其产值占总产值的 8.3%；服装制造业，雇员占总数的 10.3%，其产值占总产值的 5.4%；木材加工业，雇员占总数的 10.2%，其产值占总产值的 2.9%；纺织业，雇员占总数的 3.7%，其产值占总产值的 2.6%。

工业企业的地域分布，主要在贝鲁特和黎巴嫩山区的主要城市。1998 年，61% 的企业和 66% 的工人都集中在这一地区，全

国74%的工业产值均出自这一地区，61%的工业投资也投向这一地区。

三　电力和供水工业

（一）电力工业

1. 电力设施的修复和扩容

黎巴嫩的电力工业关系国计民生，关系经济发展。政府对恢复和发展电力工业十分关注。黎巴嫩的电力长期以来一直处于供不应求的状态，全国尚有20%的地区没有通电。尤其是长期内战中，发电设备遭到很大破坏，电力供应更显紧张。在用电高峰时段，全国城乡地区频频拉闸限电，致使许多企业和宾馆，甚至住宅不得不安装自备发电机。

黎政府自1992年起投资14亿美元，用于恢复和发展电力供应。到1996年首先实现了第一阶段目标，耗资3.76亿美元将总装机容量恢复到1250万千瓦，计划到2005年将总装机容量再翻一番，提高到2500万千瓦。

黎巴嫩的电力供应完全由国营黎巴嫩电力公司经营，原有火力发电站（燃油）5座，水力发电站3座。①祖格（Zouq）火力发电站，装机容量70万千瓦；②吉耶（Jiyeh）火力发电站，装机容量50万千瓦；③代尔·阿马尔（Deir Aamar）火力发电站，装机容量15万千瓦；④巴勒贝克（Baalbeck）火力发电站，装机容量7万千瓦；⑤苏尔（Sour）火力发电站，装机容量7万千瓦；⑥卡拉翁（Karaoun）水力发电站，装机容量20万千瓦；⑦迈尔凯巴（Merkeba）水力发电站；⑧利塔尼（el-Litani）水力发电站。为了提高供电能力，政府耗资0.61亿美元，在巴勒贝克和苏尔两座电站各扩建了一组装机容量为7万千瓦的燃气机组，已于1996年底启用；拨款6亿美元在南方扎赫拉尼（Zahrani）和北方贝达维（el-Beddawi）各建一座火力发电站，装机容量各为 43.5 万千瓦，含 2 组燃气机组和 1 组涡轮机组，已分别于 1998、2000 年竣工；此外，还拨款 530 万美元修复迈尔凯巴水电站的两组装机容量各为 1.7 万千瓦的燃气机组。除扩建、新建电站外，政府还拨款 3.59 亿美元新建 220 千伏高压输电网，包括 339 公里架空电缆、61 公里地下电缆和 11 座变电站。政府还拟建设一座中央控制室，用以调控全国电力。

2. 通过同邻国电网联网弥补本国电力不足

黎政府已于 2002 年同有关方面签订合同，将黎巴嫩电网同叙利亚、约旦、伊拉克、埃及、土耳其等国电网联网，通过 400 千伏高压线路与邻国进行电力调剂。为此，须从凯萨莱架设 400 千伏高压线和叙利亚电网相连，同时修建一座 400/220 千伏变电站同本国电网并网。据悉，六国联合电网的远期发展目标是，沿地中海南岸，向西与利比亚，以及马格里布国家联网，此外，还将向北方经过土耳其与保加利亚和罗马尼亚等中东欧国家实现联网。实现联网后，近期可调剂电力 30 万千瓦，中远期可达到 60 万千瓦。据悉，埃及、约旦、叙利亚 3 国已于 2001 年 3 月实现了电力联网，黎巴嫩、土耳其、伊拉克 3 国正在加快有关联网的建设步伐。

3. 黎巴嫩电力公司

黎巴嫩电力公司是向全国供应电力的国营公司，现有资产约 40 亿~50 亿美元，目前最大的问题是严重亏损，给国家财政造成很大负担。据称，该公司目前电力销售收入每年约 6000 亿黎镑，而购买燃料油每年就需花费 7500 亿~8000 亿黎镑，入不敷出。由于内战时期遗留的历史原因，用户拖欠电费严重，据统计，目前国家机构拖欠电费累计大约为 2130 亿黎镑。私人用户拖欠电费累计约为 5530 亿黎镑，其中 3500 亿黎镑为 1997 年以前拖欠。在全国 140 余万电力用户中，正式入网的用户仅 100 万，其余 40 余万户均为非法"偷电户"。为了改善经营，根治

"亏损"问题,黎巴嫩内阁于2001年2月22日决定,对黎巴嫩电力公司实行私有化,通过引入私人资本的方式,经过至少3年时间,将其逐步改造为股份有限公司。此后,通过公司股票上市,逐步扩大私人资本份额。但这项工作至今尚未启动。

(二)供水工业

1. 水源

黎巴嫩地表水资源丰富,年平均降雨量估计可达86亿立方米,其中约36亿立方蒸发损失,余下的50亿立方注入河流或补充地下水源。此外,全境还有地表泉眼约1200口,无异于是一座座活动水库,可源源不断地为河流补水。黎巴嫩全境拥有17条常年河和23条季节性河流,总长约730公里,这些河流的年平均径流量约38.9亿立方米,约有7.9亿立方米经跨境河流流入邻国,而其余31亿立方米则由境内河流入海。

黎巴嫩境内石灰石的地貌占全部国土面积的65%以上,多孔和多断层的特性促进了雨水和融雪向地下渗透,形成丰富的地下水层。据联合国开发计划署1979年的一项研究表明,黎巴嫩地下水存量可达30亿立方米。每年可开采地下水约为11亿立方,相当一部分地下水渗透到深层或通过地下河流汇入地中海。

黎巴嫩的水资源情况见表4-9。

表4-9 黎巴嫩的水资源分布情况

单位:亿立方米

地 区	降雨量	蒸发量	泉眼和溪流	地下水
大贝鲁特行政区	20.58	8.64	11.70	0.24
北方省	20.96	8.81	9.34	2.82
南方省	20.99	8.82	11.06	1.12
贝卡省	23.47	9.86	6.80	6.81
总 计	86.00	36.13	38.90	10.99

资料来源:中国驻黎巴嫩大使馆商经处《黎巴嫩的水务》,2004年11月。

2. 用水需求量

居民用水量，1990年为2.71亿立方米，2000年增长为3.12亿立方米，预计到2025年将达到11亿立方米。工业用水量，1990年为0.65亿立方米，2000年为1.50亿立方米，预计2025年可达4.50亿立方米。工业用水主要取自于地下水，使用地表水十分有限，水电站是地表水的最大用户。预计在今后的20多年里，工业用水将呈高速增长趋势。农业用水需求量取决于灌溉面积。1990年农业用水量为8.75亿立方米，2000年增至9.50亿立方米，预计到2025年随着灌溉面积的扩大，用水可达23亿立方米。

黎巴嫩的水需求情况见表4-10。

表4-10 黎巴嫩的水需求量情况

单位：亿立方米

	1990	2000	2025
居民生活用水	2.71	3.12	11.00
工业用水	0.65	1.50	4.50
农业用水	8.75	9.50	23.00
总　　计	12.11	14.12	38.50

资料来源：《黎巴嫩的淡水资源》，中国驻黎巴嫩大使馆商经处，2003年9月。

3. 供、排水系统

如同其他领域一样，供、排水系统在内战中也遭到极大破坏。国家发展建设委员会拨款5.2亿美元，修复和扩大全国的供水系统，拨款3.82亿美元用于污水处理，防止污染。

1992年修复和扩建计划启动以来，目前已完工的项目有：大贝鲁特地区饮水管网的修复、新建和修复2座净水站；扩建德贝耶净水站；新建巴勒贝克和纳比希特的自来水管网，包括蓄水池、泵站和管网；新建阿卡尔地区、贝特隆地区、麦腾地区、巴

鲁克地区、赛达地区、耶穆奈地区自来水管网；修复和扩建扎赫勒、凯弗尔·哈勒达、的黎波里、朱贝勒、库斯巴、拉斯埃因和苏尔的 7 座净水站，修复全国各地的 200 座泵站。尚在施工的项目有：修复和扩建其他地区的净水站，包括巴勒贝克地区的水管到户工程，兴建阿卡尔县部分村庄、苏尔部分地区的自来水管网；兴建从奈萨拉泉和哈里格泉的布斯坦、哈尔夫两村的自来水管线；兴建从埃尔盖什泉向外输水的管网 72 公里，储水罐 18 座，配水管 110 公里；从麦迪格泉通向凯斯莱旺沿海地区的自来水管网等 18 个项目。此外，还有从阿瓦利河向贝鲁特引水和阿莱山区、纳巴提耶地区、贝卡北部地区等地的铺设自来水管网及配套设施等 11 项工程，设计方案均已完成，其中多数项目已于 2004 年开始工程承包的招标工作。

黎巴嫩政府为了执行关于防止地中海沿岸受到污染的国际协定和保护国内水源免受污染，已计划对全国的污水进行全面处理。现已竣工的项目有：修复和扩建了全国各地区的污水管网 820 公里和的黎波里、朱尼耶的 2 个污水泵站；盖迪尔污水初步处理站及其出海口；贝鲁特沿海污水汇集管网的北段 17 公里和 5 个泵站，该项目可将该市北部地区和南部地区、南郊的污水，通过两条污水管道汇集到盖迪尔污水处理站，旨在保护麦腾至阿莱一线沿海水域免受污染。正在施工的有 9 个项目，尚在筹划的还有 23 个项目。

4. 水务管理体制

黎巴嫩全国过去有 22 个水务局，内战后期，统一的政令在全国无法实施，而饮用水和工农业用水又必须有机构进行管理和协调，因此先后在全国各地又建立了各类水务委员会 209 个。战后，如此众多的水务管理机构，相互重叠，职能不清，导致管理混乱，无所适从。2002 年，能源和水利部在世界银行等的协助下制定了新的水务管理体制，通过立法将原有的 22 个水务局合并为5个，每省一局，改名为水务和污水管理局。管理局设董事会，由董事长和6名董事组成。机制虽已确立，但完成建制和实现重组尚需时日。

和电力工业存在同样问题，供水也是长期亏损经营。由于供水体制布局不合理，安装水表非常困难，只有10%的用户安装了水表，浪费严重；水价定得过低，入不敷出。为此，政府根据开放能源和水务的既定方针，已决定实施水务经营私有化，通过委托经营的方式，将供水和污水处理交由私营公司经营。原定2004年上半年完成此项工作，但政府迄今未能就水务私有化的具体形式提出实施方案。

四　政府对工业的扶持

内阁设工业部统管全国的工业规划和发展。工业部下设经济研究和工业发展、技术、工业执照、工业情报等业务局和北部、南部、贝卡和纳巴提耶等4个地区局。贝鲁特和黎巴嫩山省由部直接管辖。工业部还下辖黎巴嫩标准化研究所和工业研究所。

黎巴嫩标准化研究所　建于1962年7月，是制定国家标准和授权使用黎巴嫩合格标志的唯一权力机构，也是国际标准化组织（ISO）的成员。国家标准覆盖黎巴嫩的全部产品，从食品、化工产品、电器、电子、信息技术、通信到度量衡、符号、技术词典、实验方法、执业代码和建筑物的结构标准。国家标准由标**准化委员会**和公司双方、制造商、进口商、实验室和其他专业研究所、协会的代表组成的各技术委员会制定。黎巴嫩国家标准原则上是自愿执行，但出于公众健康、安全和国家利益的考虑，政府可决定强制执行。

工业研究所　成立于1953年，是进行工业研究和科学试验、分析的非营利性机构，1997年起隶属工业部。该所的宗旨是推介可用原料,提供具有国际科研水平的试验、分析服务,提供专业的科技、管理和经济咨询服务,为推动国家工业发展同有关各方保持合作。该所拥有一批各个领域的专家和工程师,还拥有多学科的实验室,如化学和物理化学实验室、石油和石油产品实验室、面包和小麦中央实验室、微生物实验室、油漆实验室、纺织品、皮革和橡胶实验室、土壤力学和土木工程实验室、机械工程实验室、水实验室、电力试验室和度量衡及校准实验室。该所还有一个现代化的图书馆、一个附属工场和一个供应用研究用的实验工场。

第四节 商业和服务业

黎巴嫩的矿产资源比较贫乏,历史上就是凭借其优越的地理位置和天赋的自然条件积极发展商业、旅游业和金融业,早在20世纪60年代,首都贝鲁特就已成为中东地区著名的商业中心、旅游中心、金融中心和出版中心。商业和服务业在黎巴嫩的国民经济中一向占有相当重要的地位。1975～1990年的长期内战,使黎的国民经济遭到很大破坏,在中东地区的地位也有所下降。停战后,黎巴嫩政府自1992年开始大规模重建工作,现已取得明显成效,经济实力已有所恢复,商业和服务业的固有地位也在逐步回升。

有关商业和服务业的相关情况,请参看本书其他章节。

第五节 交通和通信

一 陆路运输

国内陆路交通主要依靠公路,全国公路里程约7300公里。根据1999年统计,高速公路和沥青路面公路约

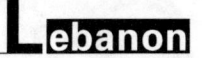

6350 公里，低等级公路约近 1000 公里。铁路总长 399 公里，其中标准轨 317 公里，窄轨 82 公里。但是，铁路的全部系统在内战中遭到破坏，目前已无法使用。

公路在长期内战中也遭到严重破坏。1992 年开始，黎巴嫩政府依靠国外贷款、援助和在国内发行国债等来筹集资金，大力修复和新建公路。1992～2003 年，国家发展建设委员会为修复、发展公路共执行已签订的合同 324 个，投入资金 11.54 亿美元。至 2004 年 7 月，已竣工的项目达 217 个，投入资金 6.98 亿美元；尚在施工的项目 107 项，部分项目已进入收尾阶段。政府计划从 2002 年开始的 10 年中再投入 10 亿美元资金，进一步拓展全国的公路网和进行现代化技术改造。

全国公路网以首都贝鲁特为中心，以放射状向全国延伸。高速公路干线有 3 条：一条是贝鲁特—大马士革国际公路，由贝鲁特向东翻越黎巴嫩山脉，横跨贝卡谷地，沿途经布哈姆敦、什图拉等重镇后在麦斯纳以东出境；另一条是贝鲁特—的黎波里公路，由贝鲁特向北经朱尼耶、朱贝勒、贝特隆等城市抵第二大城市的黎波里，该路还在继续施工，准备向北延伸至边境，与叙利亚境内公路相连；第三条是贝鲁特—赛达公路，由贝鲁特向南经哈勒代、达穆尔等地抵赛达，该路也在继续施工，准备向南延伸到苏尔。在贝卡谷地，从北到南均有沥青路面的高等级公路相通，在什图拉与贝鲁特—大马士革公路相交。在山区、贝卡谷地各市镇和各旅游景点之间均有沥青路面的二级公路相连，交通十分便利。

二　空运

（一）简况

空运是黎巴嫩同世界各国交流、沟通的主要渠道。除黎巴嫩本国的中东航空公司（Middle East Airlines，简

称 MEA）开通了同欧洲、中东、海湾和非洲国家 25 座城市的定期或季节性航班外，法国航空公司、意大利航空公司、德国汉莎航空公司以及埃及、叙利亚、约旦、沙特阿拉伯、马来西亚、加纳等欧、亚、非近 40 个国家的航空公司均开有飞往贝鲁特的航线。

2002 年，在贝鲁特国际机场起降的民航客机共计 32955 架次，其中降落 16497 架次，起飞 16458 架次；运载乘客 251.1 万人次，其中入境 125.3 万人次，出境 125.8 万人次，过境 9.54 万人次；运载货物 65787 吨，其中运入 40208 吨，运出 25579 吨。

（二）民航总局

民用航空总局属公共工程和运输部领导，主要任务是，负责促进航空运输，借以发展经济，推动旅游，鼓励黎巴嫩侨民回国访问和探亲。

民航总局的职责是管理黎巴嫩空域，批准飞机在贝鲁特国际机场着陆和飞越黎巴嫩领空，谈判和完成同其他国家之间的航空服务协议，为空中交通提供全天 24 小时服务，管理和运作民用机场，同有关方面和本国有关当局协调进行空难搜寻和营救工作，通过航空通信网同世界各国民航机构交换飞行计划、给飞行员指令和气象报告等航空信息。

此外，民航总局还负责制定标准，执行对飞行学员、乘务员学员的笔试和飞行考核，颁发和更新飞行员、乘务员的从业执照，颁发民航飞机的运营证，研究有关成立新的航空公司的申请和颁发经运输部长签署的营业执照，向政府各部、研究所、大学、公司和公众等通报气象信息。

（三）贝鲁特国际机场

贝鲁特国际机场位于贝鲁特南郊哈勒代地区，距市区约 8 公里，是黎巴嫩同世界各国保持联系的唯一空中通道，对发展经济和旅游业至关重要。内战和以色列入侵曾使机场遭到严重破坏。因此，改善机场条件，提高机场设备的现代化程度，不仅会使来访的旅游者和实业家大幅度增加，而且还能吸引更多的重要航空公司开辟到贝鲁特的航线，或将贝鲁特作为航线上的中转站点。

正是出于上述考虑，发展建设委员会在停战后就融资 6.64 亿美元，对贝鲁特机场进行大规模修复、扩建和现代化改造。目前拟将机场的容量提高到每年接待 600 万旅客，以后逐步扩建，直至 2035 年达到年接待能力 1600 万旅客。机场的改造工程于 1994 年动工，第一期工程于 1998 年完成，第二期工程也已于 2000 年竣工。

扩建后的新机场占地 700 万平方米，除原有一条长 3047 米的跑道外，又新建了东、西两条跑道。东跑道（21/3）长 3800 米，宽 60 米。西跑道（35/17）系填海而建，长 3400 米（其中伸入海中 1900 米），宽 60 米。

机场设施有新航站楼、导航站、雷达控制中心、消防中心、行李房、发电站、维修和仓库楼、地面服务楼、民航安全中心、民航技术学校、航空油罐区和停车场等。

航站楼总面积达 15 万平方米，共分 4 层。一层面积为 5.5 万平方米，其中入境旅客厅设有 5 条人行传送带，还有购物区和银行；接客厅设有汽车租赁行办事处、旅行社和酒店办事处、邮局和购物区等设施；在大厅四周有地面服务公司办事处以及民航和治安办公室。行李厅面积达 5.5 万平方米。二层是出境旅客厅。门厅设有机场银行、海关和购物区；出境旅客厅设有 60 家航空公司办事处；免税商品区设有免税商店、咖啡厅和过境旅客餐厅；候机厅和登机门，面积 1 万平方米。三层是民航总局办公区。四层是民航的技术服务部门。

导航站包括空域控制中心、塔台和编组服务以及航空信息服务等 3 个部门。装备有 RZYTHEON AUTOTRAC 2100 雷达、4 台

飞机态势数据显示器（SDD）、2台飞行数据显示器（FDD）和3台最新的VAISALA气象显示器。该型雷达具有现代化的多用途传感器和3种空间跟踪算法，使塔台控制员可基于16台雷达和全球定位系统提供的数据，使用冲突警报、最小安全高度警告、空域跟踪监视和控制塔交接等多种选项，处理500架飞机的情况，提高飞机间最高的间隔标准。

2006年7月，为报复黎"真主党"抓获2名以色列士兵，以色列空军对贝鲁特国际机场进行狂轰滥炸，对机场跑道、设施和建筑物造成巨大破坏。

（四）中东航空公司（Middle East Airlines，简称MEA）

中东航空公司目前是黎巴嫩唯一的一家航空公司，建于1945年，英特拉投资公司占有62.5%的股份，法国航空公司占有30%的股份。自建立后，该公司收购了黎巴嫩航空公司和黎巴嫩国际航空公司等两家私营公司，在内战前已发展成中东地区明星级的航空公司，拥有员工5600余人和数十架以波音机型为主的机群。海湾产油富国在建立本国航空公司时曾将中东航空公司作为楷模。

内战和以色列入侵曾使该公司陷入窘境，机群大部被毁，除维持了几条对外联系必不可少的航线外，余下的客机和不少机组人员都租借给了其他国家的航空公司。停战后，公司购进一批空中客车A330、A321型客机，并于1998～2002年进行了有史以来最大的一次重组，恢复了原来的所有航线。这些重大举措使该公司彻底改变了被动局面，由1997年亏损8000多万美元转为2003年盈利2200万美元。

该公司的航线以欧洲、中东、海湾和非洲为主。欧洲航线主要有巴黎、伦敦、法兰克福、罗马、雅典和日内瓦，伦敦每天有航班，巴黎更是每天有3个航班。中东航线主要有开罗、拉纳卡、安曼和伊斯坦布尔，前3个城市每天均有航班。海湾航线主要有吉达、迪拜、阿布扎比、科威特、利雅得、宰赫兰和多哈，其中前4个城市每天均有航班。非洲航线有阿比让、拉各斯、卡诺和阿克拉。此外，在旅游季节，中东航空公司还有季节性航线飞往尼斯、杜塞尔多夫、哥本哈根和沙姆沙伊赫等城市。

中东航空公司除经营航线外，还于1999年成立了地面服务公司，购置了比较先进的设备，可以提供国际航空运输协会要求的全套标准化地面服务。目前，地面服务公司已承接了联合国和法航、意航、汉莎、敦豪（DHL）快递公司以及中东和海湾地区等23个国家航空公司客、货班机的地面服务。

三　海运

海运是黎巴嫩进出口商品和转口商品的主要渠道。2002年，贝鲁特港吞吐邮轮、商船2362艘，油轮152艘，抵港游客24767人，卸货482.6万吨，上货39.3万吨，卸载牲畜690477头，上载牲畜3500头。的黎波里港吞吐商船437艘，油轮76艘，卸货60.6万吨，上货8.9万吨。

内战期间，贝鲁特港曾被民兵炮袭，港区遭到不同程度的破坏。停战后，政府发展建设委员会和贝鲁特港、的黎波里港的港务局总共投资1.75亿美元，对两个港口进行修复和扩建。

（一）贝鲁特港

贝鲁特港的修复、扩建工程共耗资1.41亿美元，其中，欧洲投资银行提供4500万欧元贷款，其余资金由该港港务局从其收入中自筹。

首先是清理和修复第1、2、3港区，将第4港区改造为集装箱码头。此项工程耗资9110万美元，由法国两家公司承包，由法国马赛港港务局提供技术监督和协助。随后耗资5000万美元建设第5港区的第一期工程，建成一个长600米、水深15米的集装箱码头。目前，这一期工程已全部竣工，贝鲁特港港务局正

关注港口的管理和经营,并在研究吸引私人资本参与的可能性。

(二) 的黎波里港

为了保障的黎波里港的航行安全,政府于1997年秋,耗资200万美元清除堆积在商港港区和进港航道海底的淤泥和废弃物,打捞港区海底5艘沉船的残骸,使港区水深达到10米。

随后,政府委托法国一家咨询公司对扩建的黎波里港拟定了一份总体规划,要点是将进港航道水深加深到13米,由目前港区向艾布·阿里河方向修建一条600米长的码头,修筑一条1000米长的外防波堤,完成原在修筑的邻近艾布·阿里河的北防波堤。

港区和进港航道加深工程已于2001年完成,耗资1500万美元。2003年10月完成了修筑防波堤的招标工作,随后,法国马赛港管理局完成了的黎波里港的扩建计划,欧洲投资银行已决定为此项目贷款4500万欧元,修建新码头的招标工作于2004年进行。

此外,运输部还对赛达港、苏尔港和其他渔港的发展、改造计划进行了研究。

四 通信

自1992年至2003年底,政府已投入资金近7.76亿美元,签订了100个项目,对全国的电信和邮政布局进行了总体规划,对电信和邮政设施完成了全面修复、增容和现代化技术改造。2004年,政府又投入资金4750万美元,进一步对电话交换站增容和更新程序,兴建因特网的数据交换中心。在电话网增容基础上,重新规划和设计境内电话的地区代码和电话号码的编码规则。

(一) 电信

1. 固定电话

目前,黎巴嫩拥有固定电话线路173万条,即平均每3个人可拥有 1 部电话。通信部还在全国范围内建立了 4000 个公用电话亭。政府计划让农村居民都能用上电话，但鉴于在广大农村地区建设电话网线投资过于昂贵，通信部已在农村地区建设了建立在无线传输系统基础上的地区电话网。

2. 移动电话

交通和通信部已授权两家公司经营 GSM 系统移动电话，现已拥有 90 万移动电话用户。

3. 数据通信

已建成 ISDN 数据线路 30476 条，可提供因特网和声讯服务。

4. 国际通信业务

为开展国际通信业务，通信部建设了两条海底光纤电缆，一条由叙利亚的塔尔图斯经的黎波里、贝鲁特、赛达到埃及的亚历山大，容量 9000 条话线；一条由黎巴嫩经塞浦路斯、克里特岛到法国，容量 7560 条话线。建立了一个容量 189 条话线的贝鲁特—大马士革无线话网。此外，在阿尔巴尼耶和朱莱·布卢特建了 2 座用于通信的卫星地面站。

5. 国家的电信政策

黎巴嫩政府为了推进黎巴嫩信息社会的发展，使黎巴嫩的电信设施和服务在中东、北非地区最具竞争力，吸引投资和创造高附加值的工作岗位，促进财务整合计划和改善政府实现其社会目标的能力，制定了以下四项颇为灵活的电信政策。

（1）电信领域实行自由化和公开竞争。

（2）为推进电信领域的竞争和效率，成立独立的电信管理局。

（3）电信领域向私人资本开放，成立合股公司——黎巴嫩电信公司。

（4）追求和保护社会目标。包括提供全方位服务，照顾客户利益，为教育、卫生机构和残疾人提供便利的通讯服务，以及在国家安全需要时为国防和安全机构提供优先的通讯服务。

(二) 邮政

1998年,通信部已同加拿大一集团公司签订合同,由该公司出资5000万美元,承包黎巴嫩的邮政服务,包括邮件分拣、邮局柜台服务、快递服务和邮票销售业务。合同还包括由该公司修复全国各地邮局房舍、设备,建立街道和建筑物的邮政编码,以及邮件打包业务。

1998年10月,"黎巴嫩邮政公司"(LIBANPOST)正式成立。首先搭建了公司的组织机构,包括国家邮政控制中心和客户关怀部。从通讯部原有的210个邮局中选留46个继续运营,还设立了147个邮政代办所和439个邮票零售点。公司重新设计了邮路,通过专设的基准点和控制系统,保证邮件有效送达。开发了邮政代码系统,取代了原有由居民取名的近似的地址(原来就缺乏清晰的标准地址),并设立了地址管理部,宗旨是在客户协助下更正居民的地址数据库。

2002年2月,"黎巴嫩邮政"正式运营。黎巴嫩邮政经营业务有信函、包裹、快件、邮政信箱、邮票、收件人回执邮件和存局待领邮件等常规业务。信函包括国内、国际的平信和挂号信,信函可包括请柬、贺卡、明信片、手稿、音像制品和2公斤以下的小包裹。包裹系指违禁品以外的任何完税物品,重量不超过30千克,体积不超过100×50×50厘米。快件服务包括3小时送达、当日送达和次日送达。国内信函、出版物和包裹均可申请收件人回执服务,黎巴嫩邮政在交件时将请收件人在回执上签字后退回寄件人,所辖邮局均可办理此项业务。凡居无定所者均可利用存局待领邮件服务到其指定邮局收取函件。

黎巴嫩邮政除办理常规邮政业务外,还可代客户办理领、换身份证件、申领法庭记录、高等院校和中学文凭、驾驶执照和国际驾照,办理服兵役手续、领取退休金手续、房地产证、外籍人员就业证的延长和增值税申报等事宜。

第六节 财政与金融

一 财政

(一) 收入

经过长期战乱，到1992年底，黎巴嫩的经济几乎达到崩溃的边缘。自1993年开始经济恢复和国家重建以来，通过黎政府的努力和国际上的支持和援助，经济已在逐步复苏和发展。

1. 国家财政收入逐年上升

根据黎财政部制订的2005年财政预算，财政收入达到75600亿黎镑（约合50.15亿美元），比1993年预算收入18550亿黎镑（按当年比价约合10.8亿美元）高出386%。如将当年应还本付息的巨额国债债务搁置，仅就当年的财政收支而言，1993年预算赤字达3780亿黎镑（按当年12月比价，约折合2.21亿美元），到2005年预算，已实现盈余15100亿黎镑（按当前固定比价，约折合10亿美元）。从13年来的情况看，预算收入基本上持续增加。如将当年到期的还本付息债务搁置不计，自2001年开始，年度预算就已摆脱赤字，盈余逐年增大。

从2004年的情况来看，由于经济活力增强，年经济增长率达到5%，国内生产总值达到188.3亿美元，通胀率已降到2%；随着经济的增长，所得税征收制度实现较大的改革。2004年预算收入大幅增长，达75140亿黎镑（约合49.8亿美元），较2003年增长13.8%，其中税收收入达到51690亿黎镑（约合34.3亿美元）。

2. 预算收入主要依靠第三产业

黎巴嫩在历史上一直是中东地区的金融中心和旅游中心。内战结束后，黎政府极力恢复和开发这些优势领域，取得了明显成果。国家财政预算中，服务行业的收入占国内生产总值的67%，工业占 21%，农业占 12%。

3. 增值税的开征使国库收入得到较大幅度增加

自议会于 2002 年 2 月批准征收增值税后，国库收入有大幅度增加。2002 年，增值税就为国库增加收入 10970 亿黎镑（约合 7.28 亿美元），2003 年为 13610 黎镑（约合 9.03 亿美元），2004 年达 17015 亿黎镑（约合 11.28 亿美元）其中 66% 来自进口商品，其余来自国内的服务业、工业和商业。2005 财政年度，由于增值税征收工作的不断完善和起征额的降低，预计增值税收入可达 17650 亿黎镑（约合 11.71 亿美元），占当年税收收入 52630 亿黎镑（约合 34.91 亿美元）的 33.54%，占当年国家预算收入的 24.65%。增值税的开征，为增加国家财政收入、缓解国家财政困难和减少预算赤字起到很大作用。

(二) 支出

1. 重建和发展项目耗用大量资金

1993 年开始，黎巴嫩政府为了复苏经济，重建和发展教育、卫生等公共设施和水、电、交通通信、污水和废物处理等基础设施，从联合国、欧盟、阿拉伯产油国及其他国家和国际组织吸收了大量资金，总金额已达 61.67 亿美元。为吸收国内游资，黎政府还在境内发行了大量中、短期外币和本币国债。自 1992 年至 2003 年底，黎政府共签订大小合同项目 2952 项。已竣工 2359 项，耗资 50.08 亿美元。尚有耗资 11.59 亿美元的 593 项工程，将于 2004～2006 年期间竣工。

这些项目对于黎巴嫩经济，乃至整个国家的振兴都是非常必要的。但是，毋庸置疑的是，这些项目又让黎巴嫩经济在起步之初背负了沉重的债务负担。

2. 国家预算中的庞大赤字是黎巴嫩经济的隐患

每年国债的还本付息所需款项（以下简称债务负担），在当年预算支出中所占比例颇大，且有逐年增大之势。例如，1993

年的债务负担为 7840 亿黎镑（约合 4.58 亿美元），2000 年为 41970 亿黎镑（约合 27.84 亿美元），2005 年为 43000 亿黎镑（约合 28.52 亿美元），几近预算支出的 30%。2005 年的债务负担导致 27900 亿黎镑（约合 18.51 亿美元）的预算赤字，占预算支出的 26.96%。预算赤字已占 GDP（国内生产总值）的 8.95%，而按国际基金组织专家的观点，国家预算中的赤字应控制在 GDP 的 6.2% 以下才比较安全。好在随着近年来黎经济形势的逐步改善，预算收支情况已有明显改善，如不计每年应偿还的债务，自 2001 年起，国家收支状况已由大量赤字转为略有盈余。特别是在增值税开征和第二次巴黎会议后，盈余额有大幅度增加。

历年来黎巴嫩收支状况、预算收支细则和货币供应情况见表 4-11、表 4-12 和表 4-13。

表 4-11　1993~2005 年度黎巴嫩收支状况*

单位：百亿黎镑，%

年份	收入	支出			赤字		除债务的收支盈亏
		总支出	正常支出	还债	金额	占支出百分比%	
1993	185.5	301.7	223.3	78.4	-116.2	39	-37.8
1994	224.1	520.4	371.6	148.8	-296.3	57	-147.5
1995	303.3	585.6	398.1	187.5	-282.3	48	-94.8
1996	353.3	722.5	457.2	265.3	-369.2	51	-103.9
1997	375.3	916.2	578.4	337.8	-540.9	59	-203.1
1998	444.9	790.6	455.4	335.2	-345.7	44	-10.5
1999	487.3	845.5	483.1	362.4	-358.2	42	4.2
2000	476.9	1062.2	642.5	419.7	-585.3	55	-165.6
2001	464.9	887.9	456.7	431.2	-423.0	48	8.2
2002	583.0	1013.9	551.7	462.2	-430.9	42	31.3
2003	665.4	1059.2	571.8	487.4	-393.6	37	93.8
2004	751.4	1054.0	651.9	402.1	-302.6	29	99.5
2005**	756.0	1035.0	605.0	430.0	-279.0	27	151.0

资料来源：黎巴嫩财政部《2005 年度财政预算》。

说明：* 自 1999 年起，黎镑与美元改为固定汇率，$1 = LL1507.5，1993 年为 $1 = LL1711。

** 2005 年为预算金额，以往年份为决算金额。

表 4-12 2001~2005 年度黎巴嫩预算收支细则

单位：亿黎镑

项 目	2001	2002	2003	2004	2005*
总收入	46460	58300	66540	75140	75600
税收收入	29610	39950	45020	51690	52630
所得税	6260	7270	7830	9080	10450
财产税	2730	3000	3210	4050	4020
国内商品和服务税	2390	11620	15370	19710	29560
增值税	—	9930	13610	17630	17650
其他	2390	1700	1750	2080	—
国际贸易税	16320	16180	16430	16170	5750
关税	8560	5960	4750	5300	5750
消费税	7760	10220	11680	10870	11910
其他税收	1910	1890	2170	2680	2850
非税收入	12990	13900	17170	19070	18970
国库收入	3850	4450	4360	4390	4000
总支出	88750	101380	105920	105400	103500
预算支出	77450	84870	88100	83060	95750
经常性支出	34340	38650	39350	42840	60500
工资	29920	30080	30870	30940	—
资本支出**	3250	6100	7140	8170	
其他	1170	2470	1340	3730	
债务支出	43120	46220	48740	40210	43000
内债	34700	32780	31080	22460	—
外债	8420	13450	17660	17760	—
国库支出	11300	16520	17830	22350	7750
支出占 GDP 的百分比	35%	39%	38.9%	35.8%	33.20%
赤 字	-42300	-42920	-39380	-30260	-27900
赤字占 GDP 的百分比	16.68%	16.40%	14.52%	10.27%	8.95%

资料来源：黎巴嫩财政部 2001~2004 年的《年度财政报告》，《2005 年度预算报告》。

说明：* 表中 2001~2004 年度为决算金额，2005 年为预算金额。

** 资本支出主要用于发展建设委员会、南方委员会和公共工程部的在建项目。

表4-13 2000~2005年度黎巴嫩货币供应情况*

单位：亿黎镑

项　目	2000	2001	2002	2003	2004	2005
流通货币	13082.5	12904.0	12693.4	15278.8	15173.9	14179.6
黎镑活期存款	9565.8	10448.7	12226.7	13602.4	15697.2	15448.3
M1	22648.2	23352.7	24920.1	28881.2	30871.0	29628.0
黎镑其他存款	173967.1	150149.5	184425.7	234330.5	229787.2	219303.6
M2	196615.4	173502.2	209345.9	263211.8	260658.2	248931.6
外币存款	296668.8	354072.0	364095.8	385879.8	447366.6	500009.8
其他金融债务	618.4	97.0	1624.6	659.8	1531.1	899.4
M3	493902.2	527671.2	575066.2	649751.5	709555.9	749840.8
非银行系统持有的国库券	68309.0	59950.0	72076.0	55023.0	33222.0	33413.0
M4	562211.6	587621.2	647142.2	704774.5	742778.0	783254.4
外国资产净值	138209.2	119718.5	168355.3	217042.7	221789.8	255548.9
对公共部门所有权净值	228387.8	282615.2	272925.8	302641.4	336034.6	359334.2
清算评估	-25799.6	-27837.9	-3045.5	-4245.1	-1855.9	-20720.6
对私人部门所有权	228662.2	228522.1	235677.1	239151.6	247268.8	256329.3
其他项目净值	-75557.0	-75346.7	-98846.4	-104839.1	-93681.3	-100651.0

资料来源：黎巴嫩银行（即黎巴嫩中央银行）《货币供应量表》，2007。
说明：* 统计数字均用每年1月份的数字。

（三）债务

内战结束时，黎政府背负约30亿美元国债。出于每年到期国债还本付息的需要，政府不得不每年发行新的短期高息债券。如此周而复始，再加上国家为恢复和发展经济而向国际组织和友好国家融资、贷款，到2002年，国债总额已高达320亿美元，占当年GDP的185%。当年债务负担达46220亿黎镑（约合30.7亿美元），几乎占当年预算收入的85.6%。

为了帮助黎政府解决财政困难，法国总统希拉克继2001年

黎巴嫩

3月的第一次巴黎会议后，2002年倡议召开了第二次巴黎会议。第二次巴黎会议对黎巴嫩政府的经济改革计划给予了积极的肯定，提供了没有先决条件的支持。与会各国和国际组织承诺，向黎巴嫩提供44亿美元15年期长期贷款的财政援助，其中31亿美元优惠贷款用于以更长期限和更低费用重新安排清偿国债债务，13亿美元优惠贷款用于资助建设和发展项目。到2003年底，已落实24亿美元。由于巴黎会议成果的积极影响，黎巴嫩政府还从黎中央银行获得41亿美元财政援助，从境内商业银行获得36亿美元两年期无息贷款。黎政府得以用这些资金重新安排101亿美元的国债债务，相当于其全部债务的1/3。其中，彻底清偿了18亿美元国债本金，偿还相当于27亿美元的到期国债本息，重新安排了相当于56亿美元的债务。由于大量资金的涌入，黎政府的收支状况有了明显改善，中央银行背负的短期高息国债多数已调整为年息仅4%的15年期的长期欧元债券。巴黎会议后约有1年时间未再发行新的国库券，其后发行的国库券已由3个月、6个月的短期债券改为3年以上的中长期债券，平均利率也有大幅下降。2004年8月，两年期国债的平均利率已由二级市场的17%~18%降到一级市场的7.74%以下。黎政府通过市场获取资金占国债总额的比例已由2002年底的78%降到2003年底的59%。2004年，国债还本付息金额已降至40210亿黎镑（约合26.7亿美元），占当年预算收入的53.5%。

到2004年底，黎巴嫩政府背负的内外债务总计540480亿黎镑（约合358.5亿美元），对于一个小国来说，负担相当沉重。但与第二次巴黎会议前相比，黎政府的处境已大有好转，令人捉襟见肘的短期债务已得到清理，中、长期债务可以有充裕时间安排还款计划。黎巴嫩政府已作出清偿债务的安排，预计到2008年，可清偿现有债务的60%。

有关黎巴嫩的国债及还债安排情况见表4-14和表4-15。

表 4-14 黎巴嫩的国债情况 (2002~2004 年)

单位：亿黎镑（＄1 = LL1507.5），%

名　称	2002.12	2003.12	2004.12	增减	增减比例
内　债	253020	268430	263710	-4720	-1.8
中央银行	730	89380	106520	17140	19.2
无息国库券*		35080	35080		
年息 4% 国库券		42990	42990		
商业银行	172110	123030	122200	-830	-0.7
无息国库券		8800	8800		
其他内债（国库券）	73680	56030	35000	-21030	-37.5
公众认购	32110	25640	21870	-3770	-14.7
外　债	219740	234420	276770	42350	18.1
双边或多边	23160	25950	27000	1050	4.0
第二次巴黎会议相关债务	14320	37310	38140	830	2.2
黎巴嫩银行持有的欧元债券	28190	28190	28190		0.0
市场流通的欧元债券	145690	136310	176860	40550	29.7
向商业银行发行的无息欧元债券		10830	11220	390	3.6
其他外债**	8380	6650	6570	-80	-1.1
公众存款	29640	30190	43600	13410	44.4
净债务***	443120	472660	496880	24220	5.1
市场债务总额△	367650	296380	318750	22380	7.6
占债务总额比例	78	59	59		
债务总额☆	472760	502850	540480	37630	7.5

资料来源：黎巴嫩财政部年度报告《2004 年公共财务前景》，2005。

说明：＊无息国库券系黎巴嫩银行于第二次巴黎会议后为商业银行所设。

＊＊此项包含利息和私人外币贷款。

＊＊＊此项为债务总额减去公有单位的存款。

△此项等于债务总额减去黎巴嫩银行、NSSF、双边、多边贷款和第二次巴黎会议的相关债务。

☆债务总额为内债、外债之和。

表 4-15 黎巴嫩政府 2005~2008 年还债安排

单位：亿

	2005	2006	2007	2008	合 计
本币国库券(黎镑)					
本　金	62480	47280	22150	12660	144570
利　息	5330	5060	1460	380	12230
小　计	67810	52340	23610	13040	156800
外币国库券(美元)					
本　金	28.70	25.20	4.69	10.77	69.36
利　息	8.67	6.85	4.92	4.49	24.93
小　计	37.37	32.05	9.61	15.26	94.29
外国贷款(美元)					
本　金	2.67	3.79	3.58	3.73	13.77
利　息	1.53	1.47	1.38	1.20	5.58
小　计	4.20	5.26	4.96	4.93	19.35
总　　　计	328112 亿黎镑或 217.65 亿美元				

资料来源：黎巴嫩财政部《关于公共债务及其处理框架的报告》，2004。

但是，靠借新债还旧债终究不是解决债务问题的根本方法，公共债务仍将持续攀升，黎巴嫩已是世界上公共债务与国内生产总值之比最高的国家之一。世界银行经济学家穆斯塔法·纳比勒在该行 2004 年第 1 季度报告中就撰文指出，仅靠国际贷款永远解决不了黎巴嫩的债务问题，私有化改革对解决问题会有所帮助，但决不可能彻底解决债务问题。而黎巴嫩政府在第二次巴黎会议上所提出的一揽子改革方案由于在国内缺乏广泛支持已几乎陷入停滞状态。他认为，黎巴嫩国内的商业银行持有政府 80% 的国库券和欧元债券，从政府的高额债务中得到巨额利息收入，获益匪浅。因此，黎政府应在公开和守信的基础上与各商业银行对话，为创造一个有利于对方长期经营的稳定的金融、政治和社会环境，讨论达成一个能获广泛支持的成本共担的一揽子改革方案。

第四章 经济

二　金融

（一）中央银行——黎巴嫩银行

1. 简史

在 1918 年以前的奥斯曼帝国统治时期，黎巴嫩没有本国银行。第一次世界大战结束后法国托管期间，法国政府于 1924 年 1 月 23 日和黎巴嫩、叙利亚两国政府签订了一项金融协定。据此，法国政府将法国资本的叙利亚银行更名为叙利亚和大黎巴嫩银行，并获授权自 1924 年 1 月 1 日起的 15 年期限内发行叙、黎两国货币——叙镑和黎镑。

根据法国、叙利亚和黎巴嫩三国政府的协议，叙利亚和大黎巴嫩银行为叙镑和黎镑的发钞行，为期 15 年。1937 年 5 月，黎、法两国又根据双方于 1936 年 12 月签订的友好同盟条约续签了发钞协议，为期 25 年。根据新协定，黎镑同叙镑脱钩，黎镑是黎巴嫩境内的唯一合法货币。黎巴嫩银行的货币发行部是独立于该行其他部门的实体，货币的发行和回收设立单独账目。直到 1963 年 8 月 1 日，法、黎政府的发钞协议即将到期，黎巴嫩政府颁布第 13513 号法令，决定成立本国的中央银行——黎巴嫩银行，收回了本币的发钞权。黎巴嫩银行自 1964 年 4 月 1 日起正式运作。

2. 职能

黎巴嫩银行是拥有财政和行政自主权的法人实体，不受适用于公共部门的行政、管理和控制权限的约束。黎巴嫩银行的资金全部由国家调拨。黎巴嫩银行依法拥有国家货币的发行权，并被赋予为确保社会和经济的持续增长而维护国家货币的全面使命。其具体使命有：维护货币和经济稳定，维护银行业的稳定；发展货币和财务市场；发展和管理支付体制和工具；发展和管理包括电子转账在内的货币转账业务；发展和管理不同财务、支付工具

和有价证券之间的结算和清算等。

3. 组织机构

黎巴嫩银行设总裁和4名副总裁,下设19个业务部门。总裁除全面负责该行业务外,还分管总秘书处、训练和发展部、人事部、督察和审计部、外汇和国际交易部、房地产和金融资产部、组织和发展部和金融交易部,同时还领导该行的顾问委员会、银行业务控制委员会、高级银行业务委员会和特别调查委员会。第一副总裁分管国库、统计和经济研究部、信息技术部和金融市场部。第二副总裁分管采购和维护部、银行业务部。第三副总裁分管法律部、国外情况研究部和分行部。第四副总裁分管会计部和现时交易部。

(二) 货币和货币政策

黎巴嫩的国家货币是黎巴嫩镑(Lebanese Pound),简称黎镑,自1924年4月1日起开始发行。阿拉伯文名称是"里拉",故黎镑的缩略符号是LL。黎镑的辅币是皮亚斯特,1黎镑等于100皮亚斯特。黎巴嫩银行于1964年开始发行黎镑,第1批发行的有1、5、10、25、50和100镑6种纸币。1975年内战爆发后,黎镑不断贬值,黎巴嫩银行此后陆续发行大面额纸币,到目前为止已发行250、500、1000、5000、10000、20000、50000和100000镑8种纸币。此外,自1995年以来,还发行了50、100、250和500镑5种硬币(其中100镑分别于1995年和2003年发行铜质和镍质各1种)。辅币有5、10、25、50和100(1镑)皮亚斯特5种。

1943年独立后,黎巴嫩于1947年4月22日正式成为国际货币基金组织和世界银行成员国。国际货币基金组织当时根据黎镑同法郎的比价确定1黎镑相当于0.405512克黄金,或45.6313美分。1948年1月24日,黎、法两国政府签订一项货币协定,法国承认黎巴嫩向国际货币基金组织申报的黎镑比价为黎镑的官方比价。由于叙利亚拒绝签署上述协定，黎镑即同叙镑脱钩，成为独立货币。

鉴于黎、法两国于1937年签署的授权叙利亚与黎巴嫩银行发行黎镑的协定即将到期，黎巴嫩议会于1963年8月1日发布第13513号法令，宣布成立本国的中央银行——黎巴嫩银行。法令同时宣布取消对兑换外汇和资本活动的限制，规定黎镑以纯金作为其比价的基准，黄金储备应不少于货币发行总量的50%，其余50%则为美元等硬通货。自黎巴嫩银行接管黎镑发行权时起，就库存9222盎司黄金作为黎镑的储备金。在内战时国家经济最困难时期，黎巴嫩银行始终没有动用这笔储备金。

由于15年长期内战，黎镑较战前有大幅度贬值，最低时曾达到 $1 = LL2800。停战后，随着黎巴嫩经济的逐步复苏，黎镑币值也在不断回升，近几年已稳定在 $1 = LL1507.5。到2004年底，黎巴嫩银行仍拥有9222盎司黄金和94.94亿美元作为黎镑的储备金，黎镑是安全可靠的。根据经济、贸易活动的发展趋势，黎巴嫩政府正在考虑将黎镑储备金中部分硬通货换成欧元。

黎巴嫩基于其自由、开放的传统，首都贝鲁特自20世纪中期以来一直是中东地区的一个金融中心。内战结束后，黎巴嫩政府仍然秉承这一传统，力图恢复贝鲁特中东地区金融中心的地位。黎巴嫩银行在货币政策方面坚持执行如下几条原则。

第一，黎镑和任何外币可以完全自由兑换，资金和盈利可以自由进出黎巴嫩市场。

第二，为客户保密。银行保密法规定，包括外国银行在内的所有在黎开业银行，从经理到雇员在内的一切人员，对银行的活动必须保密，除经客户书面授权，不得泄露客户姓名、资产等情况。

第三，法律规定，在黎巴嫩境内银行开户账户中，所得收入和利息一律免除所得税。

第四，法律规定建立银行自由区，对非居民的外币存款和债

务免缴所得税,黎巴嫩银行依法预交法定准备金,银行应为所获存款向国家存款保证金机构缴纳存款保险金。

第五,法律允许开设联合账户,即以多人名义开设账户,其中任何人均可使用该账户。如账户下某人死亡,其配偶不须办理继承手续而使用该账户。如其中某人破产,在无其他证据的情况下,账户归破产方所有。未经全体合伙人书面认可,银行不能为某个合伙人的账目结清账户。

为了防止和打击国际犯罪集团利用黎金融市场的自由空间进行洗钱活动,黎巴嫩议会于2001年4月20日通过第318号法令规定,对通过种植、制造和贩卖毒品,有组织的犯罪活动,实施和资助恐怖活动,非法买卖武器,侵吞公、私款项和制造假币等获取黑钱进行洗钱行动均属犯罪行为,均应处以监禁和罚金。为此,黎巴嫩银行设有特别调查委员会,专门负责调查和打击在黎巴嫩境内的洗钱活动。

(三)在黎巴嫩开业的银行

世界各国银行业普遍看重黎巴嫩所处的战略地位及其中东金融中心的地位,纷纷在黎开设独资或合资银行。目前,经中央银行批准在黎营业的外资、合资和本国独资银行共100家,美、法、英、德、意等主要西方国家和埃及、叙利亚、伊朗、沙特、科威特等中东主要国家或产油国在黎均有银行。其中,商业银行53家,投资银行10家,金融机构29家,金融经纪公司8家。现将主要银行介绍如下。

布洛姆银行（BLOM BANK） 阿拉伯文和法文原名均为"黎巴嫩移民银行",BLOM实际上是法文名称的缩写。该行于1951年创建,总行设在贝鲁特,在黎巴嫩有44个分支机构,在法国、英国、瑞士、阿联酋、约旦、叙利亚等8个国家设有约15个网点。该行下辖9个子银行,现有总资产119亿美元,存款总额为102亿美元,年净利润达1.37亿美元,投资基金增长到 9.57 亿美元。上述 4 项均为黎巴嫩各银行的第 1 位。

2005 年,该行被《银行家》杂志（The Banker）评为世界 500 强银行中唯一的一家黎巴嫩银行,并被该杂志置于世界 1000 强银行之首。2000 年以来,该行被《全球财经》杂志（Global Finance）连续 4 年和国际专业机构"欧元"（Euromoney）评为"黎巴嫩最佳银行"。

奥迪银行（Audi Bank s.a.l.） 1938 年在贝鲁特创立,1962 年改组成目前的架构,并命名为"奥迪银行",向黎巴嫩和阿拉伯国家开放了股权的认购。该银行已在伦敦股票交易所上市。2001 年将黎巴嫩投资银行并购,2004 年又与黎巴嫩十大银行之一的萨拉达尔银行合并,形成现在的"奥迪萨拉达尔银行集团"。奥迪萨拉达尔银行的总资产相当于黎巴嫩国内生产总值（GDP）的 54%,所占黎巴嫩资产市场的份额已由 1997 年底的 8.11% 提升到 2004 年底的 15.45%。目前在国内外共有 6 个子银行,分别经营企业和个人的银行业务以及投资、保险业务。在全国设有 78 个分支机构,共有雇员 2181 人。

2005 年底,集团总资产为 104.8 亿美元,存款总额达 98.89 亿美元,净利润达 10640 万美元。2005 年,在黎巴嫩存款总额超过 20 亿美元的银行中,该行的年净利润和总存款额均列第 2 位；存款增长率 12.40%,居第 3 位；总资产增长率 9.61%,列第 4 位。

比布鲁斯银行（Byblos Bank） 1950 年成立,2005 年在黎巴嫩存款总额超过 20 亿美元的各银行中,该行净利润和存款总额均列第 3 位；存款年增长率 2.77%,列第 9 位；总资产年增长率 8.78%,列第 6 位。

法兰西银行（FRANCA BANK） 1921 年成立于贝鲁特,其前身是当时法国一家主要银行阿尔及利亚—突尼斯房地产信贷银行（Credit Foncier d'Algerie et de Tunisie,简称 C.F.A.T）在

黎巴嫩

黎巴嫩的全资分行。1984年改为现名。该行是在黎巴嫩开设的首家商业银行，因此在黎巴嫩中央银行的商业银行名单中列于首位。经黎巴嫩银行批准，该行于2000年开设了法兰西投资银行，2001年10月，该行在大马士革免税区开设了分行。2002年8月，该行收购了沙特—黎巴嫩联合银行。2003年7月又收购了贝卡银行。

2004年该行存款额为38.18亿美元，贷款6.59亿美元，净利润4216万美元。该行共有分支机构53个，雇员981人。2005年，在黎巴嫩存款总额超过20亿美元的银行中，该行的年净利润和总存款额均排第4位；存款增长率6.86%，亦居第4位；总资产增长率6.65%，列第7位。

黎巴嫩—法兰西银行（Banque Libano-Francaise） 1930年作为一家法国银行—阿尔及利亚信贷银行的分行在黎巴嫩成立。1967年，根据黎巴嫩法律改为合资银行，发放70%的股份。1992年，Indosuez银行获得该银行51%的股权。1996年，法国农业信贷银行并购Indosuez银行，从而使黎巴嫩—法兰西银行成为世界主要银行集团的一员。1999年开始经营股票业务，2000年并同法兰西银行等组建一家人寿保险公司，2001~2002年，黎巴嫩—法兰西银行还同黎巴嫩银行各出一半资金合作组建一家信用卡处理中心。

2003年，黎巴嫩—法兰西银行拥有资产35.87亿美元，存款31.59亿美元，贷款11.16亿美元，净利润1890万美元。该行共有分支机构30个，雇员691人。2005年，在黎巴嫩存款总额超过20亿美元的银行中，该行的年净利润列第8位，总存款额列第6位，存款额增长率4.37%，列第8位，总资产增长率3.32%，列第11位。

黎巴嫩—加拿大银行（Lebanese Canadian Bank） 拥有分支机构29个，至2006年底将达到33个。至2005年底，总资产

28.4亿美元，存款总额23.02亿美元，净利润2592.16万美元。

2005年，在黎巴嫩存款总额超过20亿美元的各银行中，该行净利润排第6位，存款总额排第9位，但存款年增长率18.21%和总资产年增长率21.26%均排第1位。

贝鲁特银行（Bank of Beirut） 2004年，总资产共43.15亿美元，存款总额达28.38亿美元，年净利润为2818.24万美元。2005年，在黎巴嫩存款总额超过20亿美元的各银行中，该行年净利润列第5位，存款总额列第7位，存款年增长率0.08%，总资产年增长率4.88%，均列第10位。

贝鲁特与阿拉伯国家银行（Bank Beirut & Arab Countries，简称BBAC） 1956年成立，初创时的资本为500万黎镑，至1999年，总资产已达720亿黎镑，约合4776万美元。该行共有32个分支机构，545名雇员。

至2004年底，该行总资产为22.96亿美元，存款总额20.48亿美元，贷款总额3.78亿美元，年净利润1500万美元。2005年，在黎巴嫩存款总额超过20亿美元的各银行中，该行年净利润列第9位；存款总额列第11位；存款年增长率6.48%，列第5位；总资产年增长率10.56%，列第2位。

黎巴嫩信贷银行（Credit Libanais） 1961年7月成立，资金绝大部分为黎巴嫩和巴林的两家同名公司"开比特投资公司"（Capital Investment Holding）所拥有，另有2.98%的股份分别为大约75名个人投资者所拥有。该行在黎巴嫩有57个分支机构。

2004年，该行总资产为33亿美元，存款总额为25.25亿美元，净利润为1786.6万美元。2005年，在黎巴嫩存款总额超过20亿美元的各银行中，该行年净利润列第7位；存款总额列第8位；存款年增长率5.77%，列第7位；总资产年增长率5.50%，列第8位。

第七节　对外经济关系

一　对外贸易

黎巴嫩是一个自由经济国家，历来"以商立国"，对外贸易是其重要的经济支柱之一。由于本国国土面积狭小，工业生产能力有限，农业上则利用有限耕地生产附加值高的经济作物，大部分商品都需要依靠进口来满足或调节市场需求；本国生产的工农业产品也向国外出口；此外，利用黎巴嫩的有利地理位置，在世界各国和中东国家之间进行转口贸易。因此，外贸进出口额的升降可以说是测量黎巴嫩经济景气程度的温度计。

自内战结束后，在大规模经济重建的带动下，外贸进口额急剧上升，从1992年的35.46亿美元，迅速跃升至1996年的75.59亿美元，达到历史最高点。20世纪90年代后期，随着国内政治形势恶化和短期债务的压力，经济形势也不断恶化，进口额逐年下降，2000年仅为62.28亿美元，甚至低于1995年的进口额。直到2002年第二次巴黎会议后，政府的短期债务压力才得到缓解，经济形势开始有所好转，2004年进口额大幅攀升至近94亿美元，创历史新高；出口额近年来也有较大升幅，工农业生产有所发展是一个因素，而转口贸易重新活跃也是一个重要因素。

黎巴嫩每年外贸逆差数额巨大。黎政府从现实出发，并不硬性要求保持双边贸易平衡，每年巨额外贸逆差主要通过金融、旅游等服务性行业的外汇收入和大量移居海外的黎侨的侨汇收入予以弥补。

1996~2005年黎巴嫩进出口商品值情况见表4-16。

表 4-16 1996~2005 年黎巴嫩进出口商品值情况

单位：亿美元，%

年份	外贸总额	进口	出口	逆差	出口占外贸总额比例
1996	82.92	75.59	7.33	-68.26	8.84
1997	80.99	74.57	6.42	-68.15	7.93
1998	77.76	70.60	7.16	-63.44	9.21
1999	68.84	62.07	6.77	-55.30	9.83
2000	69.42	62.28	7.14	-55.14	10.28
2001	81.80	72.91	8.89	-64.02	10.87
2002	74.89	64.44	10.45	-53.99	13.95
2003	86.91	71.68	15.23	-56.45	17.52
2004	111.44	93.97	17.47	-76.50	15.68
2005	112.20	93.40	18.80	-74.60	16.76

资料来源：黎巴嫩海关《1996~2005 年进出口商品统计》，2006。

（一）进口

黎巴嫩是个小国，但有道是"麻雀虽小，五脏俱全"，各种商品缺一不可。因此，进口商品的特点是品种繁多，但批量较小。进口商品的货源分布甚广，根据黎巴嫩海关的资料，1996年以来，黎巴嫩从 208 个国家和地区进口过商品，2004 年的进口国就达 169 个。2004 年进口总额较 1996 年增长了 24.3%。

主要进口商品有原油、汽油、柴油、煤油等石油产品和矿产品，轻工、纺织、印刷、食品加工、建筑、农业等行业的机械产品，医疗器械、通讯设备、电子仪器、计算机、家电、发电机、电动机等电子电器产品，各类车辆，医药、化妆品、印染料等化工产品，五金制品，食品，黄金、铂金等贵重金属和珠宝首饰，服装和纺织品，稀有金属原料，农、畜产品等。

主要进口来源若按地区划分，欧洲联盟首屈一指，但呈下降趋势，由 1997 年的 47.4% 降到 2004 年的 38.7%，阿拉伯国家居第 2 位，占 14.3%，东亚国家和地区居第 3 位，占 13.5%，北美自由贸易区则由 1996 年占 11.7% 降到 2004 年仅占 6.4%。列居前 10 位的国家依次为意大利、法国、德国、中国、美国、俄罗斯、沙特阿拉伯、瑞士、英国和日本。意大利近年来一直稳居黎巴嫩进口国之首,2004 年向黎出口商品 9.3 亿美元,几乎占黎进口总额的 10%。中国同黎巴嫩的双边贸易近年来也在迅猛发展,2004 年从中国的进口额已达近 7.2 亿美元,是 2000 年的 250%,在黎巴嫩进口国的排位中,已由 1996 年的第 9 位上升到 2004 年的第 4 位。黎巴嫩从中国进口的前 5 类商品是:自动数据处理机、摩托车和电动自行车、电视机和监视器、起重机、餐具和厨房用具等家庭用品。

2001~2005 年黎巴嫩主要进口来源国及进口商品情况见表 4-17 和表 4-18。

表 4-17 2001~2005 年黎巴嫩主要进口来源国

单位:万美元,%

进口来源国	2001		2002		2003		2004		2005	
	金额	比率	金额	比率	金额	比率	金额	比率	金额	比率
意大利	70835	9.7	69311	10.8	67431	9.4	93047	9.9	97567	10.4
法 国	61493	8.4	51693	8.0	58292	8.1	73074	7.8	78813	8.4
中 国	41086	5.6	43493	6.7	53067	7.4	71776	7.6	73444	7.9
德 国	62314	8.5	58247	9.0	57899	8.1	72928	7.8	65731	7.0
美 国	51498	7.1	46455	7.2	43145	6.0	55318	5.9	54770	5.9
俄罗斯	40938	5.6	24589	3.8	32118	4.5	54254	5.8	50908	5.5
瑞 士	33370	4.6	26709	4.1	21618	3.0	39582	4.2	42231	4.5
沙 特	25953	3.6	13888	2.2	21963	3.1	41347	4.4	32900	3.5
英 国	28467	3.9	25260	3.9	31553	4.4	38556	4.1	32323	3.5
日 本	23543	3.2	21735	3.4	26906	3.8	34924	3.7	30695	3.3
其 他	289611	39.7	263098	40.8	302828	42.2	364889	38.8	374604	40.1
进口总金额	729107		644477		716820		939695		933986	

资料来源:黎巴嫩海关 2001~2005 年《主要贸易伙伴国》,2006。

表4-18 2000~2005年黎巴嫩进口商品值

单位：万美元

主要进口商品类别	2000	2001	2002	2003	2004	2005
矿产品	109561	134058	97396	119047	206808	222614
机械仪器电器	80041	99900	86275	87253	110911	106051
化工类产品	52546	59536	63253	71555	82850	81974
车船飞机等运输工具	55528	71257	57243	69641	84338	80931
一般金属及其制品	38214	42670	38045	47058	59610	65072
食品饮料烟草	41526	50268	47454	47668	52700	53018
珠宝首饰	42331	36391	29993	30219	52675	49147
服装及纺织品	35201	46472	42358	43381	50792	48611
活牲畜及畜产品	33608	35935	38188	41889	45259	42762
植物类农产品	32871	36193	33595	38350	44085	38375
其他	101366	116427	110677	120759	149667	145431
进口商品总额	622793	729107	644477	716820	939695	933986

资料来源：黎巴嫩经济与商业部2000~2005年《进出口商品分类统计》，2006。

（二）出口

近些年来，黎巴嫩的外贸出口出现较大幅度增长，2004年出口总额达17.47亿美元，与1996年相比，增长了2.51倍。出口商品主要有珠宝首饰、重型机械、铝材、水果蔬菜等农产品、塑料、肥料、服装和纺织品、鞋、电子和电气产品、纸张和出版物、食品、饮料和烟草、水泥等。

黎巴嫩商品出口到世界各大洲170多个国家和地区，其中最大的10个买主依次为伊拉克、瑞士、叙利亚、阿联酋、土耳其、沙特阿拉伯、科威特、约旦、美国和埃及。对中国的出口近年来也有较大幅度增长，由2000年的204万美元增长到2004年的1224万美元，在黎巴嫩出口国的排位中，由2000年的第45位提升到2004年的第25位。

2001~2005年黎巴嫩主要出口对象国、出口商品情况和过境商品、再出口商品情况见表4-19、表4-20、表4-21和表4-22。

表 4-19 2001~2005 黎巴嫩主要出口对象国

单位：万美元，%

	2001		2002		2003		2004		2005	
	金额	比率	金额	比率	金额	比率	金额	比率	金额	比率
叙利亚	3521	4.0	7560	7.2	9951	6.5	14515	8.3	18745	10.0
伊拉克	6801	7.6	7112	6.8	12178	8.0	25549	14.6	17836	9.5
阿联酋	7289	8.2	9470	9.1	10435	6.8	13520	7.7	15498	8.2
沙特阿拉伯	8543	9.6	9601	9.2	10430	6.8	11280	6.5	13979	7.4
瑞士	6323	7.1	13214	12.6	37911	24.9	18732	10.7	12508	6.7
土耳其	2480	2.8	3210	3.1	6330	4.2	12730	7.3	12160	6.5
科威特	2785	3.1	3242	3.1	5079	3.3	6737	3.9	8118	4.3
约旦	3071	3.5	3534	3.4	4842	3.2	6284	3.6	7521	4.0
美国	6078	6.8	5353	5.1	6616	4.3	4853	2.8	5759	3.1
埃及	2394	2.7	2763	2.6	2796	1.8	3954	2.3	5457	2.9
其他	39644	44.6	39490	36.8	45825	37.4	52548	32.3	70395	37.4
出口总金额	88929		104549		152393		174702		187976	

资料来源：黎巴嫩海关 2001~2005 年《主要贸易伙伴国》，2006。

表 4-20 2000~2005 年黎巴嫩出口商品值

单位：万美元

主要出口商品类别	2000	2001	2002	2003	2004	2005
机械仪器电器	7475	11436	11953	17944	27396	31434
一般金属及其制品	6306	6522	7872	11543	22794	27579
珠宝首饰	12684	14089	21456	46422	28706	22364
食品饮料烟草	7249	9967	10232	14956	14810	19110
化工类产品	8838	8818	10803	11463	14923	16269
矿产品	3303	3232	4045	6432	10774	12576
纸浆纸张及纸制品	5346	6020	9841	8920	10048	11613
服装及纺织品	4152	7702	6064	6466	7802	8150
塑料橡胶制品	1750	2610	3449	3704	5872	7756
植物类农产品	4848	4981	5715	6453	8249	7653
其他	9483	13552	13119	18090	23328	23472
出口商品总金额	71434	88929	104549	152393	174702	187976

资料来源：黎巴嫩经济与商业部 2000~2005 年《进出口商品分类统计》，2006。

表4-21 2001~2004年黎巴嫩主要过境商品值

单位：万美元

主要过境商品类别	2001	2002	2003	2004
车船飞机等运输工具	1078	1029	6297	9467
机械仪器电器	1418	1808	3295	5612
食品饮料烟草	1059	1315	2019	6321
化工类产品	452	1172	2589	3199
一般金属及其制品	1331	1214	405	1923
植物类农产品	090	046	1380	1982
木材木制品及木炭	141	490	439	1399
纸浆纸张及纸制品	081	310	171	2212
其他	1251	1676	1860	3421
过境商品总金额	6901	9060	18455	35535

资料来源：黎巴嫩海关2001~2004年《过境商品统计》，2005。

表4-22 2001~2004年黎巴嫩再出口商品值

单位：万美元

名称	2001	2002	2003	2004
再出口商品总金额	5988	6283	10493	20656

资料来源：黎巴嫩海关2001~2004年《再出口商品统计》，2005。

二 外国援助

90年内战结束时，黎巴嫩面临的严峻形势是水、电、通讯、公路、机场、海港等直接关系国计民生的基础设施遭到严重破坏，急需修复和发展；国家的经济和金融形势也不容乐观，亟待整顿、恢复和发展。黎巴嫩政府敢于正视面临的巨大困难，在国际组织和友好国家的大力援助下，十多年来依靠贷款和赠款，在国家的恢复和重建工作方面取得了长足进步。我国对黎巴嫩的重建也给予了力所能及的援助。

经过内战结束后近三年时间的初步调整后，黎政府于1992年着手重建工作。1992~2003年，黎巴嫩政府共得到外援56.16亿美元，其中赠款8.4亿美元，占15%，贷款47.76亿美元，占85%，贷款中低息贷款为24.1亿美元，占总额的43%。随着头十年建设项目的逐步落实，发展建设委员会又在为下一阶段新的建设项目筹款，2003年又获得外国许诺的贷款、赠款共5.51亿美元，当年已到位的共2.89亿美元。到2003年底，已获同意或许诺的赠、贷款前后共计已达61.67亿美元。根据黎巴嫩发展建设委员会2005年的最新资料，到2004年底，已获同意的赠、贷款又略有增加，已达58.45亿美元（其中贷款49.82亿美元，占85%；赠款8.63亿美元，占15%）；已获许诺的赠、贷款也增加了约1亿美元，共6.52亿美元（其中贷款6.07亿美元，占93%，赠款0.45亿美元，占7%）。共计64.97亿美元。此外，有一些贷款项目尚在商谈中，还未达成原则协议。

2002年11月，黎巴嫩政府又从第二次巴黎会议上获得44亿美元15年期的长期贷款，其中31亿用于解决黎财政困难，13亿用于建设项目。到2004年底，已落实的财政援款为24亿美元。

2007年1月下旬，在巴黎召开的第三次援助黎巴嫩国际会议上，与会各国代表承诺向黎巴嫩提供总额达76亿美元的赠款和优惠贷款，其中欧盟成员国和欧洲银行承诺提供24亿欧元（约合29亿美元）的援助；沙特阿拉伯表示要提供11亿美元的援助；美国表示将向国会申请7.7亿美元的援助款项；中国将提供3000万人民币（约合400万美元）的无偿援助；日本将提供167万美元的援助；巴西提供100万美元的援助。

黎巴嫩所获外援情况见表4-23、表4-24和表4-25。

表4-23 至2003年底黎巴嫩政府在建设项目所获外援

单位：万美元，%

国家或机构	贷款				赠款	合计	占总数百分比
	基础设施	生产领域	社会与经济领域	教育与服务领域			
世界银行	21812	18315	27045	14893	120	82185	13.7
阿拉伯经社发展基金	33487	11567	10679	19573	1605	76911	14.1
欧洲投资银行	10118	44472	7496	—	74	62160	11.0
伊斯兰发展银行	18726	10088	6857	19234	221	55126	10.7
科威特	18809	19946	672	4959	9135	53521	9.5
沙特阿拉伯	12245	3565	1079	7309	16308	40506	7.1
欧洲联盟	—	1674	15153	715	20098	37640	6.9
意大利	26105	6171	150	—	2079	34505	7.1
法国	9938	15753	2536	1758	2697	32682	5.8
日本	—	11138	1042	—	749	12929	2.3
德国	6417	632	—	639	2449	10137	1.7
阿联酋	—	—	—	2500	5500	8000	1.9
伊朗	—	—	5212	—	—	5212	1.6
中国	—	—	604	—	605	1209	0.2
其他	71542	35903	5994	1888	35240	48951	6.4
总计	189938	144862	69366	73478	84030	561674	100

资料来源：黎巴嫩发展建设委员会《2004年工作进展报告》，2004年7月。
说明：此表的百分比系指占外援总和61.67亿美元的百分比。

表4-24 至2003年底已获同意或许诺的建设项目外援

单位：万美元，%

国家或机构	贷款				赠款	合计	占总数百分比
	基础设施	生产领域	社会与经济领域	教育与服务领域			
伊斯兰发展银行	5818	1284	1831	2045	18	10996	20
阿拉伯经社发展基金	1076	—	—	—	—	10176	18
意大利	—	6775	968	—	1290	9033	16
欧洲投资银行	—	5621	—	—	—	5621	10
欧盟	—	—	—	—	4872	4872	9
伊朗	—	—	—	4788	—	4788	9
阿联酋	1000	2000	—	—	750	3750	7
沙特阿拉伯	1633	—	650	850	—	3133	6
世界银行	—	—	2000	—	—	2000	4
德国	—	—	639	—	—	639	1
其他	—	41	10	—	—	51	
总计	18627	15721	6098	7683	6930	55059	100

资料来源：黎巴嫩发展和建设委员会《2004年工作进展报告》，2004年7月。

表4-25 黎巴嫩在第二次巴黎会议上获得的外援
（2002年11月）

单位：万美元，%

国家或机构	贷款金额		财政贷款交付时间	备 注
	财政贷款	项目贷款		
沙特阿拉伯	70000		2003.3	15年，年利5%，宽限期5年
法 国	54000		2003.3	15年，年利5%，宽限期3年
马来西亚	30000		2002.12	15年，年利5%，宽限期5年
阿联酋	30000		2003.1	同上
科威特	30000		2003.1	同上
卡塔尔	20000		2003.5	同上
阿 曼	5000		2002.12	同上
阿拉伯货币基金组织	1500	4000	2002.12	项目贷款
欧 盟	1323	10000	2003.4	1225万欧元，按1∶1.08折算
巴 林	20000		尚在谈判	
比利时			尚在谈判	
意大利			尚在谈判	
加拿大			尚在谈判	
阿拉伯经社发展基金		50000		
欧洲投资银行		35000		项目贷款按签约项目逐个支付
世界银行		20000		
科威特发展基金		15000		
总 计	241823	134000		

资料来源：黎巴嫩财政部《第二次巴黎会议后6个月的进展》，2003年6月。

第八节 旅游业

黎巴嫩濒临东地中海，黎巴嫩山脉纵贯南北，风景秀丽，素有"东方瑞士"之称，内战前曾是中东地区的旅游中心。15年的长期内战使黎巴嫩的旅游业遭到很大打击，而使周边邻国叙利亚、约旦和塞浦路斯的旅游业时来运转，得到较大发展。停战后，黎巴嫩大力恢复和发展旅游设施以及相关的交通、电讯、饭店和餐饮各业，旅游业已有了很大起色。2004年，外国游客人数达127.8万人，较2003年增加了26%，达到停战后的最高水平。

一　自然条件

黎巴嫩国土面积不大，但自然条件优越。依山傍海，气候温和，首都贝鲁特夏季气温一般情况下不超过30℃，冬季不低于0℃；山区较沿海地区略低3℃~5℃。冬季，山区皑皑白雪，有良好的滑雪场，是滑雪爱好者的天堂；夏季，部分地段海滨有着柔软的沙滩，是游泳爱好者的乐园。虽然冬季绝对温度不低，可山区的积雪到4、5月份依然不融化。而从海滨到滑雪场车程一般仅需半小时到1小时，每当冬春之交，游人兴之所至，滑雪之余尚可到海上畅游一番。具有类似自然条件的国家不多，故黎巴嫩颇受欧美游客的青睐。海湾国家的一些王公贵族及富商等则在黎巴嫩山区购置别墅，每年夏季前往避暑。

二　服务设施

黎巴嫩是以旅游业和服务业作为其国民收入主要来源的国家，在服务方面有着优良传统。内战结束后，政府投入大量资金对服务设施进行了全面修缮和现代化改造、发展。旅游、服务业对游客的服务周到细致，确实让人感到"宾至如归"。

（一）住宿

游客如果经济实力较强，愿意得到较好的服务，可以入住3~5星级酒店各种规格的房间，房价每日为50~380美元不等。根据欧美游客的需要，黎巴嫩目前正在发展小旅店，或在私人住

宅开展此项业务,房价约为每日 20~35 美元。游客若拟在黎巴嫩小住,亦可租住配有家具、电视、电话和厨具的公寓,价格一般为每周 150~300 美元。价格随旅游旺季或淡季而上下浮动。在旅游旺季,游人最好在准备下榻的酒店事先办好订房手续。

(二) 餐饮

一般来说,入住的酒店都会提供免费早餐。黎巴嫩的大型餐厅一般均能提供法式、意式或美式西餐,提供品种繁多的本地菜肴。在贝鲁特市中心的烈士广场地区的餐厅,一顿黎巴嫩式午餐约花费 5~15 美元,中餐约花费 15 美元,意式或日式午餐约花费 25 美元。而黎式快餐仅需 1~2 美元。

(三) 交通

出入黎巴嫩除搭乘各国航空公司的航班外,许多欧洲游客驾驶私家车到黎进行自驾游。在黎巴嫩境内,也可以从车行租一辆汽车进行自驾游。当地的出租车相当方便,还可乘坐出租车前往目的地。此外,当地许多旅行社均组织到各个景点的一日游,也可随旅行社组团出游,但须提前 3~5 天报名。

(四) 通讯

经过黎巴嫩政府十余年的努力,通讯设施已得到全面恢复和现代化改造。游人可以通过固定电话、移动电话、电子邮件、电报、传真等同国内外进行及时联系。

三 城市和旅游景点

黎巴嫩从西部沿海平原、中部崎岖山脉到东部贝卡谷地,这种地形结构就为发展旅游提供了丰富的自然资源。历史悠久的文明古国,从腓尼基时代经阿拉伯帝国、希腊、罗马帝国、拜占廷帝国、奥斯曼帝国,各个时代都遗留下了无数宝贵历史遗迹。在一个面积不大的国度里,联合国教科文组织就确定了巴勒贝克、比布鲁斯、苏尔、安杰尔和保留着珍贵雪松的加迪沙峡谷等 5 处世界历史遗产。

(一) 城市

1. 贝鲁特

贝鲁特是黎巴嫩的首都和第一大城市，人口约有 150 万，是黎巴嫩的政治、经济、金融和文化中心，也是中东地区的金融、出版、情报和旅游购物中心之一。素有"中东巴黎"、"地中海畔明珠"的美誉。

贝鲁特已有 5000 年历史，早在公元前 14 世纪的楔形文字中就已有记载。公元前 1 世纪，贝鲁图斯（贝鲁特的古名）沦为罗马帝国和拜占廷帝国的殖民地，也是当时著名的法律学校所在地。公元 551 年，贝鲁特遭遇了一场大地震。自 7 世纪开始，先后经历了阿拉伯帝国、十字军、马木鲁克王朝和奥斯曼帝国的统治。一次世界大战后，法国从战败国奥斯曼帝国接手，对黎巴嫩进行委任统治，直至 1943 年黎巴嫩宣布独立。

经历了 15 年战乱之后，进入 21 世纪的贝鲁特正处于重建的高潮。内战中遭到严重破坏的市中心商业区，将被打造成 21 世纪现代化的商业和住宅区。180 万平方米的面积包括酒店、写字楼和公寓，清真寺、教堂等历史性建筑物和 256 栋楼宇已经修复。阿拉伯市场仍将按传统样式重建。滨海 50 万平方米的地域，将建成绿地公园和供游人散步和观赏海景的步行道。

贝鲁特是游人购物的天堂，各种新潮时装应有尽有，巴黎刚刚上市的新款，几天后就会在贝鲁特市场上出现。欧洲、亚洲不同风格、不同款式的黄金首饰可供不同爱好的游人任意挑选，价格比邻近国家便宜。随处可见的外币兑换所，使外国游客购物时倍感方便。有些商店售物还可以按当天比价直接收受通用外币。

对于喜爱游览名胜古迹的游人来说，贝鲁特有不少罗马帝国至奥斯曼帝国不同时期的古迹。国家博物馆、贝鲁特美国大学考古博物馆，是了解黎巴嫩和贝鲁特历史不可多得的场所。市内主

要古迹有：市区内罗马、拜占廷时期的遗迹，有马龙派圣乔治大教堂左侧的五根石柱遗迹；银行街后面的罗马浴室遗址；立于奈杰迈广场议会大厦前的四根带飞檐的石柱；20世纪40年代在奈杰迈广场附近发掘，现立于国家博物馆对面的五根雕刻精致的廊柱；国家博物馆附近的公元5世纪拜占廷教堂的用马赛克镶嵌而成的地画，该画是20世纪50年代在哈勒代以南发现后移到现址的。奥斯曼时期遗迹有利用12世纪初叶的十字军圣约翰大教堂改建的欧麦里清真寺和在16世纪后期利用拜占廷圣萨维沃教堂遗址改建的阿萨夫清真寺。此外，18~19世纪建造的清真寺、教堂在贝鲁特比比皆是。

2. 的黎波里

的黎波里位于贝鲁特以北85公里的海滨，北距叙利亚边境40公里，是黎巴嫩第二大城市，也是第二大港。加迪沙山谷的泉水汇集而成的艾布·阿里河由东向西流经市区后入海。15年长期内战没有波及的黎波里，所以城市未遭到任何破坏。

的黎波里具有3500年的悠久历史，曾受外族长期统治直至黎巴嫩独立。因此，的黎波里的历史文物在地中海东岸是首屈一指的城市，拥有的马木鲁克王朝时期的文物，仅次于开罗居第二位。的黎波里可称是罗马、拜占廷、法蒂玛王朝、十字军时期、马木鲁克王朝和奥斯曼时期活的博物馆。市内有45栋建筑物的寿命可追溯到公元14世纪，有12所马木鲁克时期和奥斯曼时期建造的清真寺和相同数量的宗教学校。其中，盖拉温苏丹于公元1294年建造的曼苏里大清真寺可称是黎巴嫩现存的最大、最古老的马木鲁克时期的清真寺，公元1310年建成的"布尔塔西"清真寺，则是马木鲁克时期建造的吸取了拜占廷、法蒂玛王朝和马格里布建筑风格的最漂亮的一座清真寺，公元1336年建造的"提纳勒"清真寺堪称艺术瑰宝，它的工程结构、装饰、书法和色彩均可与开罗和大马士革最别致的清真寺媲美。在市区的基督教区，有多所19世纪建成的教堂，其中有1809年建成的希腊东正教派的尼古拉教堂和1889年建成的马龙派米哈伊尔大教堂。奥斯曼统治时期建造的客栈和市场已经历了500年风霜，未见多大改变，裁缝、珠宝匠、香料商、铜匠、皮匠和制皂匠等各行各业的工匠们，仍在市场内自己开设的小店中辛勤劳作，边做边卖。市内还有一些罗马—拜占廷式的传统浴室。十字军时期修建、马木鲁克王朝时期扩建的"伊兹丁"浴室，可称是黎巴嫩留存的最大的拜占廷式浴室，其外门和内门均有拉丁文字和浮雕。而由奥斯曼帝国派驻的黎波里总督易卜拉欣帕夏于1730年建成的"杰迪德"浴室，则是一座豪华、典雅的浴室。

的黎波里城堡，位于市内的一座小山上，是黎巴嫩最古老和最大的一座城堡。最初的雏形是第二任哈里发欧麦尔率部于公元636年击溃拜占廷部队，占领叙利亚、黎巴嫩后，由其手下的指挥官苏福扬·本·穆吉布·艾兹迪于同年所建。11世纪初叶和12世纪初叶，法蒂玛王朝和十字军先后两次对其进行了扩建和加固。1307年，马木鲁克王朝的艾沙德木尔·库尔基将其扩建成有多个瞭望塔的城堡。1521年，苏莱曼·本·赛利姆一世苏丹又扩建了北瞭望塔。该城堡长130米，宽70米，四周有10座城门。城墙高15~20米，开有射击孔。城堡共分4层，内有3座清真寺，多个训练场，大厅，弹药库，浴室，监狱和100多间房屋，还有多个蓄水池、马厩和墓地。

3. 赛达

赛达（Saida），又名西顿（Sidon，西方至今仍沿用此名），位于贝鲁特以南48公里，是一座古老的历史名城。赛达的历史命运和黎巴嫩相同，是一部长期遭受外族统治的屈辱史，也是一部可歌可泣的英勇斗争史。公元前675年，赛达曾因反抗亚述人的统治而被整个摧毁。公元前351年，波斯帝国阿塔塞克西斯三世统治时期，赛达人民在反对波斯统治的起义失败时，英勇不

屈,自闭家门后纵火,任由大火吞噬他们的生命财产。这次抗争导致赛达城历史上的第二次毁灭,约有4万余人在这次抗争中献身。

如今的赛达是南方省省会,也是南部的一个经济中心。该市有食品、纺织、机械和石油精炼等工业,也是黎巴嫩农产品交易中心之一。该市东南郊的"米耶·米耶"难民营和"艾因·赫勒沃"难民营是黎巴嫩境内两个最大的巴勒斯坦难民营,巴解各派在此均设有办事处。

由贝鲁特沿海滨的高速公路南行,在进入该市前,海岸边有一座地标性建筑物——十字军时代的古城堡映入眼帘。继续前行就进入老城区,首先看到的是省政府宾馆,宾馆是一所坐落在海滨的中世纪古建筑,内部是拱形的天花板和中世纪风格的装饰,院内有漂亮的庭院和喷水池,餐厅对外开放,可提供可口的餐饮。入城不远,来到一个造型别致的市场,至今还有工匠们在制作和售卖他们的工艺品。在市场尽头的咖啡馆,可以看到男人们一边同朋友聊天,一边抽着长杆水烟,啜着土耳其咖啡。渔民们则在市场外不远处摆摊出售刚捕捞到的海鲜。

古城堡位于距海80米的一个小岛上,有一条海堤与陆地相连。古城堡是由两座城堡组成,其中一座是古罗马的遗迹,南侧的路易城堡,则是法国国王路易四世统帅十字军占领该城时,于13世纪在法蒂玛王朝时的炮台基础上修建的,故以此得名。从该堡的现状可以看出,马木鲁克王朝时期,特别是法赫尔丁二世于17世纪时,对该堡进行过多次修复。

弗朗杰客栈,是17世纪时埃米尔法赫尔丁二世为客商和他们的货物所建造的众多客栈之一。这是当时一座典型的客栈,口字形建筑,上下两层,中间有一个带喷水池的庭院,建筑物靠庭院一侧为一圈带顶的柱廊。该建筑物现已成为赛达文化中心。从市场往南是大清真寺,前身是圣约翰教堂,这座矩形建筑物的四周墙壁的历史可溯源到13世纪。从海面远眺这座清真寺,完美的结构给人留下难以忘怀的印象。

去往南郊，可以看到一片100米长，50米高的人造小丘，叫做骨螺丘。这是由腓尼基人的紫色染料作坊排出的废弃物堆积而成。这片废墟已被住宅、建筑物和墓地所遮蔽，但若走到近处，从小丘底部仍可不时看到破碎的骨螺壳。

4. 扎赫勒

扎赫勒（Zahle）位于贝卡谷地西侧，距贝鲁特以东54公里，坐落在黎巴嫩山脉的萨宁山东麓，海拔945米。夏季，空气清新、干燥；冬季，背后的萨宁山覆盖着皑皑白雪，将城内建筑物的红色屋顶衬托得分外妖娆。扎赫勒是黎巴嫩第四大城市，拥有15万居民，又是贝卡谷地的行政和商业中心。市内有众多的精品商店，12家在业的酒店，无数餐厅、咖啡馆、娱乐中心、夜总会和电影院，16家银行和无数外币兑换所。

扎赫勒市至今已有300年历史，曾三次毁于火灾。1885年贝鲁特—大马士革铁路通车后，该市的经济开始活跃，逐渐发展成黎巴嫩同叙利亚乃至伊拉克开展贸易的中心。

扎赫勒盛产蔬菜、水果，特别是葡萄。放眼眺望，城北的许多丘陵地，一排排整齐的葡萄藤架跃入眼帘。

该市自诩为"葡萄酒和诗的城市"，城南入口处竖有一座诗酒女神雕像作为该市的标志。在黎巴嫩政治、文化舞台上作出过巨大贡献的思想家、作家和诗人中，就不乏该市的知识分子精英，近百年来约有50名诗人和作家出生于该市。该市的酿酒业已有悠久历史，黎巴嫩许多可与欧洲品牌媲美而名扬海外的名牌葡萄酒和优质的"阿拉克"酒均产自该市。扎赫勒最著名的酿酒厂莫过于卡萨拉酿酒厂，该厂在山体内挖掘了不少山洞，用作酒窖。

巴尔杜尼河由北向南将扎赫勒一分为二，河西是老城区，河东则是商业区。该城北端的巴尔杜尼河谷（又称阿雷什河谷，

阿文原意是"葡萄藤河谷"），两岸树荫下和葡萄架下，露天餐厅鳞次栉比。头戴土耳其式红毡帽，身着长裆扎腿裤的侍者，用一把细长嘴的大铜壶向顾客面前的小杯中一一注入黎巴嫩咖啡，有的顾客抽着侍者提供的有着巨大坐地盛水罐的长杆水烟，香气诱人的阿拉伯大饼在你眼前烤制着。这真是扎赫勒的一道靓丽的风景线。

柏拉特市场是扎赫勒最古老的一条商业街，历史上曾是来往叙利亚、伊拉克和巴勒斯坦的客商买卖货物的场所。市政当局计划将其改建为手工艺品和传统商品市场。胡什·扎赫拉尼市场坐落在河东的邮政局附近，历史上曾是过往客商的客栈和手工艺品中心，鞋匠、木匠、铜匠、织工和马鞍制作者均云集于此。此处也是一个重要的商业中心，小贩们在此销售农产品和工业制品。置身于此，仍能感受到老扎赫勒以往的风情。

扎赫勒的居民多数是基督教徒，宗教特色随处可见。市中心的赛伊代特·扎勒扎利教堂建于1700年，是扎赫勒最古老的教堂。奈贾特修道院建于1720年，是普鲁士国王的赠礼。该院有一座黎巴嫩最大的钟塔，还有一座漂亮的圣母玛丽亚雕像。圣伊莱亚斯·图瓦克修道院建于1755年，经历一次火灾后于1880年修复，如今已是扎赫勒古老的纪念性建筑物之一。更为壮观的景物是屹立于山丘顶端的54米高的扎赫勒和贝卡的圣母玛丽亚雕像塔，游人乘电梯登上塔顶的观景平台，扎赫勒和附近平原的风光尽收眼底。平台之上竖有一座高达10米的圣母玛丽亚铜像，出自意大利艺术家皮埃罗蒂之手。

扎赫勒地区已发掘出一些铜器时代（公元前3000～前1200年）直至迦南、罗马、拜占廷时代的遗迹和遗物。

（二）名胜古迹

1. 巴勒贝克神庙

巴勒贝克（Baalbeck）位于贝卡谷地的东北，距贝鲁特约85

公里,是贝卡谷地的行政中心。该城附近的巴勒贝克神庙于 1984 年被联合国教科文组织确定为世界历史遗产。在中东地区目前发掘出土的约旦杰拉什、叙利亚巴尔米拉(泰德穆尔)和黎巴嫩巴勒贝克 3 处罗马古迹中,巴勒贝克神庙是保存得最为完好的一座。

在希腊占领时期(公元前 333~前 64 年),希腊人将巴勒贝克神看作太阳神,故将巴勒贝克城定名为"海利奥波利斯",意即"太阳城"。希腊人拟建一古典式的希腊神庙。神庙虽最终未能建成,但一些希腊式城墙仍清晰可见。直到罗马帝国占领时期,神庙于公元前 1 世纪末期正式动工兴建,直到公元 3 世纪末期,神庙的全部建筑物才告竣工。

巴勒贝克神庙建筑群由朱庇特神殿、巴克斯神殿、圆形维纳斯神殿和位于谢赫阿卜杜拉山的墨丘利神殿所组成。朱庇特神殿建筑群从东北向西南由作为入口的通廊、六角形前院、大殿和朱庇特神殿等四部分组成。通廊由地面拾级而上,由中部前行即抵六角形前院。出前院,进入一个面积甚大的场院,大殿位于场院的中部。大殿外墙上中世纪碉堡的遗迹依稀可见。由大殿继续往西即达朱庇特神殿。朱庇特神殿已不是纯粹的罗马式建筑,而是吸取了一些东方建筑结构的特色。遗憾的是神殿早已坍塌,神殿柱廊的 54 根石柱仅有 6 根尚高耸云天,柱顶由雕有牛头、狮头的楣构连接在一起。巴克斯神殿是朱庇特神殿以南的独立建筑物,又称小神殿,是目前保存得最完整的一座建筑物。这座神殿的一角有一座 15 世纪修建的塔楼,是埃及马木鲁克王朝时期建筑的明证。维纳斯神殿位于朱庇特神殿建筑群的东南方,是巴勒贝克的守护神。在维纳斯神殿附近还有一座摩西神殿的遗址。

在朱庇特神殿建筑群入口以东,有一座公元 7~8 世纪伍麦叶王朝时期建起的大清真寺。在神殿建筑群以南的布斯坦·汗,尚有公共浴室、市场和议事厅等公共建筑物的重要遗址。此外,

黎巴嫩

附近还有马木鲁克王朝时期巴勒贝克总督陵寝、阿尤比王朝时代的墓葬和古泉、古采石场等遗址。

2. 比布鲁斯

比布鲁斯（Byblos）是位于贝鲁特以北37公里的滨海古城，据考古界学者们估计，该城距今至少已有7000年历史。该城原名"古布拉"，后又改称"杰巴勒"，现名朱贝勒。1984年被联合国教科文组织定为世界历史遗产。

自公元前3000年初期，比布鲁斯就已成为东地中海地区非常重要的木材输出港，最早的腓尼基文字约于公元前1200年比布鲁斯王阿希拉姆统治时期出现于该地，公元前800年前后流传到希腊，成为现代西方拼音文字的先驱。

在漫长的历史中，波斯帝国占领时，曾将该城作为其在东地中海防御链中的战略要地，故在铜器时代早期的城墙外，尚有波斯堡垒的遗迹。希腊占领时期，除在文化上较有影响外，没有留下建筑遗迹。而在随后的罗马帝国占领时期，罗马人在比布鲁斯建造了大量神殿、露天剧场和浴室等公共建筑物，在街道两旁修建了大量石柱，至今仍留存有大量遗迹。在随后的拜占廷帝国占领时期，该城曾被定为东正教大主教教区所在地，但留下的遗迹甚少。当十字军于12世纪初占领该城时，修建了一座圣约翰教堂，还用罗马建筑物遗迹的石柱建造了碉堡和壕沟。

游人们在比布鲁斯的遗址公园中，可以目睹公元前5000～前4000年新石器时代、红铜器时代的民居直至公元12世纪十字军时期约五、六千年的珍贵遗迹，实属难得。

3. 苏尔

苏尔（Sour），又名提尔（Tyre，西方至今仍使用此名），是一座具有5000年历史的腓尼基时代的古城，早期曾是位于小岛上的一个城邦小国。公元前332年，亚历山大大帝围困该岛7个月未能攻克，最后设法填平浅海，铺成堤道后才突破了苏尔人的防线。苏尔人历史上曾有过长期抗击希腊、巴比伦帝国、罗马帝国和十字军入侵的可歌可泣的英雄壮举。外族频频入侵，曾多次毁坏了这座城市，外族长期占领，又为苏尔融入了很多异族文化。目前遗留的更多是希腊—罗马时代的遗迹。近半个世纪以来，黎巴嫩文物总局对苏尔的古迹进行了大量的发掘、整理和维护工作。1984年，联合国教科文组织已将苏尔定为世界历史遗产。

苏尔遗址共分成3个区。1区在苏尔岛的南部，主要遗迹有民居、柱廊、公共浴室、马赛克镶嵌的街道和长方形的竞技场。向西南方前行至距海岸不远处，看到海上分布着一些"小岛"，其实那是古代腓尼基人港口外的防波堤。此港面向埃及，故名"埃及港"。2区在岛的中部，从1区向东北步行约5分钟即可抵达。此区的主要遗迹是十字军的大教堂，可惜仅留下了地基和几根修复的花岗岩石柱。其他就是罗马—拜占廷时期的道路网和其他设施。游人虽不允许进入遗址，但站在路上就可看到遗迹的全貌。3区在2区以东，步行约需半小时，距贝鲁特—纳古拉公路以西不远。文物都是公元2~6世纪罗马—拜占廷时期的遗迹，主要有一片大的古墓群、一座三拱牌坊和一座至今已发现的最大的罗马竞技场。古墓群于1962年被发掘，发现数百具装饰华丽的大理石棺或石棺。三拱牌坊横跨在一条古罗马道路上，是入城的标志。竞技场可容纳两万观众，是当时用于刺激而危险的驾战车竞赛。竞技场以北靠近海滨的拉姆勒居民区一带，实际就是当年亚历山大大帝所铺设的堤道。

此外，苏尔城内有一个挺漂亮的市场，市场入口处就有一所奥斯曼时代的旅店，在一条岔路内还有一所马木鲁克时代的住宅。在市场所在地区还有一座颇具影响力的什叶派清真寺。不远处可以看到繁忙的渔港，该港面北，朝向赛达，腓尼基人将之叫做"赛达人港"。顺着此港南行即进入基督教区，苏尔马龙派主

教驻地就在该区内。一座中世纪碉堡仍耸立在区内一座小公园内。

4. 安杰尔

安杰尔（Aanjar）位于贝卡谷地东部，距贝鲁特58公里，距黎、叙边境仅数千米。安杰尔以距其约3000米的艾因·杰尔哈泉而得名。安杰尔与黎巴嫩其他古迹遗址完全不同，历史虽不如上述古迹久远，但它是阿拉伯帝国的历史遗产。据一些文献记载，该城约于公元705~715年期间，由伍麦叶王朝时期哈里发阿卜杜勒·马立克·伊本·马尔万之子瓦立德一世所建。

该古城是一座四方型建筑，城墙厚2米，由碎石和泥芯充填料粘合而成。外墙面以巨型石板贴面，四面均有壮丽的城门，城墙每隔一段就有一座城堡，总共有40座。城的东南角有1号宫殿和清真寺，西北角有2号宫殿，东北角有3号宫殿和公共浴池，西南面则是居住区。

游人从北门进入，可沿一条20米宽由北向南的大街走到尽头，在半程处与另一条东西向的相似大街垂直相交，两条街的两侧均建有拜占廷式的柱廊，柱廊外侧商店林立。尽管石柱均已倒塌，散落在街道两旁，商店也仅存了一些地基。但从遗迹可以看出，处于从沿海通往大马士革、霍姆斯和巴勒贝克交通要道上的这座内地商业中心当年的繁华景象。从遗迹的建筑风格上看，无论是宫殿、柱廊或浴池，伍麦叶人都在学习和借鉴希腊—罗马的建筑艺术风格。

5. 加迪沙峡谷

加迪沙峡谷以该地的雪松而闻名。目前，留存在黎巴嫩山脉各个地段的雪松已为数不多。一批分布在北部加迪沙峡谷（Qadisha Valley）、卜舍里（Bsharre）一带的雪松其树龄最为久远。此处最为珍贵的雪松共有375株，树龄已达数百年，不少古松树已高达35米，树围达12~14米，被誉为"王者雪松"。此地已被黎政府定为"雪松自然保护区",加迪沙峡谷和雪松已于1998年被联合国教科文组织定为世界历史遗产。

如去游览加迪沙"雪松自然保护区",可同时观赏加迪沙峡谷的秀丽风光,沿途可参观迪曼的马龙派牧首夏季驻地、卜舍里著名作家、诗人纪伯伦博物馆和加迪沙溶洞等景点。如有兴趣,还可另行安排时间,攀登黎巴嫩山脉高程为3088米的最高峰——黑角峰。

6. 杰塔溶洞

杰塔(Jeita)溶洞位于贝鲁特以北约20公里,是世界上有数的巨大溶洞之一,顺贝鲁特—的黎波里高速公路北行至祖克·米哈伊尔村,右转不远处即是。溶洞分下层和上层,分别于1958年和1969年对公众开放,20世纪70年代因黎巴嫩内战而关闭。停战后,内阁旅游部聘请德国公司对溶洞的内部进行修复,并以现代化技术对之进行改造后,于1995年6月,重新向游人开放。

溶洞下层为水域,地下湖泊面积达6910平方米。目前仅能深入600米,必须乘船游览,冬季水面较高时关闭,上层则全年开放。乘船进入下层,扑面而来的印象是,湍急的水流声响和沁人心脾的清凉气息。入口处瀑布急泻的轰鸣声,让人心驰神往地悄然进入这座由水的神力在数百万年间刻蚀出的自然迷宫。从下层有一条120米长的混凝土人造通道通向上层。上层的形成比下层又要早数百万年,当人们步行在溶洞内650米长起伏而崎岖的地面时,凝望着大自然鬼斧神工构成的嶙峋怪石或平滑的石质帷帐,不禁浮想联翩。更令人惊奇的是,溶洞中不时看到一些可直视下方峡谷的孔洞,不时见到溶洞顶部的水滴,通过洞孔滴到数百米下的峡谷中。

杰塔溶洞是由美国传教士 R.W. 汤姆森于1836年发现的,他进入溶洞约50米后发现了一条地下河流,通过枪声的回音,他确信这是一个很有价值的巨大溶洞。1873 年和 1874 年，W. J. 马克斯韦尔和 H. G. 赫克斯利等人两次深入溶洞 1060 米处考察，在溶洞内发现了向贝鲁特供水的狗河（或音译作凯勒卜河）的主要源头。水流从该处即顺着陡岩峭壁湍流而下。而上层则是黎巴嫩洞穴学家于 1958 年发现的，他们从下层的入口处向上攀登了 650 米，最终发现了这座 2130 米的上层溶洞。

（三）其他旅游项目

1. 滑雪

中东地区冬季气温普遍比较温和，黎巴嫩是东地中海国家中唯一拥有天然滑雪场的国家。滑雪季节一般从每年 12 月到翌年 4 月，长达 4~5 个月。黎巴嫩山区冬季气候的另一特点是虽然降雪，但绝对温度并不特别寒冷，一般在零下 5℃ 左右，因此为众多滑雪爱好者所青睐。全国共有 6 个滑雪场，黎巴嫩滑雪协会在各滑雪场均设有滑雪学校，还有多个滑雪俱乐部。各滑雪场均有多条索道可以登顶，为初学者、中等水平者和熟练滑雪者各备有多条滑雪道。近些年来，除一般意义上的高山滑雪外，年轻人还热衷于越野滑雪和滑板滑雪。各滑雪场周围地形均能适应这些要求。各滑雪场附近均有酒店、滑雪旅店和餐厅，还有供应滑雪装具和必需品的商店。现将各滑雪场的情况简介如下。

法拉亚（Faraya）滑雪场　位于贝鲁特东北 54 公里的凯斯莱旺山区法拉亚村以上，高度在海拔 1850~2465 米，到达顶峰马扎尔，向东可以观赏多姿多彩的贝卡谷地和东黎巴嫩山脉的谢赫峰的旖旎风光。法拉亚滑雪场设备优良，坡度较缓，场地宽阔，是滑雪者特别是初学者喜爱的场所。

盖纳特·白基什（Qanat Bakish）滑雪场　位于贝鲁特东北 50 公里的盖纳特·白基什村附近，该滑雪场以雪质较好而受不同级别滑雪者的喜好。滑雪场建有索道，为滑雪者提供上山的便利。

雪松滑雪场 位于北部雪松自然保护区附近,高度为海拔1950~3086米。由于地势较高,滑雪季节较其他滑雪场稍长,有时可从当年11月初到翌年4月下旬,历时将近半年。因此,从1920年开始,滑雪爱好者就常来此处滑雪。滑雪场附近有索道可直达峰顶,滑雪爱好者从峰顶可以不循滑雪道下滑,自当别有情趣。滑雪爱好者还可租用一些装备,在雪松保护区一带进行越野滑雪,不仅享受滑雪的乐趣,还可领略大自然的秀丽景色和这个地区的名胜古迹。

拉格卢格(Laqlouq)滑雪场 位于贝鲁特东北66公里,高度在海拔1700~2000米之间。滑雪场附近地形成梯田状山脊,覆盖着数以千计的树木。与其他滑雪场不同,拉格卢格滑雪场周围几乎没有房舍和其他建筑物。除了高山滑雪外,这一地区也是越野滑雪的最佳场地之一。距滑雪场开车约15分钟路程,即可抵达艾夫加溶洞和巴卢深渊。这儿有天然的拱洞和瀑布,是黎巴嫩最美的景点之一。此外,附近还有一处古迹——圣夏贝勒修道院博物馆,经常有游人前往造访。

扎阿鲁尔(Zaarour)滑雪场 位于贝鲁特以东,是距首都最近的一所滑雪场,也是最小的一所滑雪场。该滑雪场高度在海拔1700~2000米之间,滑道面北,故雪质很好。该滑雪场所在的萨宁山上有4000米以上的雪地,是著名的优质越野滑雪场地。内战期间,该滑雪场遭到两次毁坏,现在已完全修复。

法格拉(Faqra)滑雪场 位于贝鲁特以北,约10公里的小城朱尼耶以东,以法格拉俱乐部著称。除滑雪外,俱乐部的法格拉奥伯奇酒店设施优良,拥有温水游泳池、壁球、桑拿、健身俱乐部和3个网球场。附近法格拉雪村的乡间小屋设计美观,配有漂亮、别致的花园。

2. 潜水

潜水是黎巴嫩另一项较有特色的旅游项目,为不少旅游者,

特别是青年旅游者所喜好。但潜水项目有一定危险性,有些景点适合所有潜水者,而有的景点仅适合具有一定经验的潜水爱好者。为确保安全,旅游者最好是在当地潜水俱乐部人员的指导下参与。在贝鲁特、的黎波里、朱贝勒、赛达和苏尔等地都有一些可供潜水的景点。

贝鲁特的潜水景点有鲨鱼暗礁、黄貂鱼暗礁、靠近贝鲁特美国大学的海谷、哈拉特蘑菇状暗礁、"马其顿人"货船残骸、"海豚"号潜艇残骸、"艾丽丝 B"号货船残骸、"女同性恋者"号货船残骸和"VTB8"号鱼雷艇残骸等,但有些景点经常有季节性鲨鱼出没。此外,潜水爱好者还可前往上述各个城市去探寻其他潜水景点。

黎巴嫩有多所潜水俱乐部,主要的有,国家潜水学会、极限队潜水俱乐部、艾丽特潜水员学院、阿特兰提斯潜水学院、沙虎俱乐部、海豚俱乐部、赛达俱乐部和黎巴嫩潜水者俱乐部,其中尤以前两者为优。国内各潜水俱乐部均可接受和颁发国家水下教练员证书,有的潜水俱乐部甚至可以颁发国际技术潜水证书。

第九节 国民生活

一 劳动就业

(一)概况

国家统计局在社会事务部和联合国开发署协助下,通过全国性问卷调查后,于 2005 年 7 月发表了《2004 年全国家庭生活状况研究报告》。依据该报告的数据,全国共有劳动力(包含童工)117 万人,在业雇员 107.4 万人,其中,男性 85.3 万人,占 79.5%,女性 22.1 万人,占 20.5%。从文化水平来看,小学以上学历的劳动者共 87.44 万人,占在业雇员总数的 81.3%，其中大学、高职、高中和职业高中毕业生达 39.4 万人，占在业雇员的 36.6%。劳动力中，20~64 岁适龄劳动力约 105.5 万人，占劳动力总数的 90%；19 岁以下童工 6.75 万人，占总数的 5.6%；而已到退休年龄的 65 岁以上年龄段的人群仍在就业和寻找职业者有 4.85 万人，占劳动力总数的 4.4%。20~44 岁年龄段的就业人群是精力最旺盛的劳动力，共 69.5 万人，占劳动力总数的 59.4%。从劳动力就业的领域来看，以服务业为最多，从业人员占就业人员总数的 41%~46%，其次是商业，从业人员占就业人员总数的 23%，然后依次是工业、建筑业和农业。全国失业人数共 9.64 万人，占劳动力总数的 8.2%。可能由于行业性质的关系，年轻女性的职业稳定性较好，有长期工作岗位的比例高达 91.4%，季节工和临时工仅占 8.6%；而年轻男子的对应比例则为 80.5% 和 19.5%。目前，季节工和临时工基本上都是外籍工人，主要是叙利亚工人。

雇用童工的现象比较普遍。根据国家统计局 2005 年统计，10~14 岁童工总计有 5739 人，占劳动力总数的 0.5%，15~19 岁童工约有 4.3 万人。但因数据系通过问卷调查抽样取得，不一定完全准确。而据联合国教科文组织研究，黎巴嫩 60% 的童工年龄在 13 岁以下。40% 的童工每天工作长达 10~14 小时，75% 的童工仅能挣到最低工资的 2/3，而且很少能获得社会福利待遇。

按 2000 年修订后的《劳动法》规定，18 岁以下童工日工作时间不得超过 6 小时，日工作时间超过 4 小时者其间应给予 1 小时休息；不得安排在晚 7 时至晨 7 时的时间段工作；8~16 岁童工不得操作机械；16 岁以下童工不得从事有害他们健康、安全和道德品质的工作。劳动部负责监督执行上述要求，但在实际操作上，上述要求并未被严格执行。

（二）雇员的福利待遇

黎巴嫩政府于 1946 年颁布了《劳动法》，1963 年重新修订该法，此后又颁布了《社会保障法》。根据黎现行法律规定，年满 21 岁的劳动者第一次应聘时有 3 个月试用期，试用期结束后，至少可领取法定最低工资每月 30 万黎镑（约合 200 美元）。按政府规定，雇员每周最多工作 48 小时，必要时，经劳动部批准可增加工作时间。童工并不按此规定执行。

全日制雇员每年可享受 15 天带薪年假，两次年假可合并使用；每年有 2 天强制执行的带薪假日，5 月 1 日劳动节和 11 月 22 日独立节；每年还有政府承认的 13 个节假日，所有政府部门和大多数企业均放假。此外，雇员每年可享受半个月的带薪病假，若病假超出半个月，雇主可从其年假中扣除；女雇员分娩可享受 40 天带薪产假；雇员家中如有亲属亡故，雇主应给予 2 天丧假。在国家机构或国营企业，雇员的工作较有保障，职务的晋升则根据其任职的资历；在休假制度上也比私营部门更为宽松，雇员可享受 20 天带薪年假，还可享受婚假、丧假等其他假期，女雇员分娩时可享受 60 天产假。

政府从 1963 年起，设立了国家社会保险基金，用于向患病、分娩和遭遇工伤事故的雇员提供帮助，给雇主提供家庭津贴，为到了退休年龄的雇员发放退休金。在基金注册的已婚雇员可享受 20% 的配偶津贴，每个孩子 11% 的子女津贴，但以 5 个子女为限。津贴皆以最低工资为计算的基准。已在基金注册的雇员及其赡养者，基金负担其患病、分娩和工伤事故的大部费用，雇员仅需负担 10% 的住院费和 20% 的检查费和药费。雇员的退休年龄是 64 岁，但若工作满 20 年，雇员年满 60 岁可申请提前退休，领取退休金。

法律规定所有企业必须参与此项社会保险基金，大企业应按月向基金会提供报告，10 人以下的小企业可每季度提交一份报告。违法不参加投保的企业初次处以 10 万～150 万黎镑的罚款。再次违法者处罚加倍。但由于基金仅有 75 名巡视员负责全国的企业，往往顾此失彼。因此，社会保险基金覆盖的面仍很有限。根据基金会的统计，到 2001 年为止，全国约有 16 万个企业，近 110 万名雇员，仅有 38890 个企业在基金会注册，有 35.57 万名雇员享受了医疗保险。

按《劳动法》规定，合法解雇雇员应在一个月之前通知本人，解雇时最少应给予雇员相当于两个月工资的解雇费。

二 工资水平

根据法律规定，由劳动部规定最低工资标准。1995 年以前，最低月工资标准为 7.5 万黎镑（当时约合 77 美元），自 1996 年 1 月起，最低月工资标准已提高到 30 万黎镑（约合 200 美元）。国家单位和私营企业均须按此标准执行。国家统计局于 1996/1997 年度所作的"全国生活条件调查"反映，雇员的年人均工资水平为 1051.2 万黎镑（约合 6975 美元），按每户平均 1.4 个劳动力计算，每户的年收入为 1524.1 万黎镑（约合 10106 美元）。即便如此，被调查人员中，50%认为其收入"明显下降"，22%认为"稍有下降"；69%的人认为不够或刚够应付日常开销。根据 1997 年和 1998 年的两次民意调查显示，58%的人认为，其收入不能满足食品、住房、教育和医疗等基本需要；72%的人认为，收入不能保障体面的生活水平。

总的说来，男性雇员的工资水平高于女性，根据国家统计局 1997 年所作调查，男性雇员的平均工资（当时为 60.6 万黎镑，约合 394 美元）比女性的平均工资（47.7 万黎镑，约合 310 美元）高出 27%。当然，收入差别可能与同一行业中职务工资差异（如医师和护士）以及资历长短有关。

三 物价水平

1998年以来,黎巴嫩物价水平大体保持平稳,交通费用上涨幅度比较明显,尤以最近几年更为突出,高达40%。其次是服装价格也逐年攀升,接近30%。水电煤气和其他服务项目的涨幅也较可观,达到20%左右。倒是占家庭开支比重较大的食品的价格,虽连年也有波动,但基本上呈下降趋势。其中,蔬菜价格涨幅最为明显,达到9%,但较涨幅最大的2001年,价格也有较大回落。

1998~2005年消费品价格指数变化情况和1999~2004年食品价格指数变化情况见表4-26和表4-27。

表4-26 1998~2005年消费品物价指数变化情况表

项 目	比例	1998	1999	2000	2001	2002	2003	2004	2005
食 品	34.6	100	96.4	93.7	94.5	93.9	95.9	100.6	97.8
服装、鞋	6.3	100	104.8	104.7	108.4	117.1	121.5	125.5	124.9
房租、水电、煤气	8.8	100	—	—	—	—	—	—	—
房租和住房开销	1.6	100							
维修、水电和煤气	7.2	100	105.7	105.5	104.9	107.6	110.7	118.4	125.3
家具、设备和小修	7.9	100	100.3	96.9	97.9	102.5	100.0	100.5	90.1
医疗费用	8.8	100	98.4	96.3	94.1	97.2	101.5	103.8	102.0
交通费用	11.3	100	107.8	109.9	111.6	133.0	143.0	139.7	140.4
教育费用	13.4	100	101.5	103.8	110.3	111.0	113.8	110.1	97.7
娱乐费用	5.4	100	102.1	102.1	103.2	108.1	107.4	105.2	104.9
零用和其他服务	3.5	100	103.0	102.6	98.2	106.9	114.9	118.1	126.5
平均消费价格指数	100.0	100	100.7	99.8	101.1	105.2	108.6	110.4	107.5

资料来源:黎巴嫩中央统计局《2005年消费品物价指数》,2006。

说明:1. 比例系指该项费用在家庭总支出中所占的比例。

2. 此表以1998年的各项指数为基准,用以比较7年来物价指数的变化情况。

3. 每年的数字均以当年12月份贝鲁特及郊区的价格为准。

表 4-27 2000~2004 年食品价格指数变化情况表

单位：%

项目	1999	2000	2001	2002	2003	2004
谷物及面粉制品	100	-3.20	-2.68	-1.71	-0.12	4.36
肉及肉制品	100	-5.33	-13.2	-9.07	2.51	1.44
蛋、奶制品	100	2.89	1.3	0.27	-0.10	6.55
植物油及动物脂肪	100	-5.25	-11.75	-19.28	0.59	0.35
水果	100	15.69	14.43	16.07	-3.97	28.60
蔬菜	100	14.97	27.11	21.30	11.13	21.92
干果及瓜子	100	-9.23	-11.44	-16.70	-0.62	-9.40
糖果、巧克力、果酱及蜂蜜	100	8.35	5.23	6.91	-0.15	18.99
其他食品	100	0.88	-5.16	-0.95	0.87	3.72
甜酒及饮料	100	5.84	18.12	25.10	0.27	32.77
烈酒	100	-12.2	-19.39	-11.44	-0.07	-7.69
个人用品	100	5.09	3.75	6.32	0.17	5.31
家庭用品	100	1.05	-2.4	-8.04	-3.20	-7.95
平均价格波动指数	100	-2.20	-7.01	-5.88	1.12	0.54

资料来源：黎巴嫩经济贸易部《2004 年食品价格指数》，2005。

说明：1. 本表以 1999 年价格为基准，比较 2000~2004 年各年的价格变化情况。

2. 各年均以 12 月 1 日价格为准。

四 居住条件

据《2004 年全国家庭生活状况研究》提供的数据，黎巴嫩居民的居住条件还是比较好的。全国 879855 户家庭中，居住公寓式套房的家庭有 638772 户，约占 72.6%；居住独立住宅的家庭有 227528 户，约占 25.9%；居住一层以上别墅的家庭有 7601 户，约占 0.9%；居住在临时房屋或情况不明的家庭有 5954 户，约占 0.7%。从房屋产权的角度来看，拥有一处住宅产权的家庭有 610276 户，占 69.4%；拥有 2 处住宅产权的家庭有 41813 户，占 4.8%；拥有 3 处以上住宅产权的家庭有 989 户，仅占 0.1%。

黎巴嫩冬季气候不甚寒冷，修建住宅时一般均未考虑安装中央供暖系统。在公寓式住宅楼中，安装了中央供暖系统的楼房仅占全部住宅的 0.7%，家庭自行安装中央供暖系统的住宅也仅占 7.9%。寒冷时，使用桶装煤气为燃料的取暖设备的家庭占 34.7%，使用柴油取暖设备的家庭占 24%，使用电取暖设备的家庭占 17.1%，使用煤炭或柴火取暖的家庭占 16.8%，尚有一些家庭根本没有取暖设备。

家用电话尚不够普及，住宅内安装有 1 条固定电话线以上的家庭仅 329377 户，占家庭总数的 37.4%；1 条话线以上的移动式电话 282263 台，占 32.2%。上因特网的家庭仅有 39393 户，占 4.5%。

在家电设备方面，全国拥有冰箱 868849 台，占家庭总数的 98.7%；有独立冷冻柜 26798 台，占 3%。有带电烤箱或天然气烤箱的灶具 691176 台，占 78.6%；不带烤箱的灶具 192372 台，占 21.9%；独立电烤箱 66209 台，占 7.5%；微波炉 229605 台，占 26.1%。半自动洗衣机 468819 台，占 53.3%；全自动洗衣机 378227 台，占 43.0%；烘干机 34745 台，占 3.9%；洗碗机 25589 台，占 2.9%；吸尘器 569128 台，占 64.7%。电视机 855648 台，占 97.2%；录像机 324346 台，占 36.9%；DVD 机 96703 台，占 11.0%；收录音机 662917 台，占 75.3%；摄像机 69328 台，占 7.9%；照相机 265843 台，占 30.2%；电脑 208737 台，占 23.7%。空调 233962 台，占 26.6%；热水系统 714518 套，占 81.2%。

在汽车拥有量方面，拥有 1 辆汽车的家庭 383899 户，占家庭总数的 43.6%；拥有 2 辆汽车以上的家庭 78111 户，占 8.9%；没有汽车的家庭尚有 417844 户，占 47.5%。

在水电供应方面，国家电网能覆盖居民住宅的 99.8%。除国家电网外，由于长期处于战乱环境，57% 的家庭置有家用发电机。在饮用水的供应上，依靠国家自来水管网的家庭占 56.1%，饮用矿泉水的家庭占 31.5%，其余家庭则取用井水、泉水或河水。在生活用水上，依靠自来水管网的家庭占 75.6%，依靠井水的占 21.6%，依靠从水车买水或其他水源的家庭占 21.4%（有的家庭使用多种水源）。

社会服务方面，在住宅附近有 1 家以上蔬菜副食店的家庭占 94.1%，附近有 1 家以上面包房的家庭占 87.1%，附近有 1 所以上公立小学的家庭占 70.4%。相对而言，居民的就医条件稍差一些，在住宅附近有 1 家以上医院的家庭仅占 30.5%，竟有近 70% 的家庭附近没有医院；附近有 1 所私人诊所的家庭仅占 66.2%；附近有 1 所以上卫生所的家庭仅占 58.2%；附近有 1 所以上药房的家庭占 72.2%。

在废弃物品处理方面，在住宅附近有垃圾站的家庭占 70.2%，居民楼内有垃圾站的家庭占 11.6%，有私营公司上门清理垃圾的家庭占约 10%，垃圾站距住宅较远的家庭占 17.2%，到处乱扔和焚烧垃圾等约占 6.2%（有的家庭利用多种途径清除垃圾）。

第五章

军　　事

第一节　概述

一　建军简史

（一）陆军简史

黎巴嫩军队的前身是20世纪初法国武装力量的"东方师"中的黎巴嫩狙击营。1916年，法国政府决定在法军中建立"东方师"，该师吸收了部分黎巴嫩青年。1926年，东方师建立了第1黎巴嫩狙击营。这支部队可算是创建黎巴嫩军队的种子。1941年7月，东方师脱离维希政府，参加戴高乐将军统帅的自由法兰西部队，投入北非、意大利和法国南部的战斗。1943年黎巴嫩独立前，法军将由黎巴嫩人组成的各支部队合并，组建成第5旅，福阿德·谢哈布上校任旅长。1943年11月22日，黎巴嫩宣布独立时，法国当局将第3黎巴嫩狙击营交还黎巴嫩政府，用于维护治安。其他黎巴嫩部队则仍留在法军建制中。1944年，黎巴嫩政府为接收法国军队中的黎巴嫩部队，派出代表团同法方进行了为期3周的谈判。最终，英法联军司令部宣布，将在法国控制下的黎巴嫩部队移交独立后的黎巴嫩共和国。1945年8月1日，法军全部从黎巴嫩撤出，同时将黎巴嫩

第五章 军事

部队正式移交给黎巴嫩政府。

独立后，黎巴嫩政府参政的两大教派在建军问题上均有各自的顾虑。当权的基督教派政治家们看到，阿拉伯国家中军事独裁政权随处可见，担心穆斯林各派可能利用军队发动政变，夺取政权；再则，担心建设一支规模较大的军队不可避免地会将黎巴嫩拖入阿以冲突。而穆斯林政治家们则警惕一支由基督教徒们统帅的强大军队会有损穆斯林的利益，但自相矛盾地又希望拥有一支足够强大的军队，能在阿以冲突中发挥作用。后来，代表各主要教派的政治领导人长期拥有各自的民兵组织作为依托，盘踞在各自的势力范围内，担心一支强大的国家军队将会削弱甚至剥夺他们的势力范围。因此，独立后的半个世纪中，黎巴嫩军队无论从兵力、武器装备，或从战斗力方面都处于相对的弱势。由于教派矛盾，当国家处于危机及内战状态时，黎军在制止内战和维护社会稳定方面，也未能发挥其应有的作用。在某些时期，甚至成了教派斗争的工具。

正是由于黎军的弱小和国内尖锐复杂的教派矛盾，黎巴嫩除象征性地派出1个狙击营的兵力参加了第一次阿以战争外，此后的3次阿以战争，黎巴嫩均未介入。甚至1978年和1982年以色列两次入侵黎巴嫩，黎军均未能奋力抵抗。

1990年内战结束后，黎巴嫩政府才开始逐渐重视军队建设，原已分裂成基督教区黎军司令部和穆斯林区黎军司令部才重新合并，实现了黎巴嫩军队的统一。在时任总统赫拉维的支持下，黎军司令拉胡德对黎军实行了重建，对亲前任司令奥恩将军的各级军官进行清洗，提拔了一大批亲叙利亚的中青年军官。随后，对原以基督教官兵为主体的各旅和以穆斯林官兵为主体的各旅，进行了以营为单位的互换混编。到1992年8月底，黎军整编和换防已全部完毕。目前，黎军在规模、装备和战斗力等方面较前已有较大改观。黎军兵力已从3.5万人增长到7万余人。

内战结束后，黎军执行的一项重要任务是，排除以色列军队入侵期间在南部和西贝卡地区埋下的55万颗地雷。经过多年的努力,到2004年6月底止,在叙利亚驻军工程兵协助下,共排除各种地雷15万颗,尚未爆炸的各种弹药等8万件。以军遗留的137平方公里布雷面积中已经清除25平方公里,每年因触雷死伤的事件已由2000年的120起减到2004年的9起。

鉴于内部治安军力不足,黎军于1991年1月根据内阁决定,受命参与维持全国各个地区治安的任务。此外,黎军部队还积极参与了修复水电管网、整修道路、修复旅游设施和古迹遗址、清理海滩以及扑灭火灾、植树等大量社会工作。

(二)空军简史

黎巴嫩空军正式创建于1949年,当时定名为航空兵,司令部设在里亚格空军基地。同年,在里亚格空军基地创建了飞行学校,从英国购买的"学徒"式教练机、"代理人"式教练机飞抵里亚格空军基地后,随之创建了空军技术学校、防空军备件局。1949年,里亚格空军基地还引进了英制"金花鼠"教练机和"Savoia Mauchetti"轰炸机,组建了空军第一个轰炸机中队。同年独立节,空军飞机第一次参加了飞行表演。1951年,专为训练领航员而购置的英制"鸽"式运输机飞抵里亚格基地。1952年,里亚格基地又引进了英制"哈佛"式教练机。1966年接收了5架法制"教师"式教练机。1975年接收了6架英制"大斗犬"式教练机,1953年创建贝鲁特空军基地,同年,接收了英制"吸血鬼"式T-9、T-11型战斗机。1956年创建第1中队。1958年,航空兵接收了1个中队的法制"云雀"-2型和"云雀"-3型直升机和1个中队的"猎人"式喷气战斗机,同年为"云雀"直升机建立了第3中队,1959年在里亚格基地为"猎人"式战斗机组建了第2中队。同年,在比尔·哈桑建立了一个雷达站,1971年,正式扩建为雷达营。1967年,在北部建立了古雷阿特空军基地,翌年,在该基地接收了法制"幻影"式战斗机,组建了第 4 中队。1973 年,在接收了意大利制"奥古斯塔"式贝尔-212 型直升机后,又组建了第 5 中队。1980 年,组建了装备法制"小羚羊"式武装直升机的第 8 中队,1981 年又组建了法制"美洲豹"式直升机的第 9 中队。内战停止后,黎军从美国获得 1 个中队的美制贝尔-205 型直升机,组建了第 11 中队。1995 年,黎军又从美国获得 2 个中队的 UH-1H 型直升机。

1981 年,航空兵正式更名为空军,航空兵弹药局和航空兵学校也相应更名为空军弹药仓库局和空军学校。

(三) 海军简史

1950 年,黎军创建海军,当时定名为海防兵。司令部设在贝鲁特海军基地。1954 年,夏蒙总统在第 1 艘海军舰艇上升起了黎巴嫩国旗。1972 年,在贝鲁特以北的朱尼耶新建了一个海军基地,并将海防兵司令部迁往朱尼耶海军基地。翌年,创建了海防兵学校。1975~1976 年内战初期,朱尼耶基地顶住了各派民兵的压力,坚守阵地。

1982 年,根据新颁布的国防法,海防兵正式更名为海军。

1990 年,基督教区黎军对黎巴嫩力量民兵进行惩罚性打击时,朱尼耶海军基地遭到黎巴嫩力量民兵火炮、火箭和坦克的袭击而被彻底摧毁,并被其占领。幸好舰艇在攻击前数分钟被海军官兵驶离基地而被保全。直到 1991 年,海军才重新控制了朱尼耶基地,并重建了贝鲁特海军基地。1992 年,在的黎波里、赛达和苏尔等港口新建了海军设施。1997 年,在黎巴嫩海岸沿线建立了新的雷达监控中心。

二 国防体制

"塔伊夫协议"规定,"总统为武装力量最高统帅",但"武装力量服从内阁的权力"。最高国防委员会是负责国家安全事务的最高决策机构,总统和总理分别担任主席和副主席。军事委员会是最高军事执行机构,黎军司令和黎军参谋长分别担任主席和副主席。根据黎巴嫩现行体制,为了对历史上形成的由基督教马龙派掌权的体制有所约束,国防法规定,由内阁和最高国防委员会共同制定国家的国防政策。国防部是最高军事行政机关,由行政总局、监察总局和军事室等机构组成,全面主管国家的军事工作。黎巴嫩军队司令部是黎军最高指挥机构,由参谋部、情报部和士气指导部等机构组成,全权负责黎军的作战指挥和训练、管理等事宜,而黎军各级指挥官的任免则由国防部所属军事委员会负责。

根据政治教派体制约定俗成的传统,黎巴嫩军队司令必须是马龙派基督教徒,黎军参谋长必须是德鲁兹派穆斯林,黎军的重要职位也必须按比例分配给各个教派。

(一) 最高国防委员会

根据黎巴嫩议会1979年3月通过的国防法,黎巴嫩设立最高国防委员会。内阁和最高国防委员会制定国家的国防政策。总统虽是武装力量最高统帅,但必须通过最高国防委员会行使其权力。最高国防委员会由总统任主席,总理为副主席,成员有副总理以及国防、外交、内政和财政等部部长。最高国防委员会举行会议需要听取咨询性意见时,可请黎军司令出席。委员会下设秘书处,秘书长必须是上校以上现役军官。

(二) 军事委员会

国防法规定,设立军事委员会,直属国防部长领导。军事委员会由黎军司令、最高国防委员会秘书长、行政总局局长、总监察长和2名上校以上军官组成,成员必须分别是马龙派、逊尼派、什叶派、德鲁兹派、希腊东正教派和希腊天主教派等6个主要教派的信徒。军事委员会的职责是,组建国防部下属机构,任命军区司令、师长、旅长和军事学校、空军学校、海军学校校长以及驻外使馆武官。其实,设立军事委员会的主要目的是防止马龙派独揽军权,将原属黎军司令任免主官的重要职权授予6个主要教派。

(三) 黎巴嫩军队

国防法规定,黎巴嫩军队隶属国防部,国防法还规定,黎军司令必须是指挥参谋学院毕业的现役参谋军官,由内阁根据国防部长的提名任命。黎巴嫩军队现任司令为米歇尔·苏莱曼中将(Lt. Gen Michel Suleiman),于1998年12月21日就任。

黎军司令全权负责军事和安全作战行动。下设黎军参谋长,全面协助司令的工作,特别是军事训练和法律事务方面的工作。参谋长之下设4名副参谋长,分管黎军司令部及全军各个方面的日常工作。黎军参谋部下设作战、教育、训练、计划、后勤、装备、人事、动员、测绘等有关职能局处,在分工范围内各司其职。全国范围内设贝鲁特军区、北部军区、黎巴嫩山军区、贝卡军区和南部军区等5个军区。军区仅负责本辖区内各部队的后勤保障工作,对辖区部队无调动和指挥作战的权力。

三 国防预算

黎巴嫩近些年来每年的国防预算大致都在5亿~6亿美元,随着黎巴嫩经济逐年恢复、发展,国内生产总值不断升高,国防预算占GDP比例也在逐年降低。2000年国防预算为8827.55亿黎镑(约合5.86亿美元);2001年为8867.55亿黎镑(约合5.88亿美元);2002年为8118.95亿黎镑(约合5.39亿美元),占当年GDP的3.10%;2003年为7796.5亿黎镑(约合5.17亿美元),占当年GDP的2.88%;2004年为8055.90亿黎镑(约合5.34亿美元),占当年GDP的2.74%;2005年为8435.93亿黎镑(约合5.60亿美元),占当年GDP的2.70%。

四 军衔

黎巴嫩军队的军官编制军衔共分三等九级,将官最高为中将,仅黎军司令一人佩此军衔,其后为少将、准将；校官分三级，依次为上校、中校和少校；尉官也分三级，分别为上尉、中尉和少尉。士官和士兵军衔分为四等十级，其中准尉分为二级，分别为一级准尉和准尉；军士长分为二级，分别为一级军士长和军士长；军士分为四级，分别为一级上士、上士、中士和下士；士兵分二级，即一等兵和列兵。

五　勋章和奖章

（一）勋章

1. 黎巴嫩功勋勋章

功勋勋章是黎巴嫩最高级别的勋章，于1922年1月16日根据国家第108号决定设立。功勋勋章共分6级：特级、大绶带级、一级、二级、三级和四级。

2. 国家雪松勋章

国家雪松勋章系根据1936年12月31日国家颁布的法律设立，共分大绶带级、高级军官级、指挥官级、军官级和骑士级等5个级别。

3. 飞鹰勋章

飞鹰勋章系根据1959年12月6日国家颁布的勋章条例设立，共分优秀级、一级、二级、三级等四个级别。

4. 海军勋章

海军勋章系根据国家1974年1月7日第6929号命令设立，共分优秀级、一级、二级、三级等四个级别。

（二）作战奖章、纪念章

作战奖章、纪念章旨在为纪念黎军历次作战行动而设立，授予曾参加过这些作战行动的黎巴嫩武装力量官兵。现行的作战奖章、纪念章有如下几种：

1. 1948年巴勒斯坦奖章

2. 1961年12月31日奖章

3. 民族团结奖章

民族团结奖章系为纪念黎军1990年10月13日逼迫奥恩政府下台的作战行动而设立,授予1990年10月13~31日期间正在服现役的黎巴嫩武装力量官兵。

4. 南方黎明奖章

南方黎明奖章系为纪念黎军于1991年7月1日在南方重新部署而设立。

(三) 其他奖章

1. 军事奖章

根据1948年6月2日共和国总统颁布的法律设立。

2. 公安奖章

根据1975年1月28日第9538号总统令设立。

3. 国家安全奖章

根据1994年7月5日第5327号总统令设立。

4. 伤员奖章

根据1948年6月2日共和国总统颁布的法律设立。

5. 军事荣誉奖章

根据1971年8月18日第1669号总统令设立。军事荣誉奖章分为两个级别,银质授予军官,铜质授予士兵。

第二节 军种与兵种

一 陆军

(一) 任务

陆军的主要任务是:抵御外来入侵,保卫国家领土完整和主权的不受侵犯;在和平时期,根据国家的需要和政府的指令,协助内部治安军维护国内治安和社会安宁;在国家遭遇重大自然灾害时,根据政府指令执行救灾和保护民众生命财产安全的任务。

(二) 实力和编成

陆军实力共7万人。作战部队共编成11个机械化步兵旅、1个共和国警卫旅、1个突击团、1个空降团、1个海军突击团、2个炮兵团和5个特种兵团。此外，还有1个支援旅、1个后勤旅、1个独立工兵团、1个通信团以及宪兵、医疗勤务等后勤、特种保障部队。每个旅辖6~7个营，包括机械化步兵营2~3个、坦克营2个、工兵营1个以及1个营的后勤保障分队。

由于历史原因，黎军各部队兵员的教派特征比较明显，往往均驻扎在本教派所在地区，因此长期受到教派、家族的影响和控制。内战停止后，黎军司令部按照内阁决定，于1991年12月下令所属各作战部队在全国范围内实行换防。现将作战部队简介如下：

1. 第1机械化步兵旅

兵员多来自什叶派。

2. 第2机械化步兵旅

兵员多来自逊尼派。

3. 第3机械化步兵旅

4. 第4机械化步兵旅

此番号现已取消。1984年，舒夫山区发生战斗时，德鲁兹民兵试图控制阿莱到濒地中海的哈尔岱一带地区，导致该旅约一半士兵投奔德鲁兹民兵，其余的基督教士兵则投奔到贝鲁特东区的基督教各旅中去了。

5. 第5机械化步兵旅

兵员多为马龙派。

6. 第6机械化步兵旅

兵员主要来自什叶派。20世纪80年代中期，驻扎在贝鲁特西区，曾因拒绝向"阿迈勒"民兵开火而造成黎军的分裂。此举导致其他部队的什叶派士兵纷纷投向该旅，以致该旅的兵力一度膨胀到 6000 人。

7. 第 7 机械化步兵旅

兵员主要来自基督教派，装备较好。

8. 第 8 机械化步兵旅

该旅是黎军中训练有素、装备精良、战斗力最强的部队。兵员的 80% 是来自北部阿卡尔地区的基督教徒，其余是逊尼派穆斯林。

9. 第 9 机械化步兵旅

兵员主要来自北部的黎波里等城市的基督教徒，还有一小部分逊尼派、什叶派官兵。

10. 第 10 机械化步兵旅

兵员绝大部分是基督教徒。该旅战斗力较强。

11. 第 11 机械化步兵旅

兵员主要来自德鲁兹派。

12. 第 12 机械化步兵旅

兵员主要来自什叶派。

13. 突击团、空降团和 5 个特种兵团都是黎军司令部的总预备队。

（三）武器装备

M－48A1/A5、M－41 型主战坦克	110 辆
T－54/55 型主战坦克（叙利亚赠）	约 200 辆
AMX－13 型轻型坦克	40 辆
M－113A1/A2 型装甲人员输送车	1164 辆
AMX、VAB 等式步兵战车	162 辆
AML、萨拉丁等式装甲侦察车	60 辆
105～155mm 等各型牵引火炮	147 门

81～120mm 等各型迫击炮	369 门
M-42A1 型 40mm 自行高炮	10 门
ZU-23 型 23mm 高射炮	若干
安塔克（30 具）、米兰（16 具）、陶（24 具）等式反坦克导弹发射架	70 具
萨姆-7 型防空导弹发射架	20 具

M-16 型自动步枪、RPG-7 火箭筒等轻武器

二　空军

（一）任务

空军的主要任务是：保卫黎巴嫩领空；通过雷达对领空进行监控；参与运送人员、弹药等作战行动；为保障安全和特种作战行动而执行侦察任务；执行陆地和空中的搜寻、拯救行动；为黎巴嫩全国的大地测量工作执行航空摄影任务；运送政治和宗教领导人；发生自然灾害时保障灾区的食品和必需品供应；为保护植被进行空中喷洒农药；在人员难以到达地区执行扑灭火灾任务；黎军司令部下达的其他任务。

（二）实力和编成

空军实力共 1000 人。空军司令部下设同黎军司令部相对应的处室，下辖贝鲁特空军基地、里亚格空军基地和格雷阿特空军基地等 3 个空军基地。此外，在朱贝勒附近还有一个哈拉特直升机机场，是利用一段高速公路改建的。空军司令部还下辖雷达营、空军备件仓库局和空军学校。

作战部队的编成为：3 个战斗机中队，1 个轰炸机中队和 4 个直升机中队。

（三）武器装备

1. 战斗机

英制"猎人式" F-70 型　战斗机　10 架（至少已损失 3 架）

2. 直升机

法制小羚羊式	武装直升机	2架
法制"美洲豹"式	支援直升机	3架
法制云雀－2/3型	运输直升机	4架
意制贝尔－212型	运输直升机	5架
美制UH－1H型	效用直升机	24架
R－44型	效用/教练直升机	2架

3. 教练机

法制"教师式"	教练机	5架
英制"大斗犬"式	教练机	3架

三 海军

（一）任务

黎巴嫩面临的主要海上威胁，首先是以色列的海上袭击；其次是一些邻近国家以黎巴嫩作为走廊或中转站，猖狂从事毒品走私活动和非法移民活动。此外，以炸药、毒药为工具导致毁灭渔业资源的非法捕鱼活动及由于生活污水及工业废料未经有效处理和监督直接排入海中导致对海洋环境和旅游环境的巨大损害。随着黎巴嫩商贸、旅游活动复苏而可能出现的机、船事故或非法活动，海上搜救工作和保障港口安全的工作提上议事日程。

面对上述威胁，海军的主要任务是：对陆军部队进行海上支援；防止走私和海盗行为；海上搜寻和救援；防止海上污染和保护海域环境；支援黎巴嫩的商船；监督和管理黎巴嫩领海内的航运；在黎巴嫩海域内，贯彻执行相关的黎巴嫩法律和国际法，实施国家对领海海域的主权。

（二）实力和编成

海军实力共1100人。海军司令部下设同黎军司令部相应处室,下辖贝鲁特海军基地、朱尼耶海军基地,此外还有海军备件仓库局和海军学校。

(三)武器装备

法制登陆艇("苏尔"级)　　2艘(每艘可载士兵96人)
英制巡逻艇("攻击者"级)　7艘(每艘排水量约100吨)
美制武装快艇　　　　　　　25艘
雷达监控网　　　　　　　　若干(部署于黎海岸线)

第三节　军事训练与兵役制度

一　军事训练

黎巴嫩军队的军事训练由黎军司令部教育局负责抓总。教育局和各部队分工负责。教育局负责制定黎军全年的训练大纲和军事演习的组织、实施;制定军事院校的教学大纲,组织、实施军事院校的考试;制定军官在国内、外培训的年度计划;组织、实施新兵训练。各旅负责根据黎军全年训练大纲组织、实施本旅各部队全年的军事训练。

(一)军事院校

1. 军事学校

1921年,法国委任统治时期由法国建立,当时定名为军事学校,目的是就地培训叙利亚和黎巴嫩的初级军官。初建时校址设在大马士革,1932年迁至霍姆斯。1945年8月,黎巴嫩正式接管黎军后,在库拉地区的库斯巴镇新建了一所军事学校。1946年11月迁至法亚迪耶的舒克里·加尼姆兵营现址。内战期间从1986年后因战乱影响曾停止招生数年。该校一度更名为军事学院,后又改回现名。学校建立至今已培养了近5000名军官。

该校的任务是为黎军培训初级军官,同时也为内部治安军、公安总局、国家安全总局和海关总署等相关的兄弟部门培训所需的初级警官或官员。

该校学制3年。课程主要是大学理科基础课程和初级军官所必须具备的军事基础知识,如军人养成、队列、基础军事理论和条令、常用武器装备的基础知识、射击等。

此外,应征服兵役的大学毕业生和具备晋升军官条件的准尉,均须在该校短训班受训6个月后始得授予少尉军衔。

2. 指挥参谋学院

黎巴嫩独立后,黎军中、高级军官的强化训练和深造,一般均派往国外相关院校进行。后来,黎军在国内建立了情报强化班和连长训练班。1974年9月1日,黎军建立了高等军事教育中心。1975年,第一批营长从该中心毕业。1980年增设了参谋班,并更名为高等军事教育学院。1983年更名为指挥参谋学院。

该院由黎军司令直接领导,院部设教务处、研究处和行政后勤处等3个处。该院的任务是为黎军培养各级指挥、参谋军官,随着军事科学技术的不断发展,不定期地为各级军官提供深造的机会。

该院学制为6个月至1年不等。目前经常开设的训练班有:

(1) 营长班:学员为准备提升营长的上尉衔军官;

(2) 参谋班:学员必须是少校或少校以上军衔军官;

(3) 参谋技术班:学员为准备就任各旅旅部参谋职务的军官;

(4) 晋衔班:学员为准备提升少校军衔或上校军衔的军官;

(5) 旅长和军区司令班:学员为准备晋升旅长或军区司令的上校军衔或准将军衔军官。

3. 空军学校

1960年建立,主要任务是为空军培训地勤技术人员。该校招收高中毕业生或具有同等学力的适龄青年。学制2年,学员入

伍后须先到军事学校学习1年,然后到空军学校学习1年方可毕业。

4. 海军学校

该校主要为海军培养驾驶、机械、电工、木工等专业技术人员。学员主要来自经教育学院培训的新兵和从部队挑选的士兵。该校毕业的优秀学员往往被选送出国深造,成为海军的技术骨干。

5. 教育学院

独立后,黎军为培训新兵在的黎波里建立了新兵学院。1976年迁至的黎波里以北的葛斯廷兵营,后在巴勒贝克的谢赫·阿卜杜拉兵营建立了永久性校舍。

根据1983年调整后的建制,该院下设军士学校、步兵和空降兵学校、装甲兵学校、炮兵学校、通信兵学校、工程兵学校、运输兵学校和行政管理学校。另设有义务兵训练营和进修训练营。

学院的任务是为黎军培训新兵、技术兵种的士兵和士官。同时,也为内部治安军、公安总局、国家安全总局和海关总署等相关的兄弟部门代培新兵、士官和相应人员。

6. 高级军事体育中心

该中心为黎军开办裁判和冠军训练班、射击教官和体育教官训练班、军士级教官助理训练班;负责组织军内以及军队和地方体育代表队之间的比赛。

除上述院校外,黎军还有射击、格斗学校和滑雪学校等,不定期地对全军各旅官兵进行培训或轮训。

(二) 新兵训练

新兵入伍后均须接受短期集训,时间1~3个月不等。训练科目包括:

早操:旨在增强新兵体质,锻炼意志,使新兵能适应艰苦的军事训练和军营生活。

军事理论和实践科目：包括单兵训练、队列训练、班战术训练、武器性能和使用、实弹射击、基本军事纪律、意志训练和爱国主义思想养成等。

专业训练：集训结束后，将根据本人素质和各军兵种部队的需要分配至部队或军事机关等。各部队再根据需要，将新兵编入本部队的各个专业训练班进行短期训练。教官和训练班的组织、管理工作由所在部队负责。

（三）军官和士官训练

根据黎军司令部教育局1989年制定的训练大纲规定，各旅、各部队和准备晋衔的军官和士官均应进行短期培训。训练分两部分：常规训练；专业或专项训练。

常规训练分必修科目和选修科目两个阶段。为满足各部队对专业人才的需要，各旅、各部队必须进行第一阶段训练。训练分专业进行，或举办各兵种专业训练班。分到各旅的新兵也编入训练班接受专业训练。开设的训练班有炮兵班、装甲兵班、通信和密码班、连长班、装甲车长侦察班、装甲技术员班、装甲修理班、火炮修理班等。

选修科目仅限于老兵，主要目的是让他们了解黎军现有武器装备。选修科目约占训练总课时的1/3。

飞行员和工程师主要送往美国、法国、英国、意大利和叙利亚等国的空军院校培训。专业士兵主要在本国空军学校培训，不时派遣专业士兵到上述国家相关院校的短训班培训。

初级海军军官的培训，黎军在选定合适人选后，一般在国内进行必要培训后派往美国、法国、英国、意大利或叙利亚的海军学院的基础班，学习海军军官必须具备的系统基础理论。然后在服役的各个阶段再派往国外学习各种专业课程。水面作战、登陆作战、搜索与救助等课目一般在美国学习，能源、通信、导弹、火炮和潜水等课目一般在法国学习，两栖作战和海上打击走私课目一般在英国学习，合成参谋业务和海军专业理论一般在意大利学习，先进训练方法和海军团长的培训一般在叙利亚进行。航海和海军参谋业务课程则在上述各国均可培训。士官和水手的培训主要在国内的海军学校进行，其中成绩优秀、有培养前途者，再选送到上述各国的专业训练班深造。

至于中、高级军官的培训，则主要通过军事院校或送往国外深造。

（四）训练营地

1. 童子军城训练营

1974年8月，由阿拉伯联盟出资兴建，目的是用作阿拉伯各国童子军活动的营地。1975年内战爆发后，童子军城被一些党派占用。1976年后即被黎军占有。

童子军城训练营位于黎巴嫩北部的贝特龙（Batroun）山区，坐落在海拔450米的高地上，总面积达2.4万平方米，可同时训练4000名新兵。

2. 其他训练营地

除童子军城训练营作为黎军常设新兵训练营地外，黎军还在里亚格空军基地、格雷阿特空军基地、哈马纳兵营等地设立过临时性新兵训练营。

二 兵役制度

历史上，黎巴嫩军队一贯实行志愿兵役制，官兵都是职业军人。1982年以色列侵黎战争后，杰马耶勒总统确信，要重建国家，必须建立一支强大而统一的国家军队，因而宣布了一项扩军计划，将黎军扩建为一支拥有12个作战旅和6万兵员的军队。请法国和美国协助训练，装备法国和美国的武器装备。但长期持续的内战阻碍了这一计划的全面实施。1990年内战停止后,黎政府为了扩大兵源,培养和提高全民的国防意识,在保留志愿兵役制的同时,根据议会通过的国防法,在全国范围内严格实行义务兵役制。

(一) 义务兵役制

黎巴嫩政府在 1962 年颁布的《国防法》中就规定要实施义务兵役制,但一直未予执行。直到内战停止后才于 1993 年开始实施。

国防法规定,服"国旗兵役"(即义务兵役)是每个年满 18 岁的男青年的荣誉和义务。女青年在需要时才服兵役,届时由内阁颁布命令规定女青年服役的条件和领域。服役期限为一年。

黎军司令部每年通过新闻媒体发布征兵公告,凡接到征召通知或年满 18 岁的适龄青年,均应到所在地区动员部门或黎巴嫩驻外使馆报到,并递交有关证件。应征入伍者根据其文化水平确定其入伍后的军衔。医师、药剂师、工程师或获硕士学位以上的其他专业人员,授予义务兵少尉军衔,除上述专业以外的大学毕业文凭获得者,授予义务兵军士长军衔,具有中等技术学校技术优秀级文凭或中等师范学校毕业文凭者,授予义务兵上士军衔,其他文化水平者,均授予义务兵列兵军衔。

凡现任内阁或议会职务者、暂时在国外居住者、在校学生、已有兄弟在服现役者、服刑或在押人员在服刑或在押期间、因病暂时不适宜服役者等,持有有效证明可予缓征。

(二) 志愿兵役制

根据黎军现行制度,凡有志于国防事业,且符合参军条件的黎巴嫩青年皆可志愿参军。黎军招募志愿人员分为几种情况:招募志愿兵,招募士官学员,招募军官学员和从专业人员中招募军官、士官。根据军队需要,招募适量女青年参军,在非战斗部队从事文秘、医务和通讯等方面的专业工作。

1. 志愿参军人员必须具备的基本条件

获得黎巴嫩国籍10年以上；身体健康；品行良好，没有犯罪前科；没有酗酒、吸毒和嗜赌等不良嗜好；参军前应退出党派、团体，并与之脱离关系；参军前未曾进行过捐献身体器官的外科手术，服役期间也不得进行此类手术。除这些基本条件外，对各类人员还规定了相关的特殊条件。

入伍时应按规定的服役期限签订志愿参军合同。

2. 专业人员应招条件

（1）专业军官。

军队所需普通外科、骨外科、泌尿外科、神经外科、麻醉科、耳鼻喉科、眼科、精神科和化验专业人员，凡年龄在18~35岁之间，具有黎巴嫩中学毕业文凭和黎巴嫩正式承认的所需专业的大学毕业文凭，有3年以上专业工作经验，并获准在黎巴嫩从事该项职业者均可报名。应召入伍后，授予上尉军医军衔。

军队所需公共卫生专业人员，凡年龄在18~32岁之间，具有公共卫生医师的大学文凭和获准在黎巴嫩从业者，均可报名。应召入伍后，授予中尉军医军衔，并获提前2年晋升军衔和薪金的优惠。

军队所需行政管理专业人员，凡年龄在18~30岁之间，具有管理、商学、经济学、会计和拨款、财政金融学、财务、审计和医院管理，以及音乐等专业的大学毕业文凭，均可报名。应召入伍后，授予少尉军衔。

（2）专业军士

军队所需计算机资料处理、文秘、大地测量、医院化验室技术员和护理专业人员，凡年龄在18~34岁之间，具有中等专业学校或中等职业学校相关专业毕业文凭者均可报名。应召入伍后授予上士或中士军衔。

3. 军官学员应招条件

凡年龄于当年12月31日在18~21岁之间,未婚(或鳏夫和离婚者,无子女),具有黎巴嫩中学毕业文凭者,均可报名。义务兵可放宽到22岁,现役军人可放宽到24岁。空军军官学员限于21岁以下。海军军官学员则要求具有中学理科或生物学科毕业文凭,海军工程军官学员还要求已在大学预科数学、物理或化学专业肄业2年以上。

当黎军司令部需要从大学毕业生中招收军官学员时,可将年龄放宽到24岁。

4. 士官学员应招条件

凡年龄于当年10月1日在18~23岁之间,具有初级中学毕业文凭,未曾因遭惩戒而被逐出军队,或在报考国防部机构时因作弊而被逐出考场者,均可报名。其中,应招的平民和义务兵必须未婚(或鳏夫和离婚者,无子女)。

5. 志愿兵应招条件

凡年龄在17~25岁之间,未婚(或鳏夫和离婚者,无子女),初中一年级肄业,成绩及格,和黎军司令部根据需要规定的其他条件者,均可报名。

第四节 准军事部队

一 内部治安军总局

(一) 简史

黎巴嫩历史上著名的统治者法赫尔丁二世,于公元1589年上台执政后迅即统一了全国,并消灭了阻碍统一的封建家族。随后,他着手组建了一支完全听命于他的强壮彪悍的卫队,名为"宰勒姆",用于维护社会秩序和治安。一旦

黎巴嫩

有封建主发动暴乱时,则动用正规军予以镇压。直到 1860 年,才开始建立现代法律意义上的"警察部队",当时的名称是"岱莱克"。黎巴嫩独立后,这支部队才逐步发展成为内部治安军。现任局长是艾什莱夫·里菲少将(Maj. Gen. Achraf Rifi),于 2005 年就任。

(二)任务

根据 1990 年 9 月颁布的《内部治安军法》,内部治安军是一支公共武装力量,接受内政部长领导,在黎巴嫩领土、领海和领空行使权力。内部治安军的任务:在国家的行政管理职能方面,维护秩序和巩固治安,保障公众的休息,保障人员和财产的安全,保障合法的自由和致力于法律、条例的实施;在司法职能方面,执行法院交办或委托的事务,执行法院判决;在其他职能方面,内部治安军还要支援政府部门履行职责;根据有关当局的决定,为有关公共机构担负警卫任务;担负监狱的警戒任务,必要时参与监狱的管理;担负驻黎巴嫩外交使团的警卫任务。

为此,内部治安军人员在履行任务时,有权检查证件;对人员进行搜查;为执行司法判决或在刑事案件作案现场对人员实施拘捕;入宅救助或合法检查;扣留违禁物品;设置障碍物;合法使用枪械。内部治安军人员必须严守纪律,执行公务时犯罪依法从严从重处罚;遇见犯罪或接到犯罪报告时应及时报告;遇见有人遭到危险时应予救援;保护公、私财产,在发生灾难和危险事件时尤应如此;非法律授权情况下,不得骚扰公民的个人自由;不在迫不得已时,避免使用武力;保守职业秘密。

(三)实力和编成

内部治安军总局即通常概念上的警察总局,属内政部长领导。内部治安军实力约有 2 万人。

内政部设立中央治安委员会,由内政部长、终审法院检察长、贝鲁特省省长、黎军司令、内部治安军总局局长、公安总局局长和一名中校以上警官组成。中央治安委员会负责研究和讨论治安事务，在委员会成员机构之间交换情况和协调行动，必要时根据现行法律、条例和在各该机构授权范围内做出适当决议或建议。在各省建立治安委员会分会，由省长、上诉法院检察长、军区司令、地区警察连连长或省辖各警察连连长、省公安局负责警官和省政府秘书长组成。

内部治安军总局设参谋部、机动警察部队、司法警察、外国使团安全机构、贝鲁特警察局、地区"岱莱克"总部。此外，总局还设有监察局、行政局、社会服务局等部门和治安军学院。

参谋部　下设人事处、作战勤务处、训练处、国际联络处、公共关系处、行政处、计划和组织处、调查和监察处、电子数据处、邮件和档案处及治安军乐队。

机动警察部队　下辖中央机动团、快速干预团和多个地区（省）机动团。

司法警察　下辖：一般刑事侦察局，设缉毒、缉赌和维护风化等3个科；特殊刑事侦察局，设反国家安全罪、反金融罪、反国际盗窃罪和反恐怖罪等4个科；中央刑事侦察局；地区刑事侦察局；旅游警察局；科学侦察处，设身份调查、重大案件、武器装备等3个科和刑侦实验室；刑事档案处，设证据和档案、侦查、司法记录、交通法规等4个科；爆炸品和跟踪处。

外国使团安全机构　下辖外国使团警卫营，含多个警卫连、多个摩托连、后备连；立法、行政机构警卫营，含总统府警卫连、议会警卫连、总理府警卫连和预备连；公共机构警卫营，含贝鲁特国际机场警卫连，8个中央和地区机构警卫连，2个预备连和中央证据采集分队。

贝鲁特警察局　下辖3个地区连、1个交通警察连和紧急情况营。紧急情况营下辖多个治安集群、机械化排、多个装甲排、预备队和海岸警卫分队、证据采集分队。

地区"岱莱克"总部 即地区警察总部，设司令和2名助理司令，司令部辖人事、作战、行政、训练、交通和监狱等科，下辖北方、黎巴嫩山、贝卡和南方等4个地区"岱莱克"司令部，各省司令部视情况配属3～6个连，1个证据采集分队，1个海岸分队。各连视所辖地域大小下辖3～8个排，1个紧急情况分队，1个交通警察分队，并根据需要设立警察哨所。

治安军学院 院部设训练处、教学和研究处，下辖警官学院、警士学校、警察学校和联合警校。

二 国家安全总局

(一) 简史

国家安全总局，系根据1984年9月修订的《国防法》第7条第5款规定，经内阁于1985年9月3日通过《国家安全总局组织法》后正式建立。根据国防法规定，国家安全总局隶属于最高国防委员会。至今，国家安全总局已经历6任局长，现任代理局长埃勒亚斯·凯艾卡提准将（Brig. Elias Kaaykati）于2005年10月10日就任。

(二) 任务

根据《国家安全总局组织法》规定，国家安全总局的任务是：

（1）通过该局设在黎巴嫩全境的网点搜集有关国家内部安全的情报，通过现有机构搜集国外情报，然后予以核实、分析，并分类保存，或提交有关方面。

（2）通过调查，监视外国人进行的触及国家安全的活动，监视公民在涉及国家安全问题上同外国方面的关系。

（3）防止一切形式的间谍活动和敌对活动。

（4）根据现行法律，由国家安全总局局长、副局长、编内警官、借调警官和由最高国防委员会副主席任命的士官，对触及国家内、外安全的活动所作的初步调查，在军事法庭上将被视为上诉法院检察长和政府督察官的司法助理官员所执行的任务。

（5）在查询和交流情况时同公安总局、内部治安军和黎军情报局等相关安全机构协调。

（6）定期就总的安全、政治形势向最高国防委员会提交报告，并就应对内外危险提出适当建议；经常向最高国防委员会主席、副主席报告安全、政治形势。同时，各政府机构必须将触及国家内外安全所需情况提供给该局。

（7）向面临危险的人员和机构提供保护。

（三）编成

国家安全总局设局长、副局长，下设局长办公室、情报处、人事处、计划组织处、保护和干预处、行政处和各地区局。

全国按省级行政区划设立了贝鲁特、北方、黎巴嫩山、南方、贝卡等5个地区局（纳巴提耶省由南方地区局负责）。

贝鲁特地区局 下辖第一办事处、第二办事处和第三办事处。

北方地区局 下辖的黎波里办事处、贝特龙办事处、艾姆云办事处、兹加尔塔办事处、艾赫登办事处和哈勒巴办事处。

黎巴嫩山地区局 下辖麦顿办事处、巴卜达办事处、朱尼耶办事处、朱拜勒办事处和舒夫办事处。

南方地区局 下辖纳巴提耶办事处、宾特朱拜勒办事处、苏尔办事处、杰津办事处、哈斯拜亚办事处和迈尔季欧云办事处。

贝卡地区局 下辖扎赫勒办事处、希尔米勒办事处、巴勒贝克办事处、嘎阿办事处、拉谢亚办事处和萨格贝恩办事处。

三 公安总局

（一）简史

早 在法国委任统治初期，当时的黎巴嫩政府于1921年1月就颁布第1061号决定，建立公安总局的前

身——第一办公室。1922年7月21日,黎政府又颁布第1768号决定,重组黎巴嫩警察系统,使之包括司法警察局和公安局。

独立后,内政部于1945年8月27日颁布第845号法令,建立公安局,隶属于内政部。1953年和1955年,内政部根据工作发展的需要,两度将公安局的机构进行调整。1959年6月,公安局提升为公安总局。同年12月,公安总局职权扩大,除总局原有机构外又配属了各地区和陆、海边境站点。

公安总局从1948年至今已先后经历12任局长。现任局长瓦菲克·杰津尼少将于2005年10月7日就任。

(二) 任务

公安总局担负的任务主要是维护国家安全、新闻监督、处理外籍人士事务和技术性事务等四项。

1. 维护国家安全

为政府搜集政治、经济、社会等各方面的情报,从各个方面进行分析、评估,予以利用;对涉嫌有碍国家内外安全的违规行为进行司法调查;防止一切触及安全的活动,监视、跟踪一切破坏活动和传播有碍安全的谣言制造者;防止已被解散政党和已遭禁止的秘密社团的活动;努力监视陆、空、海边境,发布搜寻和禁止出入境人员的通告。

2. 新闻监督

就监督印刷品、音像制品、报刊和新闻媒体的手段提出研究报告,致力于妥善执行有关新闻监督的法律、条例。

3. 处理外籍人士事务

为外事部门邀请的阿拉伯和外国代表团和会议代表提供方便;对外籍人士入出境和在黎居留、旅行予以监督和保护,关注外籍人士在黎巴嫩居留事务;协调同外国驻黎使团的关系;承担就赴国外留学、受训问题同阿拉伯和外国外交使团、国际组织进行联络的全部任务;管理和便利旅客的入出境手续;陪同和保护来访的外国国家领导人。

4. 技术性事务

颁发黎巴嫩护照、通行证、临时或永久居留证以及入境签证，为在黎或来黎的巴勒斯坦难民安排和颁发旅行证件，办理同入籍和个人情况有关的一切手续。

（三）编成

公安总局设安全室，在局长领导下负责该局作战行动的指挥、协调；此外还有行政、组织计划、人事、后勤保障等处室和各省局。

全国按行政区划设立了贝鲁特、北方、黎巴嫩山、南方、纳巴提耶和贝卡6个省公安局。除贝鲁特省公安局统管该省公安局内的事务，其他5个省公安局在省局下均设立了若干分局。此外，在陆、海边境口岸还设立了边境公安分局或派出所。

北方省公安局 下辖的黎波里、敏耶—丹尼耶、哈勒巴、盖比亚特、兹加尔塔、贝什里、库拉、贝特龙等分局。

黎巴嫩山省公安局 下辖巴卜达、布尔吉柏拉吉奈、舒维法特、舒夫、海鲁卜地区、阿莱、麦腾、舒维尔峰、凯斯莱旺、朱拜勒等分局。

纳巴提耶省公安局 下辖纳巴提耶、宾特朱拜勒、迈尔季欧云等分局。

南方省公安局 下辖赛达、苏尔、杰津等分局。

贝卡省公安局 下辖扎赫勒、巴勒贝克、舍姆斯塔尔、希尔米勒、朱卜坚宁、拉谢亚等分局。

边境口岸设有贝鲁特国际机场分局、贝鲁特港分局、朱尼耶港公安派出所、的黎波里港公安派出所、阿里岱公安派出所、阿布迪耶公安派出所、嘎阿公安派出所、麦斯纳公安派出所、苏尔港公安派出所、赛达港公安派出所、纳古拉公安派出所和杰耶公安派出所。

四 真主党民兵

真主党民兵是真主党下属的民兵组织，1982年在伊朗支持下与真主党同时创建。初期，伊朗革命卫队曾派了数百名官兵在贝卡谷地协助真主党训练其民兵。出于地区大国的压力等政治因素，有意将反对以色列立场特别坚决的真主党留作牵制以色列的一张牌，黎巴嫩政府于1990年解散所有民兵组织时，唯独保留了真主党民兵。

真主党民兵的实力约有1万人，除轻武器外，尚装备有装甲车、迫击炮等轻型小口径火炮、火箭炮和火箭筒等。据外电报道，真主党民兵的武器多由伊朗提供。据真主党总书记纳斯鲁拉2006年9月公开宣布，真主党民兵目前拥有3万枚火箭弹。

第五节　外国在黎驻军

一　叙利亚驻黎部队

1975年，黎巴嫩内战爆发后，基督教马龙派民兵同巴解武装、穆斯林各派民兵之间的关系紧张，冲突不断。叙利亚也担心，穆斯林民兵和巴解武装得手会引发以色列插手导致对叙的安全构成威胁。1976年6月1日，叙利亚军队3万人，应黎基督教派的要求进驻黎巴嫩。同年10月，在利雅得召开的阿拉伯首脑会议，为解决黎巴嫩内战危机，决定向黎派遣"阿拉伯威慑部队"。叙利亚驻黎部队转而成为阿拉伯威慑部队的主力，其他5个阿拉伯国家的部队总共才5000人。5国部队短期驻扎后即行撤出，叙利亚部队却长期留驻，成为叙利亚全面控制黎巴嫩的后盾。

叙利亚驻黎部队的实力最多时约3个师，3.5万人。从2000

年 4 月开始,叙利亚在国际压力下多次对其驻军重行部署,将驻军人数逐步递减至 1.5 万人,主要部署在贝卡地区。在联合国安理会第 1559 号决议和西方压力下,最终于 2005 年 4 月 30 日将其驻军全部撤回。

二 联合国驻黎临时部队

以色列为防止巴勒斯坦武装对其北部加利利地区的袭扰,于 1978 年 3 月 15 日对黎巴嫩南部发动名为"利塔尼战役"的入侵行动后,联合国安理会根据黎巴嫩政府的请求,于 1978 年 3 月 19 日,通过了第 425 号决议,并迅即组建联合国驻黎巴嫩临时部队(United Nations Interim Force in Lebanon),简称联黎部队(UNIFIL),进驻黎巴嫩南部与以色列接壤地区,驻期 6 个月。鉴于中东问题迄未解决,应黎巴嫩政府的要求,联黎部队的驻期一再延长,最近一次延长至 2007 年 1 月 31 日,已是第 57 次延长驻期。联合国拨给联黎部队 2006 年 7 月至 2007 年 6 月的预算为 9758 万美元(不包括联黎部队扩充后需增加的费用)。

鉴于以色列借黎巴嫩真主党拘留以色列 2 名士兵于 2006 年 7 月 12 日再次对黎巴嫩南部发动大规模入侵行动,联合国安理会于同年 8 月 11 日通过第 1701 号决议,决定要求双方实现停火,并将联黎部队人数增加至 1.5 万人。

此外,尚有联合国停战监督组织(United Nations Truce Supervision Organization,简称 UNTSO)的 50 名观察员,在黎巴嫩南方的缓冲区与联黎部队协同工作。

(一)联黎部队的任务

根据联合国安理会第 425 号决议规定,联黎部队的任务是"确保以色列撤军,维护国际和平与安全,帮助黎巴嫩政府恢复对黎巴嫩南方地区的有效权力"。具体地说,联黎部队进驻是设立一个缓冲区,防止双方武装人员在联黎部队控制区内或经由其控制区发生武装冲突,防止武器弹药流入其控制区,监督并向安理会报告在其驻区内发生的军事行动,向驻区内的当地居民提供保护和人道主义援助。

联黎部队主要是通过检查、观察和巡逻等三种手段来执行任务。联黎部队在其任务区内各战略要点设立观察站,在 UNTSO 军事观察员的协同下,在其站区内对南北双方执行停战协议的情况执行观察、监督任务;其次,联黎部队在其任务区内各交通要道设立检查哨,对过往车辆、行人实施检查,以防双方武装人员和武器偷越其防区,每天任务量达到 2.1 万人(车)次;再次是联黎部队所属各部队派出机械化巡逻队在其驻区内每天实施定时巡逻,总共每天要派出 120 支巡逻队,巡逻里程达到 1700 公里。

除维和任务外,联黎部队还担负了大量人道主义义务,如修缮驻区内的公共设施、修筑公路、向难民提供食品、饮水等生活必需品和医疗服务。

(二) 联黎部队的组成

联黎部队司令部设在黎巴嫩西南角的纳古拉,联黎部队的最高指挥官是联黎部队司令,由联合国秘书长征得安理会同意后任命。现任司令为法国的阿兰·佩莱格里尼少将。司令部由军事参谋部和文职人员组成。军事参谋部由参谋长领导,负责作战、人事、后勤和对外联络事宜,首席行政官领导文职人员,负责运输、通信、行政、财务和技术服务等事宜。

联黎部队一般由 9~13 个成员国的部队组成,总兵力大体保持在 4000~6500 人之间。自以色列于 2000 年 5 月从黎巴嫩南部撤军后,黎南部局势相对稳定,武装冲突相对减少。据此,联黎部队的总兵力也在逐步递减,总兵力已减至 1994 人,国际职员 100 人和当地雇员 296 人。2006 年 7 月,以色列和真主党之间冲突再起,根据安理会 1701 号决议准备将联黎部队兵力增加到

1.5万人。增派兵员的国籍和数量,联合国正在同有关成员国磋商。截至2006年9月29日,联黎部队由比利时、中国、芬兰、法国、加纳、印度、爱尔兰、意大利、挪威、波兰和西班牙等11国部队组成,实力已增加到5147人,其中部队5034人,参谋军官109人。另有联合国停战监督组织(UNTSO)的军事观察员50余人。2006年3月,中国政府应联合国安理会的要求,首次向联黎部队派出1个工兵营,共190人,在黎巴嫩南部执行排雷和筑路等任务。根据安理会1701号决议,中国已正式宣布拟向联黎部队增派1000名维和部队人员。

从1978年进驻以来,联黎部队至今已有258人因公殉职,其中部队官兵249人,军事观察员2人,国际职员3人,当地雇员4人。我国军事观察员杜照宇中校在2006年7月的以色列—真主党冲突中被以军炮火击中而以身殉职。

第六节 对外军事关系

一 同叙利亚的军事关系

黎、叙两国军事关系渊源甚深,早在独立前的法国委任统治时期,法国当局为叙、黎两国在大马士革建立了一所军事学院,两国的初级军官毕业于同一所军校。

黎巴嫩内战爆发后,为调解黎各教派之间,以及同巴解之间的关系,制止各方的武装冲突,叙利亚政府应黎巴嫩方面的要求,于1976年向黎派驻了大量叙利亚部队。叙军在黎内战期间借机扩大其势力范围,最终达到了对黎巴嫩的全面控制。

内战结束后,两国政府于1991年5月签署了《黎巴嫩共和国和阿拉伯叙利亚共和国兄弟、合作和协调条约》(下称《条约》)。《条约》规定,两国致力于在政治、经济、安全、文化、

黎巴嫩

科学等领域实现最高等级的合作和协调；两国在任何情况下都互不成为威胁对方安全的源头。为此，黎巴嫩不许本国成为任何旨在触犯黎巴嫩或叙利亚安全的势力、组织和外国的通道或据点，叙利亚也不许任何威胁黎巴嫩安全、独立和主权的行动存在。从条文来看，《条约》对双方看似平等，但由于两国实力悬殊，《条约》实质上是为保证叙利亚对黎的控制提供法律依据，防止黎巴嫩国内出现任何不满或反对叙利亚控制的活动。

关于叙利亚在黎驻军问题，《条约》规定，在根据"塔伊夫协议"实现黎巴嫩的政治改革后，叙、黎两国政府再就叙军在贝岱尔峰—哈马纳—穆岱里杰—艾因·达莱一线的重新部署做出决定。如有必要在其他地点部署叙军，可由两国联合军事委员会确定部署地点。叙军在上述地区部署的规模、期限和同驻地黎巴嫩当局的关系，将由两国政府商定。

黎、叙两国同年还根据上述条约签订了《黎巴嫩共和国和阿拉伯叙利亚共和国防御和安全协定》（下称《协定》）。《协定》规定，由两国国防部、内政部组成国防和安全事务委员会，任务是研究维护两国安全的手段，就制止和对付两国民族安全面临的威胁采取联合计划提出建议。为了不使一方成为威胁另一方安全的源头，两国的军事、安全机构应采取措施，禁止在军事、安全、政治和新闻领域会给对方带来伤害的任何活动、行动或结社；不给从事反对另一方安全的人员和组织提供庇护所、通行便利或提供保护，当此类人员逃往一方时，应将其拘捕并引渡给另一方。

《协定》规定，国防和安全事务委员会每3个月轮流在两国首都召开例会，可请两国安全机构或两部下属机构负责人与会。两国军队、安全机构和其他相关机构首脑，应每月召开例会，执行国防和安全事务委员会制定的计划和监督具体执行情况；就战略安全问题，包括毒品、重大金融犯罪、恐怖活动和间谍活动等交换情报和协调行动。

　　内战结束后，黎巴嫩满目疮痍，百废待举，军队也急需重建。在黎巴嫩军费拮据的情况下，叙利亚向黎赠送了一批包括 T–54/55 型坦克、120/130mm 火炮和喀秋莎火箭炮等前苏联制造的旧武器装备。

　　直至 2005 年 4 月，叙利亚迫于西方和黎巴嫩国内群众的压力，才不得不按照安理会第 1559 号决议，将叙军从黎巴嫩全部撤出，驻军时间长达 29 年。

　　二　同美国的军事关系

　　黎巴嫩国家虽小，但战略地位重要，又是阿拉伯国家中唯一的一个基督教派掌权的国家。因此，美国对黎巴嫩相当重视，当黎巴嫩国内政治形势动荡时，美国应黎巴嫩要求，曾于 20 世纪 60 年代和 80 年代，两度派遣海军陆战队在黎登陆。但由于美国充当"国际宪兵"的角色深遭人恨，两次行动的结局均甚为可悲。60 年代，美海军陆战队是在黎巴嫩和阿拉伯国家人民大规模抗议示威声中灰溜溜地撤出；80 年代，美军营地被炸，损失 250 名官兵。

　　美国也重视发展与黎巴嫩的双边军事关系。军事装备方面，20 世纪 80 年代中期，美国曾向黎巴嫩廉价提供了一批武器装备，包括 M–16 步枪等轻武器，M–48 型、M–41 型坦克、M–113 型装甲人员输送车和各型火炮。内战停止后，美国于 1991 年开始恢复向黎军出售美军剩余装备，提供了一批运输和通讯装备，1995 年向黎军提供了 24 架 UH–1H 型运输直升机等。

　　人员培训方面，内战前，黎军的不少中、高级军官送往美军的指挥参谋学院深造，军兵种所需的技术人才，一部分也送往美军的技术院校培训或深造。内战期间美国对黎军官兵的培训曾一度中断,1993年开始,在黎巴嫩又恢复执行美国的"国际军事教育和训练计划"。

三 同法国的军事关系

黎巴嫩独立前系法国的委任统治地,两国传统关系较深。1975年内战前,法国不定期地向黎提供军援贷款,黎军利用这些贷款从法国购买了3亿多美元的武器装备。黎军还派遣不少空、海军军官到法国军事院校接受培训。内战期间,法国曾两次向黎派遣维和部队,并多次提供人道主义援助。1994年以来,法国几乎每年都派军舰访黎。目前,法国在部分黎军院校派有少数教官,并接受黎军军官定期赴法国受训。

四 同以色列的军事关系

黎巴嫩同以色列是敌对国家,黎巴嫩一贯反对以色列的侵略扩张政策,曾派象征性部队参加了第一次阿以战争。1978年3月,以色列以回击巴勒斯坦武装从黎境内出击为由,派兵入侵黎巴嫩,占领了黎南部地区,后在国际社会的压力下被迫撤军。1982年,以军公然穿越联合国驻黎巴嫩临时部队驻防的"缓冲区",再次大规模入侵黎巴嫩,一度占领了首都贝鲁特的部分地区,迫使巴解总部及其武装撤出了黎巴嫩。1985年,以色列在国际压力下不得不从黎撤军时,在黎南部边境以北建立了面积达850平方公里的"安全缓冲地带",由以军和以色列培植的"南黎巴嫩军"共同负责这一地区的防务和治安。为反抗以军对黎巴嫩领土的占领,穆斯林民兵和"真主党"对以色列不断进行袭扰活动,以军则对黎巴嫩进行疯狂报复。

黎巴嫩内战停止后,以军与"真主党"在黎巴嫩南部的武装冲突仍旧持续不断,严重影响黎、以边境地区的安全与稳定。以色列更加难以承受的是以军官兵的伤亡日趋增多,导致以色列国内民众的不满情绪日益强烈。2000年3月，以色列内阁作出决定，于当年7月单方面从黎巴嫩南部撤出全部以色列部队。同年5月24日，以色列突然提前行动，将在黎巴嫩境内的以色列部队全部撤回了以色列境内。

2006年7月12日，以色列以真主党民兵入境拘留2名以军士兵为由，再次出动3万以军对黎巴嫩利塔尼河以南地区实施大规模报复和入侵行动，并对贝鲁特南郊、贝卡谷地和黎南部疑有真主党民兵和武器库的目标进行狂轰滥炸，企图借机铲除真主党武装。以军的报复行动使黎巴嫩机场、公路、桥梁、电厂、通讯设施等大量内战停止后刚刚修复的公共设施和大批居民住宅重新遭到严重破坏。

黎巴嫩政府既受国内各教派和政治派别不同意见的困扰，又有地区大国的外部压力，对真主党的行动似乎无力约束，对以色列的大规模报复行动也无可奈何。十多年来重建国家的成果毁于一旦，黎巴嫩政府只能无奈地自咽苦果。

2006年8月14日，以、黎双方同意接受联合国安理会第1701号关于停火的决议，决定以军全部撤出黎巴嫩，联合国将联黎部队增至1.5万人，黎巴嫩正规军在利塔尼河以南部署1.5万人，阻止真主党在利塔尼河以南活动。

第六章

教育、科学、文化、卫生

第一节 教育

  自古以来，黎巴嫩人就以文化水平高、素质好享誉中东及其周边地区。腓尼基人曾以他们精湛的航海技术和熟稔的经商理念与世界上许多国家和地区往来，在为东西方物资、文化交流作出贡献的同时，汲取各民族文化的精髓，从而极大地丰富了本民族的精神、文化宝库。

  据史料记载，腓尼基人曾创造了由22个字母组成的文字，这22个字母组成的表音文字早在公元前15世纪就已经在比布鲁斯通用，后为希腊人所用，成为现代希腊文字的基础。据《简明不列颠百科全书》记载："已释读出的最早的腓尼基铭文溯源于公元前13世纪，腓尼基本土最晚期的铭文约为公元前1世纪，当时该语言几近被阿拉米语所取代"。

  古代黎巴嫩的教育是如何进行的？在现今的黎巴嫩虽已难觅其踪影，但上几个世纪课堂教学模拟形象在贝特丁的穆萨城堡博物馆却有再现：在一间不大的、近乎半封闭的教室内，一排排条形桌后端坐着一个个学生，老师则一手执书，一手挥动着教鞭徜徉其间。这样的课堂教育与我国的私塾颇为相似，不知内中有无渊源。

对于自然资源相对贫乏的黎巴嫩来说，人是极为宝贵的财富和资源，尤其是受过良好教育的知识分子、管理人员和各类技术人才。黎巴嫩人从长期生活实践中深刻领悟到"教育可以改变一个人、一个家庭，乃至一个民族、一个国家的命运"。因此，黎巴嫩政府对发展教育事业和普及文化知识非常重视。据美国中央情报局2006年资料显示：2003年估计，在该国总人口中，15岁以上（含15岁）能读会写的人数占87.4%，其中男性为93.1%，女性为82.2%。前总理哈里里是黎巴嫩首富，事业有成后不忘家乡故国，在国内建立了哈里里基金会，帮助众多家境贫寒的学生完成学业，实现理想。类似的基金会在黎巴嫩为数不少，有效地解除了许多学生的困境，使他们顺利地完成学业，走上了就业之途。具有较高知识水平的黎巴嫩公民除了满足本国各个领域的需要外，还大批去国外谋生，在用他们的知识和技能帮助它国建设的同时，也为自身的发展，家庭的富足找到了出路。在国外工作和定居的黎侨和黎裔每年从国外汇回的外汇相当可观，反过来又为促进祖国的经济发展作出了贡献。

一　组织机构与职能

教育与高等教育部是黎巴嫩内阁掌管教育事业的最高职能部门，主管与教育事业大计方针、资金筹集与分配等有关的重大事务。内战后的一项最艰巨任务是尽快修复被战火毁坏的院校，进一步规划黎境内教育资源的分布，努力使之趋于合理化。

教育部下设高等教育总局、教育总局、职业技术教育总局、高等教育委员会、教育研究发展中心和行政处。国立黎巴嫩大学也由教育部直接领导。

1. 高等教育总局

高教总局负责发展黎巴嫩的高等教育事业，关注国内公私立高等教育机构的事务。总局的主要任务是协调高等教育部与国家科学研究委员会之间的关系；制定高教事业的各项数据；为所有高校的教学大纲制订具有可行性、权威性的学术标准和条例；对获准从业的高校应遵守的学术标准进行确认；筹谋对外合作项目；就高等职业技术教育事务与职业技术教育总局进行协调。

2. 高等教育委员会

任务是研究和批准成立新的私立高等学府，研究和批准原有高等院校设立新的学院或新的系科。委员会由教育部部长任主席，高教总局局长任副主席，司法部总局长和黎巴嫩大学校长任常务委员，另外吸收有关工会主席任委员。下设秘书处和技术委员会。

秘书处的任务是安排高等教育委员会的工作和核准黎境内私立高校颁发的证件。技术委员会由教育部高教总局局长和 6 名私立大学代表、2 名黎巴嫩大学代表组成，高教总局局长任主席，任务是对申请开办的新高等学府的申报材料进行技术方面的研究和考核，为高教委员会是否批准该申请提供依据；并依法对新校的办学条件、标准和规格持续进行考查，据实向高教委员会报告。高教委员会有权向学校董事长提出警告。

3. 教育总局

负责全国的中、小学教育和幼儿教育。主要任务是指导全国中、小学和幼儿园贯彻执行国家制定的中、小学和幼儿园的教育计划和教学大纲，关注和检查各类学校的教学质量。指导和督促各省教育局的工作。

4. 职业技术教育总局

负责全国的职业技术教育事业。主要任务是指导全国各级、各类职业、技术学校贯彻执行国家制定的相应职业、技术学校的教育计划和教学大纲，关注和检查各类学校的教学质量；就高等职业技术院校和专业的教学工作同高等教育总局进行协调。

5. 黎巴嫩教育研究发展中心

在教育部领导下，负责振兴与发展黎巴嫩的教育事业。中心的具体任务是：拟定并监督执行（除大学阶段外）各阶段教育计划草案；研究教学大纲，并关注其在各校落实情况；编写、印制教科书、出版物和制作教育工具；在师范院校、培训中心培训中小学师资；就正式考试题的模式作出决定，协调落实并参与考试委员会的工作；进行各种教育研究，并以适当的方式普及其成果；参与制定总的教育规划；进行教育统计，发布统计公报；就校舍及其设备方面应具备的技术和卫生条件提出建议；对教育和高等教育部兴建、扩建、调整或取消有关教育机构的工程计划提出意见与建议。

二　教育体制

黎巴嫩的学校大体分为公立免费学校、私立免费学校（一般为宗教团体、组织和私人所建）、私立收费学校三类。

教学体制大体分为四个阶段：①学前教育阶段——托儿所和幼儿园；② 9 年基础教育阶段——小学 6 年（前 5 年为义务教育），初中 3 年（包括普通初中和初级职业、技术学校）；③高中教育阶段——高中 3 年（包括普通高中、职高、中专）；④大学阶段——一般为 4 年或 5 年制，大学专科则为 3 年制。

黎巴嫩教育部 2005 年上半年发布的统计数字显示，目前，黎境内公立中、小学校共有 2704 所，公、私立各类大专院校 41 所，此外，还有 100 余所技术、职业和其他特殊专业院校和相当一批职业中专和技校。黎巴嫩的教学资源分布不平均，在教学资源相对集中的首都贝鲁特地区，公立中、小学只占全国的11.9%，私立收费学校则绝大部分设在贝鲁特及其周边地区，而著名大学则大部分建在贝鲁特。

由于黎巴嫩的教育资源丰富，除为保护少年儿童设立了13岁以下学龄儿童不得进入技校就读这项限制外，在入学年龄方面并无其他限制。成人只要持有一定的学历证书，在需要时，均可向有关院校提出申请，考试合格即可继续入学深造。因此，黎境内没有专设成人教育项目。

黎巴嫩教育部2005年公布的统计数字显示，各类公、私立中小学校约计2799所，具体分布情况见表6-1。

表6-1 2005年黎巴嫩中小学分布情况表

单位：所

省份	中小学总数	公立学校	私立免费学校	私立收费学校
贝鲁特	209	75	22	112
贝鲁特郊区	494	116	69	309
黎巴嫩山省	376	187	40	149
北方省	698	455	73	170
贝卡省	494	266	89	139
南方省	282	160	36	86
纳巴提耶省	246	146	39	61
总计	2799	1405	368	1026

资料来源：黎巴嫩教育部《2004~2005学年各省学校分布》，2005。

全国中小学校在外语教学方面，有569所学英、法双语，1576所学法语，559所学英语。

2004~2005年度，中、小学生共766336名，男女生比例总体上男生略高于女生，而在公立中、小学348304名学生中，女生所占比例为53.1%，高于男生。

第六章　教育、科学、文化、卫生

（一）学龄前教育

分三个阶段：托儿所、幼儿小班、幼儿大班。2004/2005学年，接受此项教育的儿童150610名，其中女童的比例为48.4%。

（二）初等教育

为小学六年制（前五年为义务教育）。政府规定，各类小学均应接纳学龄儿童，不得因宗教信仰、性别、社会地位和贫富等因素而拒之门外。2004/2005学年，各类小学在校生达452607名，其中女生的比例为48.3%。

据黎巴嫩官方2001年统计，黎巴嫩15岁以上人口中受过5年制免费义务教育者达其总人口的95%，这在整个阿拉伯世界比例是较高的，这样的国家在世界上也是为数不多的。

阿拉伯语是黎巴嫩的国语，是各类学校的主要教学语言。法语和英语是该国的通用外语，其中一种被定为各类学校教学课程中的必修课。一般来说，基督教区的学校，小学的第一外语是法语，到高年级才开始学习第二外语英语。而穆斯林区公立学校则只开设英语。但在教会学校和为数不少的大学中，不少课程的教学用语是英语，执行的教学大纲和使用的教材也都是美国的。在个别以法语为主的大学中，法语则是教学用语。

（三）中等教育

分为两个阶段：初中3年，高中3年。其中，高中阶段到二年级时分为理科和文科两类，三年级时则进一步分为理科、生物学科、文学和人文学科、社会学和经济学科等。2004/2005学年在校初中生共198059名，其中女生的比例为52.4%；高中生115670名，其中女生的比例为47.8%，但女生在文科的比例远远高于男生，达69.6%。

黎巴嫩中小学师资力量较强。据统计，2004/2005学年在全国中、小学任教的78644名教师中，有34688名是大学或相当于

大学本科学士以上学位持有者。其中有 508 名博士，415 名博士工程师，2685 名硕士，30274 名学士，806 名大学毕业文凭获得者，8733 名初等师范学校毕业生，23281 名中学理科专业毕业生或同等学力者，1687 名普通高中级中等师范学校毕业生，5315 名各种技术、艺术学校毕业生。这些教师中，有 72159 名固定在一所学校任教，5592 名在两所学校任教，893 名在三所学校任教。

（四）职业技术教育

分为初等（资格）培训阶段、中等职业技术教育阶段和高等职业技术教育阶段。

1. 初等培训阶段

宗旨是培养能操作简单机械，从事手工劳作的工匠和普通工人。为执行 1996 年出台的新劳动法关于"儿童就业年龄不得小于 13 岁"的规定，黎政府规定学生在完成基础教育阶段后，年龄达到 13 岁者方可进入职校和技校学习。培养对象一是年满 13 岁，拟在劳务市场谋取职业的小学毕业生；二是基础教育阶段因故辍学或失败者；三是欲改行从事新职业者和为职务升迁而想更新已有知识和技能的成年人。进入该阶段学习的学生被要求必须会一门外语。

学习时间分为两阶段（共 4 年），每阶段（共 2 年）分为三单元，每单元 600~900 学时，其中理论学习占总学时的 25%，实际操作时间占 75%。每单元均为独立培训阶段，学生于每一单元结业考试合格后即可获得就业推荐信（按单元分为受过培训工人、合格工人、称职工人三级）。持信者可在工厂及其他生产企业就业，也可进入下一单元培训和学习。

第一阶段结业考试合格者可被授予 CAP 证书，即"称职工人"资格证书。持证者可去相关企业就业，或在原校进入第二阶段学习，也可去更高一级的正规或非正规技校或职业学校继续学习。

凡持有第一阶段职业资格证书者、"已通过 7 年基础教育学习"的学校证明者或具有初级中学二年级资格者经考试合格，均可进入第二阶段学习。第二阶段结业考试合格者即可获取 BP 级职业资格证书，在劳务市场可获较 CAP 持有者更高的职位和薪酬。

2. 中等职业技术教育阶段

学制 3 年，相当于我国的职高和中专。这一阶段招收的学生除初级技校或职校毕业生外，其他报名参考者均应具有不低于初中毕业的基础文化水平，或 5 年的小学教育和 4 年的职业培训或经验。这一阶段的学习分为两个部分：一是中级职业或技术资格"BT"证书；二是职业与技术双重资格"SD"证书。在 3 年学习期内，服务业的总学时为 2800～3300 学时，即每年平均 1000 学时；而工科类每一专业的学习与实习学时为 3000～4000 学时，即每学年平均 1150 学时。

中级阶段结业考试合格者可获所学专业的 BT 级或 SD 级证书，持有 BT、SD 证书者可在与所学专业相关的行业就业，薪酬则高出 CAP 持有者一个等级。BT、SD 证书持有者经考试合格即可直接进入大学、技术学院、艺术学院及其他相关的高等院校深造。

3. 高等职业技术教育阶段

主要目的是为先进科学技术行业培养高级技术人才。高等职业技术教育阶段学习分成两个阶段进行。

（1）初级阶段。中级技校或职高毕业生直接进入初级阶段学习，学制 3 年。理论课、指导课和实践课的时间不得少于 2400 学时；在开发和生产性企业实习和培训时，不得少于每周 20 学时。各科考试成绩合格者即可获得 TS 级技术证书；

（2）高级阶段。初级阶段学习结束后可直接进入高级阶段

黎巴嫩

学习,学制 2 年。授课时数应保证达到 1800 学时,在开发和生产企业现场实习时间要达到 14 周,以保障学生准备毕业设计。结业考试合格后,根据所选专业可获服务业 LT 专业证书、工农业 IT 专业证书或教育领域的 LET 证书。

除上述正规职业和技术教育外,有关方面还定期举办 3 个月至 1 年的训练班,培养大批社会上急需的技术、装修、装饰、美容美发等方面的工人、技师,如电脑维修工、家用电器修理工、汽车修理工、超市收银员、会计、插花工等。

(五) 大学教育

1. 概况

黎巴嫩有百余所大学和大专院校,经教育部核准注册的高等院校共 41 所。其中知名院校有国立黎巴嫩大学、贝鲁特大学、贝鲁特美国大学 (the American University of Beirut)、圣约瑟大学 (the Saint Joseph University)、贝鲁特阿拉伯大学 (the Beirut Arab University)、黎巴嫩美国大学 (the Lebanese American University)、哈加齐扬大学 (Hagazian University) 和卢维宰圣母大学 (Notre Dame University-Louaize) 等十余所,贝鲁特美国大学是国际著名大学之一。

2004~2005 年度,黎官方公布的 38 所主要大专院校的简要情况如下:在校生共 141479 名(男生 65368 名、女生 76111 名),其中,黎巴嫩学生 128619 名,非黎巴嫩学生 12860 名。

教师和行政管理人员共 17044 名,其中教员:男 8647 名、女 4085 名;行政人员:男 2062 名,女 2249 名。

2003/2004 学年,这 38 所学校中的 35 所学校毕业生共 21614 名,其中男生 9668 名,女生 11946 名。

2. 主要大学

黎巴嫩大学 黎巴嫩唯一一所国立大学,建于 1952 年,当时属私人所有,由教育部领导。大学分为两个主要分部:贝鲁特东区分部；贝鲁特西区分部。此外还有几个小分部，分别设在黎巴嫩南方、北方和贝卡等省。之后，学校不断扩大，现已有第一分校、第二分校、北方分校、贝卡分校和南方分校。

大学设有理学院、文学和人文科学学院、工学院、经济学院、农学院、技术专科学校、教育学院、传媒学院、美术学院、社会学学院、法学院、医学院、口腔医学院、公共卫生学院、药学院、旅游学院和应用科学与经济专科学校等17个学院和专科学校。学校的教学用语为阿拉伯语，但一些专业的教学用语是法语和英语，学制四年，医学专业则根据需要定为7年，药学专业6年，牙科5年，而美术学院的学制分为3类，建筑工程美术的学制是6年、内部工程5年、其他专业4年。一些大专性质的技术类专业的学制3年。各专业均采用入学考试的方式录取学生，但法律、政治、行政专业接受学生既不要考试，其入学名额也无限制。与此同时，规定各专业必须选修一门外语。

据统计，2003/2004学年；该校毕业生8985名，其中男生2917名，女生6068名。2004/2005学年在校生达70065名，其中男生25303名，女生44762名。

贝鲁特美国大学（the American University of Beirut）1866年建于贝鲁特，是一所不隶属于任何宗教组织的私立大学，得到美国纽约州的特别许可证，并由一私立、自主的理事会管理。值得一提的是，这所大学不仅在黎巴嫩，而且在阿拉伯国家和整个中东地区都享有很高的声誉，尤其是该校的医院更是声名卓著。贝鲁特美国大学享有世界名牌大学的称号可谓实至名归。

该大学坐落在贝鲁特角一座美丽的小丘上，是一所具有相当规模、设备齐全、男女兼收的大学。贝鲁特角这个半岛被称为中东的交叉点，它沿着地中海，俯瞰着圣乔治湾，一端蜿蜒通向黎巴嫩北方，另一端则向东伸展，伸向远方那被皑皑白雪覆盖着的绵延群山。大学校园绿树成荫、繁花似锦，明媚的阳光，温馨湿润的海风，使这里成为世界上最美丽的校园之一。

1862年，一群在美国外方传教机构理事会领导下在黎巴嫩和叙利亚工作的传教士，向丹尼尔·比利斯博士提出请求，退出传道工作，留在黎巴嫩从事教育工作，在黎巴嫩建一座独立于教会之外的具有美国教育特色的学院。所有经费由学院自行解决。

1863年4月24日，正当比利斯博士为新学校集资奔走时，纽约州批准其以叙利亚新教学院（Syrian Protestant College）之名建立一所学院。1866年3月24日，学院正式开张。当时只有一个班，16名学生，比利斯博士亲任校长，它就是如今鼎鼎大名的贝鲁特美国大学的前身。学院的奠基石、第一栋建筑物现今仍在贝鲁特角的校园内，成为历史的见证。1920年11月18日，纽约州立大学董事会决定将叙利亚新教学院改名为贝鲁特美国大学。同时，决定扩大大学的行政职能。到20世纪50年代初，规划中的项目全部落实。工程建筑系于1951年落成；农学系（即现在的农业和食品学院）在1952年开始招收学生；最后一个公共卫生学校（即现在的保健科学学院）也于1954年建成。

贝鲁特美国大学校园面积28公顷多，建有50栋大楼，其中有2栋学术大楼、2栋供学生活动的大厅、2栋男生宿舍、5栋女生宿舍、多幢教职工公寓和1栋医疗中心。

现在大学设置有文理学院、医学院（下设护理学校）、工程建筑学院、农业和食品学院、保健科学学院等5个学院。此外，还设有一所商业学校。教学语言是英语。目前，该大学有授予学士和硕士学位的权利。2001年6月，该大学被美国中部各州学院和学校联合会授予高等教育代理权，可选送学生直接上美国的大学学习。

贝鲁特美国大学在教学活动中完全遵照美国的教学方式进行，十分重视教学与研究并进，强调学术成就。为鼓励学生提高自身的学识水准、素质修养，校方设置了奖学金，试图通过教育

第六章　教育、科学、文化、卫生

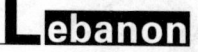

活动不仅从根本上提高学生专业能力, 成为专业人才, 而且成为具有宽阔视野、高尚道德和有责任感的公民。

自1987年至2002年7月底, 该校的学位和毕业文凭获得者已达66107人次。2003~2004学年共毕业学生1392名, 其中男生728名, 女生664名。2004~2005学年, 在校学生共7089名, 其中男生3677名, 女生3412名。

大学的学术服务系统包括: ①图书馆　由两个中心图书馆组成, 即萨伯医学纪念图书馆 (the Saab Memorial Medical Library) 和加菲特纪念图书馆 (Jafet Memorial Library); ②出版办公室 (the Office of University Publication) 建于1970年; ③考古博物馆 (the University Archaeological Museum), 建于1868年, 是位列近东地区第三位的最古老博物馆; ④地质部 (the Department of Geology), 其中有黎巴嫩唯一的地质博物馆; ⑤生物学部 (the Department of Biology), 是一所为收集生物藏品、馈赠等提供场所的历史自然博物馆; ⑥制度研究与评估办公室 (the Office of Institutional and Assessment), 承担着对制度评估及研究活动进行调整的责任。办公室负责收集、分析和分发有关大学境况及成就等方面的精确的和及时的信息, 还在制度、地区以及国际等各方面扩展它的评估与分析的层面; ⑦计算机和网络服务中心 (Computing and Networking Services), 管理着6个主要的设备: 学院计算机中心、大学医院计算机中心、因特网服务性工作站、贝鲁特美国大学网络中心、个人电脑支持中心和学生计算机中心; ⑧医学中心 (medical center), 是贝鲁特美国大学医学院的附属医院。

圣约瑟大学 (the Saint Joseph University) 圣约瑟大学是一所颇具规模的综合性大学, 下设多所学院, 在大贝鲁特地区有医学院、科技学院、社会科学学院、人文学学院; 在首都以外还设有大学北方学习中心、大学南方学习中心、大学扎赫勒和贝卡学习中心。教学语言以法语为主。2003~2004学年共毕业学生2278名,其中男生821名,女生1457名。2004~2005学年,在校学生共9377名,其中男生3421名,女生5956名。

该校医学院设有10余个系、学科及学校(与系、学科同等级别),如医学系、理疗系、口吃矫治系、心理行动康复系、药剂系、口腔系、护理系、卫生管理与社会关怀系、助产学校、医学化验学校等。医学院除培养医学方面的学士、硕士外,还培养博士(7年制)和博士后。此外,一些专业需要在获得博士学位后再学习一年,如法医、显微外科、心脏外科等;有些专业则需再学4~6年,如美容、口腔外科、颅脑外科、小儿外科等。

社会科学学院在贝鲁特,设有法律与政治学系、政治学系、经济学系、实业经营与管理学系、保险学系、金融业务研学中心(专为金融界职员开办,学习期限较短)。

科技学院(在贝鲁特)设有工程学系、通讯信息系、理学系、实业管理系等。

人文学院(在贝鲁特),设有宗教学系、伊斯兰教与基督教研究系、文学与人文学系、东方文学系、教育学系、教养员系、语言与翻译系以及戏剧、影音与电影学系等。

大学北方学习中心设有护理学系、实业经营与管理学系、文学与人文学系、教养员系、社会培训学校。

大学扎赫勒和贝卡学习中心设有护理学系、实业经营与管理学系、工程系。后者是地中海地区高级农业工程系。

大学南方学习中心设有护理学系、实业经营与管理学系、文学与人文学系等。

贝鲁特阿拉伯大学(Beirut Arab University) 1960年由黎巴嫩慈善协会创建,是一所私立大学,位于贝鲁特市。学校的教学活动始于1960~1961学年。

该大学曾获埃及已故总统加麦尔·阿卜杜勒·纳赛尔的资助,

并得到埃及亚历山大大学的支持。两校间在学术等方面建有广泛、良好的关系。亚历山大大学负责向该校提供高质量的师资，并向该校的毕业生颁发亚历山大大学毕业文凭。2003~2004学年，该校共毕业学生2261名，其中男生1371名，女生890名。2004~2005学年，在校学生共9330名，其中男生5363名，女生3967名。

贝鲁特阿拉伯大学是阿拉伯大学联合会（1964年建立）创办成员之一，也是国际大学协会的成员。

学校的学术与行政机构有：①最高理事会，其成员每年由埃及高教部部长指定，理事会主席由亚历山大大学校长出任，其成员包括：贝鲁特阿拉伯大学校长、秘书长、4名亚历山大大学理事会代表和4名黎巴嫩慈善协会理事会代表。②大学理事会，其成员每年指定，由贝鲁特阿拉伯大学校长任主席，成员包括：亚历山大大学负责教育和学生事务的副校长、负责研究生和研究工作的副校长、2名黎巴嫩慈善协会理事会代表、各学院的院长、贝鲁特阿拉伯大学秘书长等。③学院理事会，理事会成员每年由大学校长指定，主席由院长出任。理事会成员包括：学院各部门的负责人、教职员中选举产生的资深者2名、由校长指定的至少两名以上的专业人员。

大学由大学理事会和校长负责管理；各学院由学院理事会和院长管理；各系由系理事会、系主任和教学机构负责管理。教学机构由任命的和聘任的教授、副教授、讲师组成。

大学设有文学院、法学院、商学院、工学院、理学院、药学院、医学院和口腔医学院等9个学院。

文学院：语言文学设有3个系：阿拉伯语言文学系、英国语言文学系、法国语言文学系。人文科学设有6个系：地理系、历史系、哲学系、社会学系、心理学系、新闻系。

商学院：设会计、实业管理、经济、金融与海关研究等4个系。

工学院：设有工程数学与工程物理、电力工程、城市工程和机械工程等4个系。

理学院：设有数学、物理、化学、生物与环境科学等4个系。

药学院：设有药剂化学、制药技术、药材、药剂微生物和药理与毒物学等5个系。

医学院：设有内科、外科、妇产科、皮肤科等23个系。

口腔医学院：设有口腔医学、口腔病理学、口腔生物医学、口腔外科和麻醉、义齿修复学、儿童牙医学、畸齿矫正学、牙齿生物材料学等9个系。

大学计算机中心：任务是为学校的教学工作和学生的训练提供一切必要的服务；为研究人员的科研工作提供服务；为学校的各项行政工作提供服务；为校内外个人提供计算机培训。

哈加齐扬大学（Hagazian University） 1951年贝鲁特亚美尼亚新教团体为了充实它的教育体系，将此前已建立的教师训练学院和亚美尼亚新教学院两个中级教育实体合并，设有一年级文理科和二年级文科各一个班，教学语言为英语。1955年10月7日，亚美尼亚新教教派联合会和美国亚美尼亚传教士协会合力，根据亚美尼亚族上层社会的需求，把学院发展成四年制学院，并更名为哈加齐扬学院。主要宗旨是帮助当地的亚美尼亚人培养教师和牧师。1996年12月28日，当时的文化与高等教育部颁布法令，正式审定其更名为哈加齐扬大学。2002年9月1日，保罗·海多斯廷博士出任校长至今。

1995年大学开学时只招收了43名学生，2004～2005学年，在校学生630人，教职员工98名，已毕业的文、理科学士和文科类硕士生1950名，2003～2004学年毕业生88人。

为了帮助家境贫寒的学生能够继续学业，除奖学金外，大学还设有多种多样的助学基金，这些基金大多来自个人、教会、团

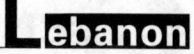

体等社会的各个方面。学校有严格的规章制度,以确保有困难的学生得以安心学习,同时,也保证了捐助者的心愿不被滥用。

该校设有工商管理与经济学院、文理学院等两个学院。

工商管理与经济学院:下辖工商管理与经济系,设有工商管理、会计、信息、财政学、经营学等。

文理学院:下辖人文学系、理学系、数学系和社会与行为科学系等4个系。

黎巴嫩美国大学(Lebanese American University) 该大学的本部在贝鲁特,贝鲁特校部位于风景如画的贝鲁特角山坡住宅区内。校园内的9栋大楼依次环绕着校园中心。美丽的校园是一片如茵的绿草地,其中似锦繁花四季盛开,周边饰以挺拔高耸、华盖似伞的地中海特有大树。该校的公寓楼建于1955年,其中有10套教员用单元房。此外公寓中还设有管理信息系统办公室、计算机管理中心和接线总机等。

黎巴嫩美国大学早先是一所美国女子学校,由美国长老会传教士于1835年在贝鲁特创建。到1924年发展成美国初级女子学院(the American Junior College for Women),学制2年。1948年更名为贝鲁特女子学院(Beirut College for Women)。1973年改制为男女生兼收的贝鲁特大学学院(Beirut University College),有近千名学生,在贝鲁特仅有一个学院。1994年,更名为黎巴嫩美国大学。

黎巴嫩美国大学是一所非盈利性私立大学,由董事会(25人)掌管,其成员均由美国纽约州州立大学董事会任命,董事大多是美国人。大学拥有文理学院、商学院、工程建筑学院和药学院等4所学院。该大学还于1973年创立了阿拉伯世界妇女研究中心。

该大学执行美国大学的教育制度,教学用语为英语,阿拉伯语作为外语列入教学计划。学校严格执行学分、考分、学时制等

制度，尤其重视学生的诚信度，学生只有达到各项规定的最低标准才可毕业。该大学每年毕业生 1100 余名，2003~2004 学年，该校共毕业学生 1333 名，其中男生 712 名，女生 621 名。大学有权授予学生所学专业学位，如文、理科准学士，文、理科学士，药学学士，教育学士，工商管理学、文、理科硕士，药学博士等。2004~2005 学年，在校学生共 4476 名，其中男生 2523 名，女生 1953 名。

该大学有教师 420 位，其中 146 位是全日制教师，其中 71% 拥有博士学位。其师生的比例为 1∶20。一名大学生年学费约 1.1 万美元，研究生 8500 美元左右。同时，大学每年预算中有 800 万美元专用于财政援助，其中大约 1/3 的学生可从勤工俭学中得到各种形式的资助，其他的资助还有软贷款、助学金等。对大学生来说，每年获得的财政援助可达 6500 美元，研究生则可获 5000 美元的援助。

比布鲁斯分校（Byblos Campus）：1987 年春季建于布拉特（Blat），占地面积达 11.3 万平方米。该分校下辖文理学院、商学院、工程与建筑学院和药学院 4 所学院，在此基础上逐渐扩大发展，现已颇具规模。

赛达分校（Sidon Campus）：是利用瓦利德·哈里里先生（Mr. Walid B. Hariri）1994 年春赠给黎巴嫩美国大学的一块位于赛达市东 3 公里处的 3 万平方米土地建成。总体规划是建一所适合 1500 名学生学习、生活的学院。其计划还包括全体教职员和学生的宿舍、体育馆、礼堂、圆形剧场、美术中心、学习资源中心以及其他大楼。

卢维宰圣母大学（Notre Dame University-Louaize） 圣母大学由黎巴嫩基督教马龙教派于 1695 年创建。1736 年召开的黎巴嫩基督教马龙派信徒大会做出决定，强调对所有男女儿童，教育都必须是免费的、义务的；这次大会的另一重要主张是把外国语引入了教育制度，以促进对外国文化的开放。

1978年，马龙教派开始了新的试验，牧师比沙拉·拉希（Bechara Rahi）与贝鲁特大学学院合作，建立了卢维宰高等教育学院（the Louaize College for Higher Education）。此后，马龙教派决定以该校为基础，在黎巴嫩建立一所不以盈利为宗旨的私立大学，不仅满足本教派的需要，还要适应黎巴嫩以及整个地区新一代的需求。决心将大学办成让宗教、哲学、人文科学和自然科学之间实现建设性对话的一个文化实验室。1987年8月，经总统法令批准，一所马龙派创办的私立大学——卢维宰圣母大学正式诞生。现任校长为布特鲁斯·塔拉巴伊，有2名副校长协助校长工作。马龙教派决定邀请黎巴嫩社会名流对大学的运作进行监督，并决定由大学董事会管理大学的学术和行政事务，并帮助制定大学的发展计划。此外，还决定该大学采用美国教学体制进行教学活动。

卢维宰圣母大学正在建设一所可容纳7000名学生的新校园，院址俯瞰狗河河谷（the Dog River valley），面积达100万平方米。新校园总建筑面积达4.8万平方米，已于1994年11月奠基，一、二期工程现已竣工。

2004~2005学年，在校生4584人，其中男生2919名，女生1665名。在校生中，本科生占86%，研究生占14%。

卢维宰圣母大学下辖3所校部：

第一个是卢维宰大学本部（Louaize Campus），坐落于凯斯莱旺地区的祖克穆斯贝赫（Zouk Mosbeh），这里是滨海地区，位于贝鲁特以北15公里，海拔100米，校园俯瞰着美丽的朱尼耶海湾（bay of Jounieh）。本部下设建筑艺术和设计系、工商管理和经济系、工程系、人文科学系、自然与应用科学系、政治学、公共管理和外交系。6个系的60余个专业均可授予学士学位，计算机科学、工商管理、英国文学、国际事务与外交、应用语言

和托福（TEFL）、阿拉伯语言文学等16个专业研究生毕业后可授予硕士学位。

该校还设有黎巴嫩移民研究中心、数字化研究中心、水源和环境研究中心和黎巴嫩研究中心等4个研究机构和1个出版社。

第二个是北方分校（North Lebanon Campus），1990年圣母大学在黎巴嫩北方的舍卡（Chakka）建立了如今已颇有名望的北方分校。1999年，该分校迁移到库拉（Koura）。校园面积达5万平方米，从校园极目远眺，前方是美丽的的黎波里海港（El Mina-Tripoli），背后则有艾赫丁（Ehden）和卜舍里（Bcharre）两座绵延高山的美景尽收眼底，整洁、宁静和适中的气温给校园平添了几分迷人的魅力和吸引力。

该分校设有建筑艺术与设计系、工商管理和经济系、工程系、人文学科系、自然与应用科学系和政治学、公共管理与外交系。6个系的28个主要学科可授予学士学位。

第三个是舒夫分校（Shouf Campus），出于黎巴嫩南部的需要，2001年3月圣母大学董事会同意在舒夫地区建立一所新的分校。同年10月得到落实。舒夫分校建在位于代尔盖迈尔城阿卜德修道院旧址。阿卜德修道院是一座具有历史意义的修道院，在修道院旧址建校是要保持修道院的传统和它的艺术魅力。

这所分校可容纳大约3000名学生。校园的周围是一排排橡树和松树，山坡被四季常青的树和草染成一片青翠。邻近的代尔盖迈尔与修道院建筑物是如此协调，它们交相辉映，浑然天成。

目前，舒夫分校共设6个系：建筑艺术与设计系，工商管理和经济学系，工程学系，人文学科系，自然与应用科学系，政治、公共管理和外交系。

该分校除可授予各系毕业生所学专业学士学位外，还可给建筑学系、经济管理学系、人文科学系、自然与应用科学系和政治、公共管理和外交系的一些专业的研究生授予硕士学位。

三　战后恢复工作

处于强邻钳制中的黎巴嫩，20世纪中曾经历了数次规模大小不等的战争，尤其是历时15年的内战，其各行各业均受到了程度不同的摧残与毁坏，教育事业则是个重灾区，尤其是位于"绿线"两侧以及双方炮火所及地区的学校，遭受毁坏的程度更加严重。战后重建也绝非三年两载即可见效之易事。

自1990年10月内战结束，新政府组建后不久，就着手筹划重建计划，并多方募集资金用于各类学校的修复工作。据黎巴嫩发展建设委员会2004年7月公布的数据，黎政府自1992年以来与有关方面签约1.33亿美元，专事恢复发展教育事业，致力于让每一个黎巴嫩学龄儿童都能入校就读。

第二节　科学与技术

一　组织机构与职能

成立于1962年的科学研究委员会是黎巴嫩最具权威的科学与技术机构，科委是独立自主的科研机构，宗旨是把科学与研究策略纳入国家政策范畴之内。科委的报告可直达总理，不受制于任何部委。在过去的40多年中。科委为黎巴嫩社会经济发展起到了举足轻重的作用。

科学研究委员会设主席、副主席、秘书长和13名委员，此外尚有政府专员、高等教育部代表和财政部代表各一名。科委委员由总理推荐，内阁任命。科委委员都是黎巴嫩科学界各学科的带头人，杰出的科学家。委员任期为6年。科委的决策权隶属于管理委员会，管理委员会主席乔治·托赫米教授（Professor

Georges Tohme）自 1993 年起任职至今。

　　管理委员会下辖总秘书处和工程与技术处、环境科学处、农业科学处、医学与公共卫生处、科学基础知识处和行政与财务处等 6 个职能处。1998 年，穆·哈姆宰教授（Professor M. Hamze）被内阁任命为总秘书处秘书长。总秘书处负责准备和执行科委交付和认可的年度计划。总秘书处除秘书长外还有 10 名成员，其中有来自科委机关 6 个处中的 4 名处长，其余几位则是总秘书处中各部门的负责人。

　　科委下设国家地球物理中心、国家海洋科学中心、国家遥感中心和黎巴嫩原子能委员会等 4 个科研机构。

　　二　科研机构的任务和成就

　　科学研究委员会肩负着黎巴嫩科学与技术研究各个方面的任务，如阐明国家的科学技术政策；制定或更新国家的科技政策和有关的工作计划；就有关科技问题向政府提出设想和建议；负责启动、指导、支持和管理国内的科学研究项目和科研活动；给予研究项目财政方面的支持；按照国家的科技政策促进同国际间的合作；在与有关部门合作方面，负责阐明工作计划；出版科学杂志和期刊；通过科委 4 个科研中心，引导和支持对社会经济发展有着重大影响的科研计划。

　　国家地球物理中心　建于 1975 年，由天主教耶稣会于 1920 年建立的盖萨拉天文台（the Ksara Observatory 1920～1978）发展而成。该中心对地震过程进行观测和记录，确定地震中心位置，研究引发地震的地球因素等，以减轻地震造成的灾害。

　　该中心的建立突出地表明，黎巴嫩政府的科技政策是考虑到国家地质的实际情况作出的。黎巴嫩位于大地震带。该中心的监控器通过地震网络适时记录黎巴嫩及世界各地的地震活动状况。该中心不久前在黎巴嫩中部盖赛拜修建了一个地磁天文台。这个天文台已加入国际磁力网络（the International Intermagnet Network）。为了确定活性断层，绘制出黎巴嫩分区制地图，地球物理中心使用全球定位系统观测和测量地心引力，并进行地质勘探等工作。

国家海洋科学中心 建于1977年。该中心的任务是对海洋、海岸和海洋资源进行研究和监察，目的是保护海洋、海岸和海洋资源，树立并贯彻持续发展观念。该中心是地中海海事网络中心的成员，也是地区与国际行动的一员。该中心自建立之日起坚持执行国家沿海监测计划，全面地对海洋生物剂量进行测定，对可能发生的意外事故进行可行性研究，以及发展海洋生物养殖等。

国家遥感中心 于1995年成立。该中心的任务是依靠引进的先进遥感技术和现代化的地质信息系统，对黎巴嫩不同地层的发展、发育进程进行研究，特别着重对自然资源和环境保护等问题的研究。该中心是政府决策部门的一个重要工具，能为多个部门决策提供重要的依据和帮助。该中心与各个地区性组织乃至国际组织保持着密切合作。

遥感中心的研究课题涉及面较广，诸如流域和林地的管理、城市的沉降、考古等等。有关部门在制作作为农业生产重要依据的《黎巴嫩土壤分布图》的过程中也得到了遥感中心的支持。此外，遥感中心还为各地区、各部门的管理、生产提供可靠的监控数据和专题地图，为有关部门提供必需的遥感应用软件和GIS应用软件等。

该中心正在进行的科研项目：用遥感技术测量国土，以便对国土资源进行评估；使用GIS与遥感技术评定旱地农作物的生命力；与叙利亚、德国合作的科研项目是对地下水及土地资源的管理和保护等。

黎巴嫩原子能委员会 建于1996年。它的建立得益于国际原子能组织和阿拉伯原子能委员会的支持与协作。该委员会致力于预防辐射，在国内开展和平利用原子能的研究工作。

该委员会最近建立了一个辐射防护设施。在日常工作中还使用其技术和装备执行环境和食品监测工作。

黎巴嫩原子能委员会独立进行的研究课题有用离子光束分析黎巴嫩的考古目标，从而为建立黎巴嫩考古项目数据库作出了贡献；热电站周边大气沉积物对承载各种植被的土壤造成的影响；达穆尔河河床沿线泉水的化学与同位素的合成物；阿西河外界环境研究；先天性甲状腺机能减退等10项。此外，还有若干个由个人承担的科研项目，其中包括对易卜拉欣河数处泉水的同位素及地理化学物质的研究课题；还有同法国、叙利亚、希腊等国进行联合研究的8个科研项目。

2001年，国家原子能委员会参与了在维也纳召开的一系列会议和活动，如"实地考察和使用脉冲中子发生器清除地雷"协调会议；"原子能使用器、电子和反应堆战场"的培训；西亚成员国合作战略技术会议。有关增强西亚地区各国应对放射线实际能力的地区性专题研究小组会等。阿拉伯国家核能放射性国际会议和国际谈判；"黎巴嫩的食品安全"学术讨论会；阿拉伯原子能委员会有关"利用X射线荧光技术分析法"的培训；黎巴嫩工程师和建筑师协会在贝鲁特组织的第一次黎巴嫩工程师和建筑师国际大会等。

多年来，科委主持和推动黎巴嫩的科学研究工作，直接领导下属几个研究中心的科研工作，并给个人的研究项目注入资金，参与那些需要持续进行的科学项目的研究工作等。

2001年，科委拨款20亿黎镑（约合130万美元），不仅为下属的4个研究中心的40个项目提供了资金，也为黎巴嫩大学、贝鲁特美国大学、圣约瑟大学、黎巴嫩美国大学、贝鲁特阿拉伯大学、拜拉芒大学（University of Balamand）、卢维宰圣母大学、农业研究所（Agricultural Research Institute）、圣乔治医院（Saint

Georges Hospital) 和慢性疾病关怀中心（Chronic Care Centre) 等学术和研究机构的几百个项目注入了资金。科委支持的一些由个人承办的科研项目，如 2002 年，科委通过海洋科学中心支持由 2 位教授对黎巴嫩早期台地和沙滩进行调查和测量的课题；还支持了另一位教授负责的，使用色素测量法和卫星映象手段对沿海海洋环境进行测量和研究的课题，从而为国家积累有关数据打下了基础。

在科委成立 40 周年之际，科委还重新开通了网站，公布了网址。将通过因特网发布黎巴嫩科技方面的信息，了解科委投资的科研项目和科技资料等。

三 国际合作与交流

(1) 奖励大学生去国外学习。国家科委作为科技主管机构，有权授予黎巴嫩学生奖学金，以便他们到国外去进行各学科的专业研究。已有 450 多名获益的毕业生学成回国，在黎巴嫩各所大学工作。同样，科委的大多数资深委员也曾是这一奖学金的获益者。但是，这项奖学金在 15 年内战时期被迫冻结，直到 1999～2000 学年才重新启动。

(2) 组织各种科学会议。为了提升科学研究水平，科委有计划地组织或发起主办各种科研活动。2001 年，科委组织了欧洲—地中海国家土壤数据库大会，是这一地区国家第一次就绘制土壤地图举行会议。此外，科委还组织了一系列的学术和科技会议，如：数字化三维制图研讨会；"科学与社会"研讨会；有关数学的学派的研讨会；"年度科学周"活动；向法定的信息—现代传媒技术挑战；黎巴嫩工业研究成就第 5 次研讨和展览会等。其中有些国际性会议是和联合国教科文组织等联手组织的。

(3) 地球物理中心积极参加了美国地质勘探局与联合国教科文组织率先倡导的名为"减轻地中海东部地区地震灾害"的

联合行动。

（4）海洋科学中心为了庆祝1998年的国际"海洋年",首次组织黎巴嫩画家,以"人与海洋"为主题,创作了40幅油画,并举办了画展,借此表达黎巴嫩人民对"海洋年"的支持和关心。

此外,黎巴嫩与法国在海洋科学方面有多个合作项目,如治理黎巴嫩沿海的污染等。

四 文献中心

国家科委在制定了第一个五年计划之后,为支持黎巴嫩的科学研究工作于1973年成立了文献中心。文献中心为科委全体成员以及所有的科学家提供多方面的服务。

文献中心的一个重要工作是,利用适当的情报与通讯技术,收集、处理和发布国内外科技信息。为了向终端用户提供有关信息服务,中心承担信息调查,并与联合国信息系统协力筹备国家信息库。

文献中心的主要工作是把科学出版物和科学信息汇编存储到国家信息库;负责国家数据库和与国际信息系统的合作。在信息库方面则收集、汇编联合国粮农组织在农业学、营养学和与之有关领域的信息,以及该组织正在进行的有关农业学和营养学及与之有关科研项目的信息。在核能方面,收集与汇编国际原子能组织关于核能和核能安全应用,以及有关环境和非核能量等方面的科研信息。

国家数据库设在文献中心内,其中除国家数据外,还包括地区数据。国家数据库下设多个数据库:

Agrin数据库 是国家在农业、营养学及相关领域（动物学、林学、水产业、自然资源、环境、土壤、灌溉、气候学、污染、农作物收割后处理技术等等）所著书籍目录的数据库,作为国家参与联合国粮农组织国际信息系统 Agris 数据库。

Carin 数据库 是国家在农业、营养学及相关领域（动物学、林学、水产业、自然资源、环境、土壤、灌溉、气候学、污染、农作物收割后处理技术等等）实践活动的数据库，作为国家参与联合国粮农组织国际信息系统 Caris 数据库。

Abhass 数据库 是有关国家医学、农业、环境、工程技术和基础科学方面研究课题相关信息的数据库。

Lebnis 数据库 是国家在核能、和平利用核能的科学技术及相关科学方面所著书籍目录的数据库，作为国家参与国际原子能组织的 INIS 数据库。

第三节　文化

一　组织机构与职能

（一）文化部的组成

2000 年 8 月 7 日，内阁颁布法令将原文化与高等教育部进行分离。新组成的文化部下设文化和文化遗产两个总局。

文化总局的任务是加强和搞活文化活动，鼓励创作天才，支持思想界、文学界、艺术界的各种文化协会和机构，为国民提供最好的条件来享受文化产品，从中汲取力量；关注和发展国家图书出版社，建立公共图书馆，并负责在全国普及和管理之。文化总局下设办公厅、文化事务局、国家书刊局，以及电影、戏剧、展览和国家电影储藏局。

文化遗产总局下设办公厅、博物馆局、出土文物局、古迹局。

（二）文化部下属组织及机构

文化部下属机构有国家教育科学文化委员会（教科文委员会）、国家高等音乐学院、国际牙科学中心、黎巴嫩国家电影院。

1. 国家教育科学文化委员会

成立于1948年。自1991年起,成为阿拉伯教科文组织的成员。自2003年起,成为伊斯兰教科文组织的一员。

2. 国家高等音乐学院

1910年黎巴嫩成立了第一所音乐学校。随着岁月的变化,到1995年,学校更名为"国家高等音乐学院"。学院不受企业法管束,而置于文化部长的监护之下,在行政、财务等方面享有独立自主权。

3. 国际牙科学中心

1999年2月23日内阁颁布法令,批准黎政府和联合国教科文组织签署的协议,在朱拜勒建立国际牙科中心。法令规定,该中心受制于文化部,由文化部长对其行使监护权。

4. 黎巴嫩国家电影局

建于1999年。为了介绍和在各界群众中普及本地、阿拉伯和世界杰出电影的经验,也为了保证1975年以来的大量电影拷贝返回文化部,并完好地予以存档,文化部决定建立黎巴嫩国家电影局。

二 文学艺术

自古以来,黎巴嫩因其独特的历史造就了自己独特的文化传统。这种传统是在腓尼基和伊斯兰传统文化的基础上汲取了希腊、罗马、奥斯曼帝国、法国以及近代美国的多种文化融合而成,它是东西方文化的结合、古代与时尚的结合。她的音乐、舞蹈植根于民间,源远流长,通俗而流行。黎巴嫩有影响力的作家在20世纪早期得以涌现,他们的作品极大地影响了阿拉伯语言文学。画家(包括油画家)、雕刻家、表演艺术家、电影制片人、剧作家、电视剧作家队伍不断壮大,其水准亦愈来愈高。

第六章 教育、科学、文化、卫生

19世纪中叶,作家纳西夫·亚济吉(Nasif al-Yaziji)对阿拉伯文进行了简化。与之同时代的作家朱尔吉·宰丹(Jurji Zaydan)则出版了一部带有传奇色彩的历史性长篇小说,以浪漫主义的笔调,描述了阿拉伯人的历史。在黎巴嫩,乃至整个阿拉伯世界最著名的黎巴嫩作家纪伯伦(Gibran Khalil Gibran),于1923年发表了他的英文诗"预言者",该诗的神秘色彩倾倒了世人,他亦因此而成名。他对阿拉伯文学的发展起了重大作用,是阿拉伯现代文学的奠基者之一。他的作品已被译为二十几种文字。在他逝世的50周年和100周年时,曾被作为世界文化名人纪念。黎巴嫩其他杰出作家包括以政治性作品闻名于世的安东尼·萨阿岱(Antun Saadeh)、米歇尔·奇哈(Michel Chiha)、科洛菲斯·马克苏德(Clovis Maksoud)、小说家莱拉·巴勒贝基(Layla Baalbakki)、哈利勒·塔基丁(Khalil Taki ed-Din);诗人查尔斯·库尔姆(Charles Corm)、赫克托·克拉特(Hector Klat)、乔奇斯·舍哈岱(Georges Shehadeh)、阿多尼斯(阿里·艾哈迈德·赛义德)等。这些作家、诗人用阿、英、法文,在不同地点、不同时间里,写出了大量精彩的诗、文,极大地丰富了人民的生活和国家知识宝库。

黎巴嫩传统建筑学的形成是基于地中海、土耳其、伊斯兰风格的融合;而今的高楼大厦、新型高档公寓和写字楼,则是具有现代西方风格和特色的建筑物。

三 戏剧电影

20世纪中期,爱好戏剧的警察艾西·拉赫巴尼、曼苏尔·拉赫巴尼兄弟和安提利亚斯警察分局警官、音乐爱好者瓦蒂·伊斯梅尔以及一些年轻人一起创建了"安提利亚斯俱乐部",把一些故事改编成剧本,并组织上演。之后,又加上布景、灯光、音乐,道具和歌唱,使之成为歌剧,演剧

的成功尝试对他们来说不啻是人生最大的鼓舞。1944年圣诞前夕，艾西和曼苏尔所在的镇，为他俩在文化方面的成就给他俩颁奖。

此时，与费鲁兹、拉赫巴尼兄弟一起在电台工作的音乐人中有陶菲克·巴夏、扎基·纳西夫（Zaki Nassif）、阿卜杜哈尼·沙班（Abdel hani Sha'ban）、陶菲克·苏克尔（Tawfeek Sokr）等。那时，他们或5人，或2人组合演出，每一个人都有出色的表现。当时，电台是所有艺术家艺术生命中最主要的舞台，因为，电台不仅覆盖本地、还把他们的歌声和他们的名声传播到整个阿拉伯世界。

1955年，拉赫巴尼兄弟和费鲁兹在开罗"阿拉伯之声"电台工作的半年期间，为了支持巴勒斯坦事业，他们写了名为"拉炯"的小歌剧（the Rajoon operetta）。由于这个小歌剧完美动人，具有极大的震撼力，著名记者米歇尔·阿布焦达（Michel Abou Jawda）称拉赫巴尼兄弟为费达伊（游击队）之父。

四　音乐舞蹈

（一）音乐

丰富多彩的黎巴嫩声乐与器乐在民间十分普及，其特点是阿拉伯传统古典音乐与民乐巧妙地吸收并进而融合了西方音乐。因此，黎巴嫩音乐是兼收并蓄、土洋结合。黎巴嫩著名歌唱家、素有"夜莺"美誉的费鲁兹，是阿拉伯世界最负盛名的歌唱家之一，也是一名誉满全球的歌星。

黎巴嫩人和其他阿拉伯人一样能歌善舞，所不同的可能是黎巴嫩人，尤其是信奉基督教的黎巴嫩人更为开放，除了演唱阿拉伯本民族、本国的歌曲外，不少歌手演唱欧美歌曲，表演类似"第十二夜"、"仲夏夜之梦"那样的芭蕾舞。黎巴嫩的艺术家们较少门户之见，擅长吸收他人之长，补己之短。这种"拿来主

第六章 教育、科学、文化、卫生

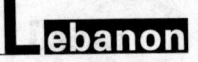

义"精神,对黎巴嫩文化事业的发展颇有裨益。

在演唱方面,20世纪中叶至20世纪后期,最著名的歌唱家首推费鲁兹。与之媲美的则有拉赫巴尼兄弟等一批在黎巴嫩音乐史上留有浓墨重彩的词曲作家、歌唱家和歌手。

费鲁兹(Fairuz) 黎巴嫩著名歌唱家费鲁兹1935年11月1日诞生于黎巴嫩北部雪松山区,原名努哈蒂(Nouhad),后随父母迁居贝鲁特。从小喜欢唱歌,进入公立韦拉亚中学后成为在国内颇负盛名的该校唱诗班成员,后被当时声名鼎盛的资深作曲家穆罕默德·弗莱菲尔(Mohamed Flayfel)和他的兄弟、著名词曲作家艾哈迈德(Ahmed)发现,选入黎巴嫩国家电台合唱队,不久就脱颖而出,数位词曲作家都认为她是一个有潜质、有前途的好苗子,相继为她作词谱曲。电台的一位经理为她起了艺名"费鲁兹"(意为"绿松石",一种名贵的宝石)。经这位经理的引见,她认识了艾西·拉赫巴尼(Assy Rahbani)。艾西认为她应该发扬自己国家的传统演唱风格。至此,费鲁兹才确立了自己的演唱风格,成为20世纪中叶后黎巴嫩以及阿拉伯世界最负盛名的女歌唱家之一,与埃及著名女歌唱家乌姆·库勒苏姆(Oum Kalthoum)齐名。

在与艾西的合作过程中,费鲁兹与之建立了友情,并最终于1954年7月在近东电台工作期间结为伉俪。

当时,与费鲁兹同时成名的歌手还有伊塔布(Itab)、拉赫巴尼兄弟等,他们常常应叙利亚大马士革电台邀请去那里工作。1955年,拉赫巴尼兄弟和费鲁兹来到开罗,在阿拉伯之声电台工作半年。在此期间,他们创作了许多音乐作品,费鲁兹也演唱了很多歌曲,并和埃及歌手克里姆·马哈茂德一起演出了二重唱。

1971年,费鲁兹和拉赫巴尼兄弟到美国和欧洲进行巡回演出,他们的足迹遍及伦敦、纽约、巴黎等地的多个著名剧场、大

剧院。费鲁兹一生荣获黎巴嫩、叙利亚、约旦、法国、巴勒斯坦、突尼斯等国的各种荣誉勋章和奖章。直到如今年已古稀的她仍然在舞台上演出。费鲁兹是黎巴嫩人民的骄傲,也是阿拉伯世界的骄傲。

拉赫巴尼兄弟 艾西·拉赫巴尼和曼苏尔·拉赫巴尼1923年和1925年相继出生于贝鲁特北端一个名为安提利亚斯的小镇,父亲汉纳·拉赫巴尼是一个喜爱音乐和文学的小商人。

美丽的安提利亚斯森林四季充满活力。在家庭和周围环境熏陶下,艾西爱上了诗和音乐,开始学习经典诗歌。曼苏尔则喜爱文学,自12岁起就开始订阅了文学、哲学和国际性的戏剧杂志,从中知道了莎士比亚、陀思妥耶夫斯基等世界著名作家。

1938年,艾西和曼苏尔结识了保罗·艾什格尔牧师(Paul El-Ashqer),成了教堂唱诗班成员,开始正规学习音乐的基本知识,业余时间则摆弄父亲的四弦琴和教堂的钢琴、管风琴。之后,他们进入国家艺术学校,师从爱德华·加赫桑(Edward Ghaheshan)。与此同时,他们继续在保罗·艾什格尔牧师处学习。从牧师的大量藏书中,他们知道了外面的广阔天地,以及拜占廷和叙利亚音乐等。

在亚历克斯·布特鲁斯艺术学院(Alexy Boutrous'art academy)学习之后,艾西又进入国家音乐学校学习音乐。拉赫巴尼兄弟开始打算把艺术作为谋生的手段,开始谱写与当时流行歌曲不同的"3分钟"歌曲,创作以民间传说为内容的歌曲,其中有"月光下的婚礼"、"战争贩子"等。大批观众的热情欢迎极大地鼓舞了他们的创作热忱。

黎巴嫩电台经理福阿德·卡塞姆(Fouad Qasem)很喜欢拉赫巴尼兄弟的歌曲,聘请他俩到电台当专业音乐家和作曲家,他俩开始以"拉赫巴尼兄弟"的名义谱写合奏乐曲和歌曲。拉赫巴尼兄弟的作品和演唱让听众耳目一新,纷纷要求电台增加拉赫

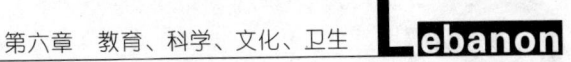

巴尼兄弟节目播出的时间，并要求进行实况转播。

到20世纪40年代末期，费鲁兹与拉赫巴尼兄弟合作，演唱了他俩创作的大量歌曲。歌曲如诗似画，经费鲁兹美妙的演唱立时引起轰动，其中一些歌曲很快在国内以及其他阿拉伯国家流传，如《徒劳的黄昏》（Aabatha Ya Ghoroob）、《我们的热恋之舟》（Zouraq Elhob Lana）、《海法与迪布》（Hayfa wel Deeb）、《伊塔布》（Itab）等。

拉赫巴尼兄弟为费鲁兹、瓦迪·萨菲（Wadi el-safi）、萨巴赫（Sabah）等歌手写歌，为传统歌曲重新谱曲、配乐，努力使一些已被人们忘却的阿拉伯音乐得以"复活"。此外，他俩还积极从事诗歌创作，并着手改编外国歌曲和音乐，使之阿拉伯化。

拉赫巴尼兄弟的第一部诗集"萨姆拉·马哈"（Samraa Maha）于1952年出版。该集共收集77首诗和歌词，其中的一些诗和歌词已被译成多种文字。一些出版者介绍说，这些诗句具有圣歌的结构，读来似音乐、似协奏曲。

拉赫巴尼兄弟在1957年巴勒贝克第二届音乐节上推出了与传统很不一致的音乐节目和歌曲，尤其是费鲁兹的一曲《绿色的黎巴嫩真美好》让听众极度亢奋，狂热的程度几近癫狂。很多新歌都深深地打动了听众的心，演出令人倾倒。

1960年，拉赫巴尼兄弟应邀参加大马士革歌咏节时演出了在黎巴嫩巴勒贝克音乐节上大放光彩的节目，狂热的观众们对节目报以热烈的掌声和欢呼声。

保罗·艾什格尔牧师（1882~1952年） 起初从事音乐教学工作。1911年到罗马后，进入塞特·塞西莉亚学院学习。1914年，到法国进修。回国后，他以其在东、西方音乐方面的独特造诣从事宗教音乐创作，并热情地组织了众多唱诗班，培养出众多音乐人才而为后人称道。

米歇尔·艾夫特里亚蒂斯（Michel El-efteriades） 黎巴嫩

传统歌曲与当今演唱风格相结合的一名优秀歌手。

（二）舞蹈

黎巴嫩人对民间舞蹈情有独钟，在喜庆的日子或朋友们聚会时，在每年的民间舞蹈节，尤其是在一年一度的巴勒贝克国际文化节，男女老少都会和着音乐的节拍尽情地跳起来。岱卜凯（debkeh）原是起源于黎巴嫩乡间的一种集体舞，如今已是广泛流行于阿拉伯世界，并融入欧美许多国家的民间舞蹈。

岱卜凯（debkeh） 最早起源于黎巴嫩民间，是一种比较随意的踏跳舞，不受场地限制，且老少皆宜，因此深受群众欢迎。后在阿拉伯世界广为流传。在喜庆的日子里，一群人围在一起，伴随着或简或繁的音乐节拍和围观者的吟唱和击掌，舞者且歌且舞。可一人独舞，或与人对舞，也可集体起舞。之后，专业文艺团队演出岱卜凯时，则讲究服装、道具、音乐等，舞蹈动作也较为规范，且舞姿复杂多变。

东方舞 俗称肚皮舞，属于表演舞蹈。原本是土耳其的宫廷舞蹈，奥斯曼帝国统治时期流传到黎巴嫩和其他阿拉伯国家（另有一种说法是古代埃及的宫廷舞蹈）。一般由舞女独舞，也可有男演员伴舞。舞蹈特点是舞女随着音乐节拍优美地大幅扭动腰腹部和髋部的关节和肌肉，难度颇大。该舞在黎巴嫩和阿拉伯国家颇受民众喜爱，除在夜总会、俱乐部正式演出外，在婚宴或喜庆场合也会请舞女到场助兴，届时女宾和在场的小姑娘均会下场共舞。

五 美术

在 20世纪末期，黎巴嫩的绘画成为一项受人重视的艺术，一批画家脱颖而出，他们中的佼佼者有瓦吉赫·纳赫勒（Wajih Nahle）、萨米尔·艾比·拉希德（Samir Abi Rashed）、苏勒马·祖德（Soulema Zod）等，他们或写实、或抽象、或结合阿拉伯传统书法艺术，可谓风格迥异、各具特色。另一批经常见之于作品展的艺术家是赫莱尔·乔治·阿克勒（Hrair George Akl）、哈桑·朱尼（Hassan Jouni）。阿尔弗雷德·巴斯布斯（Alfred Basbous）则是黎巴嫩众多雕刻艺术家中最杰出的一位。

在国家博物馆、巴布达宫、尼古拉斯·苏尔索克博物馆和其他公共场所，以及不少私人宅院内都能见到美轮美奂的美术作品。仅文化部自 20 世纪 50 年代开始收藏的佳作就有 1610 件。这里仅介绍美术界的几位优秀代表。

纪伯伦·哈里尔·纪伯伦（Gibran Khalil Gibran，1883～1931） 纪伯伦是黎巴嫩著名艺术家、文学家和诗人，1883 年 1 月 6 日诞生于黎巴嫩北部山区卜舍里的一个天主教马龙派家庭。由于父亲不善经营致使家境清贫。母亲卡米拉（Kamila）毅然支撑起这个家庭的重担，1895 年 6 月 25 日携家带口移民美国，后又迁入波士顿一个贫困的叙利亚移民区。

纪伯伦进入公立中学后，老师们发现这个黎巴嫩男孩在艺术方面极具发展前途，便把他推荐给艺术家弗里特·霍兰德·达伊（Fred Holland Day）。1896 年纪伯伦见到了这位大艺术家，通过达伊，纪伯伦初步涉足波士顿艺术圈。达伊引领纪伯伦进入希腊神话、世界文学著作、当代作家著作、摄影世界，深深触动了纪伯伦的好奇心和探索精神。纪伯伦除了从达伊的作品中汲取营养外，在达伊的鼓励下发展自己的风格。他的画作赢得人们的肯定，他的名誉和声望日起，真正进入了波士顿的艺术圈。

与此同时，纪伯伦深感自己在阿拉伯语言和文学方面的缺陷，这位年轻的艺术家决定回国学习。1898 年，纪伯伦回到贝鲁特，进入一所教会学校学习阿拉伯语和法语。纪伯伦在学习上是优秀的，在诗歌写作方面尤为突出。他的阿拉伯语老师认为他有"一颗充满深情却又受到约束的心，一个冲动的灵魂，一个反叛的头脑和一双带着嘲笑眼神看待一切的眼睛"。

1902年3月,纪伯伦结束了学院生涯,回到美国。在返回美国前后短短的半年内妹妹、母亲和哥哥3个亲人相继病故。纪伯伦在经历了巨大的悲痛后,潜心进行阿文和英文写作成了他的最大追求。他的挚友达伊和斯蒂芬帮助出版了他的画作,纪伯伦带有讽喻和象征意味的画作使整个波士顿艺术圈为之着迷。1904年3月3日,纪伯伦艺术展开幕,连苛刻的评论家都对画展给予肯定,认为画展是成功的。这次画展成功的重要意义在于为纪伯伦奠定了今后的发展道路。

斯蒂芬通过未婚夫为纪伯伦邀请了小学校长、美国人玛丽·哈斯凯尔为纪伯伦审视画作。这位女校长从此成为纪伯伦终生挚友,不仅在纪伯伦艺术道路上,而且在他的英文写作,甚至经济、感情方面都给予了最真诚无私的帮助与支持。

1904年,纪伯伦开始用阿文为《侨民报》(AL-Mouhajer)"说"文章。他的阿拉伯文作品颇为口语化,读者"听"他的作品感觉很舒服,但其作品中的语法却是错误百出。这或许是纪伯伦后来不再致力于提高他的阿文水平的一大诱因。

1908年,纪伯伦在玛丽资助下前往巴黎加深在绘画方面的造诣。1910年,他到伦敦参观访问,对英国的艺术进行考察,并于年末返回波士顿。1911年,他迁居纽约。

纪伯伦的第一部阿文著作《音乐艺术概论》(Nubthah fi Fan Al-Musiqa)于1905年面世。翌年,第二部作品《牧场新娘》(Arayis Al-Muruj)出版。第三部作品《叛逆的灵魂》(Al-Arwah Al-Mutamarridah)则于1908年3月出版。

纪伯伦于1931年4月10日病逝于纽约,时年48岁,英年早逝,令人扼腕。同年8月22日其遗体被运回故乡卜舍里,安放在纪伯伦博物馆旁边的圣萨尔基斯修道院(the Monastery of Saint Sarkis),最终实现了他魂归故里的夙愿。

尼古拉·尼马尔(Nicola Nimar) 1925年生于黎巴嫩,毕业于黎巴嫩美术学院，1952年巴黎国立美术学校毕业。自1953年起，他的作品多次参加黎巴嫩的集体画展，还参加过在法国、意大利、巴西、美国、希腊、南斯拉夫、埃及、突尼斯、阿尔及利亚等国举行的国际艺术展。1959年获黎巴嫩共和国总统奖，1962年在亚历山大获荣誉奖章。这位艺术家的大量作品至今仍不断在黎巴嫩、埃及、南美和北美展出。

盖伊塞尔·杰马耶勒（Gayser Al-Gemayil） 1898年生于黎巴嫩，被尊为黎巴嫩现代画派奠基者之一，黎巴嫩国家雪松勋章获得者。杰马耶勒原先学习制药，但因更喜欢绘画而改行学画。1927年进入巴黎朱丽延艺术学院学习，1930年在巴黎获殖民地画展一等奖，同年返回黎巴嫩。回国后曾多次参加在秘鲁举办的画展。自黎巴嫩美术学院于1937年建立后，杰马耶勒就在该院从教。

舍菲克·阿布德（Shefik Aboud） 1926年生于黎巴嫩。原学工程学，1945年转而学习绘画，入黎巴嫩美术学院学习，后前往巴黎，进入国家高等美术学院学习，师从多名著名画家，如安德烈·鲁特、费尔南·里基等，并加入抽象画派，后成为黎巴嫩该画派代表人物之一。曾多次参与联合画展，也曾在法国、德国、荷兰、丹麦等欧洲国家的首都和城市举办过个人画展，并多次获得诸如维克多·绍基奖（1960年）、萨尔斯哥秋季展览会奖（1964年）等。

让·哈利法（Jean Khalifeh） 1925年生于黎巴嫩北方，1947年入黎巴嫩美术学院，后获黎巴嫩政府奖学金，去巴黎国家高等美术学院和格兰德·绍米尔学院学习和深造。回国后，在黎巴嫩大学和高等工程专科学校教授艺术。曾在国内以及罗马、伦敦、东京参加过多次联合展览，在亚历山大与人合办画展。在贝鲁特、巴黎、大马士革、牛津等地举办过个人画展。他一生中多次获奖，其中有黎巴嫩国家教育奖、黎巴嫩功勋奖章等。

黎巴嫩

拉希德·瓦赫比（Rashid Wahbi） 1917年生于贝鲁特，因喜爱绘画艺术经常造访哈比卜·苏鲁尔画室，之后前往开罗大学学习绘画、音乐及舞台艺术。学成回国后一边在多所学院任教，同时笔耕不辍。自1930年始，他的作品屡屡以个人或联合画展的名义在贝鲁特及其他城市展出，也曾在亚历山大、圣保罗等地举办过多次画展。1957年，他为黎巴嫩绘画雕刻艺术家协会的建立作出了贡献，当选为协会会长兼秘书长。他一生中多次获奖，如教育部绘画奖章（1971年）、赛义德·阿格尔奖（1972）、国家雪松勋章（1986年）等。1993年谢世。

伊菲特·艾什格尔（Ifit Ashger） 1928年生于巴西圣保罗，1947年进入黎巴嫩美术学院学习，后获法国政府奖学金前往巴黎继续深造。自1960年开始，在贝鲁特、南斯拉夫组织了多次画展，并参加了在意大利、南斯拉夫、德国、法国和黎巴嫩举办的展览。她还参加了在巴黎、圣保罗、亚历山大、巴格达举办的每两年一次的画展。她曾获得联合国教科文组织奖（1959年）、黎巴嫩教育与美术部奖、巴勒贝克文化节奖等。她曾在黎巴嫩艺术学院、黎巴嫩大学国家艺术学院从事教育工作至1987年。

法蒂梅·哈吉（Fatimeh Al-Hajj） 1953年生于黎巴嫩舒夫地区，1974年进入黎巴嫩大学国家艺术学院学习，后去苏联列宁格勒（彼得格勒）艺术学院深造。自1983年开始在巴黎定居。曾获法国国家高等装饰艺术学校绘画摄影奖，她还在巴黎学了雕刻和摄影。自1982年开始，她参加了在黎巴嫩及其他地方的多次展览。她曾于1984年在贝鲁特获得西班牙文化中心颁发的毕加索奖，1985年获西班牙外交部奖。她是黎巴嫩绘画、雕刻艺术家协会会员，黎巴嫩大学国家艺术学院教授。

穆斯塔法·法鲁赫（Mustafa Farroukh） 1901年生于贝鲁特，从15岁开始在哈比卜·苏鲁尔画室学习。1924年前往罗马皇家艺术学院和装饰艺术学校学习，之后曾去巴黎定居，并继续在多位名师手下学习。回国后在贝鲁特美国大学执教。并在 1940 年纽约国际展览框架内展出过作品，还曾在国内外举办过一系列展览会。法鲁赫被看作黎巴嫩现代艺术先驱，曾获黎巴嫩雪松国家勋章。1957 年去世，时年 56 岁。

六　博物馆

黎巴嫩有多家博物馆，其中最重要是国家博物馆。此外还有纪伯伦博物馆（Gibran's Museum）、尼古拉斯·苏尔索克博物馆（Nicolas Ibrahim Sursock Museum）、儿童科学博物馆（Children's Science Museum）、朱拜勒化石博物馆（建于 1997 年，通过私人馈赠与联合国教科文组织合作建成）、巴勒贝克博物馆（1998 年与德国文物学院、柏林博物馆合作建成）、朱拜勒遗址博物馆（2000 年由魁北克政府提供财政援助建成）等。

国家博物馆　博物馆于 1937 年建成，本应于 1938 年揭幕，却因第二次世界大战而被搁置。一些历史文物随同办公室一起迁至一栋小楼暂且安身。1942 年，筹集到的具有馆藏价值的文物则被放置在库房内储存。

博物馆大楼及展品等于 1973 年修整完毕，原计划于 1976 年初举办一届国际玻璃历史展览会。可是，黎巴嫩内战爆发使展事成为泡影。为了保护好珍贵的古代遗物，时任博物馆部负责人的哈里斯·布斯塔尼博士联合米尔·马尤里斯，以及他的夫人等，想方设法把它们隐藏好，从而避免了被抢和被毁坏的命运。直到 20 世纪 90 年代初，黎巴嫩内战结束，这些幸免于难的历史珍品才得以重见天日。

战后，黎巴嫩发展建设委员会决定对博物馆进行修复，并于 1993 年 11 月开始修复工程。1995 年，在举国欢庆黎巴嫩独立节之际，历尽磨难的国家博物馆终于迎来了金色的曙光，以一届画展首次向公众开启了它的大门。

尽管博物馆以此向公众开启了大门，但其各个方面的修复工作并未停止，修复需要大笔资金，但文化部每年行政拨款均不敷支出。为此，有关方面于1996年成立了"国家文化基金"。自它成立以来收到的赠款绝大部分来自民间和私营部门，其中有博物之友协会伦敦分会募集的捐赠，还有一大批商人、银行家、知识分子、居民和移居国外的侨民等的捐赠。

1997年11月24日在黎巴嫩独立庆典之际，黎巴嫩国家博物馆举办了隆重的开幕仪式，时任总统的埃利亚斯·赫拉维及其夫人，总理拉菲克·哈里里及其夫人，以及大批政府官员、知识分子、媒体代表、国际新闻界人士等都到场祝贺，见证了黎巴嫩国家博物馆在历尽21年的磨难后的新生。来宾们参观了首层4个馆的展品，展品中有珍贵的7个圣贤、朱拜勒巨人等大型雕像，还有中型的坟墓、雕像、圆柱等。小型的展品中则有贵重的王冠等历史遗物。黎巴嫩国家博物馆及其藏品的全面修复和展出还有赖有关方面的艰苦工作。

纪伯伦博物馆 位于黎巴嫩著名画家、诗人、文学家纪伯伦故乡卜舍里一个山洞深处，这里原是这位在异国漂泊一生的游子的最后归宿——他的墓穴。

卜舍里位于黎巴嫩北部山区、自7世纪以来，这里是许多隐居者的庇护地。大片的橡树林环绕着这个静寂的山乡，在一个山洞深处有一个隐居处。17世纪末期，卜舍里把隐居地以及那片橡树林卖给了当时居住在加迪沙山谷的叙利亚卡迈勒派白衣教教父们和圣埃利沙修道院的修道士们。1862年，卡迈勒派白衣教教父们修建了修道院。1908年，一些修道士到了卜舍里，并在那里建了圣·约瑟夫修道院。

1926年，身在纽约的纪伯伦请求卡迈勒教派的教父们能把修道院及其毗邻的森林卖给他，让那僻静的避难所成为他最后的归宿，但未能如愿。1931年8月22日，纪伯伦的遗体运到卜舍里，他的大妹妹玛丽亚娜最终得以买下了修道院和毗邻的土地，实现了纪伯伦生前的夙愿。

1975年，纪伯伦档案文件的发现才揭示了纪伯伦生前拟把新修道院改造成博物馆的愿望。为此，纪伯伦国家委员会开始在新修道院东侧建了一个侧厅，并用楼梯把二者相连。之后，纪伯伦的画作、著作得以在该厅展出、一块纪念铭牌也被固定在博物馆的外墙上。为了全方位展示他的成就，20年后，博物馆进行了扩建。1995年8月中旬，纪伯伦博物馆以崭新的面貌展现在公众面前。

博物馆展品包括纪伯伦在纽约公寓内的家具、陈设、他的笔记本、藏书以及陈列的油画。他的一个公文包上甚至还显现出他在纽约的住址。所有展品按19世纪90年代中期至1908年、1908～1914年、1914～1920年、1920～1923年和1923～1931年等5个阶段陈列在博物馆1～3层共16间展室内，在洞穴的最深处则是纪伯伦的墓冢。

尼古拉斯·苏尔索克博物馆 全名为尼古拉斯·易卜拉欣·苏尔索克博物馆，通常被称之为黎巴嫩现代艺术博物馆，它是苏尔索克本人赠送给贝鲁特的遗产。

该博物馆坐落在贝鲁特东区的艾什拉菲耶（Achrafieh）区的中心，原是苏尔索克家的私宅，浓密的丛林环绕着数栋19～20世纪的豪华住宅，这些建筑物被人们称为现代建筑学的瑰宝。每栋住宅内外十分精细和讲究的装潢令人瞩目，室内的摆设富丽堂皇。

一层大厅是阿拉伯风格，四周墙面和天花板均饰以17～19世纪风行的绘有花卉和植物的面板。厅内嵌入墙内的展柜中陈列着中国的磁盘和伊斯兰的艺术品。馆内藏品还有伍麦叶王朝或阿巴斯王朝早期（公元7～9世纪）的大陶罐、12～13世纪的上釉陶罐、奥斯曼时期的水晶饰品和银质水烟具等。

苏尔索克先生当初就试图将此博物馆作为黎巴嫩艺术家展示才华的殿堂。自1961年开馆以来，该馆就为黎艺术家举办秋季画展，到1999年已举办了22届。此外，还经常不定期地举办本国和外国画家的画展。开馆以来总共已举办了84次画展、摄影展等各种展览。为了追思已故著名画家，博物馆还通过从个人收藏家那里大量征集的办法举办已故著名画家作品回顾展，1992年展出了让·哈利法（1925～1978）的画作153幅；1997年展出了奥马尔·翁西（1901～1969）的256幅油画和水彩画，历时两个月，观众超过7万人次，打破了黎巴嫩画展的历史纪录。

儿童科学博物馆 为了让孩子们能通过娱乐发现生命的奥秘、了解周围的世界，黎巴嫩与法国巴黎"科学工业城"（La Cite des Sciences et de l'Industrie）联手，专门为3～15岁儿童和少年建立了这一科学博物馆，该馆被命名为《被发现的行星》。在馆内，孩子们可以通过信息技术或操作机械做实验，也可运用物理理论做试验。这里还为对建筑感兴趣的孩子们提供了从事建筑的一些构件，让他们发挥想象，自己动手去构建他们心目中的大厦。

这个科技馆根据智育（以文化为中心）、教育与训练、服务、调查和研究等4个主题设置展馆。

七 文化设施

黎巴嫩人民非常重视文化生活，国内的文化设施较丰富。除把著名的巴勒贝克罗马神庙开发利用，使之成为举办文化节的场所外，还利用贝特丁的宫殿等举办文化节。如今，除以上两个大型文化节外，还有布斯塔尼、苏尔、安瓦尔等规模较小的文化节。黎巴嫩的电影院、剧场、俱乐部、电台、电视台等文化设施遍及全国。咖啡馆也是人们劳作之余唱歌跳舞休憩的好去处，一些大型游乐场内也设有舞厅、影院、剧场等供休

第六章　教育、科学、文化、卫生

闲娱乐的文化设施，一些非宗教性大学、学院也设有专供师生教学之余享受文化娱乐生活的场地。这里仅介绍巴勒贝克等几个主要的文化节。

巴勒贝克国际文化节（Baalbeck International Festival）
1955年开始举办，于每年7～8月间进行，是黎巴嫩最主要的文化节，也是中东地区最早、最具影响力的文化节。当时节目较少，且以外国节目为主，所有节目都在罗马神庙内朱庇特神殿（the temple of Jupiter）中设置的舞台上演出。1956年，由时任总统的卡米勒·夏蒙支持的慈善协会负责组织，并正式定名为"巴勒贝克国际文化节"。第一位领导小组负责人是艾米丽·卡塔娜女士（Emily Katana）。因为得到总统和政府的支持，巴勒贝克文化节自然而然地具有了"官方"色彩。时至今日，巴勒贝克国际文化节已是世界上最重要的文化节之一。

一年一度的巴勒贝克文化节，在领导小组及艺术家们的努力下，节目丰富多彩，越办越好。1966年，文化节开始定位于支持文化事业，并向世界各国的古典音乐、舞蹈、戏剧、歌剧、爵士乐，以及现代世界音乐等敞开大门，让更多的优秀艺术家到文化节的舞台上去展示自己的才华。文化节已成为老百姓生活中的一个喜庆节日，当然也是商界的极好商机。

1958年第三届文化节因局势不稳而停办，1959年局势好转后得以恢复。1975年因内战爆发，各种大型文艺活动悉数停顿，巴勒贝克文化节也不例外。直到1997年，也就是内战结束后的第6个年头，巴勒贝克国际文化节才得以重新举办。

2000年7月1日开幕的巴勒贝克国际文化节，在众多精彩节目中曾有中国的武术表演。"黎巴嫩网"（Lebanon.Com）称之为"中国神话般的少林武僧"于7月12～15日首次在国际武术竞技场以《生命之轮》（Wheel of life）为题演出精彩节目，受到观众热烈欢迎。在这届文化节上，被黎巴嫩人尊为"伟大的民

族之星"、杰出的女歌唱家费鲁兹也登台演唱。扎伊尔歌舞团、匈牙利弗朗兹·李斯特室内管弦乐队、埃及歌舞团、意大利米兰的歌手和乐队等外国文化艺术团体也来这里助兴。除上述节目外，还有芭蕾舞、歌舞剧、电影、马戏、杂技、秋千、蹦床、韵律操、电子音乐、爵士乐、民间歌舞、民间说唱等雅俗共赏、群众喜闻乐见的西方及阿拉伯传统节目。从这些节目中也可看出黎巴嫩人兼收并蓄、来者不拒的风格。

自1997年以来，巴勒贝克国际文化节从未间断，巴西歌舞团、加拿大、日本、意大利、法国的歌手、乐队，南斯拉夫铜管乐队，乔治亚州国家剧团的独唱歌手、伴舞及乐队等都积极参加演出。一些旅居海外、事业有成的黎巴嫩艺术家、作曲家、剧作家们，也赶在文化节里来向祖国亲人献上自己的新作。

文化节期间，巴勒贝克罗马神庙遗址前的一条街上，店铺林立，出售当地各色土特产和手工艺品，还有咖啡店、餐馆、食品店等，在此可品尝到纯正的阿拉伯咖啡，美味可口的阿拉伯风味食品和西式小吃等。

贝特丁文化节（Beiteddine Festival） 贝特丁是舒夫山区的一个小镇，位于贝鲁特东南45公里处，那里有一座具有近200年历史的贝特丁宫。贝特丁文化节每年的7~8月都在这座宫殿里举行。与巴勒贝克不同的是，这里的演出都在室内，基本不受自然条件影响，所以每天都可安排日夜两场演出。节目相当豪华，如2004年7月在这里演出了大型歌剧《图兰朵》，世界知名的歌剧舞剧也来这里演出。

布斯坦文化节（Al Bustan Festival） 始办于1994年。布斯坦文化节承袭了黎巴嫩人冬季"玩"音乐的传统，于每年冬季2~3月间举办。它也是欧洲戏剧协会（EFA）的成员。

创办者们在长达15年内战结束后，为了恢复黎巴嫩的文化生活，决定在每年2~3月间的5周内推出30余个音乐节目和一

第六章 教育、科学、文化、卫生

台室内音乐会（chamber music），组成一个完整的文化节。除此之外，还上演歌剧、舞蹈、木偶剧、戏剧等。每年的节目都有主题，如环绕某个节日、某个乡村或城市的文化、或探索一个专题。在节目安排方面很注意其内容、风格与主题的一致性。至于演出场所则根据节目出演的需要，有的演出在属于它自己的设有450个座位的剧场，有时在贝鲁特美国大学的礼堂，有时在美丽的别墅等地。

许多艺术家参加过布斯坦文化节的演出活动，如奥拉夫·巴伊尔、玛丽亚·埃维、埃琳娜·普鲁金娜、安琪烈卡·克尔斯拉格等，法国蒙比利埃交响乐队、波兰国家交响乐队、莱比锡四重唱演唱组、莫斯科荷丽孔歌剧团（the Helikon Opera of Moscow）、华沙小型歌剧团、维也纳男童唱诗班、英国莎士比亚公司、奥地利萨尔茨堡木偶剧团等国际知名艺术团体。

苏尔南方文化节（Tyre South Festival） 1996年，兰达·艾西·贝里（Randa assi berri）等人感到应为黎巴嫩南方苏尔这个历史名城的人民提供富有传统色彩的音乐和文化方面的娱乐生活，于是他们便组织了由15人组成的理事会，并于当年夏季开始举办第一届文化节，到2005年已整整十个年头。

苏尔南方文化节每年5~7月间举行，演出都在晚上，节目则以歌舞和歌剧为主。除本国和阿拉伯歌手、合唱团、舞蹈团外，还有来自英国、法国、德国、奥地利、俄罗斯、波兰等外国的歌手、合唱团，以及歌剧团、舞剧团等，节目的艺术水准较高，灯光、道具、布景、服饰等也很讲究，充分体现出黎巴嫩人的艺术欣赏水平。

剧场、电影院 自1920年以来，因受法国的影响，剧场在黎巴嫩的地位变得重要起来，成为人们主要的娱乐场所之一。黎巴嫩最著名的剧作家是乔治·舍哈岱（Georges Shehadeh），他用法文写作，他的剧本富有戏剧性和诗意，他的作品在黎巴嫩演出

时使用阿拉伯语。令人十分痛心的是内战极大地影响了黎巴嫩所有的表演艺术,要使这一事业重新振兴需假以时日。黎巴嫩全国各地正规的剧场和电影院现在大约有35家。

黎巴嫩歌剧院(The Lebanon Opera House) 是一座具有81年历史的歌剧院,内设800个座位,配备有良好的音响设备和堂皇的设施。

八 黎巴嫩专业艺术家协会(Syndicate of Professional Artists)

于1993年6月28日建立,它是黎巴嫩各类艺术工作者自己的联合组织。会员在艺术方面必须具有某种专长和职业,如作家,表演、音乐、舞蹈、作曲、电影和电视艺术家、制作人,以及戏剧、电影、电视和广播等方面的编导、监制,艺术院校的教授等。

加入该组织需具备一定条件,如具有一定的学位,已是某一艺术或文学协会成员,或具有8年以上的从业经历。对于有特殊才能和天分者可特准加入。

1997年8月11日,协会永久会址正式建立,由拉菲克·哈里里总理主持开幕典礼,多位政界和社会界著名人士,以及协会的成员出席。据报道,协会当时拥有会员465名。

协会的主要职能:促使有关方面颁布法令,规定电视台安排的节目中应该要有本国节目;保障艺术家们的社会安全。

协会的目标是提高本国节目的产量,并提升其标准;改进和提高戏剧性作品;进一步提高广播和电视作品的产量和质量;鼓励外国节目阿拉伯化;通过创作各种喜庆节日的节目,以及举办协会年度庆典,来营造社会和文化气氛。在这些庆典和节日中,艺术家、画家当场作诗作画,当作礼品馈赠给一年来取得成就的艺术工作者。

第四节 医药卫生

自1946年黎巴嫩卫生部成立直至1975年内战爆发前，黎巴嫩曾以先进的医护服务、完备的医疗设施和严格的规章制度成为整个中东地区医护中心。但是15年内战，使医疗卫生事业饱受创伤。战后，面临百废待兴的局面，政府不断增大拨款额度，振兴医疗卫生事业。仅以2005年财政年度为例，给予公共卫生部的拨款高达3602.5亿黎镑（约合2.39亿美元），比上一个财政年度高出50亿黎镑（约合331.67万美元）。

在黎巴嫩政府的努力下，医疗卫生系统得以恢复和完善，并再次确立了卫生部在国内的最高卫生组织的地位。卫生部近年来无论在管理和计划制订方面，还是在完善对医院的关注和对规章制度的制订和干预方面都取得了不俗的成就。为了把医疗卫生办成能吸引国内外患者的行业，卫生部还提出，无论现在和将来，它都将关注人的身心健康和愉悦，它将睿智地发扬健康理念，发挥它在预防、治疗和护理等方面的最大可能性。除了在医护方面要到位外，更要把医院、康复中心、疗养院等医疗卫生机构的服务办得比旅馆的更周全、更完善。

一　组织机构与职能

卫生部是黎巴嫩政府中主管医疗服务部门的最高机构。内战后，卫生部调整了工作内容，扩展了医护任务的范围。以坚持搞好公共卫生事业，提升其水平为出发点，通过防病治病，严格监督、管理医疗卫生机构，积极发扬健康理念。卫生部确认，"健康第一"的理念是它制定规章制度的基础，并认为，在丰富卫生机构的多样性和有效性方面和在执行关怀健康计划方面，私营和国营企业起着同等重要的作用。

内战结束后，卫生部对其组织机构进行了调整，在卫生部长领导下，由卫生总局全面负责卫生部的日常事务。

卫生总局由总局局长负责全局工作。总局下设医疗保健局、卫生防疫局、医疗保健中心实验室以及计划规划司、行政服务局和贝卡省公共卫生服务局、南方省公共卫生服务局、北方省公共卫生服务局、黎巴嫩山省公共卫生服务局。

1. 医疗保健局

该局的主要任务是：负责医疗服务的组织工作，如核发许可证，疗养院、医院的投资、分类和开业的批准手续，以及起草合同，对医疗服务进行评估等工作；负责统筹药剂行业的业务，如组织安排药店的开业经营，药品、医疗物资的进出口和确定税率，对药品、器械的质量和有效性实施全程监督等；负责对医疗行业进行统筹安排。该局下设药剂处等机构。

2. 卫生防疫局

该局的主要任务是：负责通过执行诸如流行性疾病预防计划、普及预防接种疫苗计划、防治传染病计划等来加强卫生防疫工作；通过监督与管理诸如食品、饮用水、环境等影响公共卫生的各种因素和各类企业的卫生状况，加强公共卫生工程的作用；通过实施生育卫生、学校卫生、口腔卫生、精神卫生、健康教育、基础药品等数十项"关注计划"达到加强"关注健康"的目的；增强卫生部对全国各地传染病进行有效观测的能力。该局下设医疗卫生工程、预防医学、公共卫生等3个处。

3. 医疗保健中心实验室

该实验室的任务是监督药品、食品质量和确认水质的安全度，有效预防和监测传染病、食品污染或中毒事件的发生，并积极参与抢救行动。

4. 行政服务局

负责卫生部的行政和财政事务。

5. 各省卫生局

在卫生部领导下，负责本省范围内的医疗和卫生防疫事务。

二 卫生部完成的主要项目

截至 2002 年底，完成卫生部及其所属的各局、各司、各部门以及各处的机械化工程；建立了中央和省（地区）级卫生档案系统，该系统包括各种卫生机构、部门的人力资源、先进医疗技术及其分布状况、与之相关的开支、人员以及各种卫生活动有关的档案资料；贯彻"黎巴嫩医疗地图"工程。这项工程被看作是医疗服务之外，加强护理机构，组织医疗服务市场的有效途径，从而保障各地区医疗机构的公平分布；与国际机构、外国政府及公司合作，对黎巴嫩医疗领域进行革新与提高。

作为卫生改革进程的一部分，卫生部主动加强了质量管理工作，并决心推进和支持建立一套规章制度，以便行之有效地鉴定医院是否合格。为此，卫生部与澳大利亚维多利亚海外项目公司（Overseas Projects Corporation of Victoria, Australia）合作，为黎巴嫩的医院制订"合格指南"（以下简称"指南"）。卫生当局把这个"指南"用作检查、揭露医院行为不当或其他弊端的标准，也作为医院发展的标准。卫生部门执行"指南"时，把医院的服务质量作为鉴定医院合格与否的首要标准。2001～2002 年，卫生部用"指南"作为标准，根据医院是否能够确保医疗质量和对病人照料、服务的质量等方面，对国内所有医院进行了鉴定。

三 医疗保健方针和计划

黎巴嫩卫生部认为，卫生保健的质量是通过医院系统内部的服务体现的，它的优劣直接关系到对其他国家是否有吸引力，也就是能否吸引外国患者上门。医院的形象与旅馆的行销十分相似，但是它只能通过协调一致、安全以及对患者考

虑周到的医疗和关怀来体现。医院鉴定合格制一旦在黎巴嫩完全实施,必将为提供质量良好的卫生保健铺就道路。卫生部表示,当鉴定合格制执行成熟时,其标准将进一步提高,其质量将更能确保。而质量的提高将导致有更为精确的尺度来衡量卫生保健事业的成果。

与此同时,卫生部也明确强调,"医院鉴定合格制",在医院系统内部并非是一剂包治百病的万能处方。该部会邀请海外企业项目设计公司经常派调查小组来黎访问,对医院系统进行调查,并对系统内部存在的缺陷提出改进意见等。卫生部致力于用区域性解决办法来规划医院的服务;通过建立国家健康状况数据库,统一收集发病率、死亡率等有关数据;对病史档案管理者进行近似高等教育水平的培训;制定国家医疗服务职工队伍的建设规划,因为医生、护士、药剂师等的水平是关乎临床医护小组水准的关键;国家对医院建筑物、医院废弃物管理以及血库服务等方面安全标准存在的缺陷进行定期分析;制定有关医疗技术及其在全国范围内传播的战略性计划;创建国家鉴定组织,特别是国家卫生保健质量委员会。

四　医疗设施和能力

到2002年底,黎巴嫩有公立医院25所、病床2450张;私立医院161所,共有病床13516张,拥有大约5000名医生和2万名辅助医疗人员。私立医院是黎巴嫩卫生领域的主力军,在患者住院治疗方面,为全国各地区提供了90%以上的服务(各地区私立医院分布情况见表6-2)。在防病治病、医疗保健、抗击艾滋病等方方面面,白衣天使们均竭尽天职。因此,私立医院和在这些医院工作的医护人员深得百姓们的信任与尊重,他们同样也赢得了卫生部、黎巴嫩红十字会、国防部以及其他公共与私人机构的尊敬与信任。

表6-2 黎巴嫩各个地区私立医院分布状况表

单位：所，张

地区	短期住院		长期住院	
	医院	病床	医院	病床
贝鲁特	30	2859	4	813
麦腾	22	1550	7	1780
舒夫/阿莱	14	540	3	430
凯斯莱旺/朱拜勒	9	714	1	30
贝卡	24	1454	—	
北方	22	1436	1	126
南方	23	1584	1	200
总计	144	10137	17	3379

资料来源：黎巴嫩私立医院联合会《私立医院地区分布状况》，2003。

值得一提的是，在黎巴嫩，完全自费就医的患者仅占10%，其他患者或是全额或部分由政府医保合同付费；或是由医疗保险机构和慈善机构代为支付一切费用。

这些医院与政府医院一样，按其具备的条件分类，医疗、住院的收费均按国家规定明码标价，若有违规违法事件，患者可向惩戒委员会提出控告，由该委员会派员调查并进行处理。

据统计，这些医院中有19所可使用现代设备和先进技术进行胸外科手术，38所可施行透析，30所可使用导管，25所能做结石粉碎手术，22所可做核磁共振，7所可做化疗，9所可行试管授精，9所设有眼科，4所可做肾移植。在这些医院中还有4所主治烧伤，1所专事戒毒。

黎巴嫩的私立医院仅在2001年就收治住院病人41.2万人，进行外科手术20.6万例，心外科手术1905例，血液透析17.5万例，肾移植77例，其他器官移植手术26例。此外，还收治了4500多位各种慢性病、疑难杂症、胸腔疾病、障碍性疾病以及精神病患者。这些患者有的有可能治愈,有的则可能无法逆转。

黎巴嫩私立医院联合会于1965年1月15日成立,是所有在黎巴嫩私立医院的代表。联合会是有关当局与各私立医院之间的桥梁,一方面保护私立医院及其业主的权利,另一方面接受政府的指令,通过其工作提升医院及医务人员的服务水准。联合会又是私立医院间的协调员,鼓励、促进它的成员,以尽可能低的成本给患者以高质量的服务,一旦发现问题即可进行沟通和协调。为了保障医院、医护人员与患者双方的权利,合理解决两者间可能产生的矛盾,联合会订立了一整套规章制度,并选举德高望重的医务工作者成立惩戒委员会。为便利群众举报和监督,联合会在报刊、网站等处刊出其成员的名单、服务的医院、地址、电话等联系方式。

五 传染病及其防治等工作

1. 艾滋病

简况 1984年,在黎巴嫩发现首个艾滋病病例,自此,患者人数缓慢但又持续地增长着。到2001年12月,患者已达650人。传染病区患者大约占到全部病例的48.3%,其他地区近年来的传播率达到了大约总发病率的51.7%。最重要的传播途径是性传播(占到全部患者的69.8%,其中52.8%源自异性恋),母婴垂直传播的病例占到了所有公布病例的3.8%。高危人群(包括吸毒者、妓女、囚犯等)的数据尚不完全。血液传播也是导致艾滋病增长的原因之一。

据调查,艾滋病患者中高危人群的年龄是30~44岁,男女比例接近3.8:1。妇女被感染人数增加是性传播的结果。

政府控制艾滋病的努力 1988年,面对艾滋病的流行,黎巴嫩政府发布公告明确指出,艾滋病对公共卫生是严重的威胁。

第六章 教育、科学、文化、卫生

1989年，政府制订了国家艾滋病控制计划，并郑重地作出承诺，明确政府将承担的任务。自1994年以来，为支持国家艾滋病控制计划，每年从年度财政预算中均拨出专款，积极支持防治艾滋病的行动。政府还积极支持由社会事务部、教育部、移民事务部、内政部、新闻部等政府部门派出代表参与国家艾滋病委员会（the National AIDS Committee）的工作。

积极、认真控制血源 血液的安全在黎巴嫩国内业已得到很好的控制，自1993年以来，已不再见到有关因血液传播导致艾滋病新病例的报道。绝大多数因输血感染艾滋病者（实际上占到全部患者的7.8%左右）是在该病流行的早期被传染上的，其中大多数患者曾多次接受了成品血或黎巴嫩境外赠送的血液。

政府以法令法规指导和规范控制艾滋病 迄今，已经颁布了许多涉及艾滋病病毒的法律法令，包括血液安全、必需的报告、保密、不歧视、对高危人群（如妓女、以性为职业者）实施强行隔离等法令和条例。

2. 其他传染病

卫生部将最近3年来，国家和省级报表中有关值得注意的传染病发生、发展状况、时间、地点、人数、年龄和性别等资料每年绘制成表格予以公布，以便有关方面和公众了解和关注。从卫生部公布的2004年统计资料来看，黎巴嫩排在前5类的传染病是伤寒、甲型肝炎、脑膜炎、麻疹和乙型肝炎。但情况并不严重，病人的比例不高，第1类传染病人的比例也仅占总人口的万分之1.56。

3. 烟草计划（Tobacco Program）

此外，黎巴嫩的非政府组织和各协会联手，在国内展开了戒烟活动，强调指出，吸烟对人体健康有危害，呼吁人们自觉戒烟。

第五节 体育

黎巴嫩不是体育强国、也不是体育大国，但群众性体育活动开展得很活跃，可谓有声有色。在学校，尤其是中学、大学都较重视学生的体育锻炼，学校内有各种项目的运动队，校际之间或进行友谊赛，或一定级别的冠军赛、锦标赛。这对增进友谊、强身健体、增强学生的意志力、张扬他们乐观、豁达的天性等都大有裨益。

在以往各种战事中，尤其在内战时期，体育设施一再遭到破坏，许多需要场地、设备的体育比赛无法进行。但战事间隙，海滨游泳场会立时活跃起来，大人小孩在大海里尽情地游泳、嬉戏；只要雪山上的雪尚未融化，一辆辆满身斑驳、伤痕累累的汽车，车顶上驮着雪橇，车厢里载着洋溢着青春年华的姑娘和小伙们，竞相驰往各个滑雪场。

战后，一些体育设施已得以修复，但要全面恢复则尚需时日和资金。一些大学在新建分校和修复、扩建老校舍时，把修建运动场馆的工作当作一件大事来做，有的学校在修建体育场馆、运动设施时，不但适应本校师生的需要，还把社会需要一并予以考虑。

黎巴嫩公众最喜欢的体育项目是篮球运动，其次是足球、游泳、滑雪、射箭、高尔夫等。黎巴嫩没有国家出资组织的专业体育队伍，而是由各个体育俱乐部组成的单项运动联合会，负责组织运动队进行培训和比赛。参加地区及国际比赛的国家团队都由俱乐部的业余选手组成，即使是"专业"选手，也是俱乐部在一段时间内培养的某个单项运动的业余爱好者。黎巴嫩国内篮球运动开展得最好，在国际及地区大赛中表现也不错，在中东和阿拉伯地区，乃至亚洲地区均可列入强队之列。其他运动项目在阿拉伯国家中也属中上水平。

第六章 教育、科学、文化、卫生

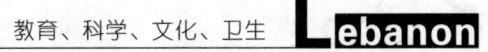

一 组织机构与职能

1. 体育与青年部是黎巴嫩政府负责青年和体育运动的最高机构 2005 年财政预算中给该部的拨款为 203.60 亿黎镑（约合 134.83 万美元），计划用于在的黎波里、赛达和巴勒贝克各建一个运动场，所需建设费用约 255 亿黎镑，财政拨款全部用于运动场建设外尚缺资金 50 多亿黎镑。这个缺口估计将由地方财政和民间资本补足。

2. 体育联合会和体育俱乐部

体育俱乐部是黎巴嫩开展群众性体育活动的基本组织形式，而体育联合会则是各个单项运动的全国性归口组织。黎巴嫩的体育俱乐部均为私人所有，其规模大小不等。主要的体育联合会和体育俱乐部有下列几个。

黎巴嫩篮球联合会（The Lebanese Basketball Federation, 简称 FLB） 黎巴嫩篮球联合会和黎巴嫩排球联合会于 1949 年同时成立，黎巴嫩篮球联合会同时也是国际、亚洲、西亚和阿拉伯篮球组织的成员。1955 年，篮联和排联分离，各自成立独立的联合会。篮联的主要任务是负责组织国内男子、女子以及青年等各个级别的篮球比赛；负责组队参加国际和地区的男子、女子以及青年篮球赛，并参加有关的国际或地区会议；管理国内有关篮球方面的事务；组织裁判、教练和国家队的培训；在境外则是黎巴嫩国家篮球队的代表。该联合会下有多个俱乐部，每当有地区、洲际及国际赛事，篮联就从各俱乐部的篮球队中挑选优秀队员组队参赛。

黎巴嫩男子篮球甲级队有恩特拉尼克（Antranik-Beirut）、利亚迪（Riyadi）、萨基斯（Sagesse）、蓝星（Blue Stars）、尚皮勒（Champyille）、恩尼巴勒（Anibal-Zahle）、菲特隆（Feytroun）和霍门特曼（Homentmen-Beirut）共 7 个队。

黎巴嫩

黎巴嫩大学体育联合会 黎巴嫩第一个成立大学体育联合会的是贝鲁特美国大学，随后是圣约瑟大学。在此基础上，1947 年黎巴嫩建立了大学体育社团，1949 年黎巴嫩大学体育联合会诞生。黎巴嫩各大学中开展的体育运动项目比较多，有篮球、排球、足球、手球、乒乓球、网球、滑雪、滑冰、赛艇、漂流、田径、国际象棋、柔道、武术、搏击类竞技、汽车拉力赛……几乎世界上所有的体育运动项目，都有男女学生参加。大学体育联合会为了更好地开展体育运动，并不断提高其水平，特地设立了体育运动技术委员会、各专项分会和负责各运动项目的代表等，以便掌控各大学体育运动的情况，在技术等方面给予指导和帮助。

黎巴嫩射箭联合会（The Lebanese Archery Federation 简称 LAF） 于 1988 年 9 月 10 日成立，1990 年 6 月 13 日加入黎巴嫩奥林匹克运动委员会，1990 年 10 月 9 日加入国际射箭联合会。该联合会领导下有 4 个俱乐部，分别是贝鲁特的马尔·埃利亚斯俱乐部（Mar Elias）、萨法俱乐部（Al safa）和的黎波里的蒙特·拉萨里俱乐部（Mont La Salle）、法奥兹俱乐部（Al Fawz）。

黎巴嫩足球联合会（The Lebanese Football Federation） 黎巴嫩足球联合会成立于 1933 年，足联现任最高委员会主席是哈希姆·海德尔（Hachim Haider）。足联自成立后除内战时期外基本上每年都组织全国锦标赛。黎巴嫩有 10 个较有名的俱乐部，均系私人出资组建。在国内比赛列甲级队前三名的是：安萨尔（al-Ansar）俱乐部队、奈杰麦俱乐部队（al-Najmeh）和塞法厄（al-Safaa）俱乐部队。贝鲁特奥林匹克足球俱乐部队（Olympic Beirut Football Club 简称 Olympic Beirut FC）也是近年来突起的一支新军，虽由乙级队晋升甲级队不久，但 2003 年曾获得甲级队冠军。

黎巴嫩排球联合会（The Lebanese Volleyball Federation） 于 1949 年成立。在黎巴嫩，排球运动较之篮球要逊色得多，在亚洲、阿拉伯地区都很少见到它的身影，在国内各体育联合会中

第六章 教育、科学、文化、卫生

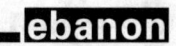

也很少听到排联的声音。

黎巴嫩滑雪联合会（The Lebanese Ski Federation 简称 The F. L. S.） 下属 27 个滑雪俱乐部。黎巴嫩滑雪联合会自 1963 年开始于每年 3 月主办国际滑雪周,1975 年第 13 届国际滑雪周结束后,1976 年起因内战爆发而被迫停办。内战结束后,该项赛事于 1999 年得以恢复。2006 年 3 月 9~12 日黎巴嫩滑雪联合会在雪松滑雪场举办了第 19 届国际滑雪周。

黎巴嫩武术联合会（The Lebanese Wushu Kung Fu Federation） 20 世纪 70 年代,黎巴嫩人吉恩·沙吉卜·扈里（Jean Chakib el Khoury）和他的 5 名弟子把中国武术（当地称之为"功夫")带进了黎巴嫩,1974 年,武术加入黎巴嫩柔道、空手道协会（The Lebanese Judo and Karate Federation）。到 1987 年,武术在黎巴嫩已占有了一席之地。1987 年后,愈来愈多的黎巴嫩人爱上了武术,1995 年,黎巴嫩武术协会正式成立。目前,武术俱乐部已如雨后春笋般地建立起来,主要集中在贝鲁特和黎巴嫩山省,具体分布情况如下：贝鲁特 8 个、朱拜勒 3 个、北麦腾 6 个、凯斯莱旺 8 个、舒夫 3 个。

黎巴嫩高尔夫俱乐部（The Golf Club of Lebanon） 该俱乐部的历史已超过 75 年,位于首都贝鲁特,依山傍水,风景秀丽。俱乐部内设有一个完全符合标准的高尔夫球运动场地,18 个洞的黄金赛道,以及用作比赛障碍物的沙坑和 4 名专业教练。此外,还备有供高尔夫运动员、爱好者们运动之余休闲娱乐的短道游泳池、网球、壁球、篮球场以及斯诺克球台、快餐厅、停车场等必备设施。

二 主要运动项目

篮球 黎巴嫩第一支篮球队于 20 世纪的 20 年代中叶诞生于贝鲁特美国大学校园内。黎巴嫩青少年,尤其是

黎巴嫩

大、中学生都爱打篮球，篮联则通过组织中期和长期的比赛来提高他们的球技和兴趣。1939年，黎巴嫩举行了首次大学生篮球锦标赛，之后，此类赛事不断。到1975年内战爆发，许多体育赛事停办了，但篮球比赛并未停止，球员们也没有终止他们的业余训练。

内战结束后，第一轮锦标赛在1993年正式进行。1996年10月，新的篮联诞生，这给黎巴嫩篮球事业带来了新的希望和前程，篮联开始组织不同级别、不同年龄段的一系列比赛。与此同时，黎巴嫩广播公司LBC电视台也以极大的热忱转播这些赛事，以此支持篮联的工作。

1997年，里亚迪队作为黎巴嫩俱乐部篮球锦标赛的男子组冠军，参加了在马来西亚举行的亚洲俱乐部篮球锦标赛，获得季军。当他们返回贝鲁特时，通往机场的几条道路竟都被前往迎接的球迷们给堵塞了。1998年，萨基斯队在俱乐部锦标赛中战胜了里亚迪队。同年，在黎巴嫩篮联举办的阿拉伯俱乐部篮球联赛中，萨基斯俱乐部队荣获冠军。1999年，在黎巴嫩篮联主办的亚洲俱乐部锦标赛，萨基斯队获得男子组冠军，这是黎巴嫩人梦寐以求的胜利，全国上下一片欢腾。2000年和2004年，萨基斯队又两度获得亚洲俱乐部锦标赛冠军。

近年来，黎巴嫩的篮球运动取得了长足的进步，多次在亚洲男篮锦标赛中，黎巴嫩队的出色表现证明它是阿拉伯国家中的强队，也是亚洲的一支劲旅。2005年9月在卡塔尔首都多哈举行的亚洲男子篮球锦标赛中，黎巴嫩队力克多个亚洲强队，一路拼杀，杀入8强、半决赛、决赛，最终，在与中国队的决赛中，以61∶77获亚军。

黎巴嫩队在与亚洲各队的每场比赛中，表现得都可圈可点，中国媒体均高度评价该队。2005年9月13日《北京晚报》报道称，黎巴嫩队是"近年西亚球队崛起的代表……拥有2.10米的

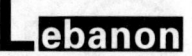

中锋沃格尔，锋线上有里外皆灵的贝沙拉和卡特纳，后卫是能突能投的法赫德和库瑞。整体高度上黎巴嫩队员虽不占优，但他们作风凶悍，拼抢勇猛，在力量和速度上强于中国队"。

足球 足球在黎巴嫩是一项颇受群众欢迎的运动，但总体水平还不是很高，在阿拉伯世界和亚洲的赛事中均未列入强队。国内有10个俱乐部男队列入甲级队，从历年比赛成绩来看，安萨尔俱乐部队1988～1999年一直保持甲级队冠军的地位，2000～2005年，除2003年由贝鲁特奥林匹克俱乐部队获得冠军外，奈杰麦俱乐部队一直是冠军得主。

射箭 作为国际射箭协会成员，黎巴嫩积极参加其组织的活动。在地区性的塞浦路斯锦标赛中，黎巴嫩运动员多次取得较好成绩。1991年，黎巴嫩选手米尔娜·塔米尔（Mirna Tamer）获女子射箭冠军；1995年，齐亚德·曼苏尔（Ziad Mansur）获男子冠军；1997年约瑟夫·海伊凯尔（Joseph Haykal）获男子冠军。

在更大范围的国际比赛中，黎巴嫩运动员也取得了不错的成绩。1993年在法国国际射箭锦标赛中，黎巴嫩运动员齐亚德·曼苏尔和伊斯梅尔·瓦赫拜（Ismail Wehbeh）创立了国家纪录，年龄最小的黎巴嫩运动员纳迪尔·萨利赫（Nader Saleh）荣获特别嘉奖。1997年美国锦标赛上，菲利普·塔米尔（Philip Tamer）获特别奖，黎巴嫩人罗拉·塔米尔（Rola Tamer）作为裁判参与赛事。

黎巴嫩射箭联合会于1996年11月23日在黎巴嫩组织了第一届国际室内射箭锦标赛，参赛者有法国、塞浦路斯、俄国等。1998年2月10日，举办了第四届巴西尔·阿萨德烈士杯射箭锦标赛。1998年5月25日，举办第二届国际射箭锦标赛，塞浦路斯、俄罗斯、黎巴嫩等国组队参赛。

游泳 黎巴嫩濒临地中海，许多港湾和海边均是不错的天然游泳场，少数大学如黎巴嫩美国大学的体育馆中建有温水游泳池，富裕人家也设有条件不错的私家泳池。黎巴嫩人喜好游泳，但就其专业游泳水平来说还不是很高。

冰雪运动 由于黎巴嫩拥有一大片可资滑雪的领域，这是整个中东地区极为珍贵的资源，它为这个地区提供了开展冬季运动的机会。6个设施现代化、高标准的滑雪场分布在黎巴嫩山西侧绵延的群山之间。海拔最高的是雪松滑雪场（1950～3086米），依次是法拉亚滑雪场（1850～2465米），盖纳特·白基什滑雪场（1910～2050米），扎阿鲁尔滑雪场（1700～2000米），法格拉滑雪场（1735～1980米）和拉格卢格滑雪场（1700～2000米）。这6个滑雪场中法拉亚的设施最佳，也最具人气。全国共有27个滑雪俱乐部，主要分布在贝鲁特和各滑雪场。滑雪季节从12月下旬到翌年的4月。

黎巴嫩主要滑雪赛事是一年一度的国际滑雪周，正式比赛一般进行3～4天，由多个外国滑雪队与黎巴嫩选手同场竞技。经常参加黎巴嫩滑雪周赛事的有加拿大、法国、瑞士、奥地利、阿根廷等国家的滑雪好手，黎巴嫩的男女选手在这些比赛中都取得过好成绩。2006年3月9～12日黎巴嫩滑雪联合会举办的第19届国际滑雪周上，黎巴嫩女运动员努婕姆·席琳包揽了大回转等全部3个项目的冠军，另一个女运动员伊格尼亚蒂斯·米娅获得一枚银牌和一枚铜牌。

1999年，黎巴嫩新建的奥林匹克滑冰场正式开幕，这是黎巴嫩第一个室内滑冰场，它填补了黎巴嫩过去只有雪上运动，没有冰上运动的不足。

位于贝鲁特以北12公里的装修豪华的祖克穆斯贝（Zouk Mosbeh）室内滑冰场，面积达5000平方米，建筑设计采用国际标准，是一个多功能的室内滑冰场。冰场面积为1550平方米，冰面使用机制冰，既适合溜冰、冰舞，也可进行冰球比赛。滑冰场设有 2000 个观众席，馆内外的设备和其他附属设施一应俱全，如舒适的更衣室，至少可停泊 600 辆汽车的停车场等。

为了发展冰上运动，该滑冰场开设了花样滑冰学校，这是一所私立学校，面向各个年龄段、各种水平的业余爱好者。

冰球运动对黎巴嫩来说是一项全新的体育运动，如今仅处于开创阶段，此项运动需要相当大的资金投入，若要普及尚需假以时日。

潜水 潜水也是黎巴嫩新兴体育项目之一。黎巴嫩有不少潜水俱乐部，一些俱乐部的潜水员是国际潜水组织（Technical Diving International，简称 TDI）和国际潜水协会（International Association of Nitrox & Technical Diving，简称 IANTD）潜水员证书的持有者。为了满足潜水爱好者学习潜水的需要，各潜水俱乐部均配有专职的潜水教练员。黎巴嫩还有国家潜水教练协会（National Association of Underwater Instructors 简称 NAUI）。

划艇 在黎巴嫩，各类赛艇运动主要是娱乐和休闲性的，不分男女老少均可参加。黎巴嫩划艇—赛艇俱乐部（Federation Libanaise de canoc-Kyak）也组织一些娱乐性、趣味性的比赛。初学者可请划艇俱乐部的教练陪练。节假日，划艇爱好者乘坐皮划艇在湍急的河流中穿行于黎巴嫩景色如画的山水间，既刺激又欢快。因此，此项运动也为老百姓所喜爱。

第六节 新闻出版

黎巴嫩的新闻出版业是一个非常敬业、有成就的行业，其通讯社、报社以及印刷出版部门等，不但设施先进，且经营理念先进。内战前，黎巴嫩在世界上享有中东新闻出版中心之美誉，内战结束后，随着局势的逐步稳定，新闻出版业也再度走向辉煌。

黎巴嫩

一 通讯社

巴嫩国家通讯社（Lebanese National News Agency） 成立于1962年，是黎巴嫩唯一的官方通讯社，由新闻部领导。每天以阿拉伯文、英文、法文三种文字发新闻稿，但仅报道国内新闻。

中央通讯社（Lebanese Central News Agency） 创立于1982年9月，系私人通讯社。每天用阿拉伯文报道国内政治、经济、商业等方面的新闻。

中东报道（Middle East Report） 创建于1977年，系私人通讯社。除周末外，每天出版和播发刊有国内新闻和国际新闻的英文版新闻稿，周末发行专刊，内容为综述和新闻分析。该通讯社在开罗和华盛顿设有分社。

二 报纸

巴嫩的新闻事业历来十分发达，有一支业务水平高而且十分敬业的新闻从业人员，各报社和通讯社的设备也很先进，且紧跟时代潮流。内战前，这里是世界新闻中心之一，世界各大通讯社，包括我国的新华通讯社，在这里建有自己的分社，外国通讯社往往在这里雇用黎巴嫩人当记者和通讯员。黎巴嫩的新闻工作者素质较高，善于捕捉新闻线索，往往是第一时间出现在事发现场，锲而不舍地追根寻源，勇于为自己从事的事业献身。为此，他们既被广大受众所敬佩，也为事端制造者所畏惧。因此，屡屡有新闻工作者为此付出血的代价。我国媒体2006年3月报道，6个月前，黎巴嫩广播公司政治评论节目女主持人梅伊·西迪亚克（40岁）"被汽车炸弹炸成重伤，痛失一只手和一条小腿，如今历经20次大小手术和康复治疗后，西迪亚克要毅然重返电视台，展现女主播坚强的一面……"中国媒体称赞她是"真正的女强人……人的性格和职业性格被她凝结在一起"。

黎巴嫩的报纸种类较多,有日报、周报,大报和小印张报等,多数是阿拉伯文报,少数是英、法文报,主要在贝鲁特印刷发行,极少数在其他地区发行。据我国《世界知识年鉴》2005/2006 年版介绍,黎巴嫩各类报刊有 600 余家,其中政治性日报 52 家,主要日报《白天报》发行量约 4 万份;《使节报》发行量 5 万份;《旗帜报》发行量 6.2 万份,其中 2.95 万份在国内发行;《家园报》发行量 1.4 万份;《安瓦尔报》发行量 5.8 万份。现将几份主要报纸简介如下。

《白天报》(An-Nahar) 创建于 1933 年,系阿拉伯文日报,在阿拉伯世界享有较高声誉。该报创始人是纪伯伦·图维尼,发行人格桑·图维尼,执行主编爱德蒙·苏阿布。该报在国际互联网上提供电子版和在线服务。

《安瓦尔报》(Al Anwar) 创办于 1959 年,是黎巴嫩主要大报之一,是一家独立自主的中立派报纸。该报由阿拉伯世界最大的出版社之一的"狩猎者出版社"(Dar Assayad) 出版。它的创刊号于 1959 年 8 月 25 日面世。该出版社因位于"绿线"一带,内战期间曾遭到来自各个方向的炮轰、枪击和侵袭。直到 1990 年内战结束,出版社才从此免受炮火之灾。

1995 年 9 月,《安瓦尔报》电子版正式在国际互联网上出版,这是在国际互联网上出版的第一家阿拉伯文报纸。

《使节报》(As Safir) 1974 年 3 月 26 日正式出版,也是一份发行量较大的阿拉伯文日报,内容包括消息、政治、财经金融、文化、文娱、体育、特写等。此外,每逢星期五还出商业版。该报的座右铭是"缄默者的声音",口号是"阿拉伯世界的黎巴嫩报纸,黎巴嫩的阿拉伯世界报纸",用以显示该报是为弱势群体伸张正义,关心黎巴嫩和阿拉伯事务。该报在国际互联网

黎巴嫩

上提供电子版和在线服务

《生活报》（Al Hayat） 系阿拉伯文日报，不隶属任何党派，在黎巴嫩印刷和发行。该报社的网站于2003年11月18日开通，通过该网站，访问者可直接进入《生活报》社的3个出版物：《生活报》、生活报副刊《沃赛特－生活报周刊》、妇女杂志《为她》。除此之外，还专为读者提供从其他出版物翻译的英文资料。该网站可和读者互动，访问者还可以从网站获得各种信息服务，如资料查询、股市行情、气候、礼拜时间表等。

《每日之星》(The Daily Star) 英文日报，创建于1952年6月，该报发行人卡迈勒·马鲁瓦（Kamel Mrowa）也是阿拉伯文日报《生活报》的所有者兼总编辑。起初，该报宗旨是为日益增长的移居国外的黎巴嫩侨民服务，后来将办报方向扩大到把地区的新闻介绍给非阿拉伯读者。《每日之星》在20世纪60年代就已成为中东地区第一英文大报。

1975年黎巴嫩内战爆发，由于该报的印刷厂等均处于战区，报纸被迫停刊。内战期间曾短期复刊，后因条件太差，不得不再度停刊。内战结束后，卡迈勒的长子贾米勒·马鲁瓦决心重整旗鼓，于1996年重新出版《每日之星》，引进先进的排版印刷技术，并从国外聘请富有经验的新闻记者，组成一个年轻、富有活力的新闻工作班子。该报在国际互联网上提供电子版和在线服务。

2000年，该报还和《国际先驱论坛报》签订独家行销、印刷和发行协议，规定在合同期限内，《每日之星》在海湾合作委员会成员国黎巴嫩、叙利亚、约旦、埃及、也门和伊拉克等国代表《国际先驱论坛报》。该报在条件可能时将在国外推出当地版的《每日之星》。

《国家报》（Al balad） 创建于2003年12月15日，是一份综合性的政治日报。该报自誉为21世纪的报纸，从其多样性及

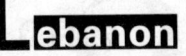

传播面方面构成了古老的黎巴嫩报界的一个新的转折点,选择客观和中立的立场作为其办报的原则。该报在国际互联网上提供电子版。

《东方报》(Al Shark) 《东方报》社创建于 1926 年 3 月 16 日,但内政部直至 1931 年 11 月 23 日才同意阿卜杜勒·盖尼·奥尼·凯阿基以《飞翔的东方》为名出版报纸。1934 年 5 月 7 日,该报才得以实现创始人的初衷,以《东方报》面世。

该报自创始之日起,一路遭遇逆境,曾被迫停刊、封闭 53 次,其创始人还被 3 次投入监狱,托管当局还 2 次将他流放。继承人海伊利·奥尼·凯阿基也经历了差不多的命运。这不仅是该报的出版人,更是黎巴嫩报人的职业道德、职业良心的见证。该报也提供电子版和在线服务。

《消息报》(Al Akhbar) 该报发布每日新闻、每周和月度新闻摘要、电台和电视新闻回顾。提供目录和其他新闻的在线服务(在线服务包括相当数量的黎巴嫩境内重要出版物)。

此外,黎巴嫩比较著名的报纸还有《旗帜报》(Al Liwa)、《家园报》(Addiyar)、《评论报》(Al Intiqad)、《阿拉伯祖国报》(Al Watan Al-Arabi)、《未来报》(Al-Mustaqbal),法文的《东方之光报》(L'Orient-Le Jour)、《黎巴嫩评论》(La Revue du Liban)、《新闻报》(An Nabaa)、《泰戈瓦报》(At Takwa),亚美尼亚文的《阿兹塔克日报》(Aztag),英文的《东西方实录报》(East West Record)、《选择报》(Alternative)、《赛达新闻》(Sidonia News)、《阿拉伯战斗报》(al Kifah al Arabi,为小印张日报)等。

三　出版与书刊

(一) 出版社

白天出版社(Dar An-Nahar) 1967 年 2 月 9 日建立,首任负责人格桑·图维尼。该社除出版《白天报》

黎巴嫩

外,还不遗余力地出版黎巴嫩及其他阿拉伯国家政治、经济、历史、思想、文学、社会等诸多方面的著作,其中包括水平很高的艺术和文物类刊物。因此,该社在国内及阿拉伯世界均赢得了颇高的声望。

近年来,该出版社重新出版了《黎巴嫩思想和报业遗产全集》等不少颇有价值的大型图书与全集,还出版了一批极具历史价值的书刊和其他工具书。

科学出版集团(Dar El Ilm Group) 创建于1945年,至今已有60多年历史,被誉为黎巴嫩及阿拉伯世界出版界的"领头羊",其各类出版物的印刷、译文、编辑等服务水平均堪称一流。该出版集团如今是一家控股公司,管理着多家专营出版、批发、配送、零售书刊的子公司,并有麦拉因科学出版社(Dar El Ilm Lilmalayin)、布克兰公司(Bookland)等2家姐妹公司和黎巴嫩教育出版公司(Lebanese Educational Publishing Company)、舍赫拉扎德出版社(Dar Shahrazad)、未来出版公司(Future publishing company)、黎巴嫩出版人公司(Lebanese Publishers Company)、中等出版公司(Secondary Publishing Company)和黎巴嫩图书销售公司(Lebanese Bookshop Company)等6家加盟公司。

麦拉因科学出版社(Dar El-Ilm Lilmalayin) 是科学出版集团中最著名的一家出版社,也是黎巴嫩最早、最大的一家私营出版社。该社出版的《毛里德英语—阿拉伯语词典》(Al Mawrid English-Arabic Dictionary)和《毛里德阿拉伯语—英语词典》(Al Mawrid Arabic-English Dictionary)是极具权威和畅销的双语工具书,其发行量无论在黎巴嫩还是在整个阿拉伯世界都可以说是创纪录的。此外,它出版的《烹饪ABC》(Alif Baa El Tabkh)和《家庭甜食》(Halwayat El Alam Fi Baytik)等则是世界上极为畅销的阿拉伯烹饪学方面的书籍。2000年,该出版社出版了55

种新书目，由此，它出版的总书目已超过2100种。

1993年，麦拉因科学出版社设立了一家专事进口与配送英文书籍的姐妹公司。到1998年，该出版社已发展成为书市连锁系列中的大股东。该社在阿拉伯世界拥有自己出版、销售阿文书籍和教材的门店。该出版社每年要将400多万册不同类型、科目的书刊分发配送给各个经销店和经销商户，其中包括词典、百科全书、烹饪菜谱、文学著作、商业用书、教科书、儿童读物以及医学、哲学、宗教方面的书籍等等。

该社自从1945年建立以来，在阿拉伯世界一直起着维护其知识产权和反盗版的"战斗"作用。

狩猎者出版社（Dar As-Sayyad） 于1943年创办《狩猎者》杂志，该杂志是一本阿拉伯文的政治周刊，被称为该社的"旗舰"杂志。除此以外，狩猎者出版社还于1959年创办了《安瓦尔》报。该社还陆续出版了多种杂志。

《渔网》（Achabake）周刊，1956年创刊，属娱乐性刊物，专事收录黎巴嫩和其他阿拉伯国家的音乐家、歌唱家、演员和舞蹈家的生平、业绩等，在阿拉伯世界的发行量颇高。

《经营者》（Al-Idari）杂志，1975年创刊，是阿拉伯世界主要的商业与经营管理杂志。

《报道与背景》（Reports and Backgrounds），1976年创刊，公开对世界事务等进行分析与报道。

《阿拉伯防务杂志》（Arab Defence Journal简称ADJ），1976年创刊，系阿拉伯防务方面的杂志。

《费鲁兹》（Fairuz）杂志，1981年创刊，是一本以黎巴嫩著名女歌唱家费鲁兹命名的妇女杂志，主要为阿拉伯妇女服务。

《骑士》杂志（Al Fares Magazine），1985年创刊，是一本面向阿拉伯世界，介绍领袖人物以及成功男士生活方式的杂志。

《费鲁兹——黎巴嫩》杂志，1995年创刊，是专为黎巴嫩妇

女剪裁服装提供服务的时装杂志。

《计算机、通信与电子学》（Computer, Communications & Electronics 简称 ACCE）杂志，1984 年创刊，宗旨是为创建阿拉伯人的技术队伍提供服务。

杂志集团（The Group of Magazine） 创建于 1958 年，是黎巴嫩，乃至整个阿拉伯世界最早最主要的杂志出版集团之一。该出版社以出版法文版的刊物为主，是黎巴嫩法文期刊的主要出版者。该集团陆续出版了阿拉伯文和法文的周刊、月刊，出版物涉猎面较广，有涉及社会、政治的，也有关注妇女生活的。其出版的期刊主要有：政治性期刊《阿拉伯周刊》（al-Ousbu'al-Arabi）、《玛丽－克莱尔》（简称"努尔"）、《防务和军备》（Defense and Armament），法文《妇女杂志》（Femme Magazine），阿拉伯文《妇女》杂志（Al Mar'a）等。

夏提拉出版社（Chatila Publishing House，简称 CPH） 成立于 1977 年，是黎巴嫩的主要出版社之一，其服务面覆盖中东与北非。该社出版的期刊有《阿拉伯水世界》（Arab Water World，简称 AWW）、《阿拉伯建筑界》（Arab Construction World，简称 ACW）、《中东食品》（Middle East Food，简称 MEF）等。此外，该社还出版了三本颇有参考价值的工具书：《中东和世界水指南》（Middle East and World Water Directory，简称 MEWWD）、《中东和世界建筑指南》（Middle East and World Construction Directory，简称 MEWCD）、《中东和世界食品指南》（Middle East and World Food Directory，简称 MEWFD）。

出版物出版发行公司（All Prints Distributors & Publishers） 成立于 1969 年，该社以出版、发行教科书为主，如数学、物理、社会科学、阿拉伯语、英语、法语教科书和教学用地图。此外，该社也出版历史、政治、经济、语言、医学和食品方面的图书。

该社近期执行了一个庞大的教科书出版计划,和美国哈科特国际出版公司(Harcourt International)合作,将哈科特公司出版的美国教学大纲所用的数学、物理教材按阿拉伯国家的教学要求编译成阿拉伯文版,供阿拉伯教育办公室所属成员国的学校使用。

该社在国内和海湾国家拥有许多书店,还有较大的教科书发行网,共有雇员 420 人。该社同多数阿拉伯国家教育部都保持着稳定的合作关系。

东方出版社　　隶属于《东方报》社,出版的书刊颇多,尤以思想、文学和社会等文化领域各种内容的书刊为主,体裁多种多样。此外,该出版社也出版黎巴嫩和其他阿拉伯国家政治历史、政治经济方面的书籍和刊物。

思想出版社(Dar El Fiker)　　建于 1963 年,专业出版有关伊斯兰、阿拉伯文化和阿拉伯语言学方面的书籍,专供各国人类学者及有关研究人员使用。

此外,该出版社为阿拉伯读者出版了大量通俗易懂的阿拉伯文化读物,并为非阿拉伯读者准备了相应的译本。该出版社最引以为荣的是,在其出版顶峰时期曾出版了蔚为壮观的 70 卷《大马士革历史》。

克里普斯辞书编辑出版社(Edito Creps)　　是一家专事出版百科全书、参考书以及阿文和法文版技术书刊的出版社。该社的主要出版物有《黎巴嫩百科全书》、《普通心理学百科全书》、《家庭卫生》、《千问千答百科全书》、《纪伯伦·哈里尔·纪伯伦》、《普通医学百科全书》、《普通常识系列》、《世界宗教大全》、《商业世界百科全书》、《阿拉伯文明史》、《儿童世界百科全书》等。

艾尔格姆出版公司(Dar Al-Arqam Com.)　　1996 年成立于贝鲁特,是一家专事出版发行有关伊斯兰阿拉伯遗产方面书刊的公司,用阿、英、法三种文字出版书籍。

知识出版社（Dar El Marefah） 专事出版印刷各种书刊、词典的出版社，已出版的书刊有小说、社会、妇女、道德等方面的书籍；有关宗教、宗教教义等方面的书籍；医学、卫生、烹饪、语言、游戏和神话故事等方面的书刊等。该出版社的出版物可说是门类多，品种全，不拘一格。

奈法伊斯出版社（Dar Al-Nafaes） 1970 年建立，其出版物涉猎面较广，诸如巴勒斯坦问题、阿拉伯重大事件、阿拉伯与伊斯兰遗产、伊斯兰研究、历史、心理学、健康与营养学、儿童读物和科普读物等。

哈迪印刷出版发行社 也是一家出版物颇丰的出版社，该社出版物涉及面极广，如律法与判决，古兰经经文及其阐释等伊斯兰方面的书籍，教派与团体，道德与文学，文学、诗歌与小说，科学与心理，哲学、妇女、青少年，健康、风俗礼仪等等。

黎巴嫩出版发行行业的企业颇多，除少数出版社专事某一学科、某一领域或某一方面出版物的出版发行外，多数出版社都出版发行各种门类的书刊和读物，

（二）期刊

据我国《世界知识年鉴》（2004/2005 版）称，黎巴嫩出版的主要刊物有《事件周刊》（Al-Hawadith）、《阿拉伯周刊》（al-Ousbou al-Arabi）、《狩猎者》（as-Sayyad）、《杂志》周刊（al-Mejjaleh）、《黎巴嫩评论》、《星期一早晨》等。

除上述出版社出版的各类期刊外，尚有一些期刊简介如下。

《事件周刊》（Al-Hawadith） 于 1991 年创刊，是一本国际性新闻、政治期刊，在阿拉伯世界有一定影响。其独立出版人是萨利姆·鲁瓦兹。

《艾曼》周刊（Al-Aman） 是一本政治性综合周刊，由伊斯兰印刷、报业、出版企业在贝鲁特发行。其首期杂志于 1979 年 2 月 2 日面世，由于当时的社会条件以及黎巴嫩内战，1980

年被迫停刊。1993年复刊，义无反顾地担当起伊斯兰新闻宣传的任务。

《黎巴嫩和阿拉伯经济杂志》（Lebanese and Arab Economy Magazine） 黎巴嫩工商会主办，于1994年4月出版，办刊宗旨在于为黎巴嫩战后经济恢复出谋划策，广泛征集专家、工商界及有识之士的看法和意见，以供当局决策时参考。

《努拉》周刊（Nora） 白蒂阿出版社出版。是一本社会性杂志，主要介绍黎国内及阿拉伯世界演艺界、社会名流的动向，以及世界各国名人轶事等社会新闻。

《约会》杂志（AL MAWED） 白蒂阿出版社出版。是一本面向青年人的社会和艺术性杂志。主要报道黎巴嫩及其他阿拉伯国家演艺界人士及社会知名人士的活动、照片等。

《夜谈者》周刊（AS-SAMIR） 1995年创刊，出版初期曾是月刊。该刊是一本经济、文化综合性杂志，服务对象是侨居国外的黎巴嫩人和居住在黎巴嫩的其他阿拉伯国家侨民。

四　广播与电视

（一）广播

黎巴嫩持有营业执照的甚高频和调频（VHF/FM）广播电台共有35家，还有2家虽然没有执照但被正式批准广播的电台。除此之外，大约还有14家电台是既无执照也未获准广播的"游击"电台，至今仍在运转，有意无意地干扰了其他电台的播出。这些"游击"电台经常更换台名，无论取缔或是继续存在，对黎巴嫩当局来说，都不啻是件令人恼火的事。

黎巴嫩的广播电台中，政治类占16家，娱乐类占19家。其他无照经营的电台大多是娱乐性质的电台。

国家广播公司（National Broadcasting Network，简称NBN） 创建于1996年，是一家股份制公司。该公司既经营广播电台，

黎巴嫩

又经营电视台。1999年7月1日,执行上级决议:把广播电台转变为黎巴嫩专事新闻广播的第一台。自此之后,该台一直忠于职守,严格履行自己的职责。4年后,才在每日播出新闻后,添加了有关政治、实业、体育、旅游、健康等领域的"现场辩论"节目。2000年9月,开始通过卫星转播,从而使其覆盖率遍及阿拉伯世界、非洲、欧洲。目前,NBN频道的节目通过地面与卫星同时播出。

黎巴嫩广播电台 国家广播电台,由新闻部领导。其前身是《东方电台》,创建于1938年。1962年开始曾用阿、法、英、西(班牙)及葡(萄牙)语对外广播。内战爆发后,由于经济困难而被迫停止对外广播。

自由黎巴嫩电台(Radio Free Lebanon) 已故当选总统贝希尔·杰马耶勒于1978年夏季创建,自1991年开始,绍基·阿布·苏莱曼任总经理。该台的节目多年来一贯以各个方面的政治主张,以及本台的独家新闻为主线,并辅以悦耳动听的音乐。同时,它也热衷于播放黎巴嫩歌曲、尤其是热情洋溢的爱国歌曲和一些经典的爵士音乐、典雅的外国音乐等。除此以外,该台也播出大量的历史性、知识性、音乐性的节目。该台一档每天播出的名为"策略解谜"("the politic in Riddle")节目,深受听众欢迎,连播13年,开创了中东地区播出期数的最高纪录。

1990年内战结束之前,电台发展为股份制公司,易名为"自由黎巴嫩广播制作公司"("Free Lebanon Company for producing and broadcasting")。根据黎巴嫩有关当局于1994年颁布的声像媒介法令和1996年颁布的媒体基金会特殊规则规定,自由黎巴嫩电台第一个获政府批准成为黎巴嫩一类电台,也即是政治性电台。

黎巴嫩之声电台(the Voice of Libanon) 创建于1975年,是黎巴嫩第一个商业性电台,但其播出的节目并非纯商业节目,还有颇受黎巴嫩民众欢迎的新闻和政治事件方面的报道,以及艺术、文化、社会、经济等方面的大量报道。尤其在内战时期,它更是黎巴嫩人生活中"不可或缺的朋友"。该台现以3个波段播出各档节目,可覆盖黎巴嫩绝大部分地区。该台还把阿文每日新闻发送到加拿大和澳大利亚,再由加、澳两国的中东电台有偿地通过卫星予以转播。

《黎巴嫩之声》拥有众多高水平专业人才,该台在新闻、政治论坛、访谈、音乐、社会新闻、文化、游戏等方面的节目均有不俗的成就。除此以外,它还播出戏剧等节目。

人民之声(Voice of the People) 1987年由黎巴嫩共产党创建,每天播出18个小时,每隔半小时播出一次新闻。在开罗、巴黎、伦敦和莫斯科派有长驻记者。

贝鲁特之夜(Beirut Nights) 娱乐性电台,该台主要播放欧洲舞曲,法语、阿语歌曲等。

祖国之声电台 始建于1984年,系黎巴嫩伊斯兰逊尼派慈善基金会出资建立的电台。除英语新闻节目外,该台主要用阿语广播,每天播出时间为20小时。

伊斯兰呼声(The Call of Islam) 该电台于1998年11月与大陆电子公司(Continental Electronics)签署了一项总价值770万美元的合同,为其配置了先进的设备,使其3个波段(SW,MW,FM)的转播站实现了现代化。

光明电台(Radio of the Light) 该台系由伊斯兰教派的黎巴嫩新闻集团于1988年5月创建,宗旨是宣扬伊斯兰教的原则、教义和价值观,呼吁民族团结,反抗犹太复国主义,参与社会在政治、经济、环境、卫生、科学和社会事务方面的发展。

名望调频电台(Fame FM Radio) 诞生于1998年,是由2个黎巴嫩主要的调频电台合并而成。其中之一为1977年建立的Magic 102,另一个是Switch FM台。

黎巴嫩

轻音乐调频电台（Light FM Radio） 始建于1989年，属于娱乐性电台，24小时播放舞曲、流行音乐、摇滚音乐、轻音乐，以及英语、法语歌曲等。

此外，黎巴嫩较有名的电台还有东方电台（Radio Orient）、黎巴嫩山电台（Radio Jabal Loubnan）、明日之声（Voice of Tomorrow）电台、民族之声（Voice of the Nation）电台。

（二）电视

据黎巴嫩有关方面报道，其国内有40余家电视台，最主要的电视台有黎巴嫩国家电视台、未来电视台、黎巴嫩广播公司、灯塔电视台等。

国家广播公司电视台（National Broadcasting Network，简称NBN） 创建于1978年，于1996年重组，是一家股份制公司，属黎巴嫩国家广播公司所有，政府仅拥有一半资本，但公司的董事长和董事会成员均由政府任命。该公司既经营电台，又经营电视台，电视台有两套节目。阿拉伯语频道是黎巴嫩唯一以新闻为主的电视台，全天播送国内、地区和国际新闻。除新闻节目外，还播送政治、文化、社会、经济、体育和环境等类节目。每天播出20小时。

未来电视台（Future Television） 创建于1993年，是黎巴嫩私营电视台（由时任总理的哈里里出资建立的），于当年2月15日首次播出节目，尽管它在当时是黎巴嫩最年轻的电视台，但由于先进的技术设备、宽广的覆盖率、清晰的音像，节目内容多样，且贴近普通家庭，加之有雄厚的资金作后盾，这个新兴的电视台很快脱颖而出，成为黎巴嫩发展最快、最受欢迎的电视台。

1994年10月，该台开始通过阿拉伯卫星组织（Arabsat）1D卫星进行卫星转播的试播，历时2个月。这次试播在阿拉伯世界赢得了大批观众的支持与欢迎。该台决定以《未来电视台国际台》的名义，通过 Arabsat 2A 卫星转播其节目。此后，《未来国际台》向黎巴嫩、阿拉伯世界、北非和南欧播出，每天播出时间长达 18 个小时。在海湾国家和埃及及地中海东部地区，收视率一直居高不下。1996 年 3 月未来电视台在国际环球网上建立了自己的网站，这也是黎巴嫩众多电视台中第一家。

黎巴嫩广播公司电视台（The Lebanese Broadcasting Corporation，简称 LBC） 是黎巴嫩第一家私营电视台，是由前当选总统贝希尔·杰马耶勒及其领导的"黎巴嫩力量"于 1985 年 8 月 23 日创建的。1989 年，黎巴嫩局势进一步恶化，LBC 在为期 6 个多月内成为叙军炮击的目标，但 LBC 的全体工作人员依靠顽强的敬业精神，在地下室坚持工作，始终没有停止过对外播出。1992 年 7 月，LBC 办公大楼被黎官方征用，迁至距贝鲁特数公里外的阿德玛（Adma），并更名为《LBC 国际台》（LBC International）。该台有两套节目，其中一套称"C33"，以法语节目为主，除播放本国的新闻节目外，还转播法国"TV5"电视台的法语新闻节目。

该台的新闻节目时效性强，报道面宽，基本上反映基督教派的观点。其他各档节目新颖、活泼，很受观众喜爱。该台于 1996 年 4 月开通了免费卫星转播频道，自翌年 1 月起每天连续播出 22 小时，为中东地区之冠。此后的 3 个月内，它又开通了 3 个新的卫星加密频道：LBC 欧洲、LBC 美洲、LBC 澳洲，其中欧洲频道每天播出 16 小时。

黎巴嫩国家电视台 成立于 1978 年。属黎巴嫩电视公司所有，政府仅有一半资本，但公司的董事长和董事会成员均由政府任命。每天有两套节目，每套播放 10 小时，用阿、法和英语播放新闻节目，教育、卫生、文化娱乐等节目则以阿语为主。

灯塔电视台（Manar TV） 始建于 1991 年，系黎巴嫩真主党的宣传喉舌，其播出的节目具有强烈的政治性和宗教性。2000

年开始通过卫星转播其节目,其节目对象是阿拉伯世界的阿拉伯人和穆斯林。

灯塔电视台是隶属于阿盟的阿拉伯国家广播联合会成员。

新电视台（New TV SAT 简称 New TV） 于2000年9月26日在英属维尔京群岛（the British Virgin Islands）注册的有限责任公司。是一家来自黎巴嫩的泛阿拉伯广播站,该公司经营卫星电视和广播,生产和销售各种内容和门类的磁带和碟片,如戏剧、音乐、新闻、文化、教育等,以及一般的娱乐节目影片和重大事件的纪录片等。该台播出的节目除在阿拉伯国家可收看到外,在欧洲和中非等地也可收看到。

光明电视台（Télé-Lumière） 于1991年开播,它是由天主教徒为主体建立的宗教性电视台。它建台的目的就是为男人、社会和民族建立一个人道主义的基督教电视台,它表示它将坚持为这一崇高的目的服务。除此之外,它也播送新闻节目等。

第七章 外交

第一节 外交政策

黎巴嫩国内教派众多。基督教各派大都主张积极发展同西方国家的关系；而伊斯兰教各派则基本上强调黎巴嫩的阿拉伯属性，加强同阿拉伯国家的团结，特别是同与黎巴嫩有历史渊源的叙利亚保持"特殊关系"。在地缘政治上，黎巴嫩一直是大国争夺的对象，又处于巴、以斗争的漩涡之中。上述种种因素成为黎巴嫩制定其外交政策的基点。

一　外交政策

黎巴嫩的外交政策是奉行中立的不结盟政策，主张建立公正、合理、平等、均衡的国际政治、经济新秩序。对外强调其阿拉伯属性，重视与阿拉伯国家在重大问题上协调立场，加强团结；同叙利亚保持"特殊关系"；积极发展同埃及、沙特阿拉伯等阿拉伯国家的关系；重视保持同美国、法国等西方国家的关系。作为中东问题的一方，黎巴嫩坚持依据有关国际决议全面政治解决中东问题，要求以色列从所有被占的阿拉伯领土撤军，强调阿拉伯国家在同以色列的和谈中应采取协调一致的立场。在同以色列的和谈中，黎巴嫩采取与叙利亚同步的政策，只参加双边谈判，不参加多边小组工作会议。在"真主党"问题上，黎巴嫩坚持真主党是反对以色列入侵的民族抵抗运动，而不是恐怖主义组织，要求美国等西方国家加以区别对待，更不要以此为借口对黎巴嫩动武。

二　对当前重大国际问题的立场

伊拉克问题　黎巴嫩反对美国联合英国等国家发动入侵伊拉克战争，强烈谴责美军虐待伊拉克战俘事件，要求对虐俘事件进行深入调查，严惩肇事者。黎巴嫩支持伊拉克在本国独立行使主权，保持伊拉克领土、人民和国家机构的完整，希望伊拉克人民通过自由、纯洁的选举，确定自己国家未来的命运。黎巴嫩强调保持伊拉克的统一，呼吁尽快遏制伊拉克目前安全状况的恶化。黎巴嫩主张联合国应在伊拉克问题上全面发挥作用，帮助伊拉克人民摆脱当前的困境。

反对恐怖主义问题　黎巴嫩谴责各种形式的恐怖主义，认为黎巴嫩当前仍然遭受以色列国家恐怖主义的威胁。黎巴嫩强调要严格区分恐怖主义和以解放被占领土为目标的人民抵抗运动，强烈抗议美国将黎巴嫩真主党列入恐怖主义组织名单。黎巴嫩对联合国安理会于2001年9月28日通过的，要求各国采取切实措施打击恐怖主义的1373号决议持有保留意见，认为该决议为强权干涉弱小国家主权开了方便之门。

联合国改革问题　黎巴嫩支持联合国机构改革，但反对有的国家企图通过削弱联合国大会和联合国秘书长的作用来加强安理会。黎巴嫩认为安理会应包括各大洲的代表，支持日本成为安理会常任理事国，希望在安理会常任理事国中有阿拉伯国家的一席之地。

关于"文明冲突"问题　黎巴嫩反对"文明冲突"观点，

对"9·11"事件后,美国等西方国家领导人有关"十字军东征"的言论极为不满。强调各种文明应进行对话,和平共处,自认为黎巴嫩是各种文明和谐相处的典范。

经济全球化问题 黎巴嫩已申请加入世界贸易组织,目前正就此积极同各方谈判。但黎巴嫩对经济全球化问题的态度比较消极,认为经济全球化是强国对弱国的掠夺和控制。

第二节 同美国的关系

一 双边关系沿革

黎巴嫩于1943年11月宣布独立后,美国迅速承认,并于当年同黎建立外交关系。从美方来说,黎巴嫩的战略地位十分重要,又是阿拉伯国家中唯一由基督教派掌权的国家。从黎方来说,在美国国内有人数众多的黎裔美国人和黎侨侨团,黎巴嫩也需要美国的支持和援助。因此,黎、美在建交后一直保持着较好的双边关系。20世纪50年代中期,民族解放运动风起云涌。1958年,埃及和叙利亚宣布合并成阿拉伯联合共和国,伊拉克民族主义革命成功,推翻了费萨尔王朝,激起黎巴嫩穆斯林社会的民族主义热情,群众上街游行,支持埃叙合并和伊拉克革命,反对亲美的夏蒙总统。示威游行几乎发展成全国性反政府行动。夏蒙自觉地位岌岌可危,遂向美国求助。美国担心来势凶猛的民族主义和泛阿拉伯主义思潮席卷整个阿拉伯世界,威胁其在中东的巨大经济利益,竭力插手黎巴嫩事务,以期炫耀武力,达到敲山震虎的目的。因此,时任总统的艾森豪威尔下令美国海军陆战队一万余人登陆黎巴嫩,支援夏蒙总统。可是,事与愿违,美军登陆在黎巴嫩国内和阿拉伯世界激起更为猛烈的反美浪潮。美国于出兵不久后不得不匆匆将陆战队撤出,夏蒙延长任

期的梦想也随之破灭,不久即任满下台。

1982~1984年,在黎、美关系上还发生过多次事件。1983年4月18日,美国驻黎巴嫩大使馆在贝鲁特西区遭自杀式炸弹袭击,死63人。1983年10月23日,为监督巴解部队撤军而应邀派驻贝鲁特的多国部队中的美军驻地和法军驻地同时被炸,美军死241人。1984年1月18日,贝鲁特美国大学校长科尔遭人暗杀。1984年3月5日,黎巴嫩在美国斡旋下同以色列草签的关于以色列撤军的5月17日协议,也因涉及叙利亚撤军问题遭叙拒绝而被黎政府废除。1984年9月20日,在贝鲁特东区的美国大使馆配楼被炸,死9人。此外,黎巴嫩内战期间,还发生过多起美国人质被绑架事件。

1990年黎巴嫩内战停止后,黎巴嫩重视发展同美国的关系,寻求美国在政治、经济和军事上的支持和援助。美国则支持促进民族和解的"塔伊夫协议";支持黎巴嫩的独立、主权和领土完整,敦促叙利亚从黎巴嫩撤出其全部驻军;要求黎巴嫩政府解除真主党的民兵武装。1997年,美国在评估黎巴嫩安全形势后,撤销了已执行12年之久的对美国公民赴黎的禁令。

2000年5月,美国政府在关于世界各国安全情况的报告中,对黎巴嫩政府在稳定国内局势方面所作的努力表示赞赏,同时也批评黎巴嫩政府纵容真主党武装在黎南部活动的立场。以色列从黎巴嫩南部撤军后,美国要求黎政府接受联合国秘书长安南的报告,承认以色列已从黎巴嫩南部完全撤军的事实,并尽快向南部部署黎巴嫩军队。同年9月,美国在黎开设美国—黎巴嫩商会。

2001年6月,哈里里总理访美,分别会见了总统布什、副总统切尼等领导人,美方强调重视维护黎巴嫩的政治和经济稳定,允诺向黎巴嫩提供不附加政治条件的经济援助,以减轻黎债务。2002年4月,哈里里总理再度访美,敦促美领导人为恢复中东和平进程、重新树立和平理念发挥重要作用；要求美方向黎巴嫩提供必要援助，以减轻黎债务和预算赤字。美方重申，美重视维护黎巴嫩政治和经济稳定，再度允诺向黎方提供不附加政治条件的经济援助。同年 10 月，美国助理国务卿伯恩斯访黎，会见黎巴嫩三位领导人及外长，称美方将同包括联合国和欧盟在内的各方合作，努力寻求和平、公正地解决黎、以水资源争端。同年 11 月上旬和中旬，哈里里总理又率财长西尼乌拉、经贸部长福来罕两度访美，会见美总统布什等领导人和国际货币基金组织主席、世界银行行长，寻求美方和上述国际组织对召开第二次巴黎会议的支持。布什总统表示，欢迎黎方在经济改革方面的努力，支持第二次巴黎会议的召开，承诺派遣助理国务卿伯恩斯与会。

在涉及真主党民兵武装问题上，美方在"9·11"事件后宣布黎巴嫩真主党为恐怖主义组织。美领导人在同黎领导人会见中一再要求黎政府冻结该党的武装行动和资金，美、黎双方进行情报合作，并暗示可能对真主党动武。而黎巴嫩领导人则坚持认为，应将民族抵抗运动与恐怖主义组织区别对待，部分拒绝了美方的要求。2004 年 1 月，美国国防部长拉姆斯菲尔德称"美国应向叙利亚及黎巴嫩贝卡谷地拍竣抓捕恐怖分子"，黎巴嫩对此予以强烈谴责，表示不能接受美国强加的"恐怖主义"定义。此外，对美方在安理会审议联合国驻黎巴嫩临时部队任期问题时，支持削减联黎部队人数和变更该部队职能的立场，黎方亦甚感不满。

以色列从黎南部撤军后，美方在各种国际场合向叙利亚施压，要求其尽快从黎巴嫩撤军。在美国的极力敦促下，安理会于 2004 年 9 月 2 日，通过要求一切外国军队撤出黎巴嫩和解散黎巴嫩一切民兵武装的第 1559 号决议。2005 年 2 月，不愿听命于叙利亚的前总理哈里里遇刺身亡，黎巴嫩国内要求叙利亚从黎撤军的呼声日高。美国乘机加大了要叙利亚从黎撤军的压力，迫使叙利亚不得不于 2005 年 4 月完全从黎巴嫩撤军。

二　双边经贸关系

（一）双边贸易关系

美国是黎巴嫩的主要贸易伙伴国之一，近十年来同黎的进出口贸易在黎巴嫩的排名中均在前 10 名之内。黎巴嫩从美国进口商品金额 1996 年为 8.24 亿美元，居第 2 位；2000 年为 4.57 亿美元，降为第 4 位；2001 年为 5.15 亿美元，居第 3 位；2002 年为 4.65 亿美元，保持第 3 位；2003 年为 4.31 亿美元，仍为第 3 位；2004 年虽增为 5.53 亿美元，但却落于中国之后，列第 5 位；2005 年为 5.48 亿美元，仍列第 5 位。黎巴嫩对美国出口商品金额 1996 年为 3064 万美元，排名第 6 位；2000 年为 4637 万美元，居第 4 位；2001 年为 6078 万美元，居第 4 位；2002 年为 5353 万美元，居第 5 位；2003 年为 6616 万美元，居第 4 位；2004 年为 4853 万美元，居第 6 位；2005 年为 5759 万美元，居第 9 位。

从近两年的双边贸易情况来看，黎巴嫩从美国进口的商品主要是雪茄烟和香烟，汽车和其他机动车辆，玉米，石油产品，药品等；黎巴嫩向美国出口的商品主要是家具（包括办公室、卧室和厨房家具），珠宝饰品及其配件，植物油，矿物或化学肥料（磷酸盐），已加工或未经加工的钻石，水果、坚果和调味品等。

（二）双边经济合作关系

自黎巴嫩于 1976 年设立"发展和重建委员会"后，美国国际开发署于 1981 年向黎巴嫩提供了 570 万美元贷款和赠款，用于对发展和重建委员会的技术援助、建筑物的修缮和医疗卫生项目。1984 年，随着美国海军陆战队因爆炸事件撤离贝鲁特，美

第七章 外交 Lebanon

国中止了对黎巴嫩的经济和军事援助。

黎巴嫩内战停止后，美国政府直到1997年才决定重新恢复对黎巴嫩的经济援助。1997~2002年，美国国际开发署在黎巴嫩共投入资金6000万美元。此外，还得益于美国农业部于2000~2002年期间每年向黎提供2000万美元发展援助和3000万美元剩余农产品的销售所得。两项共计1.5亿美元。

美国对黎的经济援助款项主要用在了刺激黎的经济改革和改善黎巴嫩各级政府的管理水平。首先，在五年中，刺激了黎巴嫩经济政策的改革，支持黎巴嫩加快申请加入世界贸易组织（WTO）的进程。为黎巴嫩加入WTO提供了技术援助，协助黎向WTO提交了黎巴嫩外贸体制备忘录，并于2002年9月开始了加入WTO的初期谈判。其次，促进了地方政府的管理水平，营造了地方政府有效而透明的计划和管理才能，推动了地方政府办公自动化的建设。协助100个市政府建立了自动化信息管理系统来有效计划和管理资源，并可和其他部门、地区或中央政府部门实现信息共享。再次，通过小规模基础结构改造和营利活动，改种高价值的农作物和发展奶品生产，在农村地区恢复和扩大了经济活动，提高了农村贫穷人口的生活水平。第四，提高了民众对安全的认识，帮助地雷致残者及其家属重建生活。第五，通过普及人们对农村地区环境问题的认识和解决办法、试验有成本效益的、合乎环境安全的污水和固体垃圾处理方案，改善了环境状况，促进了环境卫生的科技发展。

2003~2005年，美国国际开发署在国务院、美国驻黎使馆和当地专家、合伙人协助下，在黎巴嫩生产部门和经济增长点上，进一步扩大经济活动机会；通过加入世界贸易组织，促进经济改革；加强地方政府的基础管理能力；通过加强对水源和卫生设施的管理，改善环境政策和环境的实际状况；进一步提高南部地区居民对地雷的认识和对地雷受害者的援助。

第三节　同法国的关系

一　双边关系沿革

黎巴嫩在1943年独立前曾是法国委任统治地，两国有传统的关系。1982年8月，为监护巴解武装安全撤出黎巴嫩，法国部队800人应黎巴嫩政府的要求抵黎，同美、意部队共同组成多国部队，并在完成监护任务后撤出。其间，1983年10月，法军营地遭汽车炸弹袭击，死58人。

黎内战结束后，法国为保持和进一步扩大在黎的经济和政治优势，大力投入黎巴嫩的重建工作。1996年，双方签订了两项财政协定，法国向黎提供10.5亿法郎的赠款、优惠贷款和商业贷款。

2000年，黎、法关系持续发展。3月，法国合作与法语部长访黎，表示法国将继续在经济上对黎提供援助，并愿加强与黎在文化、教育等领域的合作。5月以色列从黎南部撤军后，法国坚持黎政府应立即向黎南部地区部署部队。

2001年，黎、法关系进一步发展。年内，黎巴嫩总统、总理先后多次访法，再度探讨黎、法全方位合作途径及法国向黎提供经济援助等事项，并希望法国在援黎问题上，向美国和欧盟做些促进工作。法方则再次重申，黎巴嫩的主权和领土完整应得到尊重，要求以色列无条件地执行安理会425号决议，从黎撤军，强调中东和平进程不应损害黎的利益，同时法方还允诺帮助黎进行重建工作。

2002年，黎巴嫩总统、总理先后多次访法，再度探讨黎法全方位合作途径及法国向黎提供经济援助等事宜。法方则再次重申，黎巴嫩的主权和领土完整应得到尊重，强调中东和平进程不应损害黎巴嫩的利益,还允诺帮助黎进行重建工作。11月23日,第二次国际援助黎巴嫩会议在巴黎举行,法国总统希拉克主持会议,18个国家的元首或政府首脑、欧盟及7个国际金融机构的代表与会,承诺向黎巴嫩提供44亿美元的援助,其中包括法国的5亿美元。同年,希拉克访黎,会见黎巴嫩总统、总理、议长三巨头,宣称法国将继续努力推动以色列和巴勒斯坦冲突的政治解决;认为要实现中东地区公正、持久、全面的和平必须解决黎以和叙以之间的争端和在黎巴嫩的巴勒斯坦难民问题,并根据塔伊夫协议逐步完成叙利亚从黎撤军。10月18~20日,第九届法语国家首脑会议在贝鲁特召开,共有55个法语国家和地区领导人出席会议,主题为"文明对话",其间举行了该组织历史上首次秘密政治会议。会议通过了《贝鲁特宣言》和《行动纲领》。拉胡德总统当选为本届大会主席,并在开幕式上就伊拉克、反恐、联合国作用等问题发表讲话。会议期间,与会者决定在贝鲁特建立法语国家组织银行金融中心,为成员国提供抵御金融危机风险的磋商机制。

二 双边经贸关系

(一)双边贸易

法国一向是黎巴嫩主要贸易伙伴国,多年来贸易额相对稳定,进口稳中有升,出口稳中有降。1996年,黎巴嫩从法国进口金额为5.88亿美元,在黎巴嫩的商品进口国中排名第4位;2000年为5.27亿美元,排名第2位;2001年为6.15亿美元,排名第3位;2002年为5.17亿美元,排名第3位;2003年为5.83美元,排名第2位;2004年为6.71亿美元,排名第2位;2005年为7.88亿美元,仍居第2位。对法出口金额1996年为4691万美元,排第4位;2000年为3680万美元,排第5位;2001年为3817万美元,排第6位;2002年降为1969

万美元,排第14位;2003年略升为2395万美元,排第13位;2004年升至3501万美元,排第7位。2005年为3214万美元,居第12位。

从近两年双边贸易的商品品种来看,黎巴嫩从法国进口的商品主要有石油产品、药品、汽车和机动车辆、活牛、奶和奶制品、雪茄烟等;向法国出口的商品主要有铝和铝制品、葡萄酒、蔬菜制品、陶瓷洁具和各种管子等。

(二)双边经济合作

在黎巴嫩战后重建工作中,法国共向黎提供援助3.27亿美元,其中贷款近3亿美元,赠款2700万美元,占黎巴嫩所获外援总额的5%。法国提供的款项主要用于电力、饮水和污水处理、机场扩建、通讯和旅游项目,约占全部贷款的90%。其中,贷款5400万美元修复和扩建扎赫勒、凯弗尔哈勒大、的黎波里、朱拜勒、库斯巴、拉斯·艾因和巴斯等7座净水站和修复全国各地区300座泵水站。法国发展署提供贷款1210万美元,用于杰津县修复自来水管网,修复塔斯泉通向纳巴提耶省的饮水管网和保障哈巴里耶—哈斯拜亚地区的饮水。黎政府还于2002年同一家法国公司签订合同,以890万欧元的价格将的黎波里供水局交由该公司运营和管理。在2007年1月25日在巴黎召开的援助黎巴嫩国际会议上,法国总统希拉克表示,法国将向黎巴嫩提供5亿欧元的优惠贷款。

第四节 同俄罗斯的关系

独立后,在黎巴嫩占统治地位的基督教马龙派的政治倾向是亲西方的,而经济体制也与西方国家的市场经济体系雷同。黎巴嫩在意识形态和经济体系两个方面都和苏联格格不入,因而和苏联没有令人瞩目的交往,仅仅维持正常的外交关系。冷战时期，美、苏争霸在黎巴嫩并没有明显的表现。苏联主要是通过叙利亚对黎巴嫩施加影响，实现其在整个中东地区同美国争霸的意图。苏联解体后，俄罗斯在黎巴嫩的政治影响也颇低调，与美国和法国等西欧国家在黎的影响无法相提并论。

俄罗斯也是黎巴嫩的主要贸易伙伴国之一，更准确地说，是黎巴嫩进口商品的主要供货国之一。近十年来，黎巴嫩从俄罗斯的进口贸易呈波浪式上升。1996 年，黎巴嫩从俄罗斯进口金额为 8806 万美元，在黎巴嫩商品进口国中排名第 12 位；1997 年为 9054 万美元，排名第 17 位；1998 年上升到 1.28 亿美元，排名第 16 位；1999 年又减为 9849 万美元，排名仍为第 16 位。2000 年，黎巴嫩从俄罗斯的进口商品金额大幅提升，达 2.15 亿美元，排名晋升到第 9 位；2001 年又几乎翻了一番，达 4.09 亿美元，排名晋升到第 6 位。2002 年大幅下滑，降至 2.46 亿美元，排名退至第 9 位；2003 年回升到 3.21 亿美元；2004 年，黎巴嫩从俄罗斯进口商品金额再度猛增，达 5.43 亿美元，排名晋升至第 6 位，列美国之后；2005 年为 5.09 亿美元，仍居第 6 位。而黎巴嫩向俄罗斯的出口贸易一直处于较低水平，年出口额不足 1000 万美元。1996 年为 784 万美元，此后数年呈锐减趋势，1999 年和 2000 年均仅为 55 万美元。此后数年略有回升，2003 年为 192 万美元，2004 年约 239 万美元；2005 年为 430 万美元。

从近两年的双边贸易来看，黎巴嫩从俄罗斯进口的商品主要有石油产品，小麦，木材，硫磺等；向俄罗斯出口的商品主要有未经加工的烟草，水果（杏、樱桃、桃和油桃），糖果，机械，金属板、片、带、箔、膜，房屋的预制构件等。

在黎巴嫩重建工作和经济合作项目方面，尚未见到俄罗斯有何大的动作。

黎巴嫩

第五节 同中国的关系

一 双边关系沿革

1955年4月召开的首届亚非会议——万隆会议,打开了中国和包括黎巴嫩在内的中东地区国家的外交局面。1955年11月,中国贸易代表团访问黎巴嫩,两国签订贸易协定。1956年9月,中国在黎巴嫩设立了官方性质的商务代表处。1971年11月9日,中、黎两国正式建立外交关系。

建交35年来,两国关系友好,在重大国际问题上双方均持有相同或相似的观点。我国一贯支持黎巴嫩为维护主权、独立和反对外国入侵、干涉其内政的斗争,支持黎方关于延长联合国驻黎巴嫩临时部队驻期以协助维护黎南部边境地区安全的要求;黎方则在国际上一贯支持一个中国的立场,承认台湾是中国不可分割的领土的一部分。中国实行改革开放政策以来,两国关系有了明显发展。近年来,中、黎两国在政治、经济和军事等各个领域的关系均有了进一步发展。

二 双边互访和重大事件

1972年,黎巴嫩外交和侨民事务部长哈马德、国民议会议员阿明·杰马耶勒相继访华。1979年,何英副外长访黎。

1986年,黎外交部秘书长图尔克访华,齐怀远副外长访黎。

1990年,黎社会进步党主席瓦立德·琼布拉特访华。1992年,杨福昌副外长访黎。1993年,黎外交和侨民事务部长法里斯·布维兹、黎军参谋长里亚德·塔基丁少将相继访华。1995

第七章 外 交

年,纺织工业总会会长吴文英、副外长田曾佩相继访黎,黎总统夫人穆纳·赫拉维率团来华出席世界妇女大会。1996年,黎总理陶菲克·哈里里于6月访华,全国妇联副主席黄启璪、经贸部副部长刘山在和外交部部长助理吉佩定相继访黎。1997年6月,黎外交部秘书长哈桑访华,12月,国务院副总理兼外交部长钱其琛访黎。

2000年,全国人大常委会副委员长铁木尔·达瓦买提于5月访黎,外交部副部长吉佩定访黎。10月,黎司法部长沙乌勒访华,外经贸部副部长孙广相访黎。

2001年2月,中共中央联络部副部长马文普访黎;4月,黎军参谋长法迪·艾布·沙克尔少将、国民议会议长纳比·贝里相继访华;12月,外交部长唐家璇访黎,黎文化部长格桑·萨拉迈访华。

2002年3月,国务委员吴仪访黎;4月,黎总理哈里里、议员尼古拉·法图士相继访华;11月,黎国防部长赫拉维访华。

2003年,双方领导人多次就对方国内发生的重大事件互致函电表示祝贺或慰问。1月,中国贸促会代表团访黎,总理哈里里和经贸部长福来罕会见。3月1日,我国驻黎大使刘向华和黎军副总参谋长法拉赫少将出席我国向黎军方捐赠排雷设备仪式,国防部长赫拉维在仪式前会见刘向华大使,对我的捐赠表示感谢。9月,我排雷专家组赴黎为黎军方培训排雷人员。10月,中共中央组织部部务委员李建华率中国共产党友好代表团访黎;中国中东问题特使王世杰访黎,黎总统拉胡德、总理哈里里、外长奥贝德分别会见,双方就中东局势及巴以冲突等问题交换了看法。10月,为缅怀国际主义战士、黎裔著名医学家、中国卫生部前顾问马海德(Georges Hatem)医生,中国驻黎大使馆和黎中友协、马海德故乡哈马纳(Hamana)镇政府在该镇隆重举行

了马海德医生铜像揭幕仪式,黎总统、总理、议长代表和各界人士约 500 人出席。

2004 年 2 月,黎发展与重建委员会主席贾迈勒·伊塔尼访华,5 月,以中共中央委员、中共重庆市委书记黄镇东为团长的中国共产党代表团访黎,会见黎社会进步党主席瓦立德·琼布拉特等黎党派领导人;8 月,黎外交部秘书长穆罕默德·伊萨访华进行两国外交部政治磋商,双方签署《中华人民共和国外交部和黎巴嫩共和国外交及侨民事务部谅解备忘录》;8 月,中国武警部队副政委贾润兴中将访黎。9 月,以中国人民解放军广州军区司令员刘振武上将为团长的两国建交以来第一个中国军事代表团访黎,黎总统拉胡德、国防部长马哈茂德·哈穆德(Mahmoud Hammoud)会见。9 月,中国中东问题特使王世杰第三次访黎,黎总统拉胡德、总理哈里里、议长贝里和外交部长奥贝德会见,双方就中东局势的最新发展交换了看法。9 月,黎巴嫩共产党副总书记萨阿德拉·马兹拉尼(Saadallah Mazraani)访华,出席第三届亚洲政党国际会议,中共中央书记处书记何勇会见。10 月,黎巴嫩军队参谋长拉姆兹·哈姆扎少将(Ramzy Hamzy)访华,中央军事委员会副主席徐才厚上将会见。

在文化、新闻交流方面,2004 年,广州市申办 2010 年第 16 届亚洲运动会代表团访黎,南京杂技团赴黎进行商业演出;黎巴嫩国家广播公司(NBN)电视台记者参加阿拉伯媒体联合代表团访华。

2005 年 6 月外交部长李肇星访黎,黎总理梅卡提会见。李肇星外长同黎发展与建设委员会主席沙勒克分别代表本国政府签署了两国《经济技术合作协定》。

2006 年,中共中央联络部部长王家瑞访问黎巴嫩,黎巴嫩外交和侨务部长法齐·萨鲁赫和"未来阵线"领导人萨阿德丁·哈里里相继访华。

三 双边经贸关系

自黎巴嫩停战后，两国经贸关系开始活跃，近十年来，两国签订了多个经贸方面的协议。1995年12月签订《中黎贸易协定》；6月签订《发展纺织领域经济、技术、贸易合作谅解备忘录》和《海运协定》；1996年6月签订《民用航空运输协定》、《中黎两国鼓励和相互投资保护协定》和《中黎两国政府经济、贸易和技术合作协定》；2002年4月，签署《中黎两国经济技术和贸易合作委员会第一次会议纪要》；2005年签订《经济技术合作协定》。

随着我国改革、开放的进一步深入和高新技术的迅速发展，我国和黎巴嫩之间的经贸合作关系近年来不断扩大，双边贸易额快速增长，我国向黎出口商品的结构也在逐步优化。

从出口金额看，根据黎方公布的统计数据，1996年，我国向黎出口商品总额为2.20亿美元，为黎进口来源国的第9位。到2000年，出口总额增长到2.87亿美元，居意大利、法国、德国、美国和瑞士之后，跃为第6位。2004年，我向黎出口总额已达7.18亿美元（我国海关的统计为4.84亿美元），为1996年的326%，超过美国，跃居第4位；2005年又略有增加，达7.34亿美元，升至第3位。从我国从黎进口商品金额来看，1996年，我国从黎进口商品仅16万美元，在黎出口对象国中排名第85位。到2000年，进口商品已增长到203.9万美元，排名第45位。2004年，从黎进口商品1224万美元（我国海关统计为970万美元），为1996年的76.5倍，排名已跃升至第25位；2005年又翻了一番，达2603万美元。

近年来，从我国对黎出口商品的结构来看，正处于逐步优化的过程中。我国传统的外贸产品，如纺织服装和鞋类，以及陶瓷玻璃、塑料制品、蔬菜制品等，在对黎出口中的比重仍然很高，

黎巴嫩

占我对黎出口总额的比例达 37.51%。但机电产品已经成为我对黎出口的重要部分，2003 年，我对黎出口的机械电子产品和摩托车等商品的金额已达到 1.85 亿美元，占出口总额的比重已达到 34.8%，2004 年更增至 2.57 亿美元，同比增长 38.7%。从我对黎历年出口增长情况看，我机电产品出口增长速度高于我国商品出口总额增长速度，五年来，我对黎出口总额增长了 103%，而机电产品出口则增长了 219%，我机电产品出口保持着持续增长态势，出口潜力依然很大。

除机电产品和摩托车外，我国的高新技术产品异军突起，对黎巴嫩出口具有很大潜力。据黎海关统计，2004 年，中国生产的手提计算机、台式计算机等数据处理设备及其零配件的出口额已经高达 2845 万美元，具有相当大的发展潜力。此外，其他较有出口潜力的产品也不断涌现。如木制家具、车辆配件和轮胎、建筑材料、保健药品等。我国家具价格比较低廉，目前，木制家具对黎出口为 274 万美元，其他家具类为 300 万美元左右，还有较大的发展潜力。

在经济技术合作项目方面，在黎巴嫩的战后重建中，我政府向黎提供了人民币 1 亿元的援助，赠款和贷款各占 50%。赠款用于新闻领域项目，贷款用于农业领域项目。2003 年，我国又向黎提供两笔人民币赠款共 1150 万元，其中 1000 万元是向黎经贸部提供技术援助，150 万元用于黎巴嫩银行计算机数据中心项目。另一方面，中国企业在黎的承包工程取得重大进展，实现了零的突破。2004 年 3 月，上海振华港机公司成功向黎贝鲁特港交付港口机械设备，计桥吊 3 台，轮胎吊 6 台，合同金额 2200 万美元，黎方还拟追加订货，合同总金额可望达到 4400 万美元；中国港湾建设公司中标北部的黎波里港口扩建二期工程；8 月，中国水利电力对外公司中标贝卡谷地北部的阿西河水坝一期工程。

1996~2005 年中国和黎巴嫩双边贸易情况见表 7-1。

表7-1 1996~2005年中黎双边进出口统计

单位：万美元

	出口		进口	
	金额	在黎排名	金额	在黎排名
1996	21987.4	9	16.0	85
1997	23793.9		61.1	
1998	26458.5		71.7	
1999	26147.7		33.6	
2000	28712.0	6	203.9	45
2001	41085.9	5	256.4	47
2002	43492.9	5	382.7	41
2003	53067.1	4	752.9	30
2004	71776.3	4	1223.7	25
2005	73443.8	3	2603.2	15

资料来源：黎巴嫩海关《1996~2005年黎巴嫩进口贸易》、《1996~2005年黎巴嫩出口贸易》和《2005年主要贸易伙伴国》，2006年。

第六节 同叙利亚的关系

一 双边关系沿革

早在奥斯曼帝国统治时期，为了便于统治，奥斯曼帝国政府将黎巴嫩和叙利亚在名义上合在一起，由驻叙利亚的总督（帕夏）统管。实际上，黎巴嫩长期保留了一定限度的自治权，由埃米尔进行管理，对上直接向奥斯曼帝国驻叙总督负责。在法国委任统治后，法国正式宣布成立黎巴嫩共和国。1924年，法国根据和叙、黎两国的金融协定，就将法资叙利亚银行更名为"叙利亚和大黎巴嫩银行"，负责发行叙、黎两国货币——叙镑和黎镑。但黎巴嫩独立后，叙一直未予承认，两国既

未建立正式外交关系,也未互派使节,黎叙两国仍保持着"特殊关系"。

1976年5月以来,叙军约3.5万人一直驻扎在黎,控制着黎巴嫩的战略要地。黎内战期间,驻黎叙军在不同时期对左右黎巴嫩政局和战况向有利于叙的方向发展起到关键作用。1990年10月13日,驻黎叙军联合穆斯林区黎军、各派民兵围攻总统府,迫使军政府总理奥恩下台,从而宣告了黎巴嫩内战结束。

1991年5月22日,黎、叙两国元首签署《兄弟关系合作与协调条约》和《安全与防务条约》,确定两国将进行最高级别和最全面的协调。1996年1月27~28日,根据黎、叙《兄弟关系合作与协调条约》,双方最高领导人举行第四次年会,签订了经济一体化、取消双重征税、推进和保证投资、建立联合边界哨所和社会领域合作五项协定。双方决定在与以色列谈判中密切配合,不让以色列有各个击破的机会。

2000年,拉胡德总统、胡斯总理三次访叙,议长贝里四次访叙;6月11日黎总统、议长、总理同往叙利亚参加阿萨德总统葬礼。2月,叙外长沙雷两次访黎,6月,叙国防部长塔拉斯访黎。2001年,黎总统、议长、总理等政要多次访叙,协调双方在地区及反恐问题上的立场。2月,叙运输部长宣布,黎、叙实行签证统一,即两国中任何一方驻外使馆签发的签证均可在另一方入境。6月10日,黎总统、议长、总理又同往叙参加阿萨德总统逝世一周年活动。6月,叙副总统哈达姆访黎,协调黎领导人之间的矛盾。9月11日,哈里里总理访叙与叙总理米鲁主持双边经贸混委会。11月,叙外长沙雷访黎。

2002年,黎总统、总理、外长等政要多次访叙,协调双方在巴以冲突、伊拉克、反恐及双边等问题上的立场。3月3日,叙利亚总统巴沙尔·阿萨德正式访黎。这是自叙前总统哈菲兹·阿萨德1975年访黎巴嫩贝卡省的什图拉以来,叙总统27年来首次访黎。巴沙尔总统此次访问受到黎方隆重接待，宾主双方在黎总统府举行会谈，并发表共同声明。3月16日，叙总理米鲁访黎，并与哈里里共同主持召开黎、叙混委会会议，落实叙总统巴沙尔访黎有关成果。

2004年，美、法等国于9月2日推动安理会通过1559号决议，要求叙利亚从黎巴嫩撤回其全部驻军。9月21～23日，叙军在国际压力下再次重新部署驻黎部队，将贝鲁特以南地区的驻军3000人撤往贝卡地区。

2005年2月，黎巴嫩前总理哈里里遇刺身亡。美国等西方国家指责叙利亚应对此事件负责。在国际社会空前强大的压力下，叙利亚于3月初与黎就分步骤撤军达成协议。3月15日，被指责与暗杀事件有直接关系的叙利亚驻黎情报人员从贝鲁特总部撤走；3月17日，叙军完成第一阶段撤军。4月30日，叙利亚抗不住外部压力，最终将其驻军全部撤回。

二　双边经贸关系

黎、叙两国政治和经济体制不同，管理方式各异。黎巴嫩是一个典型的自由经济国家，国有的电力、电讯、供水等公共服务设施的运营通过委托或资产托管方式的运营都实现了民营化。黎巴嫩的金融业自由化程度极高，资本流动方便，银行服务水平相当高，又有与瑞士银行业类似的银行保密法，吸引了大量的外资流入。黎巴嫩的国际贸易也是完全开放的，任何人包括自然人都可以从事国际贸易。经济结构上，黎巴嫩偏重于金融、旅游、房地产和商业等服务业；传统的加工业已因生产成本居高不下而严重萎缩；农业生产偏重蔬菜水果和高附加值的经济作物，谷物类粮食作物极少，农业在国民经济中的地位不高。

长期以来，叙利亚一贯执行计划经济路线，以国有经济为主

导,几乎囊括了全部的工业、金融和大型商品贸易;民营经济为辅,只涉足农业、国内商业、旅游以及小规模的进出口贸易等行业。金融方面,国家实行严厉的外汇管制。国际贸易领域,国家垄断着汽车进口、工业原料的进出口以及大宗战略物资和工业制成品的出口,抑制民营进出口。从结构上看,叙利亚是传统的农业国,工业主要以纺织、化工和石油为主,由国营公司垄断控制;农业以小农经济为主,集约化农业尚未产生。

黎叙两国的经济结构差异以及地缘上的联系,形成了两国在经济贸易关系上互补性极强。黎方在能源、廉价劳工、对伊拉克贸易陆上通道、边境贸易和工农业消费品方面有求于叙;而叙方则在水资源、民间金融服务和投资方面有求于黎。两国特定的互补型经济结构和同习性民族联系,决定了两国的经济联系,无论是官方还是民间层面上,都存在有坚实的物质基础和广阔的发展空间。

(一) 双边贸易

叙利亚一直是黎巴嫩的主要贸易伙伴,根据黎方的统计资料,1996年以来,叙利亚在黎进出口贸易的排名中基本上均在前10名左右。从近五年的情况来看,黎从叙进口金额2000年为2.83亿美元,列黎进口来源国的第7位;2001年为3.28亿美元,列第8位;2002年为2.72亿美元,列第11位;2003年为2.59亿美元,列第9位;2004年为2.40亿美元,列第13位;2005年为1.96亿美元,列第13位。黎向叙出口金额近年来有大幅增加,2000年为2577万美元,列黎出口对象国的第9位;2001年为3521万美元,列第7位;2002年为7559.5万美元,列第4位;2003年为9951万美元,列第5位;2004年为1.45亿美元,列第3位;2005年又有增加,达1.87亿美元,跃居第1位。

黎从叙进口的主要商品有铁锭和钢锭,活羊,石油和沥青油产品，磷酸盐和磷酸钙，活化剂，植物和园艺产品，鹅卵石、沙子和碎石等；向叙出口的主要商品有水泥，纸和纸板等纸类产品，机械、仪表和电气产品，葵花子和棉籽，肥料，木板、石棉板，办公桌和电脑桌，蔬菜等。

边境贸易是两国民间经济往来的主要形式之一。事实上，合法的黎叙边境贸易渠道并不畅通，主要是叙方限制经黎巴嫩的转口贸易，比如叙利亚官方规定，绝不允许从黎巴嫩进口汽车，包括新车和二手车。类似的政策还有许多，这导致两国正常的双边贸易及转口贸易发展不尽如人意。近几年来，叙对黎出口一直在2.0亿～2.5亿美元间徘徊。黎对叙出口虽有较大的增长，近五年来平均年增长35%～43%，但由于基数小得可怜，2005年，叙在黎出口对象国名单中虽已名列第1位，但贸易额也不过是1.87亿美元。经黎巴嫩转口到叙利亚的转口贸易则只有400万～500万美元，这与黎巴嫩追求恢复转口贸易中心地位的目标相差甚远。但是，非法的走私贸易在边境地区却十分活跃，这方面的数字无法统计。一个典型的例子是从中国进口的摩托车，据黎海关统计，黎巴嫩从中国进口的摩托车每年可达10万辆，价值约4000万美元，但在黎巴嫩境内几乎见不到中国摩托车行驶，据称，绝大多数都被走私到叙利亚和伊拉克。由于两国之间陆地边境线长，地形多样，山间小路密布，加之边防能力有限，方便了走私行为。走私货物主要有摩托车、家用电器等。

（二）双边经济合作

1. 能源合作

能源严重短缺是黎巴嫩经济领域中最薄弱的环节。境内水资源虽相对丰富，但不易开发；初级能源全依赖进口，近年来每年进口各类油料总金额超过10亿美元；电力生产方面，重油发电成本极高，导致电价居高不下，供电不足，国营电力公司每年巨额亏损，形成政府巨大的财政负担。叙利亚虽算不上产油大国，

但叙东部地区蕴藏着石油和丰富的天然气资源,叙利亚日产原油60万桶,天然气2300万立方米,石油日出口量达到30万桶。此外,叙利亚电力生产充裕,电价低。

黎叙地理上的近邻关系为两国能源合作创造了良好条件,无论是原油、成品油和天然气,还是电力调剂,两者可以实现相互依存,互惠互利。目前两国间有一些能源合作项目。

(1) 天然气供应和输气管道建设:黎巴嫩计划实施火力发电厂油改气计划。为此,黎叙双方于2002年签订了一个日供天然气不低于150万立方米的双边协定,同时建设一条32公里长的输气管,将叙利亚的天然气从黎叙边境的德卜斯耶输往代尔阿马尔发电厂。此外,黎巴嫩计划就组建黎巴嫩、埃及、叙利亚和约旦四国联合天然气供应公司进行谈判。黎政府还决定建造一个天然气码头及储气设施,建设天然气运输、供气和销售网络项目。

2003年12月初,欧洲—地中海联盟国家能源部长在罗马签署联合声明,规划修建埃及、叙利亚和伊拉克经约旦、叙利亚、土耳其和意大利进入欧洲市场的天然气输气管道,输气管将有一条支线通到黎巴嫩。这项庞大的工程将耗资8亿美元以上,其经济和社会效益相当可观,特别是黎、约这样的能源短缺国家受益巨大。该规划中涉及黎巴嫩的管线,是从伊拉克经约旦北上至叙利亚的输气管在大马士革南郊分成两路,一路折转西进,通往黎南部滨海地区的扎哈拉尼电厂,长约40公里;另一路北上至霍姆斯,然后向西转向黎巴嫩北部城市的黎波里,霍姆斯—的黎波里段长约120公里。

(2) 电力合作:黎巴嫩政府于战后重建阶段投入巨资改造电网,特别是加入埃及、黎巴嫩、叙利亚、伊拉克、约旦和土耳其6国跨国电网。该项目第一阶段,黎巴嫩即可从电网中调剂30万千瓦电力,第二阶段可调剂50万千瓦。在6国电网建成前,黎巴嫩暂时从叙利亚进口部分电力以缓解国内电力短缺。由于体制上的原因,同时也受制于输变电容量,黎巴嫩还没能从叙的廉价电力中充分受益。尽管如此,黎巴嫩每年从叙输入的电力,已可使黎减少 2 亿美元的开支。多年来,黎欠下叙利亚的电费高达 6 亿美元,2001 年叙总统巴沙尔访黎时已予以免除。

事实上,叙利亚也十分重视与黎巴嫩的能源合作,除了经济上的利益之外,能源也是叙利亚在黎巴嫩发挥政治影响力的重要手段,正是出于这个目的,叙方曾多次介入,阻止黎政府与第三方开展能源合作。

2. 水资源分配

黎巴嫩是中东地区唯一水源充足的国家,多山的地形加之地中海型气候,为黎带来了丰富的降水。据联合国西亚经社理事会(ESCWA)1995 年统计,黎巴嫩地表水径流量为 41.20 亿立方米,地下水存量可达 30 亿立方米,可供开采的地下水可达 4 亿~10 亿立方米/年。2000 年统计表明,年用水量总计 14.12 亿立方米。水资源开发利用的空间相当巨大。

黎叙两国除界河凯比尔河(Nahr el-kabir)外,从黎巴嫩境内流向叙利亚的河流还有从贝卡谷地北部向北流入叙中部地区霍姆斯水库的阿西河(Nahr el-Assi),河水质优量丰。过去出于政治上的原因,黎方一直没有对该河进行截留开发,任凭丰富而宝贵的水资源流向叙利亚。2003 年,黎叙两国就分享阿西河水量问题达成协议,由两国共同出资,在阿西河上建设大坝,叙方给予黎方开发利用该河水能的权利,但黎方必须保证叙方获取该河全部流量的 65%。

此外,大马士革周边地区和叙南部地区,几乎没有一条常年河流,基本依靠雨季降水和地下水。大马士革距东部的幼发拉底河达数百公里,距中部的霍姆斯水库也有 180 公里,而距黎叙边境仅 40 公里,在临近两国边境的贝卡谷地蕴藏着极为丰富的地

下水，黎叙两国在水资源合作方面尚有较大潜力。

3. 劳工问题

黎叙两国收入水平差异颇大，而叙利亚人口众多，劳务输出是叙利亚解决大量剩余劳动力就业问题的一条出路。据估计，每年在黎巴嫩境内务工的叙利亚劳工人数大约有100万人之多。每年可为叙利亚赚取数亿美元的外汇收入。叙利亚劳工在黎巴嫩境内主要从事各种低技术、重体力的工作，尤以从事建筑、农业、运输业居多。

叙利亚为黎巴嫩提供了数量充足且廉价的劳工，一方面有利于黎巴嫩的经济发展，但同时也抢了本地劳工的饭碗，不时引发争论。正确处理劳工问题，对双方将是双赢局面。

第七节 同其他邻近国家的关系

一 同沙特阿拉伯的关系

在黎巴嫩内战期间，沙特阿拉伯为缓和黎各派之间的矛盾和冲突，曾一再进行斡旋和调解工作。1989年，在沙特阿拉伯国王和摩洛哥国王、阿尔及利亚总统组成的三国最高委员会的主持下，召集黎巴嫩各教派议员在沙特阿拉伯西部的塔伊夫市就停止黎巴嫩内战问题进行协商，最终通过了"塔伊夫协议"。

近年来，黎巴嫩同沙特阿拉伯的双边关系又有新的发展。2000年3月，沙特阿拉伯王储阿卜杜拉亲王访问黎巴嫩，表示将支持黎巴嫩的战后重建工作。同年4月，拉胡德总统出访沙特阿拉伯及其他中东国家，争取各国对黎巴嫩在中东和平进程中的立场及黎巴嫩重建工作的支持。2002年3月在贝鲁特召开的第14届阿拉伯联盟首脑会议通过了沙特阿拉伯的和平倡议。同年，拉胡德总统、哈里里总理先后出访沙特阿拉伯及其他中东国家，争取各国对黎巴嫩在中东和平进程中的立场及黎巴嫩战后重建工作的支持。哈里里总理遇害后，沙特等国敦促叙利亚执行联合国安理会1559号决议，从黎巴嫩撤出全部驻军。随着哈里里遇害案调查问题的升温，沙特等国即在叙利亚、黎巴嫩和西方国家间作规劝、斡旋工作。

沙特阿拉伯在黎巴嫩战后重建工作中发挥了积极作用。至2004年底，沙特共向黎提供资金4.36亿美元，其中沙特政府提供赠款1.63亿美元；沙特发展基金提供贷款2.24亿美元，并允诺再提供贷款0.49亿美元。沙特提供的资金中用于公路建设约1.46亿美元，修复和增添医疗设施0.85亿美元，修复和发展自来水管网0.55亿美元，修复和新建校舍、购置教学设备0.36亿美元。

沙特政府提供赠款400万美元为阿卡尔县的乡村铺设自来水管网。沙特发展基金贷款730万美元，修复和新建巴布达、阿莱、舒夫等地乡村的自来水管网，贷款540万美元在埃克鲁姆和凯夫尔通等村镇修建自来水供水设施，贷款440万美元在艾因·亚古卜镇修建自来水供水设施，贷款550万美元在拜尔加什—哈拉特、凯弗提奈和盖拜伊特等地区修建自来水供水设施，贷款880万美元在山区的拜里萨湖筑坝，为敏耶—丹尼耶县地势最高的村镇提供饮水和灌溉用水，贷款550万美元为敏耶镇及附近乡村铺设饮水管网。在2007年1月25日召开的援助黎巴嫩国际会议上，沙特阿拉伯率先表示要提供11亿美元的援助。

二　同埃及的关系

进入21世纪以来，黎巴嫩同埃及关系又有新的发展。2000年2月，埃及总统穆巴拉克访问黎巴嫩，这是1952年埃及革命后第一位埃及总统访黎。双方在会谈后发表的

黎巴嫩

联合声明对以色列轰炸黎巴嫩基础设施表示谴责,要求以色列应无条件从戈兰高地和黎巴嫩南部撤军,恢复中东和谈。同年4月,黎巴嫩总统拉胡德访问埃及,争取埃及对黎巴嫩在中东和平进程中的立场及黎巴嫩重建工作的支持。2001年6月黎巴嫩总理哈里里访问埃及,两国总理共同主持召开双边混合委员会会议,讨论双边经贸领域的合作。同年10月,哈里里总理再次访埃。2002年,拉胡德总统、哈里里总理先后再次出访埃及。2005年2月,黎巴嫩总理哈里里遇害,埃及等国表示希望叙利亚执行联合国1559号决议,从黎巴嫩撤出驻军。随着哈里里遇刺案调查问题的升温,埃及等国即在叙利亚、黎巴嫩和西方国家之间作规劝、斡旋工作。

较长时期以来,黎巴嫩同埃及一直保持着良好的贸易关系。自黎巴嫩内战结束后,埃及一直是黎巴嫩的主要贸易伙伴国,两国贸易额持续增长。出口方面,1993年对埃及的出口额为1200万美元,2004年已增至3954万美元,2005年更增至5457万美元,占黎巴嫩出口总额的2.9%,在出口对象国的排名中多年来基本上排在第10位前后。进口方面,1993年从埃及的进口额为4300万美元,仅占进口总额的0.9%,在进口来源国中排第22位;至2001年已增至1.06亿美元,2004年达2.95亿美元,2005年增至3.03亿美元,已占进口总额的3.2%,在进口来源国的排名中已上升至第11位。向埃及出口商品主要是苹果、梨和椴桲果等新鲜水果,金属材料,玻璃器皿,纸品和纤维填料,烟叶和烟草废料等。从埃及进口商品主要是铁条、铁锭和非合金钢,原油和石油制品,铜质线材,有机活性制剂、洗涤剂和土豆等。

三 同科威特的关系

科威特在黎巴嫩战后重建工作中共向黎提供资金14.06亿美元。其中,科威特政府提供赠款0.81亿美元;

科威特阿拉伯发展基金提供贷款约 4.44 亿美元，赠款 0.10 亿美元；阿拉伯经济社会发展基金提供贷款约 8.55 亿美元，赠款 0.16 亿美元。科威特提供的资金用于修复和发展电力设施约 3.50 亿美元，修复和发展自来水管网 2.64 亿美元，修复、新建校舍和购置教学设备 1.68 亿美元，修复和新建公路 1.56 亿美元，修复和发展机场设施 0.51 亿美元，修复和发展通讯设施 0.35 亿美元等。

科威特阿拉伯经济社会发展基金贷款 4500 万美元，修复大贝鲁特地区的供水管网，包括修复加什古什泉、艾因·岱勒拜泉等水源，迪舒尼耶和哈齐米耶等两座净水站以及大贝鲁特地区自来水管网；贷款 1000 万美元用于在阿莱县将拉阳泉的水源引至该县的主要蓄水库，建成后的日蓄水量将达到 1.2 万立方米；贷款 480 万美元在阿莱县的高山地区铺设饮水管网；贷款 240 万美元铺设从盖亭泉至阿扎尔的供水管网，为麦腾县高山地区提供饮水。

四 同伊拉克的关系

近年来，黎巴嫩和伊拉克的关系有了突破性进展。2001 年 3 月 8 日，黎巴嫩决定恢复与伊拉克的外交关系。同年 9 月 10 日，黎巴嫩驻伊拉克使馆临时代办启程赴任。2002 年，黎巴嫩与伊拉克关系得到进一步发展，双方相互交往较为密切。

自 1995 年 4 月联合国安理会通过关于石油换食品的第 986 号决议后，黎巴嫩迅速恢复了对伊拉克的贸易。近十年来，对伊出口飞跃发展，1996 年作为尝试，出口金额仅 1000 美元，到 1999 年出口金额已达 2175 万美元，在黎出口对象国中排名第 11 位；2000 年达 2875 万美元，排名第 5 位；2001 年的出口额跃升到 6801 万美元，排名升至第 3 位；2002 年又略有上升，达 7112

万美元,居第 5 位;2003 年的出口额又上了一个新台阶,达到 1.22 亿美元,排名居第 2 位;2004 年,出口额又翻了一番,达到 2.55 亿美元,跃居黎出口对象国排名第 1 位。2005 年略有下降,为 1.78 亿美元,退居叙利亚之后,列第 2 位。

黎巴嫩对伊出口贸易发展如此迅速,首先是抓住了机遇。海湾战争后,伊拉克遭多年封锁,各类物资极度匮乏,黎巴嫩抓住了安理会石油换食品决议的机遇,利用自身地缘上的优势,抢占市场。其次是充分利用了黎巴嫩自由经济的优势,转向快,组织货源快,还充分利用了其长期从事转口贸易的经验和组织能力。黎巴嫩出口到伊拉克的商品中估计从其他国家进口后的转口商品所占比例不小。

五 同巴勒斯坦解放组织的关系

从 1948 年第一次阿以战争开始,几乎每次战后都有大批巴勒斯坦难民涌入黎巴嫩。目前在黎巴嫩境内的巴勒斯坦难民已达近 40 万人,其中 26% 住在大城市,45% 住在得到联合国救济的 12 个难民营,约 7 万人生活在没有卫生、教育及社会服务保障的 13 个居民点。黎巴嫩政府和各派组织均反对巴勒斯坦难民在黎巴嫩永久定居。

1967 年第三次阿以战争后,为便于出击,巴解各组织下属部队纷纷从叙利亚潜入黎巴嫩南部。黎巴嫩军队由于未投入阿以战争已激怒了广大穆斯林群众,因此对巴解部队的潜入佯装不知。但巴解部队对以色列的攻击导致以色列军队不断对黎巴嫩实施报复。1968 年 12 月以军突击队偷袭贝鲁特国际机场后,黎巴嫩不得不动用武力约束巴解武装。但是,时任总统的夏尔·赫卢抗不住阿拉伯世界的强大压力,又怕因此而导致国内两大教派的冲突和国家的分裂。不得不派以黎军司令埃米勒·布斯塔尼将军为首的黎巴嫩代表团与以阿拉法特为首的巴解代表团,于 1969

第七章 外　交

年 11 月在开罗签署了"开罗协议",承认巴勒斯坦武装在黎巴嫩存在的现实,承认巴解武装有权在黎巴嫩从事反对以色列的武装斗争,并在边境地区的一些指定地点为巴解突击队的通过和开展侦察活动提供便利,黎方在巴勒斯坦突击队的活动中,给予医疗、撤退和后勤供应中心活动方面以便利。

自 1970 年约旦"黑九月"事件后,以阿拉法特主席为首的巴勒斯坦解放组织领导机构及其武装力量的大部移驻黎巴嫩。从此,黎巴嫩即成为巴以冲突的主战场。以色列于 1978 年、1982 年两次入侵黎巴嫩,主要目的都是打击巴解武装。以色列第二次侵黎期间,在以军胁迫下,巴解领导机构及其武装力量不得不于 1983 年 8 月下旬撤往突尼斯等阿拉伯国家。地区形势稍有缓和后,巴解武装的主力自 1985 年初开始又陆续返回黎巴嫩。

巴解组织的存在也成为黎巴嫩国内教派冲突和 15 年内战的重要原因。伊斯兰教各派支持巴解争取民族独立的斗争,而基督教派则不认同巴解在黎巴嫩的存在,认为巴解在黎南部不尊重黎巴嫩的主权,犹如国中之国;反对巴解将黎巴嫩南部作为对以色列攻击的基地,因为以色列的报复给黎巴嫩人民生命、财产带来巨大损失。尽管黎巴嫩议会于 1987 年 5 月 21 日通过一项决定,正式废除"开罗协议"。但这一决定并未能阻止巴解在黎的军事活动,更无力阻止巴解在黎的存在。

1993 年 9 月,巴、以就巴勒斯坦自治安排签署《原则宣言》后,黎巴嫩领导人批评巴解与以色列单独媾和。2003 年,黎方呼吁阿拉伯国家加强团结,支持巴勒斯坦人民为反抗以色列占领而进行的斗争,指责以色列对巴勒斯坦人实行国家恐怖主义,强烈批评以色列沙龙政府的"单边行动"政策。9 月 18 日,巴民族权力机构主席阿拉法特与拉胡德总统通电话,就当前地区形势交换看法,并感谢黎方对巴勒斯坦解放事业的支持。12 月 17 日,拉胡德总统会见到访的巴解组织政治部主任卡杜米时表示,

以色列不能通过暴力方式获得安全。巴勒斯坦人民在自己领土上坚持反占领斗争,并恪守联合国有关决议,是解放被占领土和巴勒斯坦事业获得国际支持的关键。卡杜米表示,巴方反对任何不能保证巴勒斯坦难民回归权的方案,并转达了阿拉法特主席赞扬拉胡德总统支持巴勒斯坦正义事业的口信。

六 同伊朗的关系

1979年伊朗伊斯兰革命成功,对阿拉伯国家的什叶派穆斯林是莫大的鼓舞,也为黎巴嫩什叶派穆斯林创建"真主党"提供了思想、教义基础和强大动力。伊朗新领导人上台执政后,明确表示反对以色列犹太复国主义的坚定立场,并于1982年以色列入侵黎巴嫩之后不久,借支持黎巴嫩人民抗击以色列的侵略行径为名,协助黎巴嫩什叶派创建了"真主党",并派了数百名伊朗革命卫队成员,在贝卡谷地的巴勒贝克附近建立培训基地,协助组建和训练"真主党"民兵。

据报道,在内战期间,伊朗源源不断地向真主党提供了大量资金、物资和武器弹药,既为黎南部什叶派穆斯林提供了大量医疗服务、修缮校舍、住宅和困难救助等社会福利事业,也为真主党抗击以色列的军事占领提供了军事援助。伊朗的资助为真主党巩固和扩大在黎巴嫩什叶派广大群众中的影响起到了重要作用。

伊朗在黎巴嫩重建工作中,向黎巴嫩政府提供了1亿美元贷款,主要用于黎政府推行行政改革等工作所需费用。

七 同以色列的关系

黎巴嫩虽同以色列接壤,但因国小力弱,无力与以色列抗争。除在1948年巴勒斯坦战争中曾派小部队象征性地参战外,其后的历次阿以战争黎巴嫩均未参战。20世纪70年代后,黎巴嫩成了巴解武装反对以色列斗争的主要基地,从而也成为以色列打击的主要目标。自1978年以来,以色列对黎巴嫩进行过多次大规模空袭和入侵。尽管以色列的主要打击目标是巴解武装力量和叙利亚驻黎部队,但是,以色列的入侵和持续不断的袭击给黎巴嫩带来的直接后果是黎巴嫩人民生命、财产的巨大损失,成千上万的无辜百姓无家可归,沦为难民。为防止以色列北部地区遭巴解武装袭击,以军公然蔑视黎巴嫩主权,从1978年开始,在黎南部边境地区长期占领黎巴嫩国土约850平方公里,设立所谓"安全区",破坏了黎南部居民的安宁生活。

在反对巴解武装在黎巴嫩的存在问题上,以色列同黎巴嫩基督教派的"黎巴嫩力量"有过一定的接触和协调,"黎巴嫩力量"民兵曾于1982年9月参与了萨布拉、夏蒂拉难民营的大屠杀行动。

1983年5月,黎巴嫩政府和以色列政府在美国的斡旋下,曾通过谈判就以色列撤军和黎以双边关系草签了"5·17协议"。但因涉及叙利亚从黎撤军问题,该协议遭叙拒绝而被黎政府搁置。直到2000年5月,以色列政府才单方面做出决定,将以军全部撤至以色列境内。但以色列仍控制着黎、叙、以三国接壤处尚有争议的谢巴农场地区,以方认为该地为戈兰高地的一部分,待日后同叙利亚解决戈兰高地问题时一并解决。黎方则坚持对谢巴农场地区拥有主权,坚决要求以方结束占领。

2006年7月12日,以色列以真主党民兵拘留2名以军士兵为由,再次对黎巴嫩利塔尼河以南地区实施大规模报复和入侵行动,并对贝鲁特南郊、贝卡谷地和黎南部疑有真主党民兵和武器库的目标进行狂轰滥炸,企图借机铲除真主党武装。

但是,以色列军队低估了真主党的实际作战能力,又无法适应真主党的游击战术,在整整一个月的战斗中,未能实现其预期的战略目的,以军官兵在冲突中死亡120人。8月14日,以、黎双方同意接受联合国安理会第1701号关于停火的决议,决定

黎巴嫩

以色列军队全部撤出黎巴嫩，联合国将联黎部队增至 1.5 万人，黎巴嫩正规军在利塔尼河以南部署 1.5 万人，阻止真主党在利塔尼河以南的活动。但以军特种部队于 8 月 19 日再度袭击巴勒贝克地区的真主党武装，以方发言人称此次行动目的是阻止真主党从境外获得武器装备，并称类似行动还将继续。以色列总理奥尔默特还称，以色列将继续追捕真主党领导人，"无论何时何地，而且不会请求任何人同意"。至 10 月 1 日，以色列绝大部分军队已撤出黎巴嫩。

附录一

民族和解文件（"塔伊夫协议"）

第一节 总则和改革

一 总则

1. 黎巴嫩是自由、独立的国家，是黎巴嫩宪法规定和国际承认的疆界内领土、人民和国家机构统一的、全体人民的最终祖国。

2. 黎巴嫩具有阿拉伯身份和属性，是阿拉伯国家联盟和联合国组织的缔造国和成员国，遵守该两组织的宪章；也是不结盟运动成员国。黎巴嫩在一切场合和领域毫无例外地体现上述原则。

3. 黎巴嫩是一个建立在尊重普遍自由，首先是言论和信仰自由，建立在社会公正，全体公民权利和责任一律平等基础上的议会制民主共和国。

4. 人民是权力之源泉、主权之主宰，并通过宪法机构行使之。

5. 政治制度建立在政权机构分权、平衡和合作的原则上。

6. 经济制度是保障个人积极性和私人所有制的自由经济。

7. 各地区文化、社会和经济的平衡发展是国家统一和制度

稳定的基石之一。

8. 致力于通过财政、经济和社会改革实现全面的社会公正。

9. 黎巴嫩领土是属于全体黎巴嫩人的统一领土。每个黎巴嫩人均有权依法在黎巴嫩领土的任何部分居住，不得依据其原种族加以区别、分割和限地居住。

10. 任何权力机构违背共处宪章均属非法。

二 政治改革

（一）议会

议会是立法权力机构，对政府的政策和工作实施全面监督。

1. 选举议长和副议长，其任期与议会任期相同。

2. 在议长、副议长选出2年后，如有10名以上议员联名上书，议会有权在第一次议会会议上经三分之二多数通过后撤销对议长或副议长的信任，并迅速开会补缺。但仅以一次为限。

3. 内阁提交给议会的任何紧急法律草案，未经议会列入全体会议议程并通过，则不得颁布实施；但若议会未在宪法规定期限内予以处置，该项法律草案则需经内阁同意后方可颁布实施之。

4. 选区为省。

5. 在议会制定不受教派约束的选举法之前，议会议席按以下原则分配：

（1）基督教徒和穆斯林之间平均分配。

（2）两大宗教内的各个教派按比例分配。

（3）各地区之间按比例分配。

6. 议会议员人数增至108人，在基督教徒和穆斯林之间平分。按照本文件新增议席和本文件公布前空缺的议席，由行将成立的民族和解政府一次性例外地任命补齐。

7. 在选举第一届全国非教派基础上的议会时,成立包括各宗教教派代表的参议院,其权力限于关乎国家命运的问题。

(二) 共和国总统

共和国总统是国家元首,国家统一的象征。总统要尊重宪法,根据宪法的规定维护黎巴嫩的独立、统一和领土完整,总统是武装力量最高统帅,武装力量服从内阁的权力。总统行使如下职权:

1. 如有意愿,可主持内阁会议,但无投票权。
2. 担任最高国防委员会主席。
3. 发布政令并要求公布之。在内阁向总统府提交任何决议的15日内,总统有权要求内阁予以重审,若内阁坚持其所作决议或逾期总统尚未发布政令,亦未将该决议退回内阁,该决议则立即依法生效并应予以公布。
4. 在宪法规定的期限内颁布法令,并要求在议会通过后予以公布。总统有权按照宪法规定,在规定期限内,经知会内阁后要求议会重审法令,在限期结束时既未予颁布也未退回议会,则该法律即依法生效并应予以公布。
5. 将内阁上呈的法律草案移交议会。
6. 议长经过必要的议会协商并将协商结果告知总统后,总统根据议会协商结果,经与议长协商后任命总理。
7. 独自颁布任命总理的法令。
8. 经与总理协商一致后颁布政府组成命令。
9. 颁布接受政府辞职、部长辞职或免去部长职务的命令。
10. 任命使节、接受外国使节的国书、颁布授予国家勋章的命令。
11. 经与总理协商一致后,就缔结国际条约主持谈判和签字,但条约须经内阁同意后始得生效。当该条约涉及国家利益和国家安全时,政府应将条约内容通报议会。凡包含条件涉及国家财政的条约、贸易条约和其他年复一年不得解除的条约，则须经议会同意后方可缔结。

12. 必要时可向议会发函。

13. 经与总理协商一致后，可以命令形式请议会召开特别会议。

14. 有权向内阁提出议事日程以外的任何紧急事项。

15. 必要时，经与总理协商一致后，可召集内阁特别会议。

16. 以法令形式给予特赦。

17. 除违背宪法或叛国罪外，在总统行使职务期间不得追究其责任。

（三）总理

总理是政府首脑，代表政府并以政府的名义发言，负责执行内阁制定的总政策。总理行使如下职权：

1. 领导内阁。

2. 就政府的组成同议会协商，协同总统联署政府组成法令。政府应在30日的期限内，向议会提交政府施政纲领以获取议会信任。政府在获得议会信任前、辞职后和被认定辞职后不得行使职权，但辞职后，应在狭义范围内处理日常事务。

3. 向议会提交政府总政策。

4. 签署除任命总理、接受政府辞呈或认定政府辞呈的法令外的一切法令。

5. 签署召开内阁特别会议令、颁布法律和要求重新审议法律的命令。

6. 召集内阁会议，制定议事日程，并事先向总统汇报议题及内容，以及将研讨的紧急议题等。会后，在会议正式记录的原件上签字。

7. 关注各行政机构、国营企业的工作进程，在各部长间进行协调，为保障工作顺利进行而给予普遍性的指示。

8. 在有关部长出席下，召集国家有关部门的工作会议。

9. 依法担任最高国防委员会副主席。

（四）内阁

内阁为行政权力机构，履行如下职权：

1. 制定国家一切领域的总政策，制定法律、法令草案，并为执行上述法律、法令做出必要决定。

2. 坚持执行法律、法规，无一例外地监督所有国家机构——行政、民事、军事和安全——的工作。

3. 武装力量服从内阁的权威。

4. 依照法律任免国家公职人员和接受他们的辞呈。

5. 按照总统的要求有权解散议会；在议会召开例会或特别会议不少于一个月时间内，虽经连续两次要求，但议会仍拒绝开会，或为瘫痪政府工作，议会全盘推翻预算的形势下，内阁有权解散议会。但不得以同样原因再次使用这一权利。

6. 当总统出席内阁会议时由总统主持会议。内阁会议定期在特定场所举行，会议的法定人数应达全体成员三分之二的多数。内阁会议以协商一致的原则通过决议，如无法达成一致则举行表决。一般决议若获简单多数即可通过，而根本性问题则需获内阁会议成员的三分之二多数同意方可通过。根本性问题系指：紧急状态的宣布与取消，战争与和平，总动员，国际协定与条约，国家总预算，全面长期发展计划，任命第一类及相当于第一类的公职人员，重新审议行政区划，解散议会，选举法，国籍法，有关个人情况的法律，免除部长职务等。

（五）部长

部长的职权由于符合政府总政策和集体负责原则而增强，非经内阁决定或单独被议会撤销信任，部长不得被免职。

（六）政府总辞职、认定政府总辞职和免除部长职务

1. 政府在如下情况被认定为总辞职：

（1）总理辞职。

（2）政府组成法令任命的成员中三分之一以上的成员出缺。
（3）总理去世。
（4）总统换届。
（5）议会换届。
（6）议会主动撤销或根据信任投票结果撤销对政府信任。

2. 免去部长职务得由总统和总理经内阁同意后联合签署法令。

3. 当政府辞职或被认定辞职，议会即被依法认定处于召开特别议会期间，直到新政府组成并获得议会信任。

（七）取消政治教派体制

取消政治教派体制是国家的根本目标，须努力根据阶段性计划实现之。依据穆斯林和基督教徒对半平分基础上选出的议会，应为实现这一目标采取适当措施，组成由总统领导，包括议长、总理和政治、思想、社会等各界人士组成的全国委员会。全国委员会的任务是研究取消政治教派体制的确有保障的途径，就此向议会和内阁提出建议，并关注阶段性计划的执行情况。在过渡阶段要完成如下事项：

1. 根据民族和解的需求，除第一类和相当于第一类职务外，取消教派代表体制的基础，公共职务及司法、军事和安全机构、国营机构、合营机构和独立机构的公共职务，皆依据才能和专业予以委任。第一类和相当第一类职务则在基督教徒和穆斯林之间平均分配，但不指定某一职务归属某一教派。

2. 身份证上不再记载教派和信仰。

三　其他改革

（一）非中央集权制

1. 黎巴嫩是一个具有坚强中央权力的统一国家。

2. 扩大省长和县长的职权，使之在主管地区内尽可能在最高水平上代表一切国家机构，以便就地为公民服务，满足他们的需要。

3. 重审行政区划，以保障全民的融合，维护共同生活，维护土地、人民和机构的统一。

4. 县和县以下行政单位实行扩大的非中央集权制，在每县选出由县长领导的委员会，以保障地方的参与。

5. 核准国家的统一全面发展计划，使黎巴嫩的所有地区的经济和社会得以发展，以必要的财力增强各市政府、合并后的市政府和各市联合会的财源。

（二）**法院**

1. 为保障负责人士和公民一律服从于法律的权威，保障立法权力机构、执法权力机构的工作、共同生活与宪法规定的黎巴嫩人基本权利的要求协调一致：

（1）成立宪法规定的最高委员会，其任务是审判总统、议长、总理和部长，就最高委员会审判工作原则另行制定特别法律。

（2）成立宪法委员会，用以解释宪法，对法律是否违宪进行监督，就总统选举和议会选举产生的争执和上诉进行裁决。

（3）下述方面有权就宪法委员会在宪法解释和监督法律是否违宪方面的裁决进行复议：

甲、总统

乙、议长

丙、总理

丁、一定比例的议会议员

2. 为保障宗教和国家间的和谐原则，黎巴嫩各教派首领有权就宪法委员会对以下问题的裁决进行复议：

（1）个人情况。

（2）信仰自由和履行宗教仪式。

（3）宗教教育自由。

3. 为支持司法独立，最高司法委员会的数名委员由司法界中选出。

（三）选举法

按新选举法，议会选举在省的基础上进行。在领土、人民和机构统一的范畴内，对行政区划进行重审后，在选举中照顾到保障黎巴嫩人共同生活，保障各阶层人民及其后裔政治代表的真实性和效率等原则。

（四）成立经济社会发展委员会

成立经济社会发展委员会，通过协商和建议的途径确保各领域的代表参与制定国家经济社会政策。

（五）教育

1. 为大众提供知识，至少应使小学阶段成为义务教育。
2. 按照法律和法规确认教育自由。
3. 保护私立教育，加强国家对私立学校和教科书的监督。
4. 改革、加强和发展公立教育和职业技术教育，以适应国家发展建设的需要。改善黎巴嫩大学的状况，对该校特别是该校工科学院提供支持。
5. 重审并改进教学大纲，以加强民族归属感和融合性，加强精神和文化的开放性，统一历史和爱国主义教育两科的教科书。

（六）新闻

在负责任的自由的范畴内，依法对一切新闻媒体进行重组，以服务于和解趋向和结束战争状态。

第二节 在黎巴嫩国土全境行使黎巴嫩国家主权

鉴于黎巴嫩各方已就在民族和解基础上建立强大的、有能力的国家达成协议，民族和解政府特制定为期一年

的详细安全计划,旨在以其自身的武装力量将黎巴嫩国家权力逐步延伸至黎巴嫩全境。计划纲要如下:

1. 宣布解散一切黎巴嫩和非黎巴嫩民兵,在批准民族和解文件、选举总统、组成民族和解政府、按照宪法通过政治改革后的6个月内,将其武器上交黎巴嫩国家。

2. 通过如下途径加强内部治安军:

(1)毫无例外地接受一切黎巴嫩人志愿入伍,予以集中训练后,分配到各省部队,此后进行有组织的定期轮训。

(2)加强安全机构,使之适应办理旅客从陆、海、空出入境手续的需要。

3. 加强武装力量。

(1)武装力量的基本任务是保卫祖国;必要时,当危险超出内部治安军独自处理的能力时,维护公共秩序。

(2)在内阁作出决定的情况下,动用武装力量协助内部治安军维护治安。

(3)为使武装力量能担当起对抗以色列侵略的民族大任,对武装力量进行整合、装备和训练。

(4)在内部治安军得以领受治安任务时,武装力量即行返回军营。

(5)为军事目的而非其他目的,对武装力量情报系统进行重组。

4. 彻底解决黎巴嫩移民问题,承认1975年以来每个黎巴嫩移民返回其迁出地的权利,制定保障这一权利的法律,并提供确保重建家园的途径。

黎巴嫩的目标是通过自身力量,首先是内部治安军,在黎巴嫩全境延伸其权力。出于叙利亚和黎巴嫩兄弟关系的现实,在批准民族和解文件、选举总统、组成民族和解政府,以及依据宪法通过政治改革后,在最长为两年的期限内,叙利亚军队令人感激地协助黎巴嫩合法当局部队扩展黎巴嫩国家的权力。这一期限结束后,叙利亚政府和黎巴嫩民族和解政府决定将叙利亚部队重新部署到贝卡地区、西贝卡入口处的达赫尔·贝德尔直至哈马纳—穆岱里杰—艾因·达莱一线,必要时还可部署在由黎叙联合军事委员会规定的其他各点上。两国政府将就驻扎在上述地区的叙利亚部队的规模和期限,叙利亚部队同驻区黎巴嫩国家当局的关系达成协议。如黎巴嫩和叙利亚两国有意,阿拉伯三方最高委员会准备协助双方达成这一协议。

第三节 从以色列占领下解放黎巴嫩

为收复黎巴嫩国家在国际公承的疆界内的权力,要求:

1. 致力于执行联合国安全理事会第 425 号决议和要求全面取缔以色列占领的其他决议。
2. 坚持 1949 年 3 月 23 日签署的停战协定。
3. 采取一切必要措施从以色列占领下解放全部黎巴嫩领土,将国家主权延伸到全部领土,在国际承认的黎巴嫩边境地区部署黎巴嫩军队;努力支持国际紧急部队在黎巴嫩南部的存在,以保障以色列撤军和提供机会恢复边境地区的安全和稳定。

第四节 黎巴嫩和叙利亚的关系

具有阿拉伯属性和身份的黎巴嫩,同所有阿拉伯国家保持着真诚的兄弟关系,同叙利亚之间有着特殊关系。这种特殊关系的力量源于亲情、历史和兄弟间的共同利益,正是这种观念引导出两国间的协调与合作,还将体现为两国间各个领域的多项协议,从而实现两个兄弟国家在各自主权和独立框架下

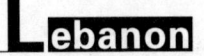

的利益。由于巩固安全的基础将为发展这种特殊联系提供所需的氛围,在任何情况下应不使黎巴嫩成为威胁叙利亚安全的发源地,也不使叙利亚成为威胁黎巴嫩安全的发源地。为此,黎巴嫩不许自身成为旨在染指其安全或叙利亚安全的任何势力、国家或组织的走廊或居留地。叙利亚关注黎巴嫩的安全、独立、统一和人民的和解,也不许有任何行动威胁黎巴嫩的安全、独立和主权。

附录二

历任国家领导人名单

一 历任总统

1943年独立后至今,黎巴嫩共选出过11任总统:
1. 比沙拉·扈里　　　　1943/9/21～1952/9/19
2. 卡米勒·夏蒙　　　　1952/9/23～1958/9/22
3. 福阿德·谢哈布　　　1958/9/22～1964/9/22
4. 夏尔·赫卢　　　　　1964/9/23～1970/9/22
5. 苏莱曼·弗朗吉亚　　1970/9/23～1976/9/22
6. 伊利亚斯·萨尔基斯　1976/9/23～1982/9/23
7. 贝希尔·杰马耶勒　　1982/8/23～1982/9/14
(当选后尚未就职即遭暗杀)
8. 阿明·杰马耶勒　　　1982/9/23～1988/9/22
9. 勒内·穆阿瓦德　　　1989/10/5～1989/11/22
(就职后不久即遭暗杀)
10. 埃利亚斯·赫拉维　　1989/11/24～1998/11/22
11. 埃米勒·拉胡德　　　1998/11/24～

二 历任国民议会议长

自黎巴嫩独立开始,历任议长如下:

1. 第一届议会议长
   萨布里·哈马岱　　　　　　1943/09/21 ~ 1946/10/22
   哈比卜·艾布·谢赫拉　　　 1946/10/22 ~ 1947/04/07
2. 第二届议会议长
   萨布里·哈马岱　　　　　　1947/06/09 ~ 1951/03/20
3. 第三届议会议长
   艾哈迈德·艾斯阿德　　　　1951/06/05 ~ 1953/05/30
4. 第四届议会议长
   阿迪勒·欧赛朗　　　　　　1953/08/13 ~ 1957/08/13
5. 第五届议会议长
   阿迪勒·欧赛朗　　　　　　1957/08/13 ~ 1959/10/15
   萨布里·哈马岱　　　　　　1959/10/20 ~ 1960/08/13
6. 第六届议会议长
   萨布里·哈马岱　　　　　　1960/08/13 ~ 1964/05/08
   卡迈勒·艾斯阿德　　　　　1964/05/09 ~ 1964/10/20
7. 第七届议会议长
   萨布里·哈马岱　　　　　　1964/10/20 ~ 1968/05/09
   卡迈勒·艾斯阿德　　　　　1968/05/09 ~ 1968/10/22
8. 第八届议会议长
   萨布里·哈马岱　　　　　　1968/10/22 ~ 1970/10/20
   卡迈勒·艾斯阿德　　　　　1970/10/20 ~ 1972/10/22
9. 第九届议会议长[*]
   卡迈勒·艾斯阿德　　　　　1972/10/22 ~ 1984/10/16
   侯赛因·侯赛尼　　　　　　1984/10/16 ~ 1992/10/20
10. 第十届议会议长
    纳比·贝里　　　　　　　 1992/10/20 ~ 1996/10/20
11. 第十一届议会议长
    纳比·贝里　　　　　　　 1996 ~ 2000.

12. 第十二届议会议长
    纳比·贝里   2000~2004
    纳比·贝里   2004~2005
13. 第十三届议会议长
    纳比·贝里   2005~

（*内战期间未进行换届选举）

三　历任总理

自独立以来，历任内阁总理如下：

1. 里亚德·索勒赫   1943
2. 亨利·法尔森   1943~1944
3. 里亚德·索勒赫   1944~1945
4. 阿卜杜勒·哈米德·卡拉姆   1945
5. 萨米·索勒赫   1945~1946
6. 萨阿迪·蒙拉   1946
7. 里亚德·索勒赫   1946~1951
8. 侯赛尼·欧维尼   1951
9. 阿卜杜拉·雅菲   1951~1952
10. 萨米·索勒赫   1952
11. 纳奇姆·阿卡里   1952
12. 萨伊卜·萨拉姆   1952
13. 福阿德·谢哈布   1952
14. 哈立德·谢哈布   1952~1953
15. 萨伊卜·萨拉姆   1953
16. 阿卜杜拉·雅菲   1953~1955
17. 萨米·索勒赫   1955
18. 拉希德·卡拉米   1955~1956

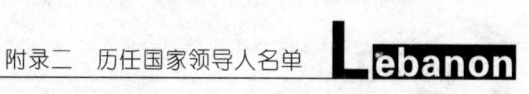

19.	阿卜杜拉·雅菲	1956
20.	萨米·索勒赫	1956～1958
21.	拉希德·卡拉米	1958～1960
22.	艾哈迈德·达乌德	1960
23.	萨伊卜·萨拉姆	1960～1961
24.	拉希德·卡拉米	1961～1964
25.	侯赛尼·欧维尼	1964～1965
26.	拉希德·卡拉米	1965～1966
27.	阿卜杜拉·雅菲	1966
28.	拉希德·卡拉米	1966～1968
29.	阿卜杜拉·雅菲	1968～1969
30.	拉希德·卡拉米	1969～1970
31.	萨伊卜·萨拉姆	1970～1973
32.	阿明·哈菲兹	1973
33.	塔基丁·索勒赫	1973～1974
34.	拉希德·索勒赫	1974～1975
35.	努尔丁·里法伊	1975
36.	拉希德·卡拉米	1975～1976
37.	塞利姆·胡斯	1976～1980
38.	塔基丁·索勒赫	1980
39.	沙菲克·瓦赞	1980～1984
40.	拉希德·卡拉米	1984～1987
41.	塞利姆·胡斯	1987～1990
	米歇尔·奥恩*	1988～1990
42.	欧麦尔·卡拉米	1990～1992
43.	拉希德·索勒赫	1992
44.	拉菲克·哈里里	1992～1998
45.	塞利姆·胡斯	1998～2000

黎巴嫩

46. 拉菲克·哈里里 　　　2000~2004
47. 欧麦尔·卡拉米 　　　2004~2005
48. 纳吉布·米卡提 　　　2005
49. 福阿德·西尼乌拉 　　2005~

(＊1988~1990年为两个政府并立时期)

主要参考文献

一 阿拉伯文图书、论文、网站

黎巴嫩共和国议会：《黎巴嫩共和国的历史、政治和地理范畴》，电子版，2003 年。http：//www.lp.gov.lb

黎巴嫩共和国议会：《黎巴嫩共和国议会》，电子版，2006 年。http：//www.lp.gov.lb

黎巴嫩共和国司法部：《黎巴嫩共和国司法部》，电子版，2005 年。http：//www.justice.gov.lb

黎巴嫩共和国发展和重建委员会：《2004 年工作进展报告》，《2005 年工作进展报告》，电子版，2004，2005 年。http：//www.cdr.gov.lb

黎巴嫩农业部：《农业发展战略及五年发展计划（2005～2009 年）》，pdf 版，2004。http：//www.agriculture.gov.lb

黎巴嫩农业部：《农业政策与计划准备》，pdf 版，2004 年。http：//www.agriculture.gov.lb

黎巴嫩共和国高等教育部：《黎巴嫩共和国高等教育部》，电子版，2005 年。http：//www.higher-edu.gov.lb

黎巴嫩共和国文化部：《黎巴嫩共和国文化部》，电子版，2005 年。http：//www.culture.gov.lb

黎巴嫩共和国国家科学研究委员会：《黎巴嫩共和国国家科

学研究委员会》电子版，2005 年。http://www.cnrs.edu.lb

黎巴嫩共和国旅游部：《黎巴嫩共和国旅游部》电子版，2005 年。http://www.lebanon-tourism.gov.lb

黎巴嫩军队司令部：《黎巴嫩军队》，电子版，2005 年。http://www.lebarmy.gov.lb

内部治安军总局：《内部治安军总局》，电子版，2005 年。http://www.Isf.gov.lb

公安总局：《公安总局》，电子版，2005 年。http://www.general-security.gov.lb

国家安全总局：《国家安全总局》，电子版，2005 年。http://www.state-security.gov.lb

黎巴嫩共和国议会：《民族和解文件—塔伊夫协议》，电子版，2004 年。http://www.lp.gov.lb

二 英文图书、论文、网站

C. D. Walley: *The Geology of Lebanon-A Summary*, American University of Beirut. http://ddc.aub.edu.lb

The Lebanese Global Information Center: *General Information of Lebanon*, 2006. http://www.lgic.org

The Library of U.S Congress: *A Country Study: Lebanon*, Dec. 1987. http://lcweb2.loc.gov

CIA: *THE WORLD FACTBOOK Series: Lebanon*, CIA updated on 10 January, 2006.

Home Office, UK: *Country Assessment-LEBANON*, April 2002. http://www.ind.homeoffice.gov.uk

Home Office, UK: *Country Information Bulleten-LEBANON* Feb. 2004. http://www.ind.homeoffice.gov.uk

Encyclopaedia of the Orient: *Lebanon*, http://lexicorient.com/e.o

Answers Company: *Geography of Lebanon*, 2005. http://www.Answers.com

Encyclopaedia of the Orient: *Eastern Rite Churches*, http://lexicorient.com/e.o

Philip K. Hitti: *A Short History of Lebanon*, St. Martin's Press, New York, 1965

Mirna El Souri: *Birds and Animals of Lebanon*, Lebanese American University, Last modified: May 2004. http://csrd.lau.lb/ Publications

Rania Masri: *The Cedars of Lebanon*, North Carolina State University, http://almashriq.hiof.no/lebanon/300/360/363/363.7/cedars2.html

IPR: *Lebanon*, Info-Prod Research (Middle East) Ltd., 2005. http://www.infoprod.co.il

Ministry of Finance: *Ministry of Finance*, Republic of Lebanon, 2005. http://www.finance.gov.lb

Bank of Lebanon: *Bank of Lebanon*, 2005. http://www.bdl.gov.lb

Bank of Lebanon: *banks and financial institutions in Lebanon*, 2005. http://www.bdl.gov.lb

Ministry of Economy and Trade: *Ministry of Economy and Trade*, 2005. http://www.economy.gov.lb

Central Administration for Statistics: *Central Administration for Statistics*, 2005. http://www.cas.gov.lb

Ministry of Public Works and Transport: *Directorate General of Civil Aviation*, 2005. http://www.public-works.gov.lb

Ministry of Agriculture: *Ministry of Agriculture*, 2005. http://www.Agriculture.gov.lb

Ministry of Industry: *Ministry of Industry*, 2005. http://www.industry.gov.lb

Ministry of Post and Telecommunication: *Ministry of Post and Telecommunication*, 2005. http://www.mpt.gov.lb

Ministry of Tourism: *Ministry of Tourism*, 2005. http://www.Destinationlebanon.gov.lb

Lebanese Customs: *Lebanese Customs*, 2005. http://www.customs.gov.lb

Institute for International Strategic Studies: *The Military Balance 2004~2005*, London, 2004.; *2005~2006*, London, 2005.

United Nations: *UNIFIL-United Nations Interim Force in Lebanon*, 2006. http://www.un.org/Depts/dpko/missions/unifil

American University of Beirut: *American University of Beirut*, 2005, http://www.aub.edu.lb

Beirut Arab University: *Beirut Arab University*, 2005. http://www.bau.edu.lb

Lebanese American University: *Lebanese American University*, 2005. http://www.lau.edu.lb

Notre Dame University-Louaize: *Notre Dame University-Louaize*, 2005. http://www.ndu.edu.lb

Haigazian University: *Haigazian University*, 2005. http://www.haigazian.edu.lb

National Council for Scientific Research: *National Council for Scientific Research*, 2005. http://www.cnrs.edu.lb

Ministry of Public Health: *Ministry of Public Health*, 2005. http://www.Public-Health.gov.lb

DMOZ: *Lebanon: News and Media-News Agencies, Newspapers, Publications, Radio, Television Stations*, 2005. http://www.dmoz.org

National Council for Scientific Research: *CNRS-National Council for Scientific Research*, 2005. http://www.cnrs.edu.lb

三 中文图书、论文、网站

赵国忠主编《简明西亚北非百科全书》,中国社会科学出版社,2000。

世界知识出版社:《世界知识年鉴》,2004/2005,2005;2005/2006,2006。

中华人民共和国驻黎巴嫩大使馆经济商务参赞处:《黎巴嫩财政金融形势评估报告》,电子版,2002。

徐心辉、徐榴英:《黎巴嫩——地中海滨的明珠》,世界各国知识丛书,军事谊文出版社,1995。

徐心辉:《黎巴嫩内战》,《军事百科全书》增补卷,军事科学出版社,2002。

中华人民共和国外交部:《中华人民共和国外交部》网站,http://www.mfa.gov.cn

中华人民共和国驻黎巴嫩大使馆经济商务参赞处:《中华人民共和国驻黎巴嫩大使馆经济商务参赞处》网站,http://lb.mofcom.gov.cn

后 记

2003年5月,我的学长、时任中国社会科学院西亚非洲研究所所长的赵国忠教授邀我编著《列国志》的黎巴嫩卷。从我的经历来说,多以编写专题、论文为主,还没有编写过《列国志》这样的综合性书籍。但是,学长的邀请,盛情难却,只得诚惶诚恐地接受下这项艰巨的任务。原想,在黎巴嫩的4年实际工作经历,既有内战时期的经历,又有停战后和平时期的经历,可能会对编写工作会有较大帮助。当开始收集资料时,才发现国内关于黎巴嫩的中文资料十分匮乏,英文资料也甚稀少,好在黎巴嫩国家虽小,但其国际互联网办得相当出色,国家机关的网站资料相当丰富,商业网站和报刊的网站也提供了不少可贵的资料。西方国家的网站也提供了不少有用的资料。本书的基本素材主要取自黎巴嫩政府网站的官方资料。

在时间紧迫,编写任务甚重的时候,我的妻子、新华通讯社阿拉伯文译审徐榴英伸出援手,协助我编写了内容最多最杂的第六章,还协助我完成了全书的校对工作,让我基本上比较顺利地按时完成了编写任务。

全书完稿后,西亚非洲所《列国志》编辑组请我驻黎巴嫩前任大使安惠侯同志和中国国际战略学会高级顾问、理事许林根同志审阅了全稿,提出了许多宝贵和中肯的修改意见,许林根同志还在不少地方亲自协助作了认真的修改。修改稿完成后,《列

后记

国志》编辑组的赵国忠教授对全书作了最终审定。此外，曾任新华社驻贝鲁特分社首席记者的王波同志为本书提供了不少珍贵的照片，为本书增色不少。在此，对他们的协助和指教谨表诚挚的谢意。

编著者

2006 年 9 月于北京

《列国志》已出书书目

2003 年度

吴国庆编著《法国》

张健雄编著《荷兰》

孙士海、葛维钧主编《印度》

杨鲁萍、林庆春编著《突尼斯》

王振华编著《英国》

黄振编著《阿拉伯联合酋长国》

沈永兴、张秋生、高国荣编著《澳大利亚》

李兴汉编著《波罗的海三国》

徐世澄编著《古巴》

马贵友主编《乌克兰》

卢国学编著《国际刑警组织》

2004 年度

顾志红编著《摩尔多瓦》

赵常庆编著《哈萨克斯坦》
张林初、于平安、王瑞华编著《科特迪瓦》
鲁虎编著《新加坡》
王宏纬主编《尼泊尔》
王兰编著《斯里兰卡》
孙壮志、苏畅、吴宏伟编著《乌兹别克斯坦》
徐宝华编著《哥伦比亚》
高晋元编著《肯尼亚》
王晓燕编著《智利》
王景祺编著《科威特》
吕银春、周俊南编著《巴西》
张宏明编著《贝宁》
杨会军编著《美国》
王德迅、张金杰编著《国际货币基金组织》
何曼青、马仁真编著《世界银行集团》
马细谱、郑恩波编著《阿尔巴尼亚》
朱在明主编《马尔代夫》
马树洪、方芸编著《老挝》
马胜利编著《比利时》
朱在明、唐明超、宋旭如编著《不丹》
李智彪编著《刚果民主共和国》
杨翠柏、刘成琼编著《巴基斯坦》
施玉宇编著《土库曼斯坦》
陈广嗣、姜琍编著《捷克》

2005 年度

田禾、周方冶编著《泰国》
高德平编著《波兰》
刘军编著《加拿大》
张象、车效梅编著《刚果》
徐绍丽、利国、张训常编著《越南》
刘庚岑、徐小云编著《吉尔吉斯斯坦》
刘新生、潘正秀编著《文莱》
孙壮志、赵会荣、包毅、靳芳编著《阿塞拜疆》
孙叔林、韩铁英主编《日本》
吴清和编著《几内亚》
李允华、农雪梅编著《白俄罗斯》
潘德礼主编《俄罗斯》
郑羽主编《独联体（1991~2002）》
安春英编著《加蓬》
苏畅主编《格鲁吉亚》
曾昭耀编著《玻利维亚》
杨建民编著《巴拉圭》
贺双荣编著《乌拉圭》
李晨阳、瞿健文、卢光盛、韦德星编著《柬埔寨》
焦震衡编著《委内瑞拉》
彭姝祎编著《卢森堡》
宋晓平编著《阿根廷》

张铁伟编著《伊朗》
贺圣达、李晨阳编著《缅甸》
施玉宇、高歌、王鸣野编著《亚美尼亚》
董向荣编著《韩国》

2006 年度

章永勇编著《塞尔维亚和黑山》
李东燕编著《联合国》
杨灏城、许林根编著《埃及》
李文刚编著《利比里亚》
李秀环编著《罗马尼亚》
任丁秋、杨解朴等编著《瑞士》
王受业、梁敏和、刘新生编著《印度尼西亚》
李靖堃编著《葡萄牙》
钟伟云编著《埃塞俄比亚 厄立特里亚》
赵慧杰编著《阿尔及利亚》
王章辉编著《新西兰》
张颖编著《保加利亚》
刘启芸编著《塔吉克斯坦》
陈晓红编著《莱索托 斯威士兰》
汪丽敏编著《斯洛文尼亚》
张健雄编著《欧洲联盟》

社会科学文献出版社网站
www.ssap.com.cn

1. 查询最新图书　　2. 分类查询各学科图书
3. 查询新闻发布会、学术研讨会的相关消息
4. 注册会员，网上购书

本社网站是一个交流的平台，"读者俱乐部"、"书评书摘"、"论坛"、"在线咨询"等为广大读者、媒体、经销商、作者提供了最充分的交流空间。

"读者俱乐部"实行会员制管理，不同级别会员享受不同的购书优惠（最低7.5折），会员购书同时还享受积分赠送、购书免邮费等待遇。"读者俱乐部"将不定期从注册的会员或者反馈信息的读者中抽出一部分幸运读者，免费赠送我社出版的新书或者光盘数据库等产品。

"在线商城"的商品覆盖图书、软件、数据库、点卡等多种形式，为读者提供最权威、最全面的产品出版资讯。商城将不定期推出部分特惠产品。

资询/邮购电话：010-65285539　　邮箱：duzhe@ssap.cn
网站支持（销售）联系电话：010-65269967　　QQ：168316188　　邮箱：service@ssap.cn
邮购地址：北京市东城区先晓胡同10号　社科文献出版社市场部　邮编：100005
银行户名：社会科学文献出版社发行部　　开户银行：工商银行北京东四南支行　　账号：0200001009066109151

图书在版编目（CIP）数据

黎巴嫩/徐心辉编著． - 北京：社会科学文献出版社，2007.5
（列国志）
ISBN 978-7-80230-593-9

Ⅰ.黎… Ⅱ.徐… Ⅲ.黎巴嫩-概况 Ⅳ.K937.8

中国版本图书馆 CIP 数据核字（2007）第 050479 号

黎巴嫩（Lebanon） ·列国志·

编 著 者/徐心辉
审 定 人/安惠侯 许林根

出 版 人/谢寿光
出 版 者/社会科学文献出版社
地　　址/北京市东城区先晓胡同 10 号 （邮政编码：100005）
网　　址/http://www.ssap.com.cn
网站支持/（010）65269967
责任部门/《列国志》工作室 （010）65232637
电子信箱/bianjibu@ssap.cn
项目经理/宋月华
责任编辑/周志宽
责任校对/王毅然
责任印制/盖永东

总 经 销/社会科学文献出版社发行部
　　　　　（010）65139961　65139963
经　　销/各地书店
读者服务/市场部 （010）65285539
排　　版/北京中文天地文化艺术有限公司
印　　刷/北京智力达印刷有限公司

开　　本/880×1230 毫米　1/32 开
印　　张/12.75
字　　数/306 千字
版　　次/2007 年 5 月第 1 版　2007 年 5 月第 1 次印刷

书　　号/ISBN 978-7-80230-593-9/K·079
定　　价/29.00 元

本书如有破损、缺页、装订错误，
请与本社市场部联系更换

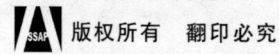

版权所有　翻印必究

《列国志》主要编辑出版发行人

出 版 人	谢寿光
总 编 辑	邹东涛
项目负责人	杨　群
发 行 人	王　菲
编辑主任	宋月华
编　　辑	（按姓名笔画为序）
	孙以年　朱希淦　宋月华
	宋　娜　李正乐　周志宽
	范　迎　范明礼　赵慧芝
	薛铭洁　魏小薇
封面设计	孙元明
内文设计	熠　菲
责任印制	盖永东
编　　务	杨春花
编辑中心	电话：65232637
	网址：ssdphzh_cn@sohu.com